国家社会科学基金青年项目“中国近代东北地区城市生活兴衰与社会发展研究”(14CZS033)结项成果

中国近代东北地区城市生活兴衰与社会发展研究(1861–1931)

Research on the Rise and Fall of Urban Life and Social Development in Northeast China in Modern Times (1861–1931)

郎元智　著

目　　录

绪　论

一、国内外研究概况及选题的缘起

（一）国内外研究概况

1. 国内研究概况

（1）中国社会史研究概况

学术界普遍将中国社会史研究的开端追溯到20世纪初梁启超提出的新史学，并且在20世纪二三十年代社会史大论战的基础上，中国社会史研究取得了第一批开创性成果。诸如：王清彬的《第一次中国劳动年鉴》（北平社会调查所1928年版）、闻钧天的《中国保甲制度》（上海现代书局1933年版）、言心哲的《中国乡村人口问题之分析》（上海商务印书馆1935年版）、陈登原的《中国文化史》（上海世界书局1935年版）等。这一时段研究的热点集中在对于中国社会的婚姻、家庭、宗族、社会习俗等方面的实证调查，其中许多研究成果都是建立在扎实的实地调查基础上的，侧面上为我们现今社会史研究保留了大量第一手的原始资料，因而，这些成果大多具有极高的学术价值。

改革开放开启了中国社会史研究的复兴和发展之路，到20世纪90年代取得了一批有代表性的社会史研究成果。其中，乔志强主编的《中国近代社会史》（人民出版社1992年版），陈旭麓的《近代中国社会的新陈代谢》（上海人民出版社 1992 年版），张静如的《北洋军阀统治时期中国社会之变迁》（中国人民大学出版社 1992 年版）和《国民政府统治时期中国社会之变迁》（中国人民大学出版社 1993 年版），王笛的《跨出封闭的世界——长江上游区域社会研究（1644—1911）》（中华书局 1993 年版），龚书铎主编的 8 卷本《中国社会通史》（山西教育出版社 1996 年版）、冯尔康的《中国宗族社会》（浙江人民出版社 1994 年版）、刘志伟的《在国家与社会之间——明清广东里甲赋役制度研究》（中山大学出版社 1997 年版），乔志强、行龙的《从社会史到区域社会史》（《山西大学学报》1998 年第 3 期，第 11 页）等。这一时期中国社会史研究的主要目标是“把历史的内容还给历史”。1986 年冯尔康、乔志强、王玉波诸先生几乎同时撰文倡导开展中国社会史的研究①，是年 10 月，第一届中国社会史研讨会在天津召开，对中国社会史研究对象、范畴、社会史与其他学科的关系，开展社会史研究的意义等问题进行了探讨。这次会议将社会史定位成专门史或一个流派，在研究方法上提出要借鉴社会学、民俗学、人类学等学科的理论与方法。由此，学术界开始有计划、有组织地推动社会史研究活动，这对于重建和复兴中国社会史研究工作意义重大。

进入 21 世纪，区域社会史研究升温，“中层理论”“新史学”“新社会史”的概念提出。社会史研究又涌现了一批新成果，如赵世瑜的《狂欢与日常——明清时期的庙会与民间文化》（生活·读书·新知三联书店 2002 年版）、《小历史与大历史：区域社会史的理念、方法与实践》（生活·读书·新知三联书店 2006 年版），行龙的《近代山西社会研究——走向田野与社会》（中国社会科学出版社 2002 年版），常建华的《社会生活的历史学：中国社会史研究新探》（北京师范大学出版社 2004 年版），杨念群的《中层理论——东西方思想会通下的中国史研究》（江西教育出版社 2001 年版）、《再造“病人”——中西

---

① 冯尔康：《开展社会史的研究》，《百科知识》1986 年第 1 期；乔志强：《中国社会史研究的对象和方法》，《光明日报》1986 年 8 月 13 日，第 3 版；王玉波：《为社会史正名》，《光明日报》1986 年 9 月 10 日，第 3 版。

医冲突下的空间政治(1832—1985)》(中国人民大学出版社 2006 年版),邓正来的《市民社会与国家——学理上分野与两种架构》(广西师范大学出版社 2000 年版)、陈国庆的《中国近代社会转型研究》(社会科学文献出版社 2005 年版)等。这些研究成果是改革开放以来"中国社会史研究不断走向深化,理论能力进一步提高的表现,也是多学科相互借鉴、相互影响的结果,与社会学、人类学、民俗学交叉渗透以及口述史学的兴起、田野调查的风行都有密切关联,对提升和深化社会史研究尤其是区域社会史研究相当有意义"①。

(2)近代东北城市生活史研究概况

20 世纪 90 年代以来,国内历史学研究的视角逐渐微观化,"民史"的概念被重新提出,社会史研究热潮随之兴起。随着区域研究意识增强,对于中国近代区域城市史的研究取得很大发展,研究成果涉及东南、西北、华中、东北等各个地区。相对于中国近代区域城市史研究呈现出的繁荣局面,中国近代东北地区城市生活史的研究虽然起步较晚,但是由于学者们的不懈努力也取得了一定的成绩。对于近代东北地区城市生活史研究大致经历了先经济史后城市史再城市生活史研究这样一个过程。首先,孔经纬的《清代东北地区经济史》(黑龙江人民出版社 1990 年版)开东北地区经济史研究之先河。其次,张志强的《沈阳城市史》(东北财经大学出版社 1993 年版)、齐守成的《盛京老字号》(沈阳出版社 2004 年版)和曲晓范的《近代东北城市的历史变迁》(东北师范大学出版社 2001 年版)则开拓了东北地区城市史这个新的研究领域。到了 2005 年以后对于城市生活史的研究成果也陆续出现,然而截至目前只有刘莉的《东北近代行旅交通演变与社会生活变迁》(《东北史地》2009 年第 6 期,第 65 页)、王玉林的《清末东北鼠疫中的众生百态》(《黑河学刊》2010 年第 9 期,第 70 页)和何继华的《伪满时期东北人民生活》(《管理世界》2008 年第 8 期,第 30 页)等几篇论文问世。由此可见,对于近代东北城市生活史的研究尚处

① 行龙:《二十年中国近代社会史研究之反思》,《近代史研究》2006 年第 1 期,第 8 页。

于薄弱环节,还需要学术界加大关注力度。

在涉及中国近代东北地区城市生活史的诸多研究成果中,东北师范大学曲晓范教授的《近代东北城市的历史变迁》一书按时间断限记述了1861年到1948年间东北各城市的发展历程,涉及城市化、交通、移民、规划和建设等方面,实为该研究领域的翘楚。其他涉及的研究成果大致可以归纳为社会阶层与社会结构、物质生活、精神文化生活、社会风俗这四个主要研究方向。

首先,社会阶层与社会结构方向。

目前,学术界关于近代东北社会阶层与社会结构研究的关注点主要在于移民和人口变化及其带来的社会变迁,各个研究成果多集中在社会结构、土地制度、移民和人口变化、家族观念等方向。这方面的研究成果主要有:李兴盛的《东北流人史》(黑龙江人民出版社1990年版)、张士尊的《清代东北移民与社会变迁(1644—1911)》(吉林人民出版社2003年版)、赵英兰的《清代东北人口社会研究》(社会科学文献出版社2011年版)、范立君的《近代关内移民与中国东北社会变迁(1860—1931)》(人民出版社2007年版)、马平安的《近代东北移民研究》(齐鲁书社2009年版)、王广义的《近代中国东北乡村社会研究:1840—1931》(光明日报出版社2010年版)等关于东北社会史的研究成果。姜涛的《中国近代人口史》(浙江人民出版社1993年版)、冯尔康的《中国社会结构的演变》(河南人民出版社1994年版)、池子华的《中国近代流民》(浙江人民出版社1996年版)、葛剑雄、侯杨方、张根福的《人口与中国的现代化(1850年以来)》(学林出版社1999年版)等宏观社会史研究成果对此也有涉及。其中张士尊和王广义的两部著作以严谨的论证和丰富翔实的第一手资料成为该方面研究的代表。张士尊的《清代东北移民与社会变迁(1644—1911)》一书按时间顺序从清代招垦、封禁与开禁、清末东北移民潮等几个方面入手对移民与清代东北地区的二元管理体制、土地制度、精神结构、东北经济和边疆安全等若干方面的关系进行深入研究。王广义的《近代中国东北乡村社会研究:1840—1931》一书打破了传统的时间顺序从社区、居民、家庭、社会控制、生活方式与文化、经济状况和社会问题等七个方面详细论述了近代东北地区的乡村结构变化及生活变化。

论文方面:石方的《黑龙江地区的外国移民》(《学习与探索》1986 年第 4 期,第 125 页)和《黑龙江地区人口迁移史概述》(《学术交流》1987 年第 5 期,第 75 页)二文开创了近代东北社会移民与人口迁移方面研究的先河,同时也是近代东北社会生活史研究的开端。王杉的《民初东北移民社会心态管窥》(《社会科学辑刊》1998 年第 5 期,第 95 页)和《民初东北乡村移民探析》(《社会科学辑刊》2001 年第 3 期,第 118 页)二文也对民国初年东北地区移民社会结构、社会生活和社会心态进行了分析研究。而对于近代东北地区社会阶层与社会结构问题研究贡献最大的当数赵英兰教授,她的《清代东北人口社会研究》(社会科学文献出版社 2011 年版)一书和《清代东北人口的统计分析》(《人口学刊》2004 年第 4 期,第 49 页)、《晚清东北地区人口婚姻状况探析》(《人口学刊》2007 年第 3 期,第 18 页)、《清代东北边疆户口管理体系及其演变》(《社会科学战线》2007 年第 4 期,第 278 页)、《清代东北地区大家庭实态考察》(《吉林大学社会科学学报》2007 年第 3 期,第 74 页)、《近代东北地区汉族家族社会探究》(《吉林大学社会科学学报》2008 年第 4 期,第 71 页)、《生态环境视域下清代东北地区人口状况解读》(《吉林大学社会科学学报》2009 年第 9 期,第 30 页)等六篇文章组成了系列研究成果对东北地区人口变迁及其所涉及的婚姻、家庭等一系列问题进行了深入的分析研究,并将统计学中的技巧引入近代东北社会生活史研究,大大丰富了近代东北社会生活史的研究方法。

其次,物质生活方向。

学术界对于近代东北物质生活研究更多地集中于近代东北经济史和城市史方面,各个研究成果多集中在城市经济、城市发展布局、城市化、城市的衣食住行等方向。这方面的研究成果主要有:孔经纬的《清代东北地区经济史》(黑龙江人民出版社 1990 年版)、张志强的《沈阳城市史》(东北财经大学出版社1993年版)、《盛京古城风貌》(沈阳出版社2004年版)、齐守成的《盛京老字号》(沈阳出版社2004年版)、《盛京老街巷》(沈阳出版社2004年版)、曲晓范的《近代东北城市的历史变迁》(东北师范大学出版社2001年版)、金颖的《近代东北地区水田农业发展史研究》(中国社会科学出版社2006年版)。论文方面:衣保中的《清末辽宁地区农业经济的近代化》(《辽宁师范大学学报》1988年第2期,第83页),张伟、俞彤的《丹东柞蚕缫丝业史略》(《丹东师专学报》1995年第4期,第42页),等。到了2005年以后对于物质社会生活史的研究成果也陆续出现,截至目前有李淑娟的《日伪统治时期“粮谷出荷”政策对东北农民生活的影响》(《社会科学战线》2006年第5期,第179页)、刘莉的《东北近代行旅交通演变与社会生活变迁》(《东北史地》2009年第6期,第65页)、王玉林的《清末东北鼠疫中的众生百态》(《黑河学刊》2010年第9期,第70页)和何继华的《伪满时期东北人民生活》(《管理世界》2008年第8期,第30页)等数篇论文问世。由此可见,对于近代东北物质生活史的研究尚处于薄弱环节,还需要诸位研究者加大关注力度。

再次,精神文化生活方向。

在精神文化生活方面,许多研究成果率先从近代东北宏观文化理论研究入手对近代东北精神文化生活进行研究探讨。随着社会史研究向微观化发展,近代东北精神文化生活研究的重心又转向了近代东北教育史。学术界对于近代东北精神文化生活研究所取得的成果主要有:李侃的《浅谈传统文化在近代东北地区的演变》(《史学集刊》1994年第4期,第42页),马平安、楚双志的《移民与新型关东文化——关于近代东北移民社会的一点看法》(《辽宁大学学报》1996年第5期,第25页),李治亭的《关东文化》(辽宁教育出版社1998年版)和焦润明的《近代东北社会诸问题研究》(中国社会科学出版社2004年版)等。这些成果率先从近代东北宏观文化理论研究入手对近代东北精神文化生活进行研究探讨,并取得了巨大成就。随着历史研究向微观化发展,近代东北精神文化生活史研究的重心转向了近代东北教育史。这方面的主要研究成果有齐红深的《东北地方教育史》(辽宁大学出版社 1991 年版),王鸿宾的《东北教育通史》(辽宁教育出版社 1992 年版)、王秀田、蒋贵文的《近代辽宁的留学生》(《兰台世界》2002 年第 7 期,第 40 页),朱兰英的《张氏父子与东北教育》(《辽宁教育研究》2005 年第 3 期,第 87 页),李贵彬的《清末民初黑龙江省鄂伦春民族新式教育》(《继续教育研究》2009 年第 2 期,第 24 页)等。另外,刘小萌、定宜庄的《萨满教与东北民族》(吉林教育出版社 1990 年版),王若茜的《东北沦陷时期的喇嘛教》(《东北亚论坛》2000 年第 4 期,第 72 页),王洪军的《萨满教对北方民族风俗文化的影响》(《佳木斯大学社会科学学报》2007 年第 1 期,第 105 页),刘扬的《近代东北民众日常生活与寺庙文化》(《文化学刊》2009 年第 5 期,第 152 页)等研究成果则从宗教角度入手分析了宗教与近代东北社会生活的关系和影响。

最后,社会风俗方向。

在社会风俗方面,由于中国东北是一个众多少数民族聚居的边疆地区,其中有满、蒙古、回、朝鲜、锡伯、鄂伦春、鄂温克、达斡尔等诸多少数民族,因而学术界对于近代东北少数民族社会风俗的研究取得的成果相对较多,并取得了一定成就。

这方面的研究成果主要有:王钟翰的《满族简史》(人民出版社 1957 年版),锡伯族简史编写组编写的《锡伯族简史》(民族出版社 1989 年版),尹郁山的《吉林满俗研究》(吉林文史出版社 1991 年版),陈见微选编的《东北民俗资料荟萃》(吉林文史出版社 1995 年版),定宜庄的《满族的妇女生活与婚姻制度研究》(北京大学出版社 1999 年版),江帆的《满族生态与民俗文化》(中国社会科学出版社 2006 年版),王凯旋、董丽娟的《试论锡伯族民歌的社会民俗性》(《文化学刊》2009 年第 6 期,第 133 页),黄岚、张桂元的《东北地区满族的居住习俗》(《东北史地》2011 年第 4 期,第 65 页),等。另如:曹保明的《电视剧〈闯关东〉严重违背东北民俗》(《文艺争鸣》2008 年第 7 期,第 130 页)、郝素娟的《清代流人与东北民间风俗的演变》(《兰台世界》2011 年 7 月上旬,第 65 页)、张岩岩的《清末民初东北婚俗变迁述略》(《辽宁师范大学学报》2010 年第 4 期,第 104 页)等则是对东北地区整体社会风俗问题进行研究论述。

2. 国外研究概况

(1)日本

国外对于近代东北城市生活史的调查研究远早于国内,在这些国外学者中,对中国东北地区最感兴趣的当数日本学者。早在 1902 年,小越平隆就以游记的方式写出了《满洲旅行记》(广智书局 1902 年版)一书,对当时的中国东北的社会生活、城市生活和风土人情进行了详细的记述。日俄战争后,日本获得了大连市和中东铁路长春以南路段的管理权,并将这段铁路改称"南满铁路",从此中国东北地区南部成为日本的势力范围。此后直至日本战败投降的 40 年时间里,出于收集情报的目的,日本关东军和满铁株式会社派出大量人员对东北各城市的经济现状、社会生活情况、民间信仰和文化习俗进行实地调查,并编撰出大量的研究成果和实地调研报告,"无论经营文化事业或者经济事业,其先决问题都是要对该地区的各方面情况有一种明确而统一的知识。约而言之,必须从调查研究之门进去,才能达到实际经营的堂奥"①。正是基于此种目的,南满洲铁道株式会社社长室调查课编著了《满蒙全书》(满蒙文化协会 1922 年版),全书共七卷,可以说对近代中国东北地区的政治、军事、经济、社会等各个方面均进行了详细的调查研究,加之,该书"对于资料的搜集和整理,不只限于单行书籍的名称,连报纸杂志也包括在内,将其内容按照项目分别作出索引"②。因此,成为研究近代东北史不可或缺的史料集成。

又如:南满洲铁道株式会社编纂的《满洲旧惯调查报告书》(新京长春大

① [日]伊藤武雄,陈国柱、戚亚民译:《生活在满铁(一)》,政协吉林省长春市委员会文史资料研究委员会编:《长春文史资料》第 3 期,1983 年 8 月内部刊物,第 99 页。

② [日]伊藤武雄,陈国柱、戚亚民译:《生活在满铁(一)》,政协吉林省长春市委员会文史资料研究委员会编:《长春文史资料》第 3 期,1983 年 8 月内部刊物,第 98 页。

同书社 1913—1915 年初版，大同印书馆 1935—1936 年影印再版，书名为《满洲旧惯调查报告》），全书分为前、后两篇，前篇记录了满铁调查课对于有关"蒙地""内务府官庄""一般民地""皇产"等土地情况的调查；后篇则记录了对于"租权""典""押"等东北社会民间旧有习惯的调查。客观上为研究中国近代东北地区经济史、社会史、民俗史提供了重要的参考资料。

其他的研究成果主要有：天野元之助的《满洲经济の发达》（大连南满洲铁道株式会社 1932 年版）、浅野虎三郎的《大连市史》（大连伪大连市役所 1936 年版）、伪满洲国通信社政经部编：《满洲经济十年史》（新京长春满洲国通信社 1942 年版）等。

近二三十年也有不少研究成果涉及此领域，诸如：西村成雄的《中国近代东北地域史研究》（东京法律文化社 1984 年版）、冢濑进的《中国近代东北经济史研究》（东京东方书局 1993 年版）、满史会编著，东北沦陷十四年史辽宁编写组编译的《满洲开发四十年史》（辽宁省内部图书准印 1988 年版）等。

（2）西方

与日本相比，以英国为代表的西方国家则多以传教士的记录、游记和人物传记的方式侧面对近代东北社会生活史进行记录和研究，例如：马克·奥尼尔（Mark O'Neill）著，牟京良编译的《闯关东的爱尔兰人：一位传教士在乱世中国的生涯（1897—1942）》（生活·读书·新知三联书店 2013 年版），作者马克·奥尼尔（Mark O'Neill）根据自己祖父——一位在法库生活和传教几十年的传教士弗雷德里克·奥尼尔（Frederick O'Neill）的回忆录，并结合爱尔兰长老会保存的档案和书信资料，详细地记录了弗雷德里克·奥尼尔（Frederick O'Neill）、传教士安德鲁·韦尔（Andrew Weir）等一批西方传教士、医生、教师在近代东北生活时的所见所闻，这些记录对研究近代东北地区的社会生活、宗教信仰、医疗卫生、教育等有很大的补益。

又如：Arthur de Carle Sowerby（中文名：苏柯仁，又名苏瓦贝、梭厄比、梭瓦贝）所著的"The Naturalist in Manchuria", *Travel and Exploration*, vol.1, Tientsin:

Tientsin Press,1922。全书分二十二章,对近代中国东北地区的主要城市(如奉天城)、河流、森林、湖泊、人口和移民、风俗习惯等均给予了详细的记录和分析,为研究近代东北地区的自然资源,人口,城市以及民俗等提供了重要的参考资料。

其他的研究成果如:Adachi Kinnosuke, *Manchuria: A Survey*, New York: Robert M.McBridge & Company Press,1925.P.T.Etherton and Hubert Hessell Tiltman, *Manchuria: The Cockpit of Asia*, London: Jarrolds Publishers Press, 1932.伊泽·英格利斯(Iza Inglis)著,张士尊译的《东北西医的传播者——杜格尔德·克里斯蒂》(辽海出版社 2005 年版)、亚历山大·霍斯(Alexander Hosie)著,张士尊、李梅梅译的《满洲——她的人民、资源和最近的历史》(辽海出版社 2005 年版)等。

虽然这些国家和学者所做出的研究多是出于侵略的目的,但是客观上却为我们当代的研究中国近代东北地区城市生活史留存了大量的文字材料,从而使得我们能够进一步贴近当时的历史本源,还原当时的历史原貌,并在此基础上做出更为客观的分析与研究。

(二)选题的缘起

纵观近百年来中国近代东北地区城市史及城市生活史的研究现状,特别是 20 世纪 90 年代以来学术界在该领域取得的研究成果,可以归纳出如下几个特点:

首先,对于中国近代东北地区城市生活史的研究成果多为间接涉及,少见直接性研究成果。涉及中国近代东北史、中国近代东北地区经济史、中国近代东北地区社会史、中国近代东北地区城市史的研究成果很多,但就中国近代东北地区城市生活方面则多为间接涉及,或者涉及城市经济,或者涉及人口结构,或者涉及城市生活中的某一方面,对于中国近代东北地区城市生活史的直接性研究成果较少。

其次，对于中国近代东北地区城市生活史的研究成果多以时间断限，少按社会结构分类分析研究。在诸多对于中国近代东北诸问题的研究成果中，多是以时间为顺序进行分析研究的，这种研究方法可以直观地反映出近代东北地区在各个历史时期所呈现的特点，进行深入的分析，但是这种研究方法也有其自身的劣势，就是对于某一方面或者某一专题无法进行深入的、跨时段的研究分析，这就需要用另外一种研究方法，即按社会结构分类分析的研究方法对中国近代东北地区城市生活史进行分类研究。

再次，对于中国近代东北地区城市生活史的研究成果多为理论分析，少见数量分析。目前学术界关于中国近代东北地区城市生活史的研究成果中运用理论分析的研究成果占绝大多数，而运用数量分析的研究成果则相对少些，这与中国传统历史学研究中重视理论研究轻视数量分析（也可以说是数据分析）的治学思想不无关系，然而，笔者再对于中国近代东北地区城市生活史这一研究领域进行宏观性分析之后，发现数量分析的研究方法对此研究领域不仅十分适合，而且能够更加直观、更加精确地展现出近代东北地区城市生活的各个细节，更有利于在此基础上运用理论分析法总结出其中蕴藏的历史规律。

最后，相对于中国近代其他地区城市生活史的研究成果，学术界对于中国近代东北地区城市生活史的研究成果尚显单薄，特别是对中国近代东北城市生活兴衰与社会发展的历史考察及对其中历史规律的总结尤为欠缺，仍旧需要各位研究同人共同努力，这也是本书的缘起。

二、研究对象的界定

（一）相关概念的界定

在做中国近代东北地区城市生活史相关问题的研究之前，对社会史、社会生活史和城市生活的概念及其研究内容的内涵和外延进行理论性研究是十分必要的。因此，我们首先要回答三个问题，既社会史是什么？社会生活史是什么？城市生活及其兴衰变化是什么？只有弄清楚这三个问题才能真正做好中国近代东北地区城市生活史研究。

1. 社会史和社会生活史

学术界对于社会史的定义有很多,社会史,即运用各种社会科学,特别是社会学的理论和方法对历史上的社会结构整体及其运动、社会组织(氏族部落、家庭、家族、社区、邻里、各种社会集团)及其运动、社会行为及社会心理的研究,是历史学的重要分支,“和它平行相邻的有政治史、经济史、文化史等,都是从属于通史的专门史”①。简而言之,它与社会学的主要区别就在于前者研究往昔的社会整体及其各个侧面,而后者研究现实的上述内容。与历史研究其他分支相比,其特点在于它把着眼点放在整体而非个体之上,因为社会本身体现了人类的整体关系;即便它偶尔涉及个体,也是将其视为社会现象或社会关系的具体体现来研究的。以目前的研究现状而论,社会史研究的最小单元是家庭,或者是某个年龄集团、性别集团、职业集团,这些也都是群体。

人类社会是在不停运动的,这种运动从某种意义上来说就是表现在社会生活上的,“也就是说社会史应该研讨具体社会如何在生活,如何在运行”②。因此,我们对社会生活史的研究就显得十分必要了。社会生活史的概念很多,大致可以分为广义社会生活史和狭义社会生活史:广义概念认为,人们的社会生活领域应当涵盖劳动生活、物质生活、精神文化生活等活动的一切领域;狭义概念主要把社会生活限定在日常生活领域,如物质消费生活、精神文化生活、家庭生活,或简单地说仅指衣、食、住、行、乐等领域。但在一般实际研究中,狭义的概念也会涉及诸如劳动就业、劳动时间等与劳动有关的一些范畴,实际上二者并没有绝对的、明显的区别。特定的社会生活方式是特定社会历史条件的产物。在影响和制约生活方式的诸因素中,生产方式起着决定性作用。马克思说:“物质生活的生产方式制约着整个社会生活、政治生活和精神

① 乔志强:《中国近代社会史》,人民出版社1992年版,第1页。
② 乔志强:《中国近代社会史》,人民出版社1992年版,第7页。

生活的过程。"[①]生产方式的变革和发展推动着生活方式的变革,生活方式在一定程度上反映着生产方式;而一定的生活方式一经形成,就具有相对的独立性,并对生产方式和整个社会产生重要影响,因此,社会生活史的研究领域应当包含劳动就业、劳动时间等与劳动有关的范畴。

2. 城市的概念

城市也叫城市聚落,是以非农业产业和非农业人口集聚形成的较大居民点,一般分为住宅区、工业区和商业区并且具有行政管理功能。"城市"这一名词是由"城"和"市"组成的。"城"是地域概念,是指用城墙围起来的人口密集区域;"市"是经济概念,是指商品交换买卖的地点。中国原始的"城市"(类似今天的"城镇")都是由人们拿自己的劳动产品到一个固定地点相互交换而慢慢形成的,可以说是商业的兴起导致了城市的出现,而商业经济的发展更是促进了城市的发展壮大。城市经济学对城市作了不同能级的分类,如小城市、中等城市、大城市、国际化大都市、世界城市等。人口的多少则是对城市等级分类的又一个常用标准,2014 年 10 月 29 日,国务院以国发〔2014〕51 号文件下发《关于调整城市规模划分标准的通知》,对原有城市规模划分标准进行了调整,明确了新的城市规模划分标准。以城区常住人口为统计口径,将城市划分为五类七档。即:"城区常住人口 50 万以下的城市为小城市,其中 20 万以上 50 万以下的城市为Ⅰ型小城市,20 万以下的城市为Ⅱ型小城市;城区常住人口 50 万以上 100 万以下的城市为中等城市;城区常住人口 100 万以上 500 万以下的城市为大城市,其中 300 万以上 500 万以下的城市为Ⅰ型大城市,100 万以上 300 万以下的城市为Ⅱ型大城市;城区常住人口 500 万以上 1000 万以下的城市为特大城市;城区常住人口 1000 万以上的城市为超大城市(以上包括本数,以下不包括本数)"[②]。

---

① 《马克思恩格斯选集》第 2 卷,人民出版社 1972 年版,第 82 页。

② 中华人民共和国中央人民政府:《关于调整城市规模划分标准的通知》(国发〔2014〕51 号),2014 年 10 月 29 日。

中国近代东北地区的城市几经发展变迁,其中既有自发形成的城市(如沈阳、辽阳等),也有受外力作用产生的城市(如大连、长春、哈尔滨等);有大城市,也有小城市。本书中的城市主要指县及县以上城市,其中县城既可以称为最低一级的城市,也可以称为最高一级的乡村,在这里城市生活和乡村生活相互杂糅、互相影响,极具特色,对县城城市生活的揭示和探讨也是本书的一个特色所在。

3. 城市生活兴衰的内涵及外延

城市生活也属于社会生活范畴,也是社会生活的重要组成部分。亦如社会生活,从广义上讲,城市生活也应当涵盖劳动生活、物质生活、精神文化生活等活动的一切领域;从狭义上讲则主要是物质消费生活、精神文化生活、家庭生活,或简单地说仅指衣、食、住、行、乐等领域,只不过城市生活是将这些领域限制在城市这个大的框架内,以城市为研究基点进行外延式研究。但是在实际的研究工作中,城市生活与乡村生活是紧密相连、不可割裂的,而且二者互相影响、互相作用,因此,在论述过程中也难免涉及乡村生活。

城市生活是多彩多姿,变化万千的。正像"一千个人中有一千个哈姆雷特"一样,一千个人中也有一千种城市生活,在每个城市里"各种不同的民族、种族和地位群体会集在一起,形成了独特的城市生活图画"①。中国近代东北地区的城市生活也是如此,不仅每个城市有自身独有的特点,每个城市的城市生活也是各具特色。城市生活的兴衰变化也是如此,随着社会不断地发展变化,城市生活也在不断发生兴衰变化,有的生活方式逐步衰落消失,有的生活方式逐步出现兴起,可以说,近代东北地区的城市生活就是在这样的社会环境中不断进行着兴衰变化,因此,对其的研究难度很大。本书尝试从城市和城市经济、城市居民和生活水平、城市生活方式与城市文化、城市生活中存在的问题这四个方面对中国近代东北地区的城市生活进行分析研究,以期尽最大能

① 康少邦、张宁等编译:《城市社会学》,浙江人民出版社 1986 年版,第 135 页。

力还原中国近代东北地区的城市生活兴衰变化的原貌，并在此基础上进行深入细致的梳理，揭示其中蕴藏的历史规律。

（二）时间断限

在论及中国近代东北地区城市生活史的时间断限之前，首先要明确中国东北近代史的起止时间。关于这一问题东北师范大学曲晓范教授在《近代东北城市的历史变迁》一书明确指出："关于东北近代史的起点问题目前学术界尚存在分歧：第一种观点认为与全国时间一致。第二种观点认为以1861年营口开港为界标。笔者（曲晓范）以为应以严重损害东北领土主权，迫使东北对外开放的1858年中俄《瑷珲条约》和同年中国与英、美、法、俄签订的《天津条约》为标志，而东北城市史的起点应为1861年。"①笔者非常赞同曲晓范教授对中国东北近代史和中国近代东北城市史时间起点的论断。因为中国近代东北地区城市生活史属于中国近代东北城市史的一部分，它不能独立于中国近代东北城市史之外，因此，将中国近代东北地区城市生活史的时间起点定在1861年是合理的，其中的原因曲晓范教授已经论证得非常清楚，笔者不再赘述。

关于中国近代东北地区城市生活史的截止时间，本书选择为1931年，其具体原因有四：首先，九一八事变后，中国东北地区完全处于日伪统治之下，整个社会性质已由半封建半殖民地社会完全沦为殖民地社会；其次，以往中国东北地区的政治、经济、社会发展进程完全打断，其发展路径为日本殖民者决定，可以说是另起炉灶；再次，出于侵略战争和殖民地化的需要，近代东北地区的各个城市畸形发展，以工矿业为主的资源型城市急速发展，传统城市迅速没落；最后，普通百姓生活困苦，糊口都成问题，根本无力进行其他生活消费，城市生活趋于凋敝。基于以上四点原因，本书将中国近代东北地区城市生活史的时间断限止于1931年，其中主要包括晚清（1861—1911）和民国前期（1912—1931）两个时期，但是

① 曲晓范：《近代东北城市的历史变迁》，东北师范大学出版社2001年版，第13页。

出于对某些问题论述的连贯性,在表述上也会适当地向前追溯和向后延伸。

(三)空间范围

中国东北地区是一个地理区域概念,这个概念是清代以后逐步形成的。无论是从东北三将军,即盛京将军、吉林将军、黑龙江将军,到光绪三十三年(1907)设立奉天、吉林、黑龙江三行省,再到1929年将热河划入东北地区,成为东四省172县,虽行政区划几经沿革,但大体空间范围涵盖今天的辽宁、吉林、黑龙江、内蒙古东部地区和河北省北部一带。而更为重要的是东北地区作为一个人文整体存在于近代和当代中国,时至今日,人们仍然把来自辽宁、吉林、黑龙江和内蒙古东部地区的人称作“东北人”,而在全中国范围内只有“西北人”这一称呼与东北人类似,但没有“东南人”“西南人”“中部人”之类的称呼。由此可见,东北地区作为一个人文地理概念已被人们接受并熟知。

本书即以中国近代东北地区范围内的奉天(辽宁)、吉林、黑龙江、热河四省为空间范围。近代的奉天(辽宁)、吉林、黑龙江所管辖的范围与今天辽宁、吉林、黑龙江略有不同,近代的奉天(辽宁)省不仅管辖今天的辽宁省,还管辖今天吉林省的白山、通化、四平、辽源、白城地区大部分及今天内蒙古赤峰市、兴安盟和哲里木盟;近代吉林省管辖今天吉林省的长春、吉林两市和延边朝鲜族自治州以及今天黑龙江省松花江以东地区;近代黑龙江省管辖今天黑龙江省松花江以西地区及内蒙古呼伦贝尔盟。①

三、相关资料的来源

本书所征引和涉及的资料较多,大体上可以分为以下几类:

第一类:档案资料

历史档案是研究历史的第一手资料,它具有许多其他资料无法比拟的优

① 衣保中:《东北农业近代化研究》,吉林文史出版社1990年版,第444页。

势。首先,档案资料是对当时历史的真实记录,最能够直接反映出当时历史的本源,即历史学界所说的第一历史;其次,档案资料多是政府的政令和指令,出发点和视角属于社会上层,具有一定的代表性;再次,各省档案馆所藏的档案资料均具有很强的地域性、对某一问题的针对性和连续性,十分有利于对某一问题进行深入研究。因而,档案资料具有很高的可信度和史料价值。本书利用的档案资料主要来源于辽宁、吉林、黑龙江三省档案馆的馆藏档案。其中主要包括:《奉天行省公署档案》《奉天省公署档案》《辽宁省政府档案》《奉天省长公署档案》《奉天旗务处档案》《吉林将军衙门档案》《吉林省政府档案》《吉林全省旗务处档案》《吉林公署文案处档案》《吉林练军文案处档案》《吉林省政府实业厅档案》《吉林全省警务处档案》《珲春商务分会档案》《黑龙江将军衙门档案》《清代三姓副都统衙门档案》《清代东北阿城档案》等。此外,如《清代吉林档案史料选编》《清代黑龙江历史档案选编》《清代三姓副都统衙门满汉文档案选编》《清代东北阿城汉文档案选编》《奉系军阀档案史料汇编》《中国近代社会生活档案(东北卷)》等档案资料汇编也是档案资料的主要来源之一。档案资料虽然也存在碎片化、微观化的问题,但瑕不掩瑜,档案资料仍旧是本书最主要的史料依据。

第二类:地方志

对东北地方史的研究离不开地方志,清代和民国时期留下许多地方志,这些地方志一般记载当地的“疆域”“沿革”“户口”“风俗”“实业”“人物”“艺文”等方面内容,可以说是一部小型的百科全书,这些地方志不仅保存了大量鲜活的历史资料,同时它贴近社会底层的记录视角也是其他资料无法比拟的,可以说地方志与档案资料互相弥补、互为表里,因此,地方志也是本书主要的史料来源之一。本书利用的地方志主要有:《中国地方志民俗资料汇编·东北卷》《中国民俗通志》《盛京通志》《奉天通志》《沈阳县志》《安东县志》《海城县志》《锦县志略》《复县志略》《盖县乡土志》《吉林通志》《吉林志略》《吉林外纪》《吉林新志》《长春县志》《桦甸县志》《黑龙江志稿》《龙江述略》《呼兰府志》《柳边纪略》等。

第三类:报刊

报刊是对中国近代东北城市生活最直接的反映,城市生活的方方面面都能在报刊上找到,加之报刊发行量大,信息量大,传播范围广,因此,报刊资料也是本书的主要史料来源之一。本书利用的报刊资料主要有:《盛京时报》《远东报》《申报》《东三省民报》《晨报》《东方杂志》《现代评论》《中东经济月刊》等。

第四类:政协文史资料

政协文史资料记录了许多当事人的回忆和访谈录,这些回忆和访谈资料能够从侧面反映当时的时代背景、社会背景或某一重大事件,涉及政治、经济、社会、文化等各个方面,可以对档案资料、地方志、报纸等资料进行补充,但是受到当事人思想、心态等主观因素和社会环境变化等客观因素的影响,这类资料的真实性不高,甚至有些资料互相抵牾,因此,在使用此类资料时需要先对其进行深入细致的考证,与其他相关史料进行相互印证后,方可使用。本书使用的政协文史资料主要有:《辽宁文史资料选辑》《长春文史资料》《桓仁文史资料》等。

第五类:外文资料

国内的资料代表中国人对特定历史的记录,而外文资料则代表着外国人对当时历史的独到见解,视角不同,记录的历史也不同,可以给国内学者在资料上耳目一新的感觉,甚至是新的启发。这部分外文资料既包括近代活跃在东北地区的外国官员、传教士、医生、教师们的日记、游记、回忆录、传记和教会文献,也包括当代外国学者对中国近代东北地区城市生活相关问题的研究著述。本书利用的外文资料主要有:《满蒙全书》、《满洲旧惯调查报告书》、《满洲旅行记》、《满洲开发四十年史》、《闯关东的爱尔兰人:一位传教士在乱世中国的生涯(1897—1942)》、《东北西医的传播者——杜格尔德·克里斯蒂》、《满洲——她的人民、资源和最近的历史》、《*The Naturalist in Manchuria*,

Volume Ⅰ, *Travel and Exploration*》、《*Manchuria*: *A survey*》、《*Manchuria*: *The cockpit of Asia*》等。

第六类:古今著述

前人涉及中国近代东北地区城市生活史的著述很多,为进一步研究该问题奠定了坚实的基础,可以说,如果没有这些著述,本书也无法最终完成。至于本书具体使用了哪些古今著述,笔者将在参考文献中详细注明,这里不再赘述。

四、基本思路

本书拟通过对近代东北地区城市生活兴衰过程的研究,探讨近代东北地区城市生活与近代东北社会发展之间的联系及相互作用,进而研究近代东北城市生活的历史文化积淀及其当代价值。

首先,中国近代东北地区城市生活是逐步从落后的中古式的城市生活向先进的近代式城市生活转型进步的,这种转型是一个相当漫长而又缓慢的过程,在这个过程中伴随着中西社会文化的碰撞和融合,相互影响、相互作用,并形成了不同于关内等其他地区的地域文化特色。

其次,中国近代东北地区城市生活的兴衰变化与近代东北社会的发展息息相关。伴随着城市社会的发展,中国近代东北地区的传统城市生活逐步衰落,近代化的城市生活逐步兴起。这种兴衰变化不仅仅表现在衣、食、住、行、乐等日常生活中,还表现在城市居民的收支状况、政治诉求及群体关系等各个方面。这种由城市社会发展所带来的兴衰变化并非都是进步的,其中也存在着许多的社会问题,并成为近代东北地区城市生活的滥觞。

再次,中国近代东北地区城市生活发展变化的根本推动力是社会生产力的发展进步,而这个变化的主体是千万个普通东北民众,这种变化也反映了社会下层民众的内心世界和风俗习惯,对乡村社会生活也起到一定的带动作用。

最后,中国近代东北地区城市生活的转型与革新不仅仅是东北地区近代化的重要组成部分,而且是整个中国近代化的重要组成部分。只有近代东北地区城市生活的近代化转型完成才能说近代东北地区的近代化转型完成,近代中国的近代化转型完成,在这个过程中,文化积淀厚重,影响持久深远。

具体研究思路可用如下图来表示:

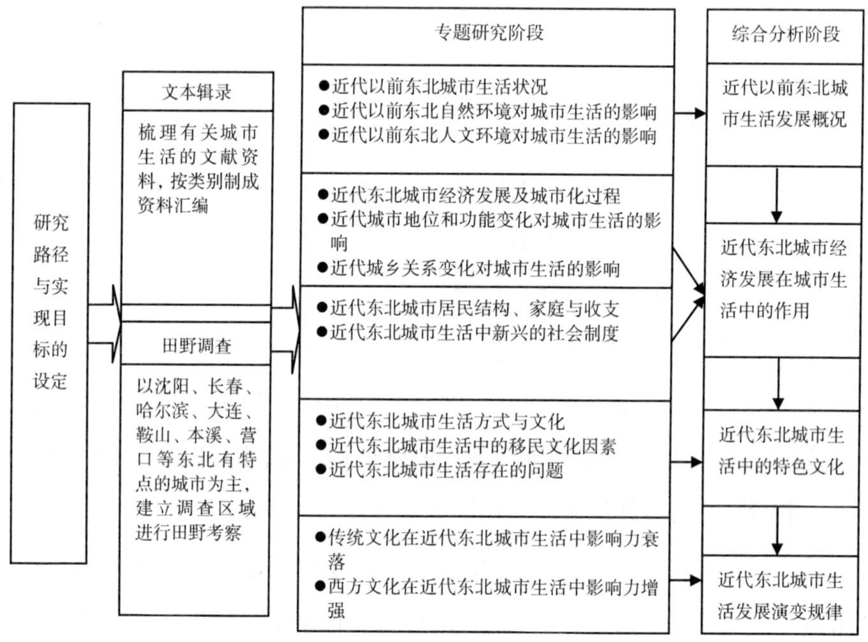

五、创新之处及存在的问题

(一)创新之处

通过对中国近代东北地区城市生活史的研究,笔者拟尝试在以下三个方面有所创新:

1. 研究视角创新

首先,目前以城市生活的视角研究中国近代东北地区城市历史文化的研究成果有待充实;同时从社会史的角度,将城市生活置于中国近代东北社会历史变迁的大环境中考察其与社会发展变化之间关系的研究成果也亦属少见。

其次,本书希冀对中国近代东北地区城市史研究有所补充,对中国其他区域城市史研究也可以有所借鉴;同时中国近代东北地区城市生活史也是考察中国近代东北社会发展变迁的一个重要变量,为进一步研究中国近代东北社会史开拓新的研究视角。

再次,中国近代东北地区的城市生活是当代东北地区城市生活的发轫期。研究其真实的历史状况,总结其中蕴藏的历史规律有利于构建当今东北地区和谐的社会文化,可以为构建新时期城市生活文化提供历史借鉴,并可以尝试性对未来东北地区城市生活的发展情况作出展望。

最后,对中国近代东北地区城市生活史的研究整理,可以为我国挖掘东北地方特色文化资源提供研究储备,并希望以此推动东北地域文化振兴,从而为实现东北老工业基地全面振兴助力。

2. 研究方法创新

对任何问题的研究都离不开相应的研究方法,对中国近代东北地区城市生活史这一问题的研究亦是如此。城市生活涵盖很广,衣、食、住、行、乐无所不包,如此灵活多样的研究对象就决定了用一种或两种研究方法是无法实现对其进行全面深入的研究。因此,本书除了使用传统历史学的研究方法外,还兼用了社会学、经济学、人类学、民俗学、建筑学的一些理论和研究方法。

首先,采用文献梳理的方法,这是传统历史学研究的基本方法。历史学研究建立在对历史文献的整理基础之上,只有最广泛地占有史料,才能得出最客观的研究结论,因此,文献分析法是本书中使用最广泛的研究方法,也是最基础的研究方法。

其次,采用历史比较研究法,一定程度上保证区域研究的合理性与科学性。比较研究近年来在区域历史学研究中被广泛应用,探究其主要原因,是比较研究能够更直观地展现出特定历史时期不同地域间的共性与差异,从而更好地揭示各地的地域性特色,对社会文化史研究非常有帮助,因此,比较研究法也是本书依赖的主要研究方法。

再次,采用社会学中的调查问卷、人类学中的田野调查和民间访谈方法相结合来弥补文献资料的不足。调查问卷在社会学研究中经常使用,而田野调查和民间访谈在人类学中则应用较广,这几种方法类似于历史学中对口述史料的整理,通过这类方法得到的史料,需要考证,方可使用。但这类史料可以弥补文献资料记录的不足,这点与政协文史资料十分类似,这里不再赘述。

复次,运用数量分析等经济学方法进行定量分析,从而保障研究结论的精准性。数量分析法也是近年来在历史学研究中被广泛应用的研究方法,尤其在经济史、社会史研究中更是如此,采用这种方法可以更直观、更精确地展现出研究对象的各个细节,从而保障研究结论的精确性,因此,本书也大量运用数量分析方法进行研究。

最后,运用建筑学和城市规划学的相关理论与研究方法进行补充。由于本书的研究内容涉及一些近代东北地区的各式建筑及某些城市的规划问题,因此,也应用了一些建筑学和城市规划学的相关理论和方法,以期实现更好地研究效果。

3. 研究资料创新

由于研究视角的创新,本书所使用的资料不拘泥于传统史学的研究领域,许多传统的史学研究尚未使用的资料均得以应用,如诗歌、小说、访谈口述材料等。这些资料的使用也可以在一定程度上弥补传统资料对城市生活记录的不足。

(二)存在的问题

本书在力求创新的同时,也存在着诸多不足之处,归纳起来主要集中在以下三个方面:

首先,由于中国近代东北地区城市生活史的涵盖范围十分庞杂,涉及城市社会的方方面面,值得深入研究和思考的问题很多,但是囿于项目的研究时限,致使对于许多问题没有办法进行长期且深入细致的思考和研究。这也是在未来的研究中亟待加强的首要方面。

其次,关于中国近代东北地区城市生活史的资料很多,涉及近代东北社会的方方面面,可以称得上是浩如烟海,但是这些史料大多细碎异常,散落东北各地,为史料收集工作带来极大的困难。加之,大量的资料虽为本书的写作带来一定便利,但也为本书的写作带来了一定的困扰,如何在浩如烟海的资料中去伪存真、去粗取精着实让笔者头痛良久,生怕笔者学术功力有限无法驾驭。后在多位老师和研究先进的帮助和鼓励下,勉力成书。故本书尚且存在诸多不足之处,还请各位研究先进着力斧正。

最后,由于自身研究能力所限,笔者在许多问题上研究浅薄,立论虚浮,分析粗糙,亦有许多结论尚待商榷。此外,本书的研究内容涉及建筑学和城市规划学的某些研究领域,而笔者对建筑学和城市规划学研究尚浅,虽向相关专业人士竭力请教,然难免存在的谬误与不足之处,亦请诸位研究先进一并斧正,在此,多谢再三。

第一章　中国东北地区传统城市生活样态

由于受到自然环境、社会环境和城市发展等因素的影响，中国东北地区传统的城市和城市生活独具特色。明清两代，东北地区的城镇逐步发展兴起，但也多集中于南部地区，北部地区数量较少，只有吉林（旧称"吉林乌拉""鸡陵乌拉""乌拉城""船厂"等）、宁古塔、伯都讷、墨尔根、阿勒楚喀（今黑龙江省阿城市）等几座城镇稍具规模，其他边远地区更是处于半封建甚至原始社会的蛮荒时代。然而，为了能够更好地研究近代东北地区城市和城市生活的相关问题，对中国东北地区传统的城市和城市生活样态进行概述性分析就显得十分必要，只有这样才能窥见近代东北地区城市生活之门径。

第一节　近代以前东北地区的自然环境概况

人类与自然环境是相互依存、相互影响的，任何人类活动都离不开自然环境，城市作为人类活动的中心区域更是无法脱离自然环境而单独存在。近代以前的东北地区地理位置特殊，土地广袤，人口稀少，气候严寒干燥，自然资源丰富，具有极强的地域性特征。

中国东北地区大体位于北纬 38°45′至 53°42′，东经 116°00′至 135°00′之间，略呈倒三角形。广义上的东北地区不仅包含今天的辽宁省、吉林省和黑龙江省，还包括旧为东三省管辖的今内蒙古自治区东部的五个盟市，即呼伦贝尔市、通辽市、赤峰市、兴安盟、锡林郭勒盟及河北省的承德市和秦皇岛市，全境土地面积 147.33 万平方公里，约占全国土地面积的 15%。

东北地区自古以来即为中国领土，《周礼・职方氏》中就有“东北曰幽州，其镇山曰医巫闾”的记载。春秋时期为燕国故地，秦汉时期设辽东郡和辽西郡，魏晋时期设辽东、辽西、乐浪、昌黎、玄菟、带方等郡，唐朝设安东都护府，辽金则分东北地区为上京、东京、中京三道。至元二十四年（1287），元朝设立辽阳行省，统辖东北全境。洪武四年（1371）明太祖朱元璋在辽东设置定辽卫都卫，洪武八年（1375）改定辽卫都卫为辽东都指挥使司，下辖辽东二十五卫，一百三十八所，二州，一盟，后又封燕王于北平、封韩王于开原、封宁王于大宁（今赤峰宁城）、封辽王于广宁。（崇祯十七年、顺治元年）1644 年，明朝灭亡，清军入关，定鼎中原，后统一全国。清朝初年，清廷在东北设置了盛京将军、吉林（宁古塔）将军和黑龙江将军，统辖东北全境，定盛京为“陪都”，以东北为“龙兴之地”，对东北实行有别于中原的特殊治理办法。光绪三十三年（1907），东三省改制，裁撤盛京、吉林、黑龙江三将军，改置奉天、吉林、黑龙江三省，设巡抚，并设东三省总督。民国初年，将巡抚先后改称民政长（1913 年 1 月 8 日）、巡按使（1914 年 5 月 23 日），省长（1916 年 7 月 6 日）。1914 年 1 月，设立热河特别区，1928 年 9 月，改热河特别区为热河省，1929 年，东北政务委员会成立，废道制，并改奉天省为辽宁省，沿用至今。

表 1-1　有清以来东北四省设置沿革(1644—1931)①

	清	民　国
辽宁省	奉天府尹领二府四州八县 乾隆初设盛京将军 光绪三十三年置奉天省	民国三年领三道五十七县 民国十八年改称辽宁省,废道制,领五十九县
吉林省	顺治初设昂邦章京 康熙初设镇守吉林等处将军 光绪三十三年置省	民国三年领四道三十七县 民国十七年领三十九县 民国十八年废道制,领五十九县 民国十九年领四十二县(内设治局一)
黑龙江省	康熙二十二年镇守黑龙江等处将军	民国三年领三道二十三县四设治局 民国十七年领四道三十五县五设治局 民国十八年废道制,领四十一县一设治局 民国十九年领五十三县(内设治局十一)
热河省	雍正初设热河厅 乾隆五年设热河道属直隶省 光绪二十九年领承德、朝阳两府	民国三年改建热河特别区领一道十四县一设治局 民国十七年领一道十五县 民国十八年废道制,改建热河省 民国十九年领十八县(内设治局三)

近代以前的东北地区疆域辽阔,据龚柴在《满洲考略》中记载,康熙二十八年(1689)以前的东北疆域:“初土甚广,东西相距三千余里,南北三千二百余里,东尽大海,南界朝鲜渤海,西界内外蒙古,北逾外兴安岭,与俄属西伯利亚犬牙交错。”②另据杨宾在《柳边纪略》中记载:“东北柳条边内外设将军三,曰盛京将军、曰宁古塔将军、曰爱浑将军(即黑龙江将军),府尹一,曰奉天府尹,盛京将军、奉天府尹所属,东至兴京,西至山海关永平府界,南至海,北至发忒哈门柳条边,东北至威远堡门。设京二,曰兴京、曰盛京;府二,曰奉天府、曰锦州府;州三,曰辽阳州、曰宁远州、曰金州;县七,曰承德、曰海城、曰盖平、曰开原、曰铁岭、曰锦、曰广宁;城一,曰凤凰……宁古塔将军所属,东至东海,东南至希喀塔山海界,东北至飞牙喀海界,西至威远堡盛京界,南至土门江(图们江)朝鲜界,北至发忒哈边。爱浑将军所属,东至海,西至你不楮阿罗斯(尼

① 东北文化社编印处编:《东北年鉴》,东北文化社编印处 1931 年版,第 15 页。

② (清)龚柴撰:《满洲考略》,(清)王锡祺撰:《小方壶斋舆地丛钞》第 1 帙,第 2 册,光绪十七年(1891)上海著易堂排印本,第 139 页。

布楚俄罗斯)界,南至宁古塔界,北至海,以上不设郡县,无版图羁縻之国居多焉”。[①] 后经康熙二十八年(1689)中俄《尼布楚条约》、咸丰八年(1858)中俄《瑷珲条约》和咸丰十年(1860)中俄《北京条约》,中国东北地区先后失去中、东西伯利亚、外兴安岭、库页岛、千岛群岛、北至北冰洋、东北方向直到堪察加半岛和白令海峡的大片土地,遂缩减成今天的版图模样。

光绪三十年(1904)日俄战争后,东北地区又有南满和北满一说。南满指日本势力范围,而北满则指沙俄势力范围,“北满为黑龙江全省(内含呼伦贝尔)并包有吉林省之大部分,其境界,西南始于蒙古之哈拉哈,北接俄领后贝加尔州,从瑷珲河以黑龙江,乌苏里江为界。更南至绥芬河及东宁县国境”。[②] 此种划分方法是以长春及吉林一线为日本势力范围,以第二松花江线为分割线,但实际上南北满之间并没有明确的区划界线。不过笔者在具体叙述的过程中为了尊重并重现当时记录的原貌,也会出现“北满”和“南满”字样。

中国东北地区大部分处于与寒温带,只有南部沿海的少部分地区处于中温带,属于温带大陆性季风气候,冬季多刮西北风,夏季多刮东南风。受大陆性季风气候影响,东北地区四季分明,春秋季节温暖宜人,但是持续时间很短,一般只有两个月左右,夏季炎热潮湿,一般在6—8月间,冬季寒冷干燥,且时间较长,一般在10月中旬至第二年的4月上旬,大约持续六个月左右。《北满概观》中对中国东北北部的气候也有如下记述:“春秋二季甚短,冬夏则较长。冬季酷寒,气温著明低降,地下冻至数尺。”[③]通常在一年的4月左右,气温会急剧爬升,且冷暖多变,其间相差很大,7月中下旬至8月中旬,气温会到达一年中的最高值,9月下旬气温会突然降低,铁岭以北地区进入霜期,1月中下旬至2月上旬,气温会降至一年中的最低点。冬夏温差极大,夏季最高温度可达

① (清)杨宾撰:《柳边纪略》卷一,载金毓黻主编:《辽海丛书》第1册,辽沈书社1984年影印版,第236—237页。

② 哈尔滨满铁事务所编、汤尔和译:《北满概观》,上海商务印书馆1937年版,第1页。

③ 哈尔滨满铁事务所编、汤尔和译:《北满概观》,上海商务印书馆1937年版,第186页。

35℃左右,白天炎热如灼,早晚较凉,而且时有暴雨,因此,东北的夏日也不是热得难以忍受,冬季最低温度可达零下40℃左右,但民谚有“三寒四温”的说法,即冬天并不是持续严寒,其间多有暂时性回暖,可以缓和严寒的威力。

东北地区自东南而西北,年降水量自1000mm降至300mm以下,从湿润区、半湿润区过渡到半干旱区。每年6、7、8三个月是降水最多的时期,同时也是一年中日照时间最长的时期,这种雨热同期的自然环境非常有利于农作物生长,因此,东北地区的农业活动多集中在4月至9月间,“虽盛夏如京师八月,时地宜谷宜稗。三月播种,八月获刈,盖三月之前,地冻未开,八月以后,陨霜杀草,计于耜与涤场,时不过四月有余,不施粪溉,不加耕耨,可足终岁之用,土膏肥沃可知”。①

东北地区山水环绕,土地肥沃广袤,大、小兴安岭分列西北,长白山脉横亘西南,三面环绕之中分布着中国第一大平原——东北大平原,其中由北至南依次包括为精奇里——牛满平原、松嫩平原、辽河平原,向南直抵渤海海滨,一般海拔都在200米以下。黑龙江、松花江、嫩江、牡丹江、乌苏里江、满江、精奇里江、石勒喀河、斡难河、辽河、鸭绿江、图们江环绕其间,一并滋养了东北大地,孕育了东北城市和东北文化。东北地区地势外高内低,由西北向东南倾斜,呈“马蹄形”。东北地区地处边陲,区位偏僻,交通不便。由东北进入关内只有两条路线:一是陆路,经由辽西走廊或者蒙古草原过山海关、北古口进入华北地区;二是海路,经由辽东半岛乘船渡海至山东沿海登岸进入关内各地。加之地形相对封闭,使得东北地区易于形成自己独特的地域文化和东北人特有的性格特征。

东北地区独特的地形地貌,决定了它既有平原农耕地带、草原游牧地带、又有山区森林渔猎地带,“如果再结合民族、社会、文化等因素,大体可以分:汉满(朝)农耕文化区;蒙古草原游牧文化区;北方渔猎文化带(区)。由于各民族生产与生活方式的差异性,在地域上形成不同的分布区”。② 汉满(朝)

① (清)高士奇撰:《扈从东巡日录》卷下,载金毓黻主编:《辽海丛书》第1册,辽沈书社1984年影印版,第227页。

② 王广义:《近代中国东北乡村社会研究(1840—1931)》,光明日报出版社2010年版,第19页。

农耕文化区位于东北中部平原，是东北地区最大的文化区，这个文化区是由汉、满、锡伯、朝鲜等各民族文化逐步融合构成；在汉满（朝）农耕文化区的西部是蒙古草原游牧文化区，大体包括今天内蒙古东部及辽宁、吉林、黑龙江三省西部的部分地区，分为科尔沁草原、松嫩草原和呼伦贝尔草原三个主要部分，是东北地区第二大文化区，这个文化区以蒙古族的游牧文化为代表；在北部的山林地带为北方渔猎文化带（区），其中以活跃在三江流域的赫哲族文化为代表。不同的文化区的社会经济发展状况也不同，汉满（朝）农耕文化区的社会经济水平比蒙古草原游牧文化区的社会经济水平发展要高一些，而蒙古草原游牧文化区的社会经济水平比北方渔猎文化带（区）的社会经济水平发展也要高一些，而且在同一文化区内的发展水平也不同，南方辽河平原地带的社会经济水平比北方松嫩平原地带的社会经济水平就要高一些。此外，每个文化区之间并不是相互孤立的，由于长期而频繁的人口流动及其带来的民族交流与融合，使得各个文化区之间的交流相当频繁，因此，东北地区形成了三个文化区既互相影响又互相并存的形态。

中国东北地区自然资源丰富，动植物种类繁多。东北地区森林覆盖率高，漫长的冰雪消融期，非常有利于树木繁育生长，大小兴安岭、长白山脉等山岭地带均被森林覆盖，许多森林尚处于原始状态，人迹罕至。林中树木以松、柏、白桦、榛、榆、白杨、青杨、枫、柳、槐、榉、柞、椴、栎、桑、皂荚为主，杂以其他各类针叶、阔叶林木。正如《吉林通志》所载："丛林密树，鳞次栉比，阳景罕曜。如松柏及各种大树皆以类相从，不杂他木。林中落叶常积累数尺许，泉水、雨水至皆不能流，尽为泥滓，人行甚难。其地有熊及野豕、貂鼠、黑白灰鼠等物，皆资松子、橡、栗以为食，又产人参及各种药料，人多有不能辨识者，与南方湖南、四川相类。"①一望无际的科尔沁草原、松嫩草原和呼伦贝尔草原是东北地区重要的畜牧地区。茂盛的青草，众多的溪流，为人们带来了马、牛、羊、奶、乳酪等畜产

① （清）长顺等修、李桂林等纂：《吉林通志》卷六，《天章志》，光绪十七年（1891）刻本，第33页。

品。辽阔的东北大平原是主要的农耕地区,肥沃的黑土地含有大量腐殖质,十分有利于农作物生长,可以为人们提供大量的食物。稻、粱、粟、秫、黍、稷、蜀黍、稗、玉蜀黍、薏苡、芝麻、蓖麻、苏、大麻、小麦、大麦、荞麦、穬麦、大豆、小豆、绿豆、豌豆、蚕豆、豇豆、扁豆、菜豆、刀豆等粮食作物,韭菜、葱、蒜、萝卜、胡萝卜、芦笋、茄、木耳、蘑菇、冬瓜、南瓜等蔬菜,松子、榛子、苹果、李、杏、桃、梨、山楂、板栗、葡萄、樱桃、西瓜等干鲜果品,鸡、鸭、鹅、狗、猪、牛、羊、马、驴、骡等家禽家畜,都是东北大平原代表性的农产品。渤海、黄海以及数量众多的江河湖泊出产鲫鱼、鲢鱼、鳟鱼、带鱼、青鱼、黄花鱼、东珠、虾、蟹、河蚌、海参、蚬、螺等各色鱼类、珍珠和贝类。此外,东北地区还蕴藏十分丰富的矿产资源,诸如金、银、铁、玉、煤炭、宝石等。

东北地区不仅拥有丰富的自然资源,还拥有独具地域特色的物产资源。俗语说:“关东有三宝,人参、貂皮、乌拉草。”其中的人参、貂皮和乌拉草就是东北地区独有的特色物产,人参,“俗称棒槌,有巴掌、灯台、二夹子、四披叶、五披叶、六披叶之名。产于吉林省乌苏里、绥芬、英俄岭等处深山树木丛林之地。秉东方生发之气,得地脉淳精之灵,生成神草,为药之属极上上品”。① 貂皮,“吉林、宁古塔、三姓、阿勒楚喀诸山林多有之。甚轻暖。英俄岭以南者,色黄;岭北者,色紫黑。三姓、下江、黑津,皮极高”。② 乌拉草,“吉林山内所产尤为细软。北地严寒,冰雪深厚,凡穿乌拉或穿塔塔马者,必将乌拉草锤熟垫于其内。冬夏温凉得当,即严寒而足不觉冻,此所以居三宝之一也”。③ 除此之外,还有狐、东珠、桦皮、松子、海参、鹿茸、虎骨胶、熊胆、膃肭脐、五味子、七里香等。

东部和北部山区的山林资源,西部草原区的畜牧业资源,南部沿海地区的

① (清)萨英额撰:《吉林外纪》卷七,《物产》,李澍田主编:《长白丛书》初集,吉林文史出版社1986年版,第112页。

② (清)萨英额撰:《吉林外纪》卷七,《物产》,李澍田主编:《长白丛书》初集,吉林文史出版社1986年版,第109页。

③ (清)萨英额撰:《吉林外纪》卷七,《物产》,李澍田主编:《长白丛书》初集,吉林文史出版社1986年版,第110页。

海洋资源，中部的农业资源，这些丰富的自然资源提供了人们生产生活所需的一切物质资料，“取之不尽用之不竭”可以说是对近代以前东北地区自然资源情况的准确描述，“棒打狍子瓢舀鱼，野鸡飞进饭锅里”，亦是当时东北地区物产之丰富，人们获取容易的真实写照。

近代以前的中国东北地区地处偏远，交通闭塞，冬季严寒漫长，属苦寒之边地，加之清代为了确保“龙兴之地”民风之淳朴，施行了二百余年的封禁政策，使得直至近代整个东北地区均处于地广人稀，生产落后，一片待开发的原始状态。因此，东北地区的自然环境基本保持原生态，生态环境很好，人为破坏程度极低。

如清人高士奇在《扈从东巡日录》中所述：“太祖高皇帝攻取乌喇地为我有，山多黑松林结松子甚巨。”①又如：“壬戌，过哈达城，城在众山间，弹丸地耳。材木獐鹿甲于诸处，每合围獐鹿数百，常开一面释之。”②足见清代前期东北地区森林茂密，獐鹿等野生动物众多，生态环境几乎没有任何人为破坏的痕迹。

随着偷越柳条边到东北“闯关东”谋生的人越来越多，加之清初流放犯人至尚阳堡、宁古塔等地，人们开始对东北地区进行初步而原始的开发，东北地区的生态环境遭到了初步破坏，“惜四山树木为居人所伐，鬱葱（郁葱）佳气，不似昔年耳”。③ 到了近代，列强势力入侵，对东北地区的生态环境破坏更加严重，“自俄力东渐，中东铁路沿线附近森林，俄人任意采伐，毫无限制”。④ 由于森林遭到无节制的砍伐，加之草原沙化，无力阻挡西北风带来的沙尘，东北

① （清）高士奇撰：《扈从东巡日录》卷下，载金毓黻主编：《辽海丛书》第1册，辽沈书社1984年影印版，第227页。

② （清）高士奇撰：《扈从东巡日录》卷下，载金毓黻主编：《辽海丛书》第1册，辽沈书社1984年影印版，第225页。

③ （清）杨宾撰：《柳边纪略》卷一，载金毓黻主编：《辽海丛书》第1册，辽沈书社1984年影印版，第242页。

④ 万福麟监修，张伯英总纂，崔重庆等整理：《黑龙江志稿》卷二二，《财赋志·森林》，《黑水丛书》上册，黑龙江人民出版社1992年版，第1042页。

地区出现了沙尘暴天气,"每年五六月,有所谓蒙古风,黄尘蔽天,势不可挡者往往有之"。①

针对东北地区生态破坏的现象,东北地方政府也相应地采取一些措施加以保护。宣统三年(1911),东三省总督锡良即奏报:"奉省天然森林多在鸭、浑沿江一带,徒以历年采伐无节,渐失旧观。现已将该处森林区域详细调查,并立保护章程,轮伐方法,严饬各地方官实力奉行。又饬劝业道编纂森林警察讲义,加入乡镇巡警课程之内,俾将来分派各处,均有保护森林知识。此外,则人造林甚少,现由种树公所采取东西各国籽种,造林一千六百余亩,作全省模范,民间闻风颇相仿效。"②虽然近代东北地方政府对东北地区生态环境加以保护,但从整体来看,收效不大。近代的东北地区仍旧处于开发与生态环境破坏并存的进程之中。

总之,近代以前的东北地区疆域辽阔,地理位置特殊。山水环绕,土地肥沃广袤,既有平原农耕地带、草原游牧地带、又有山区森林渔猎地带。四季分明,春秋季节温暖宜人,夏季炎热潮湿,冬季寒冷干燥,且时间较长。自然资源丰富,动植物种类繁多,森林覆盖率高,自然环境基本保持原生态,生态环境很好,人为破坏程度极低,完全处于地广人稀,生产落后,一片待开发的原始状态。这种极具地域性特征的地理区位、优良的自然环境和丰富的自然资源,为近代东北地区城市和城市生活的形成与发展奠定了环境基础。

第二节　中国东北地区的传统城市样态

中国东北地区传统城市的发展相对缓慢,城市数量相对较少,城市规模较

① 哈尔滨满铁事务所编、汤尔和译:《北满概观》,上海商务印书馆1937年版,第185页。

② 中国科学院历史研究所第三所主编:《锡良遗稿·奏稿》卷七,《陈报奉省办理农林工艺大概情形折》(宣统三年二月十九日),中华书局1959年版,第1276页。

小，人口增长平缓，城市居民稀少，但增长较快。由于东北各个地区社会经济发展情况并不均衡，东北地区各个城市的发展情况也各有不同，有些城市的发展过程极具地域性特点。

“城市”这一名词是由“城”和“市”组成的。按照许慎《说文解字》的说法：“城，以盛民也”，“市，买卖所之也”。“城”是地域概念，是指用城墙围起来的人口密集区域；“市”是经济概念，是指商品交换买卖的地点。由此可见，商业的兴起导致了城市的出现，而城市的发展也是经济发展的必然结果。然而，中国东北地区的传统城市（类似今天的“城镇”）却不是按照这个规律发展而来的。中国东北地区的传统城市几乎都经历了从军事要塞到城镇，在近代工业引入后，又迈向城市，这样一个发展过程，这与国内其他地区城市产生的过程有很大不同，极具地域特色。

中国东北地区的城市出现较早。早在公元前300年前后的春秋时期，燕国在北击东胡的过程中，在辽东、辽西地区就设立了上谷、渔阳、右北平、辽西、辽东五郡。“公元前128年，西汉政府正式在今沈阳地区设置了侯城县，成为辽东郡所属的十八个县之一”①，中国东北地区的城市历史由此开始。但此时的东北城市只能称之为城邑或军事要塞，这与今天的城市或城镇区别很大。这类城市通常只具有军事职能，并不具备政治及经济职能。后历经魏晋南北朝、隋唐、宋辽金元各个时期，东北地区先后出现了上京龙泉府（今黑龙江宁安）、黄龙府（今吉林农安）、辽阳府、他虎城（今吉林前郭尔罗斯蒙古族自治县）、熊岳城、银州（今铁岭）、白城（今黑龙江阿城）、沈阳等城市。明清之际，明朝中央政权出于对东北少数民族政权的军事目的在辽西地区先后修建了宁远（今兴城）、中后所（今绥中）、广宁（今北镇）、锦州、义州（今义县）、盘山等一批极具军事功能的城市。清代东北地区的许多城市也是出于军事目的建设而成的，如吉林乌拉城（今吉林省吉林市）。吉林乌拉，史籍中也称“乌拉鸡

① 张志强：《沈阳城市史》，东北财经大学出版社1993年版，第23—24页。

陵、稽林乌啦、乌拉城、船厂"等,其中"船厂"就是因顺治十八年(1661)"昂邦章京萨儿吴代造船于此,所以征俄罗斯"①而得名,后康熙十五年(1676)春,"移宁古塔将军驻镇于此,建木为城,依江而居,所统新旧满洲兵二千名,并徙直隶各省流人数千户居此"。② 又如黑龙江瑷珲城(今黑龙江省黑河市爱辉区)。"黑龙江爱浑城在船厂东北……太祖命达尔汉顺科落巴图鲁征之,后朝贡为羁縻国。康熙十三年(1673),始筑城。二十二年(1682),设(黑龙江)将军一员、梅勒章京三员(满洲一、水手一、索伦一),满洲披甲千人,索伦披甲千人,所谓黑龙江新披甲是也(凡强盗、偷盗免死者多给为奴)。大船四十,花船七十,桨船十七,而以船厂宁古塔流人为水手、帮儿各八百二十四人。二十九年(1689)将军统其半驻墨尔根,以卫索伦。"③由此可见,清代尤其是在清前期东北地区的城市多属军镇,其经济职能很少,尚不能构成完整意义上的城市。正如东北师范大学曲晓范教授在《近代东北城市的历史变迁》一书中所述:"这些城市均因军事统治或政治建制而兴建,普遍是只有城,而缺少因商业而形成的市(渤海政权的个别城市除外),所以城市的形貌不完备。"④

随着关内移民不断涌入,东北地区人口增加,土地开垦面积扩大,中原先进生产技术被移民带来。并得到推广,东北地区农业生产的基本轮廓大致形成,农业经济快速发展。在农业发展的同时,商业、手工业随之兴起,促使东北地区城市经济快速增长。在这样的总体环境下,东北地区原有的一些军镇兼有了经济职能,并逐步发展成为真正意义上的城市。

---

① (清)杨宾撰:《柳边纪略》卷一,载金毓黻主编:《辽海丛书》第1册,辽沈书社1984年影印版,第239页。

② (清)高士奇撰:《扈从东巡日录》卷下,载金毓黻主编:《辽海丛书》第1册,辽沈书社1984年影印版,第226页。

③ (清)杨宾撰:《柳边纪略》卷一,载金毓黻主编:《辽海丛书》第1册,辽沈书社1984年影印版,第241页。

④ 曲晓范:《近代东北城市的历史变迁》,东北师范大学出版社2001年版,第3页。

明永乐三年(1405),明成祖朱棣“立开原马市(在开原南门外,通女直交易)、抚顺马市(在抚顺所,通建州交易)、广宁马市(在团山堡,通朵颜、泰宁、福余三卫交易)”。① 明成化十四年(1478),明宪宗又设立庆云马市(在庆云堡,通海西、黑龙江交易),用布帛、粟米、杂货与东北少数民族交易马匹。辽东马市大大促进东北地区商品经济的发展。加强了东北与中原之间的相互交流,为东北城市增添了经济职能,上述四地也都获利于马市,日后均发展为东北地区较早的几个城市。

其他的城市如宁古塔(今黑龙江宁安),本作为军事重镇设立,后来随着关内流人日益增多,商品经济日趋发展,城中从事商业的人数也越来越多,城市的经济职能也越来越重要。正如清人杨宾在《柳边纪略》中所记载:“宁古塔多业农贾,贾者三十六,其在东关者三十有二,土著者十,市布帛杂货,流寓者二十二,市饮食;在西关者四,土著,皆市布帛杂货。”②

除了原有的军事城镇,一批新市镇逐渐兴起,东北地区城市的数量也随之增加。据明人任洛在《辽东志》中记载,明朝在东北地区共有十五座城,分别是:“辽阳、广宁、(广宁)右屯、义州、锦州、宁远、(广宁)前屯、开原、铁岭、沈阳、海州(今海城)、盖州、永宁监(今瓦房店永宁镇)、复州(今瓦房店)、金州(今大连市金州区)”。③ 清统一全国后,东北地区的城市数量又有了新发展。至道光二十年(1840),“奉天省有十七城,包括盛京(今沈阳)、辽阳、开原、兴京(今新宾)、铁岭、抚顺、牛庄(今营口)、凤凰(今凤城)、熊岳、岫岩、金州、复州、盖州、广宁、宁远、锦州、义州。吉林省有八城:吉林、宁古塔、三

① (清)杨宾撰:《柳边纪略》卷三,载金毓黻主编:《辽海丛书》第1册,辽沈书社1984年影印版,第251页;(清)杨同桂撰:《沈故》卷一,《明之马市》,亦有记录:“明成祖永乐三年,因福余卫部内属设辽东开原、广宁马市,各去城四十里”(金毓黻主编:《辽海丛书》第1册,辽沈书社1984年影印版,第290页)。

② (清)杨宾撰:《柳边纪略》卷三,载金毓黻主编:《辽海丛书》第1册,辽沈书社1984年影印版,第254页。

③ (明)任洛等纂:《辽东志》卷二,《建置志·城池》,载金毓黻主编:《辽海丛书》第1册,辽沈书社1984年影印版,第369—371页。

姓(今依兰)、伯都讷(今松原)、阿勒楚喀(今阿城)、拉林(今五常县拉林镇)、双城堡、珲春。黑龙江省有六城:齐齐哈尔、瑷珲(今属黑河市)、墨尔根(今嫩江)、呼兰、海拉尔、布特哈(今龙江市东北)。总计三十一城"①,至道光三十年(1850),东北地区已经有大约五十个城市,"其主要城市有奉天(今沈阳)、金州、辽阳、海城、锦州、兴京、三姓、瑷珲、卜奎(今齐齐哈尔)、吉林乌拉(今吉林)、海拉尔、呼玛、复州、牛庄、盖平、铁岭、开原、昌图、凤凰城、新民、千金寨(今抚顺)、本溪、伯都讷、珲春、阿勒楚喀(今阿城)、双城堡、呼兰、拉林、舒兰等"。②

虽然,在清代,东北地区的城市有较大发展,城市数量也增长很多,但相对于中国的其他地区,东北地区仍属于城市发展的低度增长区。"据美国斯坦福大学的中国城市史专家施坚雅教授估算统计,道光二十三年(1843)华北地区的市镇总数约为416个,城市人口占人口总数的4.2%。城市人口比例最高的为长江下游地区,约为7.4%。城市人口比例较低的为云贵地区,约4%,其城镇总数为52个。"③当时东北地区的城市数量和城市人口比例与云贵地区接近。

表1-2 19世纪中国八大区城市发展状况④

区域	1843年				1893年			
	城市数量	城市人口(千人)	总人口(百万人)	城市人口比重(%)	城市数量	城市人口(千人)	总人口(百万人)	城市人口比重(%)
长江下游	330	4930	67	7.4	270	4750	45	10.6

① 杨余练等:《清代东北史》,辽宁教育出版社1991年版,第457页。

② 曲晓范:《近代东北城市的历史变迁》,东北师范大学出版社2001年版,第5页。

③ [美]施坚雅(G.W.Skinner),王旭等译:《中国封建社会晚期城市研究》,吉林教育出版社1991年版,第74页。

④ [美]施坚雅(G.W.Skinner),王旭等译:《中国封建社会晚期城市研究》,吉林教育出版社1991年版,第74页。

续表

区域	1843 年				1893 年			
	城市数量	城市人口(千人)	总人口(百万人)	城市人口比重(%)	城市数量	城市人口(千人)	总人口(百万人)	城市人口比重(%)
岭南	138	2044	29	7.0	193	2863	33	8.7
东南	125	1515	26	5.8	138	1668	26	6.4
西北	119	1408	29	4.9	114	1301	24	5.4
长江中游	303	3777	84	4.5	293	3905	75	5.2
华北	416	4651	112	4.2	488	5804	122	4.8
长江上游	170	1950	47	4.1	202	2503	53	4.7
云贵	52	445	11	4.0	81	714	16	4.5
总计	1653	20720	405	5.1	1779	23513	394	6.0

此外,中国东北地区传统城市的规模较小。以清初的沈阳城为例,天聪五年(1631),“因旧城增拓其制,内外甎(同“砖”)石,高三丈五尺,厚一丈八尺,女墙七尺五寸,周围九里三百三十二步,四面垛口六百五十一,敌楼八座,角楼四座。改旧门为八,东向者,左曰抚近,右曰内治;南向者,左曰德胜,右曰天祐;西向者,左曰怀远,右曰外攘;北向者,右曰福胜,左曰地载”。① 当时的沈阳城是东北地区规模最大的城市,其规模相较而言也算不上大。而且有些城市历经风雨侵蚀,损毁严重,面貌全无。如清人高士奇在《扈从东巡日录》中就有如此记载:“顺治十年(1653),以辽东为辽阳府内设辽阳县。十四年(1657),罢府治。康熙三年(1664),改为辽阳州。砖瓷缺剥,睥睨

① (清)吕耀增等修纂:《盛京通志》卷五,《京城志》,全国图书馆文献微缩复制中心:《中国边疆史志集成·东北史志》,第1部,第1册,新华书店2004年版,第293页。

无存,辽时故宫亦惟茂草,鼪鼯不得过而问矣"①,"癸巳,过铁岭县,颓然一垣,仅御牛马"。② 又如清人杨宾在《柳边纪略》中所记载:"宁古塔四面皆山,虎儿哈河绕其前,木城周二里半,东西南各一门,外为土城,土城本周十里,四面有门,今皆圮,惟临河西南面壁立耳。"③

城市居民数量的多少、结构如何是研究城市社会生活的基础,只有弄清楚这些,才能更好地研究人在城市社会生活中的影响,进而探究其中蕴藏的兴衰规律。然而,在各类史料中,针对城市居民数量的记载并不明确,再加上东北地区是一个移民社会,城市居民的流动性极大,因此,很难对城市居民的相关数据进行精确统计,这也为该问题的研究增加了难度。

近代以前的东北地区土地辽阔,人烟稀少,北部的吉林、黑龙江地区,地域辽阔,从事游牧和渔猎为生的原始居民人口极少。清代前期,虽不断有满、汉人口迁入,终不能改变其地广人稀的根本面貌。18 世纪 70 年代,其总人口尚不足全国的千分之四,至 20 世纪初也不过全国的百分之五,至 1820 年前后,"吉林统计人口为 11847 户,566574 名口;黑龙江为 28465 户,167616 名口"。④ 此外,东北地区的人口增长幅度在近代以前也基本处于平缓状态,这种状态一直持续到 19 世纪末。在 20 世纪的第一年即 1900 年,东北地区的人口就出现了大幅增长,这在吉林大学赵英兰教授所制的《清代东北地区人口数量统计》一表中有着明确的反映。这种人口数量上的变化与清代施行的"封禁政策"有很大关系,由于清代的"封禁政策"并非本书的主要研究内容,笔者在这里就不再展开论述。

---

① (清)高士奇撰:《扈从东巡日录》卷下,载金毓黻主编:《辽海丛书》第 1 册,辽沈书社 1984 年影印版,第 230 页。

② (清)高士奇撰:《扈从东巡日录》卷下,载金毓黻主编:《辽海丛书》第 1 册,辽沈书社 1984 年影印版,第 229 页。

③ (清)杨宾撰:《柳边纪略》卷一,载金毓黻主编:《辽海丛书》第 1 册,辽沈书社 1984 年影印版,第 241 页。

④ 姜涛:《中国近代人口史》,浙江人民出版社 1993 年版,第 138 页。

表 1-3　清代东北地区人口数量统计①

单位:人

年份	人口	年份	人口	年份	人口	年份	人口
1644	400000	1833	2927858	1857	3658888	1881	5337382
1661	356196	1834	2937658	1858	3672134	1882	5221013
1685	390406	1835	2950620	1859	3684367	1883	5499722
1724	533313	1836	2962365	1860	3696806	1884	5586565
1749	692634	1837	2975112	1861	3707820	1885	5688255
1757	728034	1838	2986961	1862	3718483	1886	5786657
1762	1007046	1839	2997613	1863	3741813	1887	5674537
1767	1057622	1840	3009872	1864	3747244	1888	5970870
1771	830836	1841	3020694	1865	3766600	1889	6081186
1776	895071	1842	3033044	1866	3784487	1890	6173936
1780	953328	1843	3045839	1867	3801690	1891	6319274
1781	915318	1844	3284322	1868	3825566	1892	6468711
1786	1193943	1845	3313808	1869	3844073	1893	6704189
1787	1201795	1846	3336045	1870	3915147	1894	6807542
1788	1214145	1847	3355172	1871	4027279	1895	6958424
1789	1225214	1848	3376471	1872	4139435	1896	7171703
1790	1234284	1849	3394939	1873	4251412	1897	7399126
1791	1243652	1850	3414624	1874	4363444	1898	7605588
1812	1544184	1851	3427380	1875	4475394	1900	12000000
1819	2403937	1852	3585912	1876	4697691	1906	13000000
1820	2470713	1853	3599776	1877	4798648	1907	13780997
1830	2892467	1854	3616149	1878	5108228	1908	17156000
1831	2905374	1855	3631520	1879	5080558	1910	16925308
1832	2916766	1856	3645478	1880	5259482	1911	19964226

尽管近代以前东北地区人口增长的幅度不大,但是在清中期,随着东北地

① 赵英兰:《清代东北人口社会研究》,社会科学文献出版社 2011 年版,第 41—42 页。

区城市经济的发展,商业活动的增加,东北地区城市人口增长很快。以奉天府为例,“康熙二十四年(1685),奉天府人丁一万三千一百七十一……雍正二年(1724),奉天府人丁亿万八千六百二十三……雍正十一年(1733),奉天府人丁二万三千四百四十四”[①],四十八年间人口翻了近一倍。又如吉林府,“康熙五十年(1711),吉林民丁三万三千二十五。乾隆三十六年(1771),新编民户八千八百五十六,丁口四万四千六百五十六。乾隆五十四年(1789),编审民户二万二千五百十三,丁口十一万四千四百二十九”[②],七十八年间人口翻了近四倍。再如长春城,在清中期,长春只是一个叫做长春堡的小居民点,“长春设治之初,丁口不满七千。百余年来,生息休养,几增至六十万。以嘉庆十六年(1811)编定六万一千七百五十五丁口之数比例,以求民户激增之速,乃至六十倍矣。劳本蕃衍,于斯为盛”。[③] 近代以前东北地区城市人口的增长速度由此亦可见一斑。

中国东北地区传统城市中四民皆有,士、农、工、商各安其职。中国传统封建社会以农业为主,男耕女织是其最主要的外在表现形式。中国东北地区的传统城市亦不例外。东北地区平原辽阔,适于农业发展,因此,农业人口占总人口的绝大部分,而士、工、商三民则构成了中国东北地区传统城市人口的主体。

中国东北地区传统城市中的“士”是由清代流人群体发展而来。所谓流人,就是清代因政治或文字获罪被流放到东北、云贵、新疆等边远地区的“人犯”。其中以流放到东北地区的“人犯”最多,这些“人犯”逐渐形成了流人群体,并逐步发展成中国东北地区传统城市中“士”的主体。这些“士”或做商

---

① (清)吕耀增等修纂:《盛京通志》卷二三,《户口志》,全国图书馆文献微缩复制中心:《中国边疆史志集成·东北史志》,第1部,第3册,新华书店2004年版,第1165—1167页。

② (清)长顺等修、李桂林等纂:《吉林通志》卷二八,《食货志一·户口》,光绪十七年(1891)刻本,第1页。

③ 张书翰等修、金毓黻等纂:《长春县志》卷三,《食货志七·户口附外侨》,民国三十年(伪满康德八年,1941年)铅印本,第1页。

贾，或做掌柜，或做老师，每年的收入也很多，可谓生活富足。“文人富则学贾，贫而通满语则代人贾，所谓掌柜者也，贫而不通满语则为人师。师终岁之获，多者二三十金，少者十数金而已，掌柜可得三四十金。”①且东北风俗以文人为贵，因此“士”在中国东北地区的传统城市中享有较高的社会地位，“贾者皆流人中之尊显而儒雅者，与将军辈皆等夷交，年老者且弟视将军辈，况下此者乎？”②

明清之际，中国东北地区传统城市中已有许多手工业者，这些人构成了东北城市中“工”这一群体。在赫图阿拉城“老乙可赤（即努尔哈赤）城周回八十余里许……甲匠十六名，箭匠五十余名，弓匠二十余名，冶匠十五名，皆是胡人，无日不措矣”。③ 在盛京城还设有八旗工匠，门类繁多，工种齐全。“供三陵之服役者，有瓦、石、铁、木、油、漆、画、裱、染、铜、锡、皮、镟、鼓各匠，及裁缝、搭材、绳、雕銮、筛箩、锁头、炉头等匠。又由王公门下拨应拧丝匠、镀匠、锞子匠、染纸匠、花瓶匠，名色甚伙。几备考工记攻金、攻木、攻皮、设色、刮磨、砖埴诸工。而内务府供三陵者，又有酒房、酱房、粉房、碾房、织造等库，亦可见其时百工之具（俱）备。”④

中国东北地区传统城市中的“商”既有本地土著也有外来客商，其中外来“商贾多直隶、山东、山西人，亦间有江浙商人，售南中土宜者。土人服贾远方，惟贩运人参、鹿茸及各种药材而已”。⑤ 此外，每到集市之期，东北地区各个城市也是商贾云集，十分热闹。清人徐宗亮在《龙江述略》中就有如此记

① （清）杨宾撰：《柳边纪略》卷三，载金毓黻主编：《辽海丛书》第1册，辽沈书社1984年影印版，第255页。

② （清）杨宾撰：《柳边纪略》卷三，载金毓黻主编：《辽海丛书》第1册，辽沈书社1984年影印版，第255页。

③ 吴晗辑：《朝鲜李朝实录中的中国史料》第6册，上编，卷三五，《李朝宣祖实录》，宣祖二十八年十一月乙未（1595），中华书局1980年版，第2167页。

④ 王树楠、吴廷燮、金毓黻等纂：《奉天通志》卷一一四，《实业二・工业》，东北文史丛书编辑委员会点校，1983年版，第2557页。

⑤ （清）长顺等修、李桂林等纂：《吉林通志》卷二七，《舆地志十五・风俗》，光绪十七年（1891）刻本，第2页。

载:"纳貂之期,各部大会于齐齐哈尔城,卓帐荒部,皮张山积,商贾趋之如骛。"①正是这些来往客商繁荣了城市经济,为中国东北地区传统城市的发展注入活力。

综上可见,中国东北地区传统城市的发展相对较慢,城市数量相对较少,城市规模较小,不能等同于今天意义上的城市,最多只能类似今天的城镇,且中国东北地区的传统城市几乎都经历了从军事要塞到城镇,在近代工业引入后,又迈向城市,这样一个发展历程。近代以前东北地区的总体人口增长平缓,城市居民较少,但增长较快。在中国东北地区的传统城市中,士、农、工、商各安其职,百工齐备,门类繁多,流人群体逐步发展成为"士"的主体,收入颇丰,生活富足,享有较高的社会地位,来往客商也为东北地区的城市发展带来了无尽的动力。

第三节　中国东北地区传统城市生活样态

中国东北地区传统的城市生活简单朴实,民风质朴豪爽,带有浓郁的东北少数民族文化特质。由于中国东北地区是满族的发祥地,因此,在中国东北地区的社会生活中带有很强的满族文化特征。中国东北地区传统的城市生活也是如此,其中保留了大量的满族生活习俗,这与国内的其他地区差别很大,极具地域特色。此外,由于社会经济发展情况并不均衡,近代以前东北地区各个城市的传统城市生活情况也各有不同,甚至有些城市的传统城市生活特色鲜明,极富个性。

谈起社会生活,首先就要提到衣食住行。"柴米油盐酱醋茶"这是每个人一睁开眼睛就能想到的首要事情,它不仅满足了人们最基本的物质生活需要,

---

① (清)徐宗亮纂修:《龙江述略》卷四,《贡赋》,光绪十七年(1891)刊本,第2页,《中国方志丛书·东北地方·第3号》全一册,台北成文出版有限公司1969年影印版,第131页。

也构成了社会生活的主体部分。中国东北地区传统的城市生活也如此，以衣食住行构成了城市生活的最基础形式，我们亦可从中看出当时城市生活的基本样态。

中国东北地区传统的城市生活朴实自然，甚至在某些方面还很原始。如清人杨宾在《柳边纪略》中所载：顺治十二年（1655），“满洲富者缉麻为寒衣，擣（同“捣”）麻为絮，贫者衣麞鹿皮，不知有布帛……有拨什库（俗称：千总）某得予一白布，缝衣，元旦服之，人皆羡焉。今居宁古塔者，衣食粗足则皆服绸缎，天寒披重羊裘或猞猁、狲、狼皮打呼（皮长外套），惟贫者乃服布”。[①]《柳边纪略》又载：“牛鱼，鲟鱼也，头略似牛，微与南方有别，然土人直呼为鲟，惟中土人或谓之为牛耳，重数百斤或千斤，混同（即松花江）、黑龙两江，虎儿哈河皆有之，最不易得，得之，则群聚而饕食之。”[②]由以上两则材料可以看出，在清前期，东北地区的人们不知布帛为何物，多以麻、兽皮制衣，而打到鲟鱼也一起分食，这些文化现象都展现出这样一个特点，即在当时东北地区的社会生活中保留有一些原始社会部落生活所具有的生活习惯，这与同时代的中原汉族文明相比是较为落后的。至清中期，随着流人和往来客商日益增多，他们带来的中原文化和生活方式也渐渐为东北地区城市居民所接受。

在中国东北地区的传统城市中，城市男子平时普遍穿灰、黑、蓝色棉袍、青色马褂、白袜、青鞋。多用大布、花旗布之类的棉布制成。农民自己织成的棉织布，即“家织布”，因其“尤为坚实耐用，一衣可御数冬”[③]，也很受城市居民喜爱。夏天则以蓝布、麻布、绸缎面料的裤褂为多。两侧开衿、长度过膝的长衫只有在外出时穿着。农民出于劳动便利多是短衣打扮。东北地区的冬季漫

① （清）杨宾撰：《柳边纪略》卷三，载金毓黻主编：《辽海丛书》第1册，辽沈书社1984年影印版，第254页。

② （清）杨宾撰：《柳边纪略》卷三，载金毓黻主编：《辽海丛书》第1册，辽沈书社1984年影印版，第257页。

③ 王树楠、吴廷燮、金毓黻等纂：《奉天通志》卷九九，《礼俗三·衣服》，东北文史丛书编辑委员会点校，1983年版，第2280页。

长严寒,人们为了保暖,多穿毡鞋,老年人还会在毡鞋内衬以羊皮袜子,俗称“狗皮袜头”。中年人在出远门的时候常穿靰鞡[①],也有穿高腰皮靴的,内穿毡袜,既轻便又暖和,俗称“蹚土马”。春秋两季,东北地区的城市居民多穿夹鞋,夏季,多穿布鞋,以青色为多,贫苦人家或光脚或穿草鞋。帽子也是种类繁多,冬季,城市居民多“耳朵帽”,“耳朵帽”是毡帽的一种,颜色多黑色或褐色,帽子上缀皮面,有左右两个耳朵,用来保护耳朵、脸颊和头部,防止冻伤。富贵人家更喜欢戴“四喜帽”,因为帽子四面突出的皮耳朵,也称为“四块瓦”。“四喜帽”多用貂皮、狐狸皮或者灰鼠皮制成,内有缎衬,春秋两季则戴小帽,俗称“帽头”。旗籍士绅多在帽头上缀以“帽正”,“帽正”就是在帽头的正前方镶缀一块碧玉(或者翡翠、珍珠)等宝石。吉林地区,在春秋两季人们也有戴圆形白毡帽的,俗称“关东白帽子”。[②] 黑龙江呼伦贝尔、布特哈、兴安岭地区的蒙古、达斡尔、鄂温克等部族多用鹿、麈、麃的皮毛缝制衣裤,赫哲族人“衣服用布帛这少,寒时着狍鹿皮,暖时则以鱼皮制衣服,鱼皮成熟则软如棉,薄而且坚”。[③] 女子服饰满汉不同且更为多样。满族妇女一年四季着长衫,两侧不开衿,以区别于男式长衫,裤脚束起,不缠足,穿平底鞋或底高寸许、前后微缺的“寸底鞋”。梳京头(也叫“两把头”),冬季戴皮帽,帽檐上缀以海豹皮毛,名曰“坤秋帽”。富贵人家穿绸裹缎、披金戴银,贫穷人家荆钗布袍。此时的汉族妇女在服饰上效法满族,平日多穿着的衫、袍,根据时令不同,还穿着坎肩、耳包等,材质以棉、夹、布、丝等为多。

---

① 靰鞡,也作“护腊”,满语革履的意思。据清人杨同桂撰:《沈故》记载:“原始辽东军人著靴名曰‘护腊’,今东三省之靰鞡盖音相沿而讹也”[(清)杨同桂撰:《沈故》卷一,载金毓黻主编:《辽海丛书》第1册,辽沈书社1984年影印版,第308页]。又据清人杨宾撰《柳边纪略》记载:“护腊,革履也。絮草、毛于中,可御寒”[(清)杨宾撰:《柳边纪略》卷三,载金毓黻主编:《辽海丛书》第1册,辽沈书社1984年影印版,第256页]。

② 刘爽:《吉林新志》下编,《第三章人民 · 第五节衣食住》,辽东编译出版社民国二十三年(伪满康德元年,1934年)版,第77页。

③ 万福麟监修,张伯英总纂,崔重庆等整理:《黑龙江志稿》卷六,《地理志 · 风俗婚嫁》,《黑水丛书》上册,黑龙江人民出版社1992年版,第265页。

“民以食为天。”饮食是人类生存中最基本的生活需要,饮食风俗与人们所处的自然环境、生产方式以及地域文化有着直接联系,也是三者共同作用形成的。在近代以前的东北地区,除了南部地区与中原接触较多深受汉族饮食文化影响之外,其余的广大地区则是以满族习俗为主的饮食习惯。

早期的满族以采集和渔猎为生。受此影响,满族人以肉食为主,兼食谷物和采集来的山野菜,多用煮、晒、烤等简单的烹调方法,没有炒菜的习惯。狩猎得来的野味,多切成大块,放入锅中煮,熟后捞出,切成小块,蘸各种佐料食用。满族人喜欢吃猪肉,据《宁古塔纪略》记载:“将猪肉、头、足、肝、肠收拾干净,大肠以血灌满,一锅煮熟,自用小刀片食。”①随着流人等汉族移民大量涌入,满族人的饮食习俗也在潜移默化中慢慢改变,满族人不仅改变了传统的饮食方法,逐步学会了煎、炒、烹、炸等烹调技艺,而且在饮食结构上也发生了变化,粮食逐步取代肉食占据了主体地位。正如《黑龙江外记》所载:“满洲宴客,旧尚手把肉,或全羊。近日沾染汉习,亦盛设肴馔。然其款式不及内地,味亦迥别,庖人之艺不精也。”②此外,关内的汤圆、粽子、月饼等也成为满族人喜爱的节日食品,“土人过节,上元汤圆,端阳角黍,中秋月饼,家自为之,店肆亦有鬻者”。③ 其他,诸如山东大煎饼、鲁菜、馒头、包子等也在东北大地上广为流传。与此同时,虽然满族的饮食习惯深受汉族影响,但是一些本民族的特色美食仍旧被保留下来,并被汉族吸收接纳,进而形成了传统的东北饮食风俗。例如:满族人喜欢吃的各类粘食、甜食、苏叶饽饽④、波罗叶饼、萨其马、豆面卷子、蜂糕、河洛、酸汤子等,都已经成为东北人喜爱的食品。此外,由于气候原因,东北地区夏秋季节蔬菜瓜果种类很多,如白菜、萝卜、芸豆、苹果、梨、甜瓜、李子

---

① (清)吴振臣:《宁古塔纪略》,黑龙江人民出版社 1985 年版,第 248 页。

② (清)西清:《黑龙江外记》第 6 卷,黑龙江人民出版社 1984 年版,第 62 页;转引自范立君:《近代关内移民与中国东北社会变迁(1860—1931)》,人民出版社 2007 年版,第 302 页。

③ (清)西清:《黑龙江外记》第 6 卷,黑龙江人民出版社 1984 年版,第 62 页;转引自范立君:《近代关内移民与中国东北社会变迁(1860—1931)》,人民出版社 2007 年版,第 303 页。

④ 满族人把各种各样的块状面食统称为“饽饽”。

等,随时可以调剂搭配食用。冬春两季天气寒冷,没有新鲜蔬菜水果,大多采取窖藏储存和腌制储存的方法,如:腌制酸菜、咸菜,窖藏萝卜、白菜、土豆,晒菜干、水果干,制作蜜饯等。其他,诸如冻豆腐、冻秋梨、蘑菇、木耳、金针菜、海菜、东江菜亦是东北特有的食品,使得东北漫长的冬天也不缺乏美味。

在宁古塔,人们宴客以十二道主菜,配以十二道小吃为上品,以难以获得的南方食品为珍贵,互相攀比,一餐往往需要花费三四两白银。① 满族人宴客喜欢使用特牲,即用猪、羊或者鹅,其花费往往更多。每遇到大型宴会,主家男女必定轮流起舞,舞者大都将一只衣袖举于额前,将另一只衣袖藏于后背,盘旋作势,这就是满族人所特有的"莽式舞",主家人中也会有一人随舞歌唱,其余众人皆和以"空齐"二字。在宴会上,宾客坐在南炕,主人会先送上烟管箩,请客人吸旱烟,接着献上奶茶,然后在酒杯中到上酒,用托盘承呈好,如果客人比主人年长,主人就要单膝跪地,用一只手将托有酒杯的托盘向客人敬上,客人须将酒一饮而尽,不用还礼,喝完主人方可起身;如果客人年纪比主人小,主人只需站着向客人敬酒,客人则需要单腿跪地将酒喝完,才能起身坐下,同席其他人敬酒的礼仪也是如此。席间如有主家妇女出来敬酒,其礼节也是如此,只是主家妇女不必一同将酒喝下,但是,一旦敬酒的主家妇女将酒沾唇,则必须将酒喝下,不能推辞;而且主家妇女敬酒一般多是跪下就不起来,绝不是一两杯酒可以结束的,因此,一看到有主家妇女出来敬酒,有的客人就会害怕喝醉而立即告辞,所以,通常情况下,主人都不会叫主家妇女出来敬酒,但是只要主家妇女出来敬酒,客人几乎没有不喝醉的。满族人在敬酒和饮酒的时候是不吃任何食物的,饮毕,将写有食物的油布放在面前,这张油布即是当时的菜谱,俗称"划单",接下来上特牲,或猪,或羊,或鹅,并用解手刀割肉而食,这点

① 原文为:"一席之费大约直(值)三四金"[(清)杨宾撰:《柳边纪略》卷三,载金毓黻主编:《辽海丛书》第1册,辽沈书社1984年影印版,第254页]。笔者根据清人高士奇的《扈从东巡日录》中"其市以银布,不以钱"的记载[(清)高士奇撰:《扈从东巡日录》卷下,载金毓黻主编:《辽海丛书》第1册,辽沈书社1984年影印版,第227页],进而推断,前句"一席之费大约直(值)三四金"中的"三四金"应为"三四两白银"。

很像今天东北地区蒙古族所特有的名菜——“手把肉”。主人吃完，会将剩下的赐给客人的奴婢，奴婢们席地而坐，叩头谢恩，随即当着主人的面就吃，并不避讳。从中可以看出，近代以前东北地区的满族人并没有受到封建礼教的影响，等级观念不强，这与同时期关内的汉族人截然不同。

中国东北地区传统的城市散居着以满、蒙、朝鲜等少数民族。由于受自然环境和生存环境的制约，他们形成了各具特色的居住方式和居住风格。如生活在东北地区东部城市中的满族人，由于气候原因，年降雨降雪量较大，“住房为人字形屋顶，有斜坡，多使用木材，为了防寒保暖，在上面加土挂瓦或贴石”。[①] 房屋多是东南朝向，外侧院中立烟囱，多由中空的整根木头制成，时间久了，烟囱碎裂，就用泥巴或藤条捆绑加固，俗称“摩呼郎”。门多开在东南，室内垒土炕，炕高一尺五寸，汉族人南北两炕，满族人南西北三炕，南北炕头有灶台，“熅（同“煴”，意为燃微火的火堆）火其下，寝食起居其上”。[②] 以南炕为尊，西炕其次，北炕为卑。晨起则将被褥叠好，放在角落，用青布或毡子盖好，来了客人就与客人一同坐在炕上，并不避讳。室内西面和南面开窗，窗户上糊有窗户纸，汉族人窗户纸糊在室内，满族人窗户纸糊在室外，以御风寒。正室两侧为厢房，多做碾房、仓房使用，院落四面立木制院墙，大门设木栅栏，多为桦树树枝编成，有的只有横木一根，这样的大门并不是为了防盗，而是为了防止牛马跑出来，“夜户多无关，惟大门设木栅或横木为限防牛马逸出也……他时，牛马猪鸡之类无失者，失十余日或月余必复得”。[③] 房屋规模也没有贵贱之分，只是力气大的人家稍稍规整了一点而已。室内多点糠灯。糠灯，俗称“虾棚”，以苏子油渣和米糠顺手传在蓬梗上晒干制成，长三尺有余，使用时插

---

① ［日］满史会编，东北沦陷四十年史辽宁编写组译：《满洲开发四十年史》下卷，辽出临图字〔1987〕第192号1988年内部资料出版，第610页。

② （清）高士奇撰：《扈从东巡日录》卷下，载金毓黻主编：《辽海丛书》第1册，辽沈书社1984年影印版，第227页。

③ （清）杨宾撰：《柳边纪略》卷三，载金毓黻主编：《辽海丛书》第1册，辽沈书社1984年影印版，第254—255页。

在架子上或木牌上点燃,光亮度与蜡烛相同,后随着中原文化传入而改用油灯。日常所用盆、碗、缸、盘等器皿均为木制,后来受中原文化影响才日渐改用瓷器,但盆和水缸仍旧使用木制,实为东北地区所特有的一种文化现象。

中国东北地区传统的城市道路都是土路,货物运输用马车(俗称“大车”)或牛车,人们出行要么步行,要么乘坐马车、牛车、轿子等代步工具。在冬季下雪过后,人们也乘坐爬犁出行运货。据《桓仁县志》记载“冬季地冻积雪时,更有以爬犁运输者,较大车尤为便利,载重可四五百斤,虽不及大车,但行速却过之”。[①] 除此之外,在临近江河的地区,商户多用艚船装载粮食贩运各地。宁古塔地区就有两种船,一种略小的俗称“威弧”,也作“威护”。“威弧”是用一根独木,削尖收尾,掏空中间制成,类似今天的独木舟,可载三四人;另一种略大的俗称“五板船”。“五板船”有三个船舱,用五块木板制成,木板结合处不用灰麻密封防水,而用青苔填塞,一船可承载十余人。“五板船”多富人所有,比较少见,而“威弧”则是穷人所乘,随处可见。总体而言,中国东北地区传统的城市交通条件相对落后,出行方式亦属原始,近代化的交通运输方式尚处于空白阶段,“晴天一身土,雨天一身泥”就是对当时人们出行情况的形象描述。

此外,中国东北地区传统城市生活的物价很低,如杨同桂在《沈故》中就有如下记载:“雍正七年(1729),盛京将军奏小米一斗价三分,豆一斗价一分二厘,伊古以来所罕有也。”[②]而在宁古塔则是买卖交易,不计奇零。“宁古塔交易银数不计奇零,如至两则不计分厘,至百十则不计钱分。食用之物索于所有之家,无勿与。直(同“值”)一两以上者,偿之。不,则称谢而已,若有而匿不与(同“予”)人,或与而不尽,则人皆鄙之矣。”[③]

---

① 桓仁县公署编纂:《桓仁县志》上册,《礼俗》,民国二十六年(伪满康德四年,1937年)铅印本,第99页。

② (清)杨同桂撰:《沈故》卷一,载金毓黻主编:《辽海丛书》第1册,辽沈书社1984年影印版,第290页。

③ (清)杨宾撰:《柳边纪略》卷四,载金毓黻主编:《辽海丛书》第1册,辽沈书社1984年影印版,第258页。

近代以前的东北地区除了辽南、辽西部分地区以汉族为主体民族外，其余各地均为满、蒙古、达斡尔、鄂伦春、鄂温克、赫哲等少数民族的活动区域，其中满族人最重礼节，这就使得中国东北地区传统的城市生活极重礼俗。

中国东北地区的传统习俗重年龄轻贵贱。称呼年老者为“玛法”，满语“玛法”即汉语中的“爷爷”；称呼年长者为“阿哥”。每到新年，年轻人见到尊长必行长跪叩首礼，尊长者坐而受之，不必还礼，且必须是三叩首，至三叩首就跪着抬起头听尊长命令，尊长者会用吉祥的话语祝福施礼的年轻人，话毕，年轻人才一叩而起，否则该施礼的年轻人必然一跪不起，当然尊长者也没有不祝福的。年轻人到老年人家中，虽然是客人，但是必须坐在墙角，不能居中而坐。出行中，如果遇到老年人，必须鞠躬，垂手问好，满语称“赛音”。如骑马，则必须立即下马，待老年人经过，让其骑乘，方可骑乘通过。宴会中，主人必回让自己的子弟布菜斟酒，而不用奴仆，客人接受后，不需回敬，主人的妻妾也不躲避，年长者的妻子称呼为“嫂”，年少者的妻子称呼为“婶”。睡觉时，无论男女尊卑都是头临炕边，脚抵窗，头挨着头，如果以脚朝向他人，则是不礼貌的表现。

在中国东北地区传统的城市生活中，人们多早婚，结婚多在十岁以内，否则就会被认为迟晚。婚嫁前，必选择门第相当的人家，先求年老者做媒人，如征得女家同意，则男家的母亲到女家相看，并给女家簪珥、布帛，女家同意并接受，接着男家父亲率领其子到女家，给女家父母叩头，女家父母接受后，男家父亲又率领其子侄们到女家叩头，女家接受后，男家下茶请筵席。迎娶时，富家用轿，贫家用车，车上盖上红毡毯，由吹鼓手前导至男家，男家门外设马鞍一个，火盆一个，新郎持弓对轿连射三箭，新娘才下轿，跨马鞍、火盆，与新郎交拜天地，拜过天地，新娘要给新郎父母及亲属装烟、点烟，方才礼成。

丧礼时，孝子跪于烟囱旁，呼喊：“某某西行。”大殓后，棺木停于西屋，庭前设幡。男女都穿白布袍，青色布鞋，男子头戴白色毡帽，女子辫发用白布将前额裹住。死后第三天，亲友多带纸糊车马前来凭吊，丧家亲属每人各拿一个纸糊的袋子,内装满纸糊金银元宝,随孝子及亲友送到附近庙宇,一并焚化、下葬,俗称“送行”“接三”,也称“送盘川”。焚奠完毕,孝子举哀而归。

在中国东北地区传统的城市生活中,除夕时必贴春联,春联用红纸,以四句、六句为佳,每年更换新句,与“与旧稍同则不乐”。① 正月十五,上元夜,人们以童子扮演三四妇女,又有三四人扮演参军,各拿一尺多长的两个圆木,撞击相对起舞,更以一人扮演持撒镫卖膏药的人在前引导,辅以锣鼓配合,俗称“秧歌”。舞毕乃歌,歌毕更舞,通宵达旦。正月十六日,“满洲妇女群步平沙曰‘走百病’或‘袂打滚’,曰‘脱晦气’,入夜尤多”。②

满族人最重祭礼,这也是中国东北地区传统城市生活中的一大特色。满族家祭并无定时,随时皆可祭祀。家祭时,所用的香都是自制的,称作“年期香”。该香产在山谷石崖上,高二三尺,叶片成浓绿色,开红花,开花时香满山谷,立秋前采取花叶,将其阴干,研成细末,烧时香味俱加。满族人将祖宗牌位供于正室西墙,其下设炕。“有丧服者不得坐,食犬肉,及服犬皮毛者不得坐,满洲家祭未逾月,有丧服者相过从不接待。”③宅院东侧立一木杆,高数丈,名曰“索伦杆”或“索莫吉杆”,也称“祖宗杆”。杆上悬挂锡斗,贫家也有用木斗的。家祭时,在斗中装上猪尾、猪胆和小米,杆头尖锐,将猪项骨横贯其上,族人都向该杆叩拜,以盼祖宗保佑。有人认为,之所以出现“索伦杆”这种文化现象,是因为满族人早期以采参为业,“索伦杆”是采参的工具,故立此杆作为祭祖之用;也有人认为,满族人立“索伦杆”于院中,是用来区别于其他民族,将猪肉、小米等物放置斗中,用来喂食乌鸦,以报答乌鸦解救老汗王努尔哈赤的功劳;还有人认为,满族人立“索伦杆”是用来祭天的,因“索伦杆”高数丈,

---

① (清)杨宾撰:《柳边纪略》卷四,载金毓黻主编:《辽海丛书》第1册,辽沈书社1984年影印版,第258页。

② (清)杨宾撰:《柳边纪略》卷四,载金毓黻主编:《辽海丛书》第1册,辽沈书社1984年影印版,第258页。

③ (清)黄维翰编:《呼兰府志》卷十,《礼俗略》,民国四年(1915)铅印本,《中国方志丛书·东北地方·第41号》第3册,成文出版有限公司1974年影印版,第756页。

取其“上与天通”之意。这几种观点或为传说故事，或多牵强附会，均杳渺不可考也，笔者略加记述，以备有意研究者详加考察。

中国东北地区传统城市居民的宗教信仰并不单一，其中以佛教、道教为主要宗教，其信众也在所有信教人中占绝大多数，而其中佛教又略盛于道教。诚如《奉天通志》所载：“金、元及清，起自北方，崇佛尤盛。奉省各县，祠庙遍于城乡，道教则自元邱长春应元祖召北来，其徒遂散居四方，流衍不绝。”①

东北地区的佛教可分为两支，一支是由中原传来，即“汉传佛教”，也就是民间俗称的“佛教”，其男僧人称“比丘”，俗称“和尚”，女僧人称“比丘尼”，俗称“尼姑”；另一只是由西藏经蒙古传入，即“藏传佛教”，也就是民间俗称的“喇嘛教”，其僧人俗称“喇嘛”。佛教的繁盛使得东北地区的各个城市中几乎建有寺庙，如沈阳实胜寺（喇嘛教）、东塔永光寺（喇嘛教）、西塔延寿寺（喇嘛教）、南塔广慈寺（喇嘛教）、北塔法轮寺（喇嘛教），辽阳莲花寺（喇嘛教）、广佑寺（佛教）、海城金塔寺（佛教）、银塔寺（佛教）、义县万佛阁（佛教）等等，数量众多。

东北地区的道教起始于长春真人丘处机。南宋末年，元太祖成吉思汗请长春真人丘处机北上讲道。后丘处机跟随成吉思汗西征，沿途向成吉思汗传道，并以“天道好生，不嗜杀人”进谏，获封国师，饬建长春宫，号龙门宗，其弟子十八人在中国北方广为传道，东北地区亦在其传道范围之内。清代开国初期，清世祖顺治皇帝在沈阳建太清宫，庙宇清幽，正堂壮丽，东北道教由此兴盛，东北地区其他各地的道教庙宇也纷纷兴建起来，仅鞍山千山一处就有无量观、五龙宫、慈祥观、青云观、南泉庵等道观。其他诸如观音庙、土地庙、三官庙、城隍庙、关帝庙等更是几乎遍布每个城市，数量众多，数不胜数。

在中国东北地区众多的传统宗教信仰中，萨满教是最具满族特色，也最具东北地方特色的民间宗教信仰。萨满教是流行于东北少数民族间的一种原始宗教，来源于巫蛊之术，在满、蒙古、达斡尔、鄂伦春、鄂温克、锡伯、赫哲等东北

---

① 王树楠、吴廷燮、金毓黻等纂：《奉天通志》卷九九，《礼俗三·神教》，东北文史丛书编辑委员会点校，1983 年版，第 2271 页。

少数民族中均有众多信众。萨满教并没有单一崇信的佛祖或神仙,其崇拜的偶像可能是某座山、某条河、某种自然现象或者某种动植物。又因萨满在请神时又唱又跳,民间也俗称萨满教为"跳神"。满族人在患病时轻服药而重跳神,没病的时候也有跳神的,富贵人家每月跳神一次,或者每季度跳神一次,待到年底时家家都要跳神,绝无例外。"萨玛有男女,土人深信之,以为能治病也,必延请乃至,至则索香花、牲礼之类(无准价,视家之有无),满其欲,乃请神。"[①]在没跳神之前,要先在院墙南角竖立一丈多高的细木杆,再在杆子上放置木斗一个,斗内放置猪肉、猪肠、猪胆等物,以便喂食乌鸦,这个过程称作"神享",寓意神享用了人们的供奉。跳神者穿长裙,将串铃系在腰间和臀部后面,跳神时,跳神者手持大鼓,鼓用单层牛皮蒙在铁圈上制成,且鼓柄上有数枚铁环,俗称"太平鼓",且击且摇,嘭嘭声响,同时摇动腰臀部,腰臀上的串铃随之作响,眼睛或瞪或闭,身体时而摇摇欲坠,时而蹿蹦跳跃,口中念念有词,类似咒语,又如歌词,听不清楚具体词义,有如神仙附体。"一入病者居,无论何疾皆目以祟鬬(同"斗"),则有上刀山(用铡刀数十,积为山巫,赤足履其上),开天门(用利刃自劈其额),穿红鞋(用耕犁、铁铧,烧尽赤,而赤足著之)之戏,往往伤生。又跳神处观者不禁,故男女杂沓,围若堵墙,然官役至纷纷骇散,萨玛虽正跳舞,亦兔脱矣"。[②] 跳神结束,请跳神的人需要用猪肉及粘谷米糕款待邻里、亲族。粘谷米糕,满语称"飞石黑阿峰",其色黄如玉,质地腻糁,用豆粉蘸蜜制成。而猪肉则要将亲戚、邻里乃至路人请在家中食用,且务必吃光,剩下则认为不吉利。

萨满教在中国东北地区的传统城市生活中比较盛行,在佛教、道教传入东北地区之后,尤其是进入近代之后,信仰萨满教的人数越来越少,且余下信仰萨满教的人也多集中在边远的乡村地区,而城市中信仰萨满教的人数则是少

---

① (清)杨同桂撰:《沈故》卷四,载金毓黻主编:《辽海丛书》第1册,辽沈书社1984年影印版,第308页。

② (清)杨同桂撰:《沈故》卷四,载金毓黻主编:《辽海丛书》第1册,辽沈书社1984年影印版,第308页。

之又少了。

中国东北地区城市居民传统的休闲娱乐方式多种多样，并不枯燥单调。滑雪、滑冰、打围、打马吊、噶什哈、打秋千等均是当时城市居民喜闻乐见的休闲娱乐活动，其中尤以打围最为人们喜爱。

滑雪、滑冰、冰爬犁等冰雪运动在中国古代统称为“冰嬉”。“冰嬉”这种运动既是体育运动，又是一种狩猎活动，在东北少数民族中颇为流行，在《吉林通志》中就有如下记载：“赫哲地滨北海，天气早寒，重阳后即落雪花迢，十月则遍地平铺，可深数尺。土人以木板长五尺贴缚两足跟，手持长竿如泊舟之状划雪上，前进则板乘雪力，瞬息可出十余里。雪中泛舟，则野兽往来求食多留其迹，凡逐貂鼠各兽十无一脱，运转自如，虽飞鸟有不及也。”①这种冰嬉活动就是将类似今天雪橇的木板绑在脚上，从而在雪地中滑行捕猎，这与今天的滑雪运动十分相似。

冰嬉运动还是满族人民十分喜爱的一种休闲娱乐方式。在《满文老档》中就详细记载了老汗王努尔哈赤在辽阳太子河观看冰上踢球比赛的盛况：“天命十年正月初二日(1625)，汗率众福晋，八旗贝勒、福晋，蒙古诸贝勒、福晋，众汉官及官员之妻，至太子河冰上，玩赏踢球之戏。诸贝勒率随侍人等观球二次之后，汉与众福晋坐于冰之中间，命于二边等距离跑之，先至者赏以金银，头等各二十两、二等各十两……遂杀牛羊，置席于冰上，筵宴，戌时回城。”②随着清王朝定鼎中原，冰嬉运动更是与满语、骑射、摔跤一起定为“大清国俗”。清军还在部队中设立了由1600人组成的“八旗冰鞋营”专事冰嬉表演，这1600人按八旗分列，每旗200人。表演时，全员分为两队，一队领队穿红马褂，队员穿红背心，另一队领队穿黄马褂，队员穿黄背心，队员背上分别按

① (清)长顺等修、李桂林等纂：《吉林通志》卷二七，《舆地志十五・风俗》，光绪十七年(1891)刻本，第29—30页。

② 中国第一历史档案馆、中国社会科学院历史研究所译注：《满文老档》上册，第64册，中华书局1993年版，第619页。

旗籍插正黄、镶黄、正白、镶白、正蓝、镶蓝、正红、镶红八色小旗,脚穿装有冰刀的皮靴,膝盖裹皮护膝,在冰场上各立三座插有彩旗的高大旗门,两队队员各自列成一路纵队,分别鱼贯穿过旗门,在冰场上形成两个方卷形的大圈,场面宏大壮观。现藏故宫博物院的《冰嬉图》更是对当时冰嬉的场面进行了直观生动的记录,图中记录的“大蝎子”“金鸡独立”“哪吒探海”“鹞子翻身”“仙猴献桃”“童子拜观音”等花式滑冰姿势可谓是活灵活现,“双飞燕”的双人花式滑冰姿势更是令人叫绝。到了近代乃至现代,冰嬉运动仍然是东北地区城市居民喜闻乐见的休闲娱乐活动。

中国东北地区盛产鹰隼,其中尤以宁古塔最多。宁古塔的官宦富贵人家中一般都设有鹰把式十八名。① 在每年十月以后,即是东北地区捕鹰的季节,人们总以捕到海东青为最高目标。所谓的“海东青”,其实是鹰的一种,属于鹰中最名贵的品种,其毛色以纯白色为最好,白色杂其他毛色的次之,灰色的又次之。如果捕到海东青则捕鹰活动到农历十一月末即行停止,如果没有捕到海东青则要继续捕猎,如果到农历十二月二十日仍然没有捕到海东青就不再捕猎了。一旦捕到海东青后,无论满族人还是汉族人都不敢私自畜养,必须将捕到的海东青和其他鹰隼派人送至梅勒章京②,再由梅勒章京拣选后送至

---

① 鹰把式,即驯养鹰隼的专业技术工人,多以流人子弟或奴仆充任,有的还兼充当地衙门的行杖人员。在东北方言中,人们常将在某领域技术高超的专业人士称为“把式”。除鹰把式外,还有庄稼把式、花把式、鱼把式等等。

② “章京”一词来自汉语“将军”,是满语的音译。(郑天挺、吴泽、杨志玖主编:《中国历史大辞典》卷下,上海辞书出版社2000年版,第2748页。)清太宗天聪八年(1634)规定除固山额真外,其他八旗武官均称作“章京”。满洲八旗中的“章京”分为四个等级,从高到低依次为:昂邦章京、梅勒章京、甲喇章京和牛录章京。此外,还在巴牙喇营设纛章京和甲喇章京,在蒙古八旗设管旗章京、梅林章京、苏木章京和札兰章京。清军入关后,清政府开始规定各种章京的汉字名称。如《大清世祖章皇帝实录》卷133,顺治十七年三月甲戌条中就记载:“谕兵部:‘以后固山额真满字仍称固山额真,汉字称为都统;梅勒章京满字仍称梅勒章京,汉字称为副都统;甲喇章京满字仍称甲喇章京,汉字称为参领;牛录章京满字仍称牛录章京,汉字称为佐领;昂邦章京满字仍称昂邦章京,汉字称为总管。尔部即传谕遵行。’”[《大清世祖章皇帝实录》卷133,顺治十七年三月甲戌(1660)条,第12页,《清实录》第3册,中华书局1985年影印版,第1030页]。其他如札兰章京、巴牙喇纛章京、巴牙喇甲喇章京的汉字名称也都分别规定为参领、护军统领和护军参领。

内务府或朝廷,如果捕到的海东青毛色纯白,梅勒章京也不敢私自畜养,必须送至内务府,再由内务府进贡给皇帝。

除了捕猎海东青外,人们还捕猎其他野兽、野禽,俗称“打围”,即今天我们所说的“打猎”。张舜民在《使辽录》中有云:“北人打围,一岁间各有处所。正月钓鱼海上,于水底钓大鱼,二、三月放鹘号、海东青打雁,四、五月打麋鹿,六、七月于凉淀坐夏,八、九月打虎豹之类,自此至岁终,如南人趁时耕种也。”①由此可见,近代以前东北地区人们对于打围活动是十分喜爱的。打围时,人们首先会按各旗分定围猎区域,将山谷圈占一处,称为“围场”,无论人数多少一定分成左右两翼,由远及近,渐次合围,有时候一天之内合围数次。捕猎所得的野兽、野禽必定会馈赠亲友,善长打围的人一个冬天可以猎得雉鸡一二千只,不善长打围的人也可能一年也猎不到一只。

宁古塔城内家境较好的人家也非常喜好打马吊,其中尤以年轻人最为喜欢。“打马吊”,即今天我们非常熟悉的“打麻将”。打马吊所用的牌和筹码都是出自北京的能工巧匠之手,雕刻精美,穷极工巧。当时在宁古塔打马吊,人们所下的赌注不是银钱,而是核桃、红枣、猪羊一类的实物,打马吊的人也不以此为赌钱的手段,只是调剂日常生活的一种休闲娱乐方式而已,一般一局下来输赢都不多,这也是中国东北地区传统城市生活中的一大特色。

中国东北地区传统城市中的小孩子们都喜欢玩一种叫做“噶什哈”的玩具。“噶什哈”,也称“嘎什哈”“嘎拉卡”等,是用獐、麋、狍、鹿前腿的前骨制成,有的还灌注锡水于其中。游戏时,孩子们会将三个或五个“噶什哈”堆地上,离开一定距离,轮流用另外的一个“噶什哈”投掷击打地上的“噶什哈”堆,击中的孩子可以将堆中的“噶什哈”全部取走,没有击中的孩子要将手中的一枚“噶什哈”放入堆中,依次游戏。孩子们手中的“噶什哈”多用布袋或皮囊装着,数量多的可达一千多个,少的也会有百十个。在过年闲暇的时候,有的壮

① 引自(清)林佶撰:《全辽备考》卷下,载金毓黻主编:《辽海丛书》第4册,辽沈书社1984年影印版,第2235页。

年人也会参与游戏之中。

除了以上几种休闲娱乐方式之外,东北地区有女之家,多在自家院中或大树下架设木制秋千,进行打秋千的娱乐活动。打秋千这种休闲娱乐方式在东北地区的汉族、满族、朝鲜族等民族中都很流行,在中原地区也很流行,并非中国东北地区传统城市生活所独有。此外,在康熙初年,宁古塔城内还有歌姬十余人,她们多是从山东卖解来的女子,后皆散去。由于这些歌姬存在时间很短,人数很少,也没有成为中国东北地区传统城市生活中的主要休闲娱乐方式。

本章小结　简单朴实:近代以前东北地区传统城市生活与关东民风

近代以前,中国东北地区特殊的自然环境和社会环境形成了其独具特色有的民风,而这种特有的民风又塑造了东北人淳朴勇悍、热情豪爽、好客互助的性格特征。

总览中国东北地区的民风可以归结为:“淳朴、勇悍、善骑射、务农桑。”由于各地距关内远近不同,受中原文化影响大小不一,使得各地的民风也不一样。东北南部地区,尤其是辽南、辽西地区,受中原文化影响较大,人们多学习文化礼仪,与中原民风接近。如《辽东志》记载(辽东)“人多侨居,俗各异好。性悍,善骑射,人性淳实,务农桑,粗习文礼,有中国之风”①;如《辽阳州志》记载“城市乡曲子弟习于贸易,衣食尚鲜美,信鬼,好师巫……人民勇悍,喜骑射,淳朴,务农桑,粗习礼文,有内地之风”②;如《锦州府志》记载“锦县人多慷

① (明)任洛等纂:《辽东志》卷一,《地理志 · 风俗》,载金毓黻主编:《辽海丛书》第 1 册,辽沈书社 1984 年影印版,第 363 页。

② (清)杨镳、施鸿撰:《辽阳州志》卷一七,《风俗志》,载金毓黻主编:《辽海丛书》第 2 册,辽沈书社 1984 年影印版,第 742 页。

爽矜，气节近复，弦诵成风。宁远州习俗浑朴，敦本而不逐末。广宁县赋性质直，亦习文艺。”①如《盖平县志》记载：“辽左性刚悍，善骑射，务农桑，粗习礼……谨按今盖邑之俗，气质勇敢，勤于种艺，渐成干止。”②相较而言，辽北以至更远的吉林、黑龙江地区受中原文化影响较小，人们多精于骑射，民风勇悍，更具有东北少数民族的文化特质。如《吉林通志》载：“吉林乌拉，精骑射，善捕捉，重诚实，尚诗书，性直朴，习礼让，务农敦本，以国语骑射为先，弓挽八力，发枪命中，骁勇闻天下。”③又如《开原县志》载：“民赋性质实，务农，习射。”④

正是这种淳朴的关东民风使得中国东北地区传统城市中的居民们路不拾遗，互爱互助，且十分热情好客。如清人杨宾在《柳边纪略》中就有“居人无冻馁者，冻馁则群敛布絮、粮食以与之”的记载。⑤ 又如：“十年前，行柳条边外者率不裹粮。遇人居直入其室，主者则尽所有出享，或日暮让南炕宿客而自卧西北炕，马则煮豆剉草饲之，客去不受一钱。他时，过之，或以针线荷包赠，则又煮乳猪鹅鸡以进。盖是时俗，固后而过客亦不若今日之多也。今则走山者以万计，踪迹诡秘，仓卒一饭或一宿，再宿必厚报之，而居者非云贵流人则山东、西贾客类，皆巧于计利，于是乎非裹粮不可行矣。然宿则犹让炕，炊则犹樵酥饭则犹助瓜菜，尚非中土所能及也。”⑥

总之，近代以前的东北地区地理位置特殊，土地广袤，人口稀少，气候严寒

---

① （清）刘源溥、孙成纂：《锦州府志》卷一，《风俗》，载金毓黻主编：《辽海丛书》第2册，辽沈书社1984年影印版，第815页。

② （清）骆云纂：《盖平县志》卷下，《风俗志》，载金毓黻主编：《辽海丛书》第4册，辽沈书社1984年影印版，第2448页。

③ （清）长顺等修、李桂林等纂：《吉林通志》卷二七，《舆地志十五·风俗》，光绪十七年（1891）刻本，第1页。

④ （清）刘起凡等纂：《开原县志》卷下，《风俗志》，载金毓黻主编：《辽海丛书》第4册，辽沈书社1984年影印版，第2471页。

⑤ （清）杨宾撰：《柳边纪略》卷三，载金毓黻主编：《辽海丛书》第1册，辽沈书社1984年影印版，第254—255页。

⑥ （清）杨宾撰：《柳边纪略》卷三，载金毓黻主编：《辽海丛书》第1册，辽沈书社1984年影印版，第256—257页。

干燥,自然资源丰富,动植物种类繁多,森林覆盖率较高,人为破坏程度较低,生态环境较好,完全处于一片待开发的原始状态。城市发展相对缓慢,城市数量相对较少,城市规模较小。人口增长平缓,城市居民稀少,但增长较快。城市生活简单朴实,民风质朴豪爽,热情好客,并带有浓郁的东北少数民族文化特质。

第二章　城市生活方式与城市文化的兴衰变化

城市生活方式是城市文化最直观的表现。作为城市生活最主要的外在表现形式，近代东北地区城市生活的兴衰变化既是近代东北地区社会发展演进的变化，也是近代东北地区城市文化的发展变化。这种变化主要体现在衣食住行、礼仪礼俗、休闲娱乐、精神信仰等四个主要方面。由于受到中国传统生活方式和近代西方生活方式的共同影响，近代东北地区各个城市的生活方式大都呈现出以中国传统生活方式为主体，同时又间杂着近代西方生活方式的混合形态，简言之就是中西合璧，新旧杂糅，且两者互相制约、相互冲突，又相互融合。这种二元化的城市生活方式贯穿整个近代东北社会，其影响直至今日仍有所展现。

第一节　衣食住行

谈起生活和生活方式，首先就要提到衣食住行。“柴米油盐酱醋茶”，它不仅满足了人们最基本的物质生活需要，也构成了人们日常生活的主体，近代东北地区城市居民的生活也是如此，以衣食住行构成日常生活的最基本形式，因此，对衣食住行的研究可以让我们从中看出当时人们日常生活的基本概况，并厘清其中具体的演变过程。

在服饰方面,近代东北地区城市生活中的服饰习俗是在继承东北地区传统服饰习俗的基础上,融合近代西方的服饰习俗逐渐演变发展而来的。这种服饰习俗最主要的外在表现就是服装款式、发型以及配饰上的中西合璧、新旧杂糅。

19世纪中期,营口、沈阳等地相继开埠,西方的服饰习俗逐步传入,促进了传统的服饰习俗逐步向近代转变。据《奉天通志》记载:"光、宣之际,政尚维新,衣喜瘦狭,束身贴肤,曲臂维艰,领高可及耳际。"①近代东北地区大城市里的年轻人大都喜欢身着洋服(即西装),而妇女的服饰则是花样繁多变化很大,有的旗袍长度短至膝盖,袖子短至肘部,露出前臂,裤长一尺左右,内穿高腰洋袜(即长筒丝袜),两腿外露,头上只绾圆形发髻,既不戴钗也不戴冠,也有将头发披散在颈间并烫发成卷的,有的旗袍长度很长,可以盖住双脚,左右开衩,两腿微露,腰部紧束,紧包臀部,曲线突显,领高及耳,脚蹬高跟鞋,头上斜戴小帽,除了戒指、手镯外,其余传统的钗冠等首饰都不常见,这种服饰装扮与当时欧洲贵族间流行的西式服饰基本趋于一致。冬日里,富人们多在传统袍褂外罩上狐狸皮、貂皮大氅,獭皮缀领,头戴獭皮帽,脚蹬棉袜、皮靴,"一衣之值或至数百金"。② 由此可见,因受到西方服饰习俗的影响,清末时期东北地区城市生活中的服饰习俗已经在传统的服饰习俗基础上发生了很大变化,有些甚至已经与当时西方的服饰习俗趋同,并为时人所接受。

中华民国成立后,民国政府把"剪辫""易服"写进约法。先后颁行《剪辫通令》《祭祀冠服制及图式》《国民服制条例》《辽东丧服制度》等法律法规,将新的服饰风俗以法律的形式肯定下来。加之满族汉化程度日深,使得近代东

① 王树楠、吴廷燮、金毓黻等纂:《奉天通志》卷九九,《礼俗三・衣服》,东北文史丛书编辑委员会点校,1983年版,第2280页。

② 王树楠、吴廷燮、金毓黻等纂:《奉天通志》卷九九,《礼俗三・衣服》,东北文史丛书编辑委员会点校,1983年版,第2281页。

北地区的满汉服饰日渐趋同。民国时期，东北地区城市男子的服装主要有长衫、马褂、中山装、西装等。中山装是政府职员的规定服装，其“齐领、对襟、长至腹，袖长至手脉，质用丝、麻、棉、毛织品，色黑”①，由于中山装样式新颖挺拔、简洁干练，深受普通百姓喜爱。民国年间，在东北地区的各个主要城市中穿着中山装的人越来越多，早已突破政府职员的范畴。与中山装一样，西装、礼帽、皮鞋也逐渐被人们接受，越来越多的人选择身着西装，头戴礼帽，脚蹬皮鞋，出席各类宴会和高级社交场合。民国时期东北地区的女性喜穿旗袍，尤其是在 20 世纪 30 年代之后，代表性感时尚的旗袍更是成为上流社会女子时髦装束的首选。除旗袍外，女性服饰还有大衣、西装、马甲、长裙、围巾、胸针、耳环、戒指、手镯等。对此种服饰习俗，1926 年 7 月 31 日和 1930 年 7 月 8 日的《盛京时报》均有所记载：“近见奉垣人士，每喜做奇装异服。而好为尤甚，有服时装者，有改西服者，有剪发者，有烙发者，更有中服而西冠者……奇怪百出……一人倡之，万人和之。而光怪陆离之服饰，乃愈出愈奇。”②外出时，“打了阳伞，穿了印度绸，着高跟皮底鞋，洒一身麝香水，又吃大餐，又学跳舞”。③

蓄辫发是指在清代服饰制度中，男子必须剃掉前额、两侧和头顶的头发，且头后留辫的发式。蓄辫发来源于北方少数民族的日常发式，在契丹、蒙古、女真等北方少数民族的历史文献中均有“髡发”和“蓄辫”的记载。作为北方少数民族之一的满族，男子蓄辫发也是满族传统的日常发式。清王朝建立后，在服饰制度上规定男子必须蓄辫发以示臣服。随着时代的发展，进入近代，社会生活发生了巨大的变化，蓄辫发这种生活习俗在日常生活中的弊端日趋展现，以至演变成为中国人封建落后的标志。中华民国成立后，民国政府重新制定了服饰制度，严令“剪辫”“易服”，以期培养国民精神。在辽宁省县以上官

① 辽宁省档案馆编：《国民服制条例》，民国十八年四月十六日（1929 年 4 月 16 日），《中国近代社会生活档案・东北卷》，广西师范大学出版社 2005 年版，第 485 页。

② 身隐：《服装》，《盛京时报》民国十五年七月三十一日（1926 年 7 月 31 日），第 7 版。

③ 冷携：《再说重婚案》，《盛京时报》民国十九年七月八日（1930 年 7 月 8 日），第 9 版。

员提出的《禁止留辫办法》中就有如下建议："第一条，凡六十岁以下男子于本办法揭示后六个月内一律将发辫剪除。但蒙古人民不在禁止之列，愿剪与否，听其自便。第二条，各县市政府应编拟白话演词详述蓄辫之弊害及拣去之便利，或张贴要衢，或分送各户以期人人皆能领会自动剪除。第四条……倘六个月内仍不剪除，即按照（内政）部订条例科罚并强制剪除。"①由此可见，时至民国时期，"剪辫""易服"已经成为全社会都必须要遵守法律规定。然而，需要注意的是这些服饰习俗的演变基本出现在城市，尤其是近代东北地区的各大主要城市，广大农村地区的服饰习俗仍然严守旧制，"四时惟着粗布长衫，冬日则加棉袄"。②

综上可以看出，在近代东北地区的城市生活中，新的服饰风尚虽已在服饰民俗中形成了一定的影响力，但其作用程度只局限于各个大城市和开埠城市，尚未深入到广大乡村社会，普通农民的服饰生活改变不大，仍旧保持着传统的服饰民俗。

与服饰习俗类似，近代东北地区城市生活中的饮食习俗也是在继承东北地区传统饮食习俗的基础上，融合近代西方的饮食习俗逐渐演变发展而来的。这种饮食习俗最主要的外在表现就是西式食品及饮食文化陆续出现在近代东北地区的各个主要城市。与服饰习俗不同的是，在近代东北地区的饮食习俗中，西式食品及饮食文化虽为中国人所接受，但是并未成为中国人日常饮食的主体，传统的食品品种和饮食风俗仍旧是中国人日常饮食的主要组成部分。

近代开埠之后，西方的食品及饮食文化渐渐传入，传统的饮食习俗受到影响。沈阳、长春、哈尔滨等城市都出现了西餐馆，如沈阳的"锦绣春""海天春"等，这些西餐馆不仅出售英、法大菜，还出售各种点心、面包、卷烟、洋酒、饮料、

---

① 《辽宁省县以上官员提议一册》，《奉天省公署》无时间标注，全宗号：JC010，目录号：01，卷号：032260，辽宁省档案馆馆藏档案。

② 《海城县志》，民国二十四年（伪满康德四年，1937 年）铅印本，引自丁世良、赵放主编：《中国地方志民俗资料汇编·东北卷》，书目文献出版社 1989 年版，第 78 页。

冰淇淋、糖果、罐头等日常食品。据光绪三十三年五月十六日（1907 年 6 月 26 日）的《盛京时报》记载，在营口，“荷兰水（汽水）销路畅旺……近来，华洋诸商制造汽水，物美价廉，该商民喜其价廉，皆购饮止渴消暑，较之茗茶胜强数倍。现在各商多添机器，终日制造，仍不敷销售”①；另据《安东县志》记载：在安东，“乡村有事多饮烧酒，城市多饮黄酒，至啤酒、汽水、白兰地等，尤为夏日宴饮之所尚”②；而《珠河县志》则记载着卷烟开始在社会间流行，“俗嗜烟草，并吸卷烟”。③ 与英、法等西方各国相比，日本和俄国的食品对东北人的饮食结构影响更大。在东北地区南部，日式食品及饮食文化的影响较为突出，例如米酱、酱油、清酒、清凉饮料、制冰工厂、烟草、火柴等日常生活用品的生产和销售均有日本公司的身影。“酱油制造是从 1904 年起陆军在辽阳使用的设备处理到民间为开端，以后从 1907 年起到 1912 年先后在奉天、营口、辽阳、大连、旅顺成立了九个公司……清酒在 1914 年在大连一个公司，1916 年抚顺一个，1916 年至 1920 年又建立了数个公司……制冰、清凉饮料水等从 1910 年左右起在大连、安东、奉天、长春、鞍山等地生产，能够满足需要的一部分。”④在东北地区北部，俄式食品及饮食文化则产生了较大的影响。“光绪二十六年（1900）哈尔滨建成了中国第一家啤酒厂——乌卢布列夫斯基啤酒厂和第一家西式肉罐食品厂——秋林商场所属肉罐厂；光绪二十九年（1903）东北地区第一家比较完备的西餐厅——中东铁路俱乐部西餐厅营业。”⑤另如下表所示，截至 1945 年，哈尔滨地区先后共开办西餐厅二十家，其中绝大部分为俄国

---

① 《荷兰水销路畅旺》，《盛京时报》光绪三十三年五月十六日（1907 年 6 月 26 日），第 5 版。

② 王介公修、于云峰纂：《安东县志》卷七，《礼俗·饮食》，民国二十年（1931）铅印本，《中国方志丛书·东北地方·第 18 号》第 3 册，台北成文出版社有限公司 1974 年影印版，第 943 页。

③ 孙荃芳修、宋景文纂：《珠河县志》卷十五，《风俗志·饮食》，民国十八年（1929）铅印本，《中国方志丛书·东北地方·第 39 号》第 2 册，台北成文出版社有限公司 1974 年影印版，第 627 页。

④ ［日］满史会编，东北沦陷四十年史辽宁编写组译：《满洲开发四十年史》下卷，辽出临图字〔1987〕第 192 号 1988 年内部资料出版，第 51 页。

⑤ 马平安：《近代东北移民研究》，齐鲁书社 2009 年版，第 208 页。

人经营的俄式西餐厅,俄式食品及饮食文化对近代东北地区的影响由此可见一斑。

表 2-1 1945 年前哈尔滨部分西餐厅基本情况一览表①

名称	地址(今地址)	创办人(国别)	开业时间	经营特点
凡达基	道里田地街,1930 年左右移至军官街头号(东安街 3 号)	阿莱盖鲁(俄国高加索人)		大型豪华西餐夜总会,剧场能容纳 500 人,餐厅设餐桌 80 张
格兰德旅馆西餐厅	南岗松花江街 8 号(铁路局乘务员招待所)		1905 年	高级旅馆兼餐厅,餐厅宽阔,设施华丽,厨艺超群
埃达姆	南岗义州街 99 号(奋斗路哈尔滨百货大厦地下室)	吉度尼琴克(俄国人)	1906 年	资金 5000 元,哈尔滨高级俄式大菜馆,有爵士乐队
扎朱熬成	道里中央大街北端路西(中央大街美发厅)	古鲁塞洛夫兄弟(俄国人)	1918 年	资金 1 万元,小面包很出名
民生饭店	道里沙曼街(霞曼街 13 号)	前身为高加索风味馆塔头斯的分号	1920 年	带舞厅的西餐馆
塔头斯	道里中国大街和商市街(红霞街)拐角	阿克保夫(白俄格鲁吉亚人)	1920 年	餐厅一次能容纳 150 人
爱勒密斯	中国大街 212 号(中央大街 226 号粮食供应部)	鲍鲍都布劳斯(希腊人)	1920 年	以希腊风味著称,名菜有奶汁肉丝、烤奶汁鱼等
美国饭店	道里马街 16 号	别尔盖	1923 年	大型带舞厅的高级西餐馆
依回力	中国大街和沙曼街拐角的地下室(中央大街 74 号)	万诺(白俄)	1924 年	专营烤羊肉和烤鱼、烤肉等
基度亮	道里外国三道街(红霞街)	基度亮(白俄)	1925 年	以高加索风味著称
米娘久尔	道里中央大街 68 号(哈尔滨摄影社楼房)	加慈(无国籍犹太人)	1926 年	西餐厨师有“四大义”,即杨洪义、王洪义、尤洪义、朱凤义,摆台孟宪廷,都是厨坛高手

① 王建中:《东北地区食生活史》,黑龙江人民出版社 2004 年版,第 267 页。

续表

名称	地址（今地址）	创办人（国别）	开业时间	经营特点
太阳岛米娘久尔	太阳岛餐厅的前身	道里米娘久尔分号	1926年	是一座临江的木质结构二层楼，设计精巧，艺术美观，可容100人同时就餐
迎春饭店	道里中央大街88号（毛皮商店地下室）	劳勾金斯基	1926年	
亚道古鲁布	道里松花江畔（哈铁江上俱乐部）	中东铁路局	20世纪20年代	凉菜品种繁多
东世界	道里中央大街与十五街拐角（哈尔滨画院地下室）	滕保升	1931年	带舞厅的西餐馆
伦敦饭店	道里中央大街和西六道街拐角（滨城商店地下室）	周腾茂	1936年	经营高加索风味菜肴
小亚道布鲁	道里松花江畔（江畔餐厅）		1939年	出售简便西餐、冷饮
水上饭店	道里中央大街北头（松花江旅社北楼）		20世纪30年代	带舞厅的大型西餐厅
新明西餐厅	道里中国七道街（西七道街57号）	前身是奥林匹克西餐馆，创办者无国籍犹太人	1943年	
小华梅西餐厅（原名华莱食店）	道里中国十一道街西头路南（西十一道街70号新春锅烙馆）	李兆梦	1945年	

西式饮食文化进入东北社会生活，不仅丰富了东北人的饮食种类，也改变了人们对于西方文化的传统观念，认识到西餐在食品营养、饮食结构、就餐形式等方面的特色性和科学性，同时也在某种程度上冲击着东北人传统的饮食习惯，东北地区一部分城市人的饮食习惯和饮食结构因此改变，这种影响甚至一直延续至今。但从总体上就近代东北人的饮食习惯来看，传统的食品品种和饮食风俗仍旧占据着绝对主体地位。据近代东北著名女作家梅娘回忆，“东北大地最适合生长高粱，几乎家家都吃高粱米饭，碾高粱的手段，也绝大

多数是石磨,只碾去粗皮,没有碾掉的高粱内皮很涩,吃起来噎嗓子……是爸爸从日本引进了先进舂米机碾出来的新产品,高粱苦涩的内皮碾掉了,米粒的颜色不是暗红而是粉白,焖的饭,又香又经嚼”。[①] 因此,在饮食习俗上呈现出的中西二元化特点,只是存在于外在而已,在实际的生活中,传统的食品品种和饮食风俗仍旧占据着绝对的主导地位。

在居住方面,随着帝国主义侵略的加剧,近代东北地区的各个城市中日式、俄式、欧美式等大量西式建筑纷纷出现,与传统的中式建筑对立存在,其中又以日式和俄式的建筑居多。虽然也出现了一些中西混合式的新式建筑,但是传统的中式建筑与西式建筑基本上仍旧是遵循各自的特点而独立发展变化的,二者之间的影响相对较小。

近代以来,随着关内汉族移民移居到东北大地,作为汉文化的载体,自然而然地把关内北方汉族的传统民居风俗带入东北。当时关内北方汉族的传统民居基本上分为两种,即用土或砖盖成的硬山顶房屋和囤顶房屋。这种民房以院落式的民居为主,有四合院、三合院,还有的只有单纯正房和院墙。所用的建筑材料多是就地取材,常用的材料有砖、瓦、石材、土坯、木材、草等。在地域上,由于年降水量不同,东北地区西部干燥少雨,该地区的民居多以囤顶为主,墙为青砖或青砖与毛石合砌,木架泥顶,多为南炕,屋顶上可以晾晒农作物,多为五间或三间,带东西厢房及门房。在部分西北部山区,也分布着一些硬山顶的民居,但数量较少。在降雨量较多的东北其他地区,民居多为硬山顶,干插瓦,清水脊,墙体多用毛石,也有用青砖与毛石合砌的,也有草屋顶、泥墙的。室内多为南北炕或(满族民居为“万”字炕)。随着汉族移民散居东北各地,这种民居形式也广为人们使用,分布在东北地区的城市乡之间。据近代东北著名女作家梅娘回忆,吉林传统的民居建筑还有用柈子垛作为院墙的[②],

① 梅娘:《电在我的故乡》,载张泉选编:《梅娘:怀人与纪事》,中央广播电视大学出版社2014年版,第9页。

② 把小树一劈四半,作为烧柴,垒在一起,俗称“柈子垛”。柈子是当时吉林市的主要烧柴。

“两边都是小户人家，没有院墙，家家都是用柈子垛当墙，垛就在自己的小区。这里十户有九户是卖柈子的”。①

伴随着帝国主义侵略的加剧，俄、日以军事侵略为先导，在东北地区强行划分势力范围。在这种时代背景下，俄式、日式、欧美式建筑随之出现在东北地区各个城市乃至乡村。光绪二十二年（1896）东清铁路开始修建，俄国人开始进入东北地区，古典俄罗斯建筑也开始风行。从满洲里至大连，尤其是在哈尔滨、齐齐哈尔、满洲里、黑河、海拉尔、沈阳、大连等大中城市，这种风格的建筑至今仍能看到，其中，哈尔滨更有“东方莫斯科”的绰号。光绪三十一年（1905年）日本在日俄战争中获胜，将东北地区南部划作自己的势力范围，至1945年日本投降为止，日本的侵略势力及其移民在东北地区整整活动了四十年，伴随而来的日式建筑也大量出现在东北大地上，尤其是伪满洲国时期，日式建筑的数量更是呈几何式增长。由于东北地区冬季严寒，移入的日式建筑还在建筑结构和室内设施上进行了改造。传统的日式建筑多以木质为主，其楼房多为二至三层，“由于地处严寒地带，日本人不能再居住日本式房屋，因此参考满族住房和俄罗斯住房，重新建造了移民住宅即用砖或石头盖房，室内设有壁炉、火炉、火炕，铺上榻榻米起卧”②。时至今日，在长春、沈阳、大连、鞍山、抚顺等地仍可见到这种日式旧建筑的遗迹。至于欧美的罗马式、哥特式建筑多以教堂的形式出现，主要分布在沈阳、哈尔滨、吉林等铁路沿线城市，如光绪四年（1878）在沈阳修建的南关天主教堂，光绪二十六年（1900）在满洲里修建的谢拉菲姆教堂，光绪二十八年（1902）在海拉尔修建的扎卡·恩斯卡娅西部中心教堂等。不过这些欧美建筑的数量相对于俄式、日式建筑尚数稀少。

总体而言，近代东北地区城市生活中的居住习俗仍是以传统的中式居住

---

①　梅娘：《松花江的哺育》，载张泉选编：《梅娘：怀人与纪事》，中央广播电视大学出版社2014年版，第10页。

②　［日］满史会编，东北沦陷四十年史辽宁编写组译：《满洲开发四十年史》（下卷），辽出临图字〔1987〕第192号1988年内部资料出版，第610页。

习俗为主,且与日式、俄式、欧美式等外来居住习俗并存。二者相互融合的情况较少,各自独立发展的情况居多,这就使得近代东北地区的居住习俗呈现出中西对立并存且各自发展的二元性特点。

在出行方面,铁路、公路、航运等近代交通运输业的出现和发展对近代东北地区城市市民的日常生活影响较大。近代西方交通运输工具逐步取代了中国传统的交通运输工具,火车、汽车、轮船、自行车、人力车纷纷出现,并日益走进人们的日常生活,逐步替代传统的马车、轿辇和帆船。近代东北地区的普通市民开始享受近代交通运输为城市生活所带来的便利。

近代初期,人们出行要么步行,要么选择马车、牛车、轿辇等代步工具。道路以土路为主,晴天尘土弥漫,雨天泥泞异常。19 世纪中期,在营口出现了东北地区最早的马路,它是用碎石子铺就而成,东北地区城市道路改造从此开始。20 世纪初,东北地区的城市道路建设取得了一定的成绩,城市交通状况发生了明显变化。1907 年,奉天商埠地已完成五条东西走向、连接老城区与满铁附属地的马路,开原、铁岭、新民的商埠地也陆续完成一些近代道路的修筑任务。以沈阳为例,当时的奉天省会警察厅设立了马路股,专门负责管理马路的修筑事宜,每月经费可达 3606 元。在边城以内(包括砖城里)陆续建成了一批街路,"小东门内至钟楼长 96 丈 2 尺,广 3 丈 3 尺;大西门至西华门外横道 123 丈 8 尺,广 5 丈 4 尺;大东门至东华门外横道长 102 丈,广 4 丈 4 尺;东华门外路长 76 丈 7 尺,广 3 丈 3 尺;西华门外路长 14 丈 4 尺,广 4 丈;小南门至鼓楼路长 310 丈,广丈;大南门内至钟楼长 310 丈,广 3 丈 8 尺;大北门至钟楼长 310 丈,广 3. 15 丈;小西门至鼓楼长 123. 8 丈,广 4. 2 丈;公署街长 170 丈,广 2. 65 丈"①,其中,"值得注意的是在 1911 年,沈阳出现了两条柏油马路,它们是:自大西边门至马路湾即商埠地的十一纬路,用资金 117997 元,长 1080 丈,宽 4. 1 丈。小西门外至南站(今沈阳火车站)的干线街路,长 1124

① 赵恭寅、曾有翼纂:《沈阳县志》卷八,《交通》,民国六年(1917)铅印本,第 8—9 页。

丈，宽 3.15 丈”。[①] 这些马路大大改善了城市的交通状况，给人们的出行带来了便利。

东北地区的铁路主要由中东铁路、南满铁路、京奉铁路、安奉铁路这四条干线及其支线构成，其密集程度冠居全国。截至 1931 年，中国东北地区的“铁路总长度达 6224 公里，每平方公里铁路长度为 613 米，是当时全国平均每平方公里铁路长度 200 米的三倍有余，达到当时美国平均每平方公里铁路长度 6000 米的十分之一，与当时澳大利亚平均每平方公里铁路长度 600 米大致相同，平均每万人铁路长度为 2.077 公里，各项数值均居全国首位”。[②] 其中，南满铁路的票价“在二战结束前，每人每公里的平均票价一等为 6 分日币，二等 4 分日币，三等 2 分日币”。[③] 其客货的运营情况从下表中亦可略窥一二。

表 2-2　满铁客货运情况表[④]

年度	营业里程（公里）	货运（千吨）	客运（千人）
1907	1135	1348	1512
1910	1138	3558	2349
1915	1106	5317	3708
1920	1104	9212	8123
1925	1118	13649	9109
1930	1125	15193	8156

与南满铁路相比，中国人自主运营的铁路起步较晚，运营里程较短，车速较慢，往返的车次相对较少，其运营情况从下表中可略窥一二。

---

① 赵恭寅、曾有翼纂：《沈阳县志》卷八，《交通》，民国六年（1917）铅印本，第 8—9 页。

② 哈尔滨满铁事务所编、汤尔和译：《北满概观》，上海商务印书馆 1937 年版，第 63 页。

③ ［日］满史会编，东北沦陷四十年史辽宁编写组译：《满洲开发四十年史》上卷，辽出临图字〔1987〕第 192 号 1988 年内部资料出版，第 348 页。

④ ［日］天野元之助：《满洲经济の发达》，南满洲铁道株式会社 1932 年版，第 19 页。

表 2-3 1931 年东北地区中方运营的主要铁路列车运行次数及速度情况表①

铁路	区 间	距离(公里)	往返次数	最快列车运行时间(时分)
北宁	奉天—山海关	419.6	3	11.02
	河北—沟帮子	91.6	2	2.37
	大虎山—通辽	251.2	2	12.30
	锦县—北票	112.6	1	4.30
洮昂	洮南—昂昂溪	224.2	3	6.25
吉长	长春—吉林	127.7	3	3.00
四洮	四平街—洮南	312.3	2	8.05
	四平街—通辽	201.6	1	3.11
	苏家屯—通辽	113.7	1	3.15
沈海	沈阳—朝阳	253.3	2	7.40
	梅河口—西安(今辽源)	68.4	2	2.00
吉海	黑牛圈—朝阳	180.4	2	4.14
吉敦	吉林—敦化	210.4	2	6.30
呼海	马船口—海伦	221.4	1	6.50
	马船口—绥化	116.2	1	3.25
齐克	昂昂溪—泰安	159.2	1	8.56
	宁年—拉哈	48.4	1	2.30
开丰轻便	石家台—西丰	64.0	1	4.00
	石家台—平原	6.0	2	0.2

虽然中国人自主运营的铁路存在着诸多不足之处,但是中国人自主运营铁路却是近代东北地区城市生活在出行方式上的重要革新,是与时代接轨的外在表现,更是近代东北地区社会发展的重大进步,其中的历史意义值得肯定。

① [日]满史会编,东北沦陷四十年史辽宁编写组译:《满洲开发四十年史》上卷,辽出临图字〔1987〕第 192 号 1988 年内部资料出版,第 366—367 页。本表略作编辑改动。

发达的铁路网对公路的建设也提出了要求。东北地区的公路大多为清朝初期由东北地方政府出资修建的，多为自然形成的土石路或沙土路，质量较差，后来，清政府为了抵御沙俄入侵，先后又修筑了几条公路。时至清朝末年，以北京为中心通往东北地区的四条主要公路干线正式形成，分别是：

1. 北京—天津—大沽—山海关—锦州—新民屯—奉天—开原—吉林—敦化—宁古塔—三姓

2. 北京—通州—遵化—喜峰口—建昌—鸡里莽哈—伯都纳—拉林—滨江—巴彦—三姓—富锦—同江

3. 北京—密云—承德—开鲁—章钓图—博罗额尔吉—库尔城—齐齐哈尔—墨尔根—瑷珲

4. 北京—承德—喀喇城—巴林—达尔巴海胡都克—海拉尔

进入民国时期，近代东北地方政府高度重视公路运输，东北地区的公路运输业也有了较大的发展。1918 年，东北地方政府颁布了《长途汽车公司条例》，对有关公共汽车公司的设立和营业许可等事项作出了详细规定。1929 年 3 月，当时的奉天省颁布了《汽车公路用地租用办法大纲》，1930 年 6 月，辽宁省又颁布了辽宁省建设厅重新制定的《汽车管理暂行条例》及《修改辽宁省建设厅汽车公路用地租借收买办法大纲》。依据这些规定，一些汽车公司便着手修建专用公路，经营汽车运输业，它们是：

1. 沈阳汽车公司。经营线路：奉天省城至辽中间 150 华里

2. 沈北长途汽车公司。经营线路：沈阳至法库门间 160 华里

3. 四榆长途汽车公司。经营线路：四平街至榆树台间 72 华里

4. 辽阳县南部农商联合会汽车部。经营线路：鞍山至刘二堡间 50 华里；鞍山至腾鳌堡间 50 华里；鞍山至唐马寨间 100 华里。①

除了上述的四条主要公路之外，其他的次级公路也相应获得了发展，除奉

---

① ［日］满史会编，东北沦陷四十年史辽宁编写组译：《满洲开发四十年史》上卷，辽出临图字〔1987〕第 192 号 1988 年内部资料出版，第 430 页。

天、吉林、齐齐哈尔外,以大连、安东、营口、长春、郑家屯、哈尔滨、三姓、延吉、锦州、承德为中心的公路业已形成。这样"素为清廷禁地的满洲自解禁以来,也以这些公路为动脉逐渐发展起来了"。①

在交通工具方面,随着日本帝国主义侵占东北地区,东洋人力车大量出现在近代东北各个城市的大街小巷,成为城市生活中主要的交通工具。在1916年12月9日和1917年1月30日的《远东报》上就曾记载了哈尔滨市内通行人力车的新闻。"滨江县张兰君知事:前为便利交通起见,曾呈请吉林交通局转咨铁路公司,允许人力车通行道里,且按照马车例每月纳捐等情。闻铁路公司已将此问题发交董事会会议"②;"人力车通行道里,本埠交涉署向俄领事交涉。妥协后,业经多日,于昨日起始经通行。行人均为称便"。③ 1907年,沈阳市成立了中日合办的马车铁道公司,即在街道上铺设铁轨,用马拉着车厢在铁轨上运行的公共交通工具。这种马拉铁道车经过改进,到20世纪20至30年代发展成为城市有轨电车,直到今天在大连、鞍山等城市的街头也能见到这种有轨电车。"俄式马车、日式洋车在沈阳愈有增加,成为市内主要交通工具之一,连同中日合办的马车铁道,省城奉天的交通状况有所改观。"④

宣统二年(1910),大连出现了汽车,汽车成为富人身份和地位的象征。在1917年5月17日的《远东报》上也有对哈尔滨市内汽车通行情况的报道。"本埠俄商某因滨江商业日益发达,市面日益开展,特赴美国订购新式改良汽车三十辆,昨日已转运到哈。闻此项汽车专备在道里、道外、秦家岗、北江沿等处搭载往来行人之用。"⑤

20世纪初,自行车进入中国,由于价格昂贵,自行车成为上层社会追求时

---

① [日]满史会编,东北沦陷四十年史辽宁编写组译:《满洲开发四十年史》上卷,辽出临图字〔1987〕第192号1988年内部资料出版,第418页。

② 《人力车通行道里问题》,《远东报》民国五年十二月九日(1916年12月9日),第7版。

③ 《人力车实行通过道里》,《远东报》民国六年一月三十日(1917年1月30日),第7版。

④ 张志强:《沈阳城市史》,东北财经大学出版社1993年版,第161页。

⑤ 《新式汽车输运到哈》,《远东报》民国六年五月十七日(1917年5月17日),第7版。

尚的标志，直到20世纪30年代以后，随着自行车进口量增多，价格才有所下降，公司职员、店员和家境富裕的青年学生也开始购买自行车，骑车出行。

交通出行方式的近现代化不仅改善了人们的出行工具，对传统的出行习俗也造成了极大的冲击。东北人开始享受科技为人类带来的进步与方便。不过需要指出的是，近代交通出行的改善主要集中在各个城市，尤其开埠城市，广大乡村依旧是土街土路，城乡发展极不平衡。

在器用方面，随着在居住条件的变化，人们日常生活中所用到的器物也发生了变化。传统东北民居的室内多点糠灯，后随着中原文化传入而改用油灯。日常所用盆、碗、缸、盘等器皿均为木制，后来受中原文化影响才日渐改用瓷器，但盆和水缸仍旧沿用木制。

步入近代，东北地区城市居民所使用的器用物品迅速向近代转变。20世纪初，东北地区的富裕家庭开始使用"洋炉子"。因其燃料为煤，也称为"煤炉"。据《桦甸县志》记载：（在桦甸县）"冬日取暖之炉，用煤者已十有六七矣"①，另据《奉天通志》记载："近日煤炉通行，城市皆用之，豪族更装暖气、炉盆，较舒适矣。"②由此可见，近代的煤炉逐步取代了传统的炭火盆，成为室内取暖的主要器具。

在床铺用品上，以大连地区为例，平民一般"用苇席或高粱坯席铺炕，盖'麻花'被"。有的穷人家甚至没有褥子，一家几口人盖一床被子，俗称"滚土炕"。富裕人家则"用上等苇席铺炕，冬铺炕被。夏铺凉席。被褥用绸缎制作，春秋二季铺毛毯、夹被"。③ 城市居民多在夏季拆洗被褥，用淀粉浆制后，再喷洒适量水分，折叠后用棒槌捶平，重新缝合成被。

近代东北地区城市居民所使用的室内家具主要包括柜、箱、桌、椅等，仍以

---

① 《桦甸县志未是稿》卷二，《舆地·风俗》，民国二十年（1931年）手稿本，第43页。

② 王树楠、吴廷燮、金毓黻等纂：《奉天通志》卷九九，《礼俗三·器用》，东北文史丛书编辑委员会点校，1983年版，第2287页。

③ 大连市史志办公室编：《大连市志·民俗志》，方志出版社2004年版，第54页。

木质为主,但皮质的沙发、西式桌椅也被越来越多的富庶人家所使用。桌子种类很多,比较常见的有“条桌”“八仙桌”。随着西式家具传入,民间出现一种两抽屉(也有三抽屉)桌子,被许多追求西式生活的城市居民使用。如《奉天通志》中就记载:“旧俗人家皆用太师椅,置八仙桌两侧,质多楸榆,世家亦用铁梨硬木。近者皆用西式椅,贵人客室则置西式沙发,备便坐卧。”①除上述外,近代东北地区城市居民所使用的家具种类还有很多,在家具的规制上也更能体现贫富间的差距。

锅、碗、瓢、盆、缸是近代东北地区每个城市家庭的必备之物。锅为铁铸,有大小之分。碗,旧时用粗瓷,“近者洋瓷流行,质精价廉,城乡富室多用之,惟贫者及偏僻各县仍用旧物,杯、碟等物亦如之”。② 盆有瓦盆、绿釉盆、木盆等。缸为陶制,有水缸、渍菜缸和酱菜缸等。

在照明上,传统的油灯很快就被西式的煤油灯取代。煤油的使用大大提高了灯的照明度,还因其制造成本低,价格合理,较容易为人们接受。19 世纪 80 年代后,电灯被引进中国。20 世纪后,在东北地区的各个城市中,电灯的使用开始扩展,如《奉天通志》记载:(奉天)“通用玻璃洋灯,精洁明亮,较胜往昔,至都市内均代以电炬矣。”③在 1906 年 10 月 18 日的《盛京时报》上还刊登了一则手电筒(时称“携带电灯”)的广告,“此电灯系大日本东京田中商会所创制者,较各国运来之电灯有崭新灵便之特色……凡人就寝之时,枕头灯火不但有碍于卫生,亦且失慎火灾之虞,且灾祸起于不虞,恐灯火不便,往往误事。风雨之夜,如提灯,如瓦斯灯,竟不成用。本商会有鉴于此,特精选材料,聘用良工创制此灯,以补诸多之不足,应现时之急需,实是文明之利器也。奉天省

① 王树楠、吴廷燮、金毓黻等纂:《奉天通志》卷九九,《礼俗三 · 器用》,东北文史丛书编辑委员会点校,1983 年版,第 2285 页。

② 王树楠、吴廷燮、金毓黻等纂:《奉天通志》卷九九,《礼俗三 · 器用》,东北文史丛书编辑委员会点校,1983 年版,第 2286 页。

③ 王树楠、吴廷燮、金毓黻等纂:《奉天通志》卷九九,《礼俗三 · 器用》,东北文史丛书编辑委员会点校,1983 年版,第 2286 页。

城四平街路北关东洋行”。[①] 这则广告不仅说明了手电筒相较传统油灯、提灯、汽灯等的优势所在，还指出手电筒是近代文明的利器之一。近代照明器用的变化非常迅速，短短几十年，照明器用即完成了由旧式油灯到煤油灯、煤气灯，再由煤油灯、煤气灯到电灯的革命性转变。但是，这一转变主要集中在城市里，广大农村仍处于落后状态，不仅无电灯，就连新式煤油灯也并未普及。

近代东北地区城市居民所使用的文化器用主要包括“文房四宝”（笔、墨、纸、砚）和书籍等物品，这些物品不仅能诠释中国传统文化的博大精深，也是民族文化的优秀遗产。晚清时期，随着西方文化的传播，西式文具如铅笔、钢笔、墨水、西式纸张等开始流行。起初，西式文具价格昂贵，使用者多为买办、官僚及富商。近代新式学堂兴起之后，学生成为西式文具的主要使用者，西式文具借此得以迅速普及。但是，传统的“文房四宝”和线装书籍并没有因为西式文具的快速传播而消逝，它们与钢笔、铅笔、墨水、西式纸张等西式文具和硬皮书一起存在于近代东北地区的城市生活之中，彰显了新旧城市生活方式与文化并存的局面。

第二节　礼仪礼俗

礼仪礼俗是人生中必不可少的生活民俗，其中婚嫁、丧葬、节庆和社交这四大方面构成了礼仪礼俗的主要内容。近代东北地区城市生活中的礼仪礼俗是在继承传统礼仪礼俗的基础上吸收西方文化中的礼仪礼俗发展形成的。其中传统礼仪礼俗与新式礼仪礼俗均通行于近代东北地区的各个城市和乡村，且展现出新旧杂糅的二元性特点。

近代东北地区城市生活中的礼仪礼俗包罗万象，其中婚嫁礼俗是最主要

---

① 《现时急需文明利器——最新式携带电灯发售告白》，《盛京时报》光绪三十二年九月初一日（1906 年 10 月 18 日），第 4 版。

的生活礼俗,涉及每个东北人和家庭。近代东北地区城市生活中的婚嫁礼俗主要由汉族传统婚嫁礼俗、少数民族传统婚嫁礼俗和近代新式婚嫁礼俗三个部分组成,它们各具特色,分别发展。然而,在近代新式婚嫁礼俗传入东北地区之后,东北各民族传统的婚嫁礼俗都受到影响,汉、满、蒙等民族的先进人士陆续采取近代新式婚嫁礼俗举行婚礼,并在东北地区的各大城市成为新的风尚,不过传统婚嫁礼俗在东北广大农村地区依旧占据绝对的支配地位。

东北地区传统的婚嫁礼俗仍按照古代礼仪,包括“纳采、问名、纳吉、纳征、请期、亲迎”六个部分,其中“父母之命、媒妁之言”和门当户对仍是婚姻的首要条件,其具体的婚礼过程这里不再赘述。①

步入近代,近代新式婚嫁礼俗受到欢迎,渐次在东北地区的各个主要城市中流行开来。清光绪、宣统年间,“欧风东渐,新礼制迄未颁定,于是缙绅之族损益繁缛,酌剂中西仪节,谓之‘文明结婚’”②,也就是人们所说的新式婚礼。男女两家定婚后,用指环(戒指)及饰物作为聘礼,婚礼多在上午举行,男女两家家长为主婚人,并和亲族朋友同聚一堂,选一位德高望重的人作为证婚人,介绍男女之好的介绍人二人,即古礼中的媒妁。到行礼之时,先由证婚人宣读婚书,再由主婚人、证婚人、介绍人和新婚夫妇依次签字盖章,接着新婚夫妇互换指环(戒指),然后相向行三鞠躬礼,再依次向证婚人、介绍人、主婚人行礼,礼毕,再由证婚人、主婚人分别致辞,来宾致贺词,新婚夫妇和亲族、朋友、来宾合影留念。至此,近代新式婚礼就算礼成,新婚夫妇同回夫家。

与传统婚嫁礼俗相比,近代新式婚嫁礼俗在礼仪形式上趋于简化、花费节俭,舍弃了传统婚嫁礼俗中诸如坐花轿、拜天地、闹洞房等繁文缛节,也剔除了合八字、憋性、立规矩等封建文化糟粕。近代新式婚嫁礼俗中有诸如:证婚人宣读婚书,主婚人、证婚人、介绍人和新婚夫妇均在婚书上签字盖章这类环节,

---

① 可参见拙作《地域文化视野下的近代东北婚嫁习俗》,《东北史地》2014 年第 5 期。

② 王树楠、吴廷燮、金毓黻等纂:《奉天通志》卷九八,《礼俗二·婚嫁》,东北文史丛书编辑委员会点校,1983 年版,第 2259 页。

体现出了近代新式婚姻更注重法律性和契约性的特点。近代新式婚姻礼俗即保留了传统婚嫁礼俗中的喜庆元素，又吸收了近代社会文明的合理内涵，是传统婚嫁礼俗的一次巨大进步，深受思想开放的年轻人喜爱。因此，“近时婚礼，通都大邑，无论汉、满、蒙族绅宦之家，大率通行”。①

虽然近代新式婚嫁礼俗是近代东北地区城市生活走向文明的产物，但是由于近代东北各地的经济和社会发展程度深浅不一，各阶层接受新事物的程度也有差异，尤其是在中小城市和广大的农村地区，传统的婚嫁民俗仍旧盛行，如《辽中县志》就有这样的记载：“惟礼已成俗，相沿已久，乡里仍复多遵旧习，难骤变也。”②由此可见，近代东北地区的婚嫁礼俗在总体上大致呈现出传统与新式并行的二元化态势。

与婚嫁礼俗不同，虽然在 1910 年至 1911 年冬春之交的肺鼠疫防疫过程中强制推行过火葬习俗，但是在总体上近代东北地区城市生活中的丧葬礼俗仍旧严守旧制。传统的丧葬礼俗在整个东北地区的社会生活中非常流行，无论是在城市还是乡村，凡是遇到丧事，各家各户几乎都是按照传统的旧习俗来办理。纵观整个近代，东北地区的丧葬礼俗几乎没有受到任何西方文化的影响，也没有出现近代新式的丧葬礼俗，而当代东北地区的丧葬礼俗则是在解放后通过开展移风易俗教育活动才逐步形成的。这点在整个近代东北地区的城市生活中十分特别，也非常值得深入研究。

在 1910 年至 1911 年冬春之交的肺鼠疫防疫过程中，为了更好地控制疫情，东三省总督锡良曾下令强制推行火葬。据宣统三年正月十二日（1911 年 2 月 10 日）的《申报》报道：东三省总督锡良曾如此致电吉林和黑龙江督抚，“斟

① 王树楠、吴廷燮、金毓黻等纂：《奉天通志》卷九八，《礼俗二・婚嫁》，东北文史丛书编辑委员会点校，1983 年版，第 2259 页。

② 徐维淮修、李植嘉纂：《辽中县志》卷 4，《人事・礼俗・嫁娶》，民国十九年（1930 年）铅印本，《中国方志丛书・辽宁地方・第 11 号》第 2 册，台北成文出版社有限公司 1974 年影印版，第 536 页。

酌再三,恐非从权暂准火葬,别无应急之法。并希迅饬地方官,剀切晓谕,免滋谣惑”。① 然而实行火葬的目的是为了防疫,属于强制推行,且与普通百姓的观念及旧俗不符,待肺鼠疫疫情过后,火葬的丧葬方式很快就被废弃,以土葬为主的传统丧葬方式再度成为社会生活的主流。

近代东北地区的丧葬礼俗程序复杂,往往耗资巨大,仕宦及殷实之家在举行葬礼时多遵循传统典制,一般平民则要依据自身的经济实力酌减从略。然而,近代东北地区的丧葬礼俗一直严守旧制,并没有如婚嫁礼俗那样向近代过渡,笔者认为这与中国传统社会极重孝道的文化观念密不可分。在近代的东北社会生活中,没有任何人愿意背上不孝的恶名,对于不孝的社会舆论谴责也是任何人无法承受的,正是这种原因才使得近代东北地区城市生活中的丧葬礼俗一直严守旧制,没有发生一点变化。不过,这只是笔者的一点浅见,并没有坚实的史料支撑,仅供诸位读者研讨。

近代东北地区的节庆礼俗主要包括节气习俗和节日礼俗两个方面,通行于城乡各邑,且基本上承袭古代,变化较少。虽然也有诸如圣诞节、情人节、愚人节等西方节日出现,但对于整个近代东北地区的节庆礼俗影响不大。

近代东北地区的节气习俗主要沿用中国传统文化中的二十四节气,因其与农牧业生产密切相关,因此又被称为“农历”。随着“闯关东”而来的关内移民,二十四节气在近代东北地区广为流传,无论是在城市还是在乡村,二十四节气均为人们日常生活中最基本的节气习俗。

相较中原地区,东北地区的纬度较高,冬季寒冷漫长,气候与中原地区迥异,“大抵视关内早寒、迟燠,相差月余”②,这就使得近代东北地区的节气习俗颇具特色。以辽宁地区为例。据《奉天通志》记载,近代辽宁地区的节气习俗

① 《东省防疫记》,《申报》宣统三年正月十二日(1911年2月10日),第5版。

② 王树楠、吴廷燮、金毓黻等纂:《奉天通志》卷九八,《礼俗二·节令》,东北文史丛书编辑委员会点校,1983年版,第2248页。

大致如下：

立春（公历二月四日或五日）：春季开始，万物复苏，是一年农事之始。这一天，民间有占卜丰歉的习俗，晴天即为丰兆，阴天即为荒灾之兆。

雨水（公历二月十九日或二十日）：降雨增多，是备耕的好时机。雨水节气一过，“长工就佣，农事初作”。[①]

惊蛰（公历三月五日或六日）：“蛰虫始振，雷乃发声，地气渐通，耜粪田畴。”[②]民间还有惊蛰这天如有雷鸣，属丰兆的说法。

春分（公历三月二十日或二十一日）：春季之中。春分时节“日夜分，地初解冻，草木萌芽，疏圃植蒜”。[③] 民间还有春分日气温低，夏季就多雨的说法。

清明（公历四月四日或五日）：气候温暖，天气晴朗。清明之后，万物生长，农家开始春耕春种。民间还有在清明缅怀先人，植树踏青的习俗，故中华民国成立后将清明节定为植树节。

谷雨（公历四月二十日或二十一日）：降雨量增多，有利于农作物的播种与生长。故民间喜谷雨降雨，认为是丰年的征兆。

立夏（公历五月五日或六日）：夏季开始，农作物进入生长期。辽宁地区的水田所出为稻，旱田所出为粳，均于立夏后播种。民间还有“匧裘”之说，“匧”同“箧”，即收藏之意，“匧裘”就是将皮裘等御寒衣服收藏起来的意思。立夏时节方将冬衣收藏起来，近代东北地区气候之寒冷由此可见一斑。

小满（公历五月二十日或二十一日）：麦类等夏熟作物籽粒逐渐饱满，但未成熟，故称“小满”。这时也是补种杂粮作物的最好时机。

---

① 王树楠、吴廷燮、金毓黻等纂：《奉天通志》卷九八，《礼俗二·节令》，东北文史丛书编辑委员会点校，1983 年版，第 2248 页。

② 王树楠、吴廷燮、金毓黻等纂：《奉天通志》卷九八，《礼俗二·节令》，东北文史丛书编辑委员会点校，1983 年版，第 2248 页。

③ 王树楠、吴廷燮、金毓黻等纂：《奉天通志》卷九八，《礼俗二·节令》，东北文史丛书编辑委员会点校，1983 年版，第 2248 页。

芒种(公历六月五日或六日):麦子等有芒作物成熟,谷、黍、稷等夏播作物加紧播种,故称“芒种”。

夏至(公历六月二十一日或二十二日):夏天到来,进入雨季,是一年中昼最长夜最短的日子,也是万物生长最旺盛的时期。夏至节气过后,黄瓜、芸豆等蔬菜成熟。

小暑(公历七月七日或八日):天气开始炎热,玉米、高粱成熟。

大暑(公历七月二十二日或二十三日):大麦和小麦都已成熟。天气酷热,常有大雨。适合种植荞麦、绿豆、秋菘、萝卜等晚熟蔬菜。

立秋(公历八月七日或八日):秋季开始,天气逐渐凉爽,秋熟作物即将成熟。

处暑(公历八月二十二日或二十三日):炎热即将过去,但气候“湿热气盛,百物易霉”。[①] 立秋之后还有一段炎热时段,尤其是在午后,气温仍然很高。

白露(公历九月七日或八日):昼夜气温相差较大,是棉花收获时节。白露节气过后,辽东山区的农人多进山捕获狍、鹿、山鸡等作为贡品,后渐渐成为习俗。

秋分(公历九月二十三日或二十四日):秋季之中,昼夜平分,之后昼短夜长。秋分时节所有的粮食作物均已成熟,农人忙于收割庄稼。

寒露(公历十月八日或九日):气温明显降低,夜间尤其寒冷。农人筑场院,纳禾稼,做储存粮食的准备。

霜降(公历十月二十三日或二十四日):开始降霜,天气已冷。农家准备过冬的烧柴,腌渍、储存秋菜。辽东山区的农人于霜降以后陆续进山,采掘人参。

立冬(公历十一月七日或八日):冬季开始。农人多平整道路,修筑谷仓,

① 王树楠、吴廷燮、金毓黻等纂:《奉天通志》卷九八,《礼俗二·节令》,东北文史丛书编辑委员会点校,1983年版,第2249页。

选种，积肥。松花江地区的渔民开始采捕东珠。

小雪（公历十一月二十二日或二十三日）：开始降雪，逐渐进入封冻时节。民间有在这一天以酒食犒劳雇工的习俗。

大雪（公历十二月七日或八日）：降雪较大，各地进入严冬时节。

冬至（公历十二月二十二日或二十三日）：是一年中昼最短夜最长的一天。冬至为“一九”的第一天，进入数九寒天时节。东北地区冬季严寒，居民有“猫冬”的习俗，冬至之后，“居民塞巷墐户，谨慎门间”①，很少出门。

小寒（公历一月五日或六日）：天气寒冷。此时民间有“藏冰”“掘貂鼠”的习俗。

大寒（公历一月二十日或二十一日）：是一年四季最寒冷的时节，民间开始筹备过年。

根据二十四节气习俗，并结合日常生活的实践活动，时人总结出了一首二十四节气的农谣：

立春阳气转，雨水靠河边。
惊蛰雁来到，春分地皮干。
清明忙种麦，谷雨种大田。
立夏鹅毛住，小满雀来全。
芒种开了铲，夏至不拿棉。
小暑不算热，大暑三伏天。
立秋忙打靛，处暑动刀镰。
白露开了割，秋分不生田。
寒露不算冷，霜降变了天。
立冬交十月，冬至不行船。
大雪河插住，小雪地封严。

---

①　王树楠、吴廷燮、金毓黻等纂：《奉天通志》卷九八，《礼俗二・节令》，东北文史丛书编辑委员会点校，1983 年版，第 2249 页。

大寒、小寒整一年。①

近代东北地区的节日礼俗在继承传统的基础上,又随着时代的变革而有新的发展,尤其是在中华民国成立后。一方面中西文化并存,西方节日如情人节、圣诞节等逐渐被人们接受;另一方面,中华民国政府的法定节日如元旦、双十节等都进入节日行列。尽管节日的名目越来越多,但中国传统节日包括春节、元宵节、清明节、端午节、中秋节等,依然是民间最主要的节日。

春节是农历正月元旦,俗称"大年初一"。是一年中最重要的节日,所以,围绕春节所形成的节庆礼俗很多。

节前,家家户户准备年货,缝制新衣;打扫庭院,扫除灰尘,拆洗被褥;贴窗花、年画、福字和对联。腊月二十三,俗称"小年"。这一天家家都要祭灶神,吃灶糖。农历腊月三十,俗称"除夕"。这天晚上,家家都要燃放鞭炮,吃饺子,人们通宵守岁,俗称"守岁"。大人给孩子压岁钱,以期小孩在新的一年之中无病无灾。

大年初一,一家人要早起,"洁庭宇,新衣冠。陈几于庭,曰'天地桌',列香烛供品至元宵节后始撤。四民辍业贺岁,谓之'拜年'"。② 正月初五,俗称"破五",家家要吃饺子,取意"捏破"。正月初七,辽阳地区还有初七吃年糕的习俗,寓意延年益寿。

正月十五日为"上元节",俗称"元宵节",又名"灯节。"夜晚,各地要举办灯会,城乡居民张灯结彩,吃元宵,猜灯谜,耍龙灯。

清明节又名"寒食节",在每年公历的四月四日至六日。这一天,家家皆禁烟火,还要"祭扫祖茔,备供致礼,焚化冥镪"③,祭祀先人。民间还有在清明

---

① 王树楠、吴廷燮、金毓黻等纂:《奉天通志》卷九八,《礼俗二·节令》,东北文史丛书编辑委员会点校,1983 年版,第 2250 页。

② 王树楠、吴廷燮、金毓黻等纂:《奉天通志》卷九八,《礼俗二·岁事》,东北文史丛书编辑委员会点校,1983 年版,第 2250 页。

③ 王树楠、吴廷燮、金毓黻等纂:《奉天通志》卷九八,《礼俗二·岁事》,东北文史丛书编辑委员会点校,1983 年版,第 2252 页。

踏青、放风筝、植树等民俗,故中华民国成立后将清明节定为植树节。

农历的五月初五日为端午节,又称"端阳节"。"是日,人家檐端皆插蒲艾,门上悬纸葫芦,食角黍,饮雄黄酒,小儿女头、腕缠五色丝线,又以黄布制小猴,青麻制小帚佩胸际"①,均取消灾避祸之意。

农历八月十五日为中秋节。是日,"人家中庭,陈瓜果饼饵,拜月,食月饼"②,取全家团圆之意。

除上述主要的传统节日外,民间节日礼俗还有很多:如农历二月初二龙抬头,农历七月初七乞巧节,农历腊月初八腊八节等。

近代东北地区的满族、蒙古族、朝鲜族等少数民族因生活习惯及信仰不同,节日礼俗也不尽相同,但是由于各民族长期杂居,相互影响,"现有习俗,或导源于满,或移植于汉……往日习尚,日就湮讹,存之简端,弥足珍已"。③

在近代的东北社会生活中,日常的节日礼俗往往伴随着种类繁多的祭祀活动。如在阿勒楚喀和拉林就计划在同治八年(1869)中举行下列祭祀活动:

> 同治八年,岁次己巳。正月初九日,祭祈谷坛。自初六日为始,致斋三日,不理刑名。正月初十日,孟春时享太庙。自初七日为始,致斋三日,不理刑名。
>
> 二月初三日,祭文昌庙。二月初五日,祭先师孔子。自初三日为始,致斋二日,不理刑名。二月初六日,祭社稷坛。自初三日为始,致斋三日,不理刑名。同日,祭神祇坛。二月初八日,春分卯时,祭朝日坛。自初六日为始,致斋二日,不理刑名。二月十三日,祭文昌庙。

① 王树楠、吴廷燮、金毓黻等纂:《奉天通志》卷九八,《礼俗二 · 岁事》,东北文史丛书编辑委员会点校,1983年版,第2253页。

② 王树楠、吴廷燮、金毓黻等纂:《奉天通志》卷九八,《礼俗二 · 岁事》,东北文史丛书编辑委员会点校,1983年版,第2254页。

③ 王树楠、吴廷燮、金毓黻等纂:《奉天通志》卷九八,《礼俗二 · 岁事》,东北文史丛书编辑委员会点校,1983年版,第2256页。

自十一日为始，致斋二日，不理刑名。二月十四日，祭龙神祠。二月十五日，祭关帝庙。自十三日为始，致斋二日，不理刑名。同日，祭昭忠祠。二月十七日，祭历代帝王庙。自十五日为始，致斋二日，不理刑名。二月三十日，祭贤良祠。

三月初三日，祭先农坛。自初一日为始，致斋二日，不理刑名。

四月初一日，孟夏时享太庙。自三月二十八日为始，致斋三日，不理刑名。四月初七日，行常雩礼，大祀天于圜丘。自初四日为始，致斋三日，不理刑名。

五月十二日，夏至，大祀地于方泽。自初九日为始，致斋三日，不理刑名。五月十三日，祭关帝庙。

七月初一日，孟秋时享太庙。自六月二十八日为始，致斋三日，不理刑名。

八月初六日，祭文昌庙。自初四日为始，致斋二日，不理刑名。八月初八日，祭先师孔子。自初六日为始，致斋二日，不理刑名。八月初九日，祭社稷坛。自初六日为始，致斋三日，不理刑名。同日，祭神祇坛。八月十二日，祭关帝庙。自初十日为始，致斋二日，不理刑名。八月十四日，祭昭忠祠。八月十七日，祭龙神祠。八月十八日，秋分酉时，祭夕月坛。自十七日为始，致斋二日，不理刑名，八月二十六日，祭贤良祠。

九月十六日，祭历代帝王庙。自十四日为始，致斋二日，不理刑名。

十月初一日，孟冬时享太庙。自九月二十八日为始，致斋三日，不理刑名。

十一月二十日，冬至，大祀天于圜丘。自十七日为始，致斋三日，不理刑名。

十二月二十八日，岁暮，行祫祭礼于太庙。自二十五日为始，致斋三日，不理刑名。①

在这些祭祀活动过程中，既要斋戒，又要停止刑狱诉讼。由此可见，祭祀活动既是节日礼俗的一个重要组成部分，又是传统文化在城市生活中的一个显著反映。

而且，祭祀活动所需用的一切费用都会照价实报实销，严禁摊派。如在光绪二十三年十月二十六日（1897 年 11 月 22 日）“恩泽等为声请江省各祭祀坛庙所需祭品等物应按各该处时价实用实销办理事咨”一则档案材料中就有如下记载：“查黑龙江省属各城，每年祭祀各庙宇需祭品等物，例销之价实不敷用。近年以来，各处迭被水灾，异常苦累。所亏银钱若令仍由官兵俸饷内挨年摊扣，势必力有不逮，惟祈大部体念时艰，所有需用祭品等物，仍按各该处街市时价实用实销，以免摊派，而示体恤。”②

西式节日如圣诞节、情人节、愚人节等是在近代之后传入东北地区的。起初，西方节日仅流行于寓居生活的外国人和信仰基督教的中国信徒。中华民国成立后，一些追求西方生活方式的社会人士也开始过西式节日。情人节送玫瑰、巧克力成为许多青年男女示爱的方式。圣诞节不仅教徒会到教堂祈祷，食圣餐，听赞美诗，一些非教徒也会在圣诞节时装饰圣诞树，开圣诞晚会，享受圣诞大餐。总之，近代东北地区城市生活中的节庆礼俗不仅承袭了传统的节庆礼俗，还杂糅一些西方的节庆礼俗，不仅节日的数量有所增多，在庆祝的方式上也融入了新的元素。

与近代东北地区的丧葬礼俗相似，在近代东北地区的城市生活中，传统的

---

① 《阿勒楚喀副都统衙门右司为札饬拉林协领遵照己巳年各坛庙祭祀斋戒日期事呈稿》同治七年十二月初八日（1869 年 1 月 20 日），东北师范大学明清史研究所、中国第一历史档案馆合编：《清代东北阿城汉文档案选编》，中华书局 1994 年版，第 43—44 页。

② 《恩泽等为声请江省各祭祀坛庙所需祭品等物应按各该处时价实用实销办理事咨》光绪二十三年十月二十六日（1897 年 11 月 22 日），黑龙江省档案馆、黑龙江省社会科学院历史研究所编：《清代黑龙江历史档案选编》（光绪朝二十一年——二十六年），黑龙江人民出版社 1987 年版，第 204 页。

社交礼俗在相当长的一段时间内仍然是近代东北社会的主要社交礼俗。直到中华民国建立后,在近代东北地区的城市生活中,才逐渐出现握手、鞠躬、点头等近代西式社交礼俗。然而,这些新式的社交礼俗主要出现在各个城市之中,在广大乡村地区,新式的近代社交礼俗仍然没有完全取代传统的旧式社交礼俗,从而形成了新旧社交礼俗并存的二元化局面。

近代以后,在相当长的时间里,旧式传统的社交礼俗仍在东北地区的城市生活中占据着主导地位。这种传统的社交礼俗主要可以分为以下几种:

1. 跪拜礼:俗称“磕头”。即两膝着地行礼,原本是人们相互致意的一种礼节,后来成为尊重、臣服的象征。跪拜礼形式很复杂,大致可以分为三跪九叩、一跪三叩和一跪一叩三种。其中三跪九叩是参加极其重要的典礼时使用的,如拜见至尊的人或祭祀时。一跪三叩用于拜见父母尊长、婚丧礼俗、拜神拜墓等,“旧日弟于师亦然”。① 一跪一叩则是在平辈之间或小辈给长辈拜年时使用。

2. 拱手礼:又称“作揖”。即双手合抱以示敬意。双手合抱时,一般是左手在外,右手在内,如遇凶丧,则右手在外,左手在内。拱手礼是近代东北地区汉族人无论尊卑长幼平日相见的一种日常礼仪。民国以后,城市中代之以脱帽鞠躬礼,不过在农村地区拱手礼还在使用。

3. 请安:请安为满族人的日常社交礼仪,主要有“请大安”“请双安”“请对安”“跪安”四种形式。其中“请大安”用于卑幼见尊长时。“请双安”用于好久不见的平辈亲友相见之时。“请对安”用于平辈亲友相见或商人之间相互拜年时。“跪安”为妇女所使用。

与上述社交礼仪相对应的还有一套称谓用语,如大人、老爷、夫人、太太、小姐等。这些称谓用语不仅构成了近代东北地区社交礼俗的一部分,还反映出当时社会生活中普遍存在的等级差别及媚上心理。

---

① 高文垣修、张肃铭纂:《双城县志》卷六,《礼俗 · 礼式》,民国十五年(1926)铅印本,《中国方志丛书 · 东北地方 · 第33号》第1册,台北成文出版社有限公司1973年影印版,第179页。

此外,“男女授受不亲”的传统思想也成为两性之间社交的主要障碍,这一点在西方传教士身上表现得尤为明显。如:“1891 年末,三位年轻的传教士,一男二女,无奈放弃传教回乡,因为加入传教站的当地人不能容忍三人之间的‘不成体统’的关系。教会认真调查了这个案例,以西方眼光,三位年轻人之间从未发生任何有伤风化之事,但即便如此,却已触犯了中国传统两性交往的禁忌。”①这则记载只反映出当时社会对于两性交往中的一个侧面,然而从中亦不难看出当时东北地区社交礼俗的保守和封闭。

旧式传统的社交礼俗处处展现出尊卑等级的封建思想,使人们在交往之初,就打上不平等的烙印,严重制约着人们的正常社会交往。随着西式礼俗的传入,一种与传统社交礼俗完全不同的新式社交礼俗逐渐为人们所接受,“民国以来,相见均行脱帽鞠躬礼,而长揖、请安之俗遂废”。②

近代东北地区新式的社交礼俗主要包括握手、鞠躬、脱帽鞠躬、点头等。握手、鞠躬古礼有之,但其近代含义更加丰富,如握手礼,通常是双方伸出右手相握,若紧紧相握、屡握不止,即表示两人情谊深厚;戴手套者要事先取下手套再握手;平辈之间,无论谁先伸出手都可以,但与长辈握手,需要晚辈先伸手,身体微微前倾;男女之间握手,一般是女方先伸手,轻轻握一下即可,否则会被认为是失礼。点头是西式见面礼,如果戴帽子,要先脱帽再点头,施礼时要视对象不同或停或行,如遇年长者,就要停下脚步行礼。脱帽鞠躬也是西式礼仪,与鞠躬礼不同的是,前者更正式,后者较随意。施脱帽鞠躬礼时,施礼者要用右手将帽子脱掉,双腿并拢,上身前倾 15 度后恢复原状。上述新礼节,首先在以孙中山为首的革命党人中间实行,1912 年南京临时国民政府成立后,明令废除社交中的跪拜、作揖、请安等旧礼节,改行鞠躬礼。同年 8 月 17 日,北

---

① ［英］马克·奥尼尔(Mark O’Neill),牟京良编译:《闯关东的爱尔兰人:一位传教士在乱世中国的生涯(1897—1942)》,生活·读书·新知三联书店 2013 年版,第 42 页。

② 王介公修、于云峰纂:《安东县志》卷七,《礼俗·相见礼》,民国二十年(1931)铅印本,《中国方志丛书·东北地方·第 18 号》第 3 册,台北成文出版社有限公司 1974 年影印版,第 932 页。

洋政府颁布《礼制》,规定在公宴、公礼式及寻常庆吊、交际宴会等场合,男子用脱帽一鞠躬礼,女子用不脱帽一鞠躬礼;寻常相见,男子用脱帽礼,女子用鞠躬礼。这就以法律形式确立了新式社交礼节的合法地位。与新式礼节相对应的称谓则有同志、先生、君、女士等。1912 年 3 月,孙中山以临时大总统名义发布《令内务部通知革除前清官厅称呼文》,明令取消清代称谓用语中的大人、老爷、奴才、臣等,规定政府公职人员以官职相称,民间则用先生、君相称。

新式社交礼俗即简明又平等,且同样能表达出相互敬意之情,人与人之间的关系也变得越来越正常。然而,近代新式的社交礼俗只是在城市生活和新派人物中提倡和推广,在乡村地区,旧式传统的社交礼俗仍在日常生活中广泛使用。新式社交礼俗并没有完全取代旧式传统的社交礼俗,从而形成了新旧社交礼俗并存的二元化局面。

第三节　休闲娱乐

茶馆、戏曲、杂技、话剧、电影、体育、游戏等各式活动都是深受近代东北地区城市居民喜爱的休闲娱乐活动。近代东北地区的休闲娱乐生活除了继承发扬东北地区传统的休闲娱乐方式外,还大量吸收外来的西方休闲娱乐形式。许多新奇的近代休闲娱乐生活出现在近代东北地区的各个城市之中,进而形成了近代东北地区新旧休闲娱乐生活相互杂糅的二元形式。

东北地区传统的日常休闲多以喝茶、聊天、看戏、听曲为主,演出场地也多在庙宇的露天戏台上进行。清代末期,出现一些供戏曲班社演出的固定场所,场内设茶座、包厢。观众边喝茶边听戏,一般多称之为“茶社”或“茶园”,如兴顺茶园、群仙茶园等。1921 年后,东北各地又新建了许多茶社、俱乐部、大舞台、戏院和小剧场,各地逐渐成立许多戏曲班社,演出活动逐步活跃起来。随着西式生活方式传入东北地区,一些新兴的文化生活形式也在东北大地上涌现出来,其中话剧和电影深受百姓喜爱,发展也最为迅速,与茶社、戏院、俱乐部一起成为城市居民日常休闲的主要方式。

近代东北地区的茶社可以分为清茶社和书曲茶社。清茶社的茶客大都是品茗清谈的老人，他们边饮茶啜茗，边谈南朝北国，说古论今，海阔天空，但不涉及政治。清茶社内摆设着长桌、长凳，供品茶者歇腿聊天用。茶炉水达到沸点，嗡嗡作响，更能招徕顾客。除了清茶社之外，茶客还可以听书曲艺人演唱，这就是书曲茶社，也称花茶社。以沈阳为例，当时沈阳著名的书曲茶社有北市场和西北市场的玉明茶社、四海升平茶社、会文茶社等。这些书曲茶社遍请当时的名家名角前来演出。有唱辽宁大鼓的著名演员霍树棠、郑奇珍、刘金茹等人。有唱西河大鼓的名家王香贵、李庆溪、郝艳芳等人。讲评词的有刘謦先、霍少轩、宋桐斌等人。相声演员有白银耳、佟雨田、小立本等人。①

茶社的正常业务是供茶客饮水，除此之外，茶社也对“撂地”艺人供应茶水，“撂地”艺人可以用“水牌子”打水。通常茶社都备有二分宽一寸长的小竹牌，烙上印记，做成“水牌子”。一元钱可买一百个水牌子，一个水牌子能打一壶开水。“撂地”艺人可以用水牌子买水拿到场子里使用。茶社外边，还有风味小吃摊，有熟牛肉、麻酱烧饼、碗坨、凉粉等。有一种名为“果茶”的小吃，风味独特。“果茶”是用小米面熬成咸粥，三个铜板一碗，碗里还放些油煎的小块果子，味道极美，颇受人们喜爱。

近代东北地区的戏剧大致可以分为两大类：一是本省土生土长的地方戏，如皮影戏等；二是外来传入的剧种，如京剧、评剧、话剧等，其中，话剧更是清末才出现的新剧种。由于受民族、地域不同的影响，各个剧种在东北地区的发展、演进也有所不同，逐渐形成了自身独特的风格特点。

皮影戏是我国古老的艺术形式，在全国流传很广，较著名的有河北滦州的“驴皮影”（受其影响，形成北京“蒲团影”和辽宁的“老面影”）、黑龙江的“皮影戏”、四川的“灯戏”、陕西的“影子戏”等。民国年间，东北地区的皮影戏十

① 马魁：《盛京杂巴地儿》，沈阳出版社 2004 年版，第 8 页。

分盛行、非常普及。据《庄河县志》记载:“影戏:有所谓驴皮影者,即影戏也。其制,酷似有声电影,不过彼为电灯机唱,此为油灯人唱耳。其法,以白布为幔,置灯其中,系似驴皮制人马牲畜、楼台建筑及飞潜动植等物,用灯幻照,俨在目前,并能活动自如,惟妙惟肖;司事者在幔歌唱,词多俚俗。农民凡有吉庆、酬神等事,多酬金演唱。”①

光绪二十一年(1895),程永龙以演出皮黄《铁公鸡》《过五关》等驰名辽宁地区,成为近代东北地区第一代京剧演员。光绪二十二年(1896)以后,舞台上出现了梆子、皮黄“两下锅”的演出形式,从此京剧传入东北社会。光绪三十二年(1906)以后,东北各地相继有了固定的京剧演出场所,外地来的戏班和流散艺人日益增多。民国十一年(1922),张学良把沈阳和哈尔滨的京剧名伶芙蓉草、张玉亭、贾玉峰、程永龙等请到沈阳办堂会,演出剧目《贵妃醉酒》《艳阳楼》《古城会》等。张作霖五十寿辰时,又从北京邀请名角梅兰芳、余叔岩、程砚秋等,演出《霸王别姬》《击鼓骂曹》《红拂传》等剧目。民国三十六年(1947),唐韵笙与周信芳等在上海竞技,赢得“南麟、北马、关外唐”的盛誉。② 京剧遂成为辽宁地区从业人员最多、观众最普遍、影响最大的剧种。

与辽宁地区类似,京剧也颇受黑龙江地区的城市居民喜爱。据著名京剧演员李鑫亭回忆,1930年“在哈尔滨的京剧艺人主要的活动场所有五处,即道外六道街的中舞台、道外十六道街的华乐舞台、道外的大舞台和道里的又新舞台,以及道外四道街的新舞台。我在这五个舞台都演过戏,但绝大部分时间是在新舞台的剧团演戏”③,并颇受观众欢迎。

评剧起源于河北东部的莲花落子,后发展成“唐山落子”。宣统元年

---

① 《庄河县志》,民国二十三年(1934)铅印本,引自丁世良、赵放主编:《中国地方志民俗资料汇编·东北卷》,书目文献出版社1989年版,第152页。

② 赵亚平、王志强、刘毅主编:《辽宁文化通史·近现代卷》,大连理工大学出版社2009年版,第151页。

③ 李鑫亭:《我和京剧》,中国人民政治协商会议黑龙江省委员会文史资料研究委员会编:《黑龙江文史资料》第8辑,黑龙江人民出版社1983年版,第80页。

(1900),评剧奠基人成兆才到奉天全盛茶园演出,并对辽宁地区的“蹦蹦戏”进行了大胆改革,发展了“唐山落子”。1919年,沈阳遭受水灾,张作霖把在哈尔滨演出的警世戏社请到沈阳,为救灾义演一个月。可以说“警世戏社在辽宁活动的年代,是评剧的成熟期”。① 1928年以后,辽宁地区的落子艺人把民间说唱艺术中的精华吸收到自己的唱腔和表演里,形成了具有地方风味的“奉天落子”。1929年沈阳的《新民晚报》称奉天落子为评剧。从此,评剧正式得到社会的认可。

表2-4 1882—1930年辽宁地区茶园、戏院一览表②

名 称	地 址	创办年份	现 状
永陵三顺茶园	新宾永陵前街	1882	1915年改为他用
营口裕仙茶园	二道街	1901	1930年毁于火灾
抚顺万盛茶园	千金寨东大街	1905	1909年负债停业
抚顺升连茶园	千金寨西平永里	1906	1913年租出他用
沈阳昶春茶园	大西关高台子庙街	1907	已无
沈阳福仙茶园	大东关外青云寺内	1907	已无
沈阳长乐茶园	小北关	1907	已无
沈阳东盛茶园	小河沿	1907	已无
沈阳天盛茶园	北关	1907	已无
沈阳大同茶园	大西城门内	1908	已无
铁岭清乐茶园	广裕街	1908	已无
沈阳清乐茶园	西关	1908	已无
沈阳同乐茶园	小南门里	1908	已无
沈阳三盛茶园	小北关天后宫	1908	已无
沈阳畅叙园	大南关	1908	已无
大连天福茶园	民生街	1908	已无

① 朱虹宇:《中华民俗风情博览》,中国物资出版社2005年版,第390页。

② 辽宁省地方志编纂委员会办公室主编:《辽宁省志·文化志》,辽宁科学技术出版社1999年版,第112—113页。

续表

名　称	地　址	创办年份	现　状
鞍山大观楼	火神庙街	1909	1935 年改为公益舞台
辽阳第一商场	文圣区东二道街	1909	1935 年改为民房
安东凤鸣茶园	南街	1910	1945 年改为仓库
大连帝国馆	中山区永庆街	1910	改为实验剧场
辽阳兴隆茶社	剧场委 18 号	1911	已无
大连庆升茶园	——	1919	改为电影院
营口胜利茶园	西市区利群街	1912	1959 年改为仓库
营口鸿鸣茶园	七道沟	1912	已无
开原明远茶园	线和街	1914	1917 年毁于火灾
大连同乐茶园	西岗街新开路	民国初年	改为土杂公司仓库
营口永大茶园	文体街	1916	1951 年拆除
安东广和茶园	孤山镇	1917	1970 年拆除
抚顺复兴影剧院	杨白街	1917	1932 年关停
安东东市茶园	东市场	1918	1923 年水灾淹没
大连聚魁茶园	西岗区长春路	1918	1949 年改建为中华戏院
鞍山平安剧院	八卦市场	1918	1954 年拆除
安东安乐茶园	兴仁胡同	1921	1936 年拆除
大连歌舞伎座	民意街	1922	已无
开原兴隆舞台	胜利街	1922	1952 年拆除
抚顺共益舞台	欢乐街	1922	1928 年改为他用
大连满铁俱乐部	中山区安阳街	1928	改为铁路俱乐部
沈阳畅观楼	小河沿	1924	已无
锦州同乐茶园	西三保街	1925	1926 年拆除
抚顺聚乐舞台	欢乐园	1926	1981 年改建戏院
沈阳群仙茶园	北市场	1926	已无
沈阳商埠游乐园	工业区露天市场	1926	已无
抚顺工人文化宫	新抚区东六路	1928	现存
锦州德顺茶园	二高中路	1928	1939 年停业
大连上海大戏院	西岗区露天市场	1929	1952 年拆除
沈阳永安茶园	工业区	1930	已无

续表

名　称	地　址	创办年份	现　状
抚顺第一商场	东大坑	1930	1934 年拆除
铁岭公会堂	——	1930	1949 年改为俱乐部
大石桥振兴茶园	什字街	1930	

除茶社和戏院外,"杂八地儿"也是近代东北地区城市居民日常休闲的一个主要去处。因其消费水平低,娱乐方式多样,很受城市底层居民的欢迎。近代中国最著名的"杂巴地儿"当属北京城的天桥。近代东北地区的"杂巴地儿"还要数沈阳城的北市场。当时的北市场生活着许多流散艺人,他们中的有些人就在北市场摆了几块撂地摊的书曲场地,以此谋生。这些书曲场地大多是用长条凳围起,面积大约三米见方,靠里面放置一桌一凳椅。艺人坐在小方凳上,进行书曲演唱。有说单口相声的,有说长篇评词的,有唱大鼓的。每表演十分钟,演员就手端小笸箩向观众收一次钱。

中国话剧始于光绪三十三年(1907)。宣统二年(1910),同盟会员刘艺舟(木铎)由关内来到辽阳,演出了新剧《哀江南》和《大陆春秋》,话剧由此传入东北地区。话剧传入东北地区之后,各地爱好者纷纷组织话剧演出活动。1912 年,上海同盟会会员苗天雨、冯迪汉率团到辽阳市广德茶园(辽阳大观楼),演出话剧《波兰亡国惨》《民国魂》等。1925 年,欧阳予倩到大连、沈阳等地给当地戏剧界和爱好新剧的青年演讲平民艺术,传播现代话剧。中国共产党党员地下工作者张光奇(女)和女师同学被吸收加入"奉天青年会"组织的话剧团,演出话剧《秋瑾和徐锡麟的故事》《孔雀东南飞》《谁之罪》《求婚》等。欧阳予倩还与张光奇同台演出《少奶奶的扇子》《回家之后》等。同年二月,欧阳予倩应大连中华青年会邀请,演讲《中国戏剧改革之途径》。1929 年 9 月,车向忱组织"奉天学生平民服务团",在奉天郊区大韩屯等地演出《改良医院》《盲》等话剧。至 20 世纪 20 年代,近代东北地区的话剧发展至顶峰。

电影进入东北地区始于大连。光绪三十二年(1906)日本岗山孤儿院"募金团”到大连东京座举办“慈善事业音乐电影会”,放映一些纪录短片,进行募捐活动。光绪三十二年十二月初十日(1907 年 1 月 23 日)《盛京时报》以《活动影戏可观》为题,报道了奉天城大南门里东胡同空场有日本人搭棚放映日俄战争纪录影片的消息。[①] 随后不久,辽阳、营口、丹东等地也相继出现了电影放映活动。东北地区最初的放映电影都是黑白无声片,在露天场地放映,后逐渐进入茶园、戏院。不久,便出现了专业电影院,逐渐形成了一个城市电影放映市场。

东北地区最早的电影院是光绪三十二年(1906)日本侨民在营口建立的“营口座”,内设专门放映电影的电影馆,并面向中国人营业。宣统二年(1910),侨居沈阳的日本人在“满铁”附属地(今沈阳站至和平大街一带)开设一些容纳 200 人左右的小电影院,观众席地而坐在草垫上看电影。1924 年,中国人裴誉亭与法国商人兰比利斯联合经营中法电影公司,在奉天省城开设“会仙电影院”,它是沈阳市第一家面向中国人的电影院。“到民国十九年(1930)沈阳市内共有电影院 14 座,其中中国人经营的 9 座,日本人经营的 4 座,中法合营的 1 座;在大连市内有中国人经营的电影院 3 座,日本人经营的 6 座。”[②]

东北地区早期的电影宣传方式主要采用在演出场所门前立广告板,雇用乐队在门前吹吹打打,招揽观众,在街头张贴海报和纸条,上写片名、演出时间、地点,并多用“电光影戏,奇巧可观”“恭请驾临,勿失良机”等宣传词句。后来逐渐由书写的海报和纸条改为绘制印刷的电影海报。有时电影宣传也和商品推销结合起来,如 1913 年 10 月 21 日的《盛京时报》就曾登载:“破天荒之壮举,大优待,不取分文,电光影戏开演……地址:(奉天)会仙茶园……诸

---

① 《活动影戏可观》,《盛京时报》光绪三十二年十二月初十日(1907 年 1 月 23 日),第 3 版。

② 辽宁省地方志编纂委员会办公室主编:《辽宁省志 · 文化志》,辽宁科学技术出版社 1999 年版,第 321 页。

君来看新奇电影，不取分文，只请在左开诸品之中（“双美人牌”化妆品）采购一个以上，直携该品入场，则必迎进戏场。”①20 世纪 30 年代后期，电影的宣传还增加了影片拍摄动态、影人轶事、影片评论等内容。

体育和游戏密不可分，往往相互关联。与茶馆、戏剧、电影等日常休闲活动一样，体育和游戏构成了城市休闲娱乐生活的另一个主要方面。近代东北地区的体育和游戏历史悠久，群众基础深厚。东北地区的各族先民大多以渔猎为生，骑射和武术是他们与山林野兽搏斗的必备技能，也是他们攻城略地和杀伐征战的法宝。因此，以骑射和武术为代表的传统体育是东北地区较为主要的传统体育活动。清末民初，随着西式体育项目传入中国，东北地区的体育和游戏活动也深受影响。诸如：田径、球类、体操、游泳等体育项目在东北地区蓬勃发展，而秧歌、滑冰、滑雪、棋类这些既可称之为体育也可称之为游戏的活动更是十分普遍，且已成为近代东北地区城市生活中必不可少的一部分。

骑射和武术是东北地区传统的体育活动，在满族、蒙古族、回族、锡伯族等少数民族中非常流行，在汉族人中也有很好的群众基础。如蒙古族和锡伯族的传统体育项目就有摔跤、赛马、射箭等运动。近代东北地区传统的武术运动有了新的发展。当时，沈阳的“震远”镖局、锦州的“三盛”镖局、营口的“永发”镖局和“得胜”镖局等，都是武术高手云集之地。在军队之中也不乏武林高手，他们对东北地区武术的发展，发挥了很大作用。人称“神剑手”的奉军将领李景林，精通太极拳、八卦拳、形意拳等，常聚集部下和武术爱好者切磋武艺，培养了一批武术人才。在张氏帅府的卫队中也聚集了众多武林高手，如八卦拳、形意拳名家李光普，戳脚、翻子拳名师胡奉山，八卦拳名师宫保田等，他们对于武术各个拳种在东北地区的传播和发展，都作出过一定的贡献。20 世纪 20 年代末，在沈阳设场教武术的拳师随处可见。在第一商场、南市场、大西关、小西关、北市场等处，白其山、周元声、刘宝瑞、刘汝山等武术名家分别教练

① 《破天荒之壮举》，《盛京时报》民国元年十月二十一日（1913 年 10 月 21 日），第 8 版。

各种拳术。1931年春,辽宁国术馆成立,虽说它存在的时间短暂,但通过国术考核,对东北地区武术的发展也起到了一定的推动作用。另外,随着东北地区与中原文化交流的加强和大批移民移居东北,大批关内武术拳师来到东北各个城市,他们或开馆授徒传艺,或以街头卖艺为生。在这些人当中,就有通背拳大师修剑痴、三皇炮捶大师徐德良、螳螂拳大师王传义等,他们对繁荣和发展东北地区的武术运动作出了重要贡献。

随着西式体育项目传入中国,近代东北地区的体育和游戏活动也悄然发生了变化,如田径、球类、游泳等许多西式体育运动项目出现在城市生活之中。光绪三十二年九月十日(1906年10月27日)的《盛京时报》就曾报道时任东三省总督赵尔巽打球的消息,"又闻赵次帅每星期召集各官在署行球戏,以资体育"。① 这也是对近代东北地区新式体育运动情况最早的记载。

中华民国成立后,体育运动进一步受到重视。1919年4月27日,奉天省长公署就曾训令各道尹、省立各中学校注重学生的体育教育及体育锻炼,并制定了相应的章程,其主要内容包括:"1. 学校体育须注意身心各部之平均发育。2. 运动须以团体普及为主,选手竞技次之……3. 竞技运动,须依学生年龄体力分组练习……4. 运动种类,须取多变化饶兴味者……5. 厉行锻炼主义,注重清洁卫生……6. 注重国技(即武术)……7. 注意规律的及节制的教材。"② 这使得体育运动在东北地区得以快速发展。

对近代东北地区体育运动发展贡献最大的当数张学良将军。张学良素来爱好体育,甚至可以说他自己就是一位出色的运动员。网球、高尔夫球、骑马、射击、游泳、桥牌、象棋等无一不精,尤其打得一手好网球。另外,他还是体育事业的支持者和组织者。早在1921年,在他的倡议和支持下,东北地方政府

---

① 《都宪体恤官绅》,《盛京时报》光绪三十二年九月十日(1906年10月27日),第3版。

② 辽宁省教育志编纂委员会编:《辽宁教育史志资料》,辽宁大学出版社1990年版,第785页。

就在奉天省城的小河沿修建了当时东北地区中国人的第一座新式体育场。主政之后，他又在东北地区举办多次运动会并亲临主持。1928 年 9 月 14 日，张学良在对东北大学学生的讲话曾这样说道："我今天所欲与诸位说的，首先是提倡体育。说起来，中国的体育界，大多数不甚注意学校中的体育，因此，学生多失之软弱。我很希望本校关于体育方面要特别注意，然后，用健全之身体，好求精妙之学问。所以，体育是不可轻忽的。"①由此不难看出张学良对体育运动的高度重视。

在张学良的支持下，东北地区的体育运动发展很快，不仅修建了许多新式的体育场，东北体育健儿也取得了一系列辉煌的成绩。在 1930 年全国第四届运动会上，在男子十九个项目中，东北运动员取得六项第一，其中，东北大学体育系学生、短跑名将刘长春独得三项第一，哈尔滨市的女选手孙桂云独得两项第一，轰动全国。此后，刘长春又代表中国参加了 1932 年在美国洛杉矶举办的第十届奥运会，当他高举中国国旗出席奥运会开幕式时，不仅展现了东北健儿的英姿，还展现了中国人昂扬不屈的精神风貌。此外，东北大学的足球队和篮球队也曾多次击败外国对手，为国争光。

在游戏方面，秧歌是近代东北地区流传范围最广，也最受城市居民喜爱的娱乐项目。秧歌是源于杂剧、百戏的一种民间艺术形式。道光年间，东北地区的秧歌又逐渐由地面转为跷上，演变为高跷秧歌。据《海城县志》记载，"街市办演杂剧，如龙灯、高脚（高跷）、狮子、旱船等，沿街跳舞，俗谓'秧歌'"。② 高跷秧歌的各种动作都是在高跷之上完成的，对身体素质和技巧的要求很高。此外，拔河、跳绳、踢毽子等游戏在城乡间都很常见，滑冰、滑雪、打陀螺、滑冰车、撑爬犁等冰雪运动在东北地区也很普及，其运动方式与今日亦无

① 访录者［美］唐德刚，著述者［美］王书君：《张学良世纪传奇（口述实录）》，山东友谊出版社 2002 年版，第 309 页。

② 《海城县志》，民国二十四年（伪满康德四年，1937 年）铅印本，引自丁世良、赵放主编：《中国地方志民俗资料汇编 · 东北卷》，书目文献出版社 1989 年版，第 75 页。

差别。

第四节　精神信仰

精神信仰是近代东北地区城市生活中的另一个主要方面。受外来宗教的影响,近代东北地区城市生活中的精神信仰出现了较大变化。基督教、天主教、东正教和日系宗教等外来宗教传入东北地区,佛教、道教和伊斯兰教等传统宗教仍旧各自发展,加之以多神崇拜为代表的民间宗教一直在城市生活中发挥影响,这就使得近代东北地区的城市生活在精神信仰方面呈现出多种宗教信仰各自发展且并行不悖的多元化局面。

近代东北地区城市生活中的传统宗教大致分为佛教、道教和伊斯兰教三个方面,其中佛教和道教的信徒众多,在汉族、满族、蒙古族、朝鲜族等许多民族中均有大量信众,而佛教又略盛于道教。伊斯兰教是回族信奉的唯一宗教,因其在近代以前即已传入东北地区,这里也将其列入传统宗教。

东北地区的佛教主要分为两支,一支是由中原传来,即“汉传佛教”,也就是民间俗称的“佛教”;另一支是由西藏经蒙古传入,即“藏传佛教”,也就是民间俗称的“喇嘛教”。其中汉传佛教多在汉族和朝鲜族中传播,而藏传佛教则“满、蒙、锡伯人信之极笃”。①

近代东北地区的佛教在总体上虽不如前,但在曲折中仍然有所发展。在咸丰同治年间,有高僧莲蒲上人在奉天省传教,佛教之风很盛。1912 年 11 月 7 日,中华佛教总会奉天支部成立,并在东北地区大力弘扬佛法,传播大乘佛教,佛教信众有所增长。近代东北地区佛教寺庙多为清代修建,其中多在清中期的乾隆、嘉庆时期。据《奉天通志》记载,截至 1930 年,辽宁地区的寺庙数

① 王树楠、吴廷燮、金毓黻等纂:《奉天通志》卷九九,《礼俗三 · 神教》,东北文史丛书编辑委员会点校,1983 年版,第 2271 页。

量已达2040座。① 时至今日，如沈阳实胜寺、延寿寺、辽阳广佑寺、海城金塔寺、义县万佛阁等著名寺庙的香火仍旧繁盛。

由于大量关内移民的迁入，近代东北地区的佛教获得了一定程度的发展，但是其总体的发展趋势却是逐渐衰落的。其中，日俄战争、维新变法、帝国主义的侵略和外来宗教均在一段时间内影响了佛教的发展。

东北地区的道教起始于长春真人丘处机，建号龙门宗，其弟子18人在中国北方广为传道，东北地区亦在其传道范围之内。清代立国初期，清世祖顺治皇帝在沈阳营建太清宫，东北地区的道教由此兴盛起来。仅在沈阳市就有太清宫、斗姆宫、天后宫、景佑宫等宫观40余座。

与佛教的发展情况相似，由于受到日俄战争、帝国主义侵略和外来宗教等因素的影响，近代东北地区的道教在总体上呈现逐渐衰落的趋势。1912年10月5日，中国道教总会关东分会成立，并在东北地区大力宣扬道教理论，道教信众才略有增长，如《盖平县乡土志》记载，民国初期，该县佛教各寺院住持僧100余人；道教共百余人；回教（即伊斯兰教）“本邑西南隅有清真寺一，设有清真学校，教其子弟，全境……约有一百八十余户”；天主教“主城内设有天主教堂一，城东南罗家哨、西荒地、杨木林子等村皆设有天主教堂，全境教民约二千余人”；耶稣教（即基督教）“城内有耶稣教堂，设有女小学校，全境奉教之民二百余人，较天主教为鲜”。② 其中佛教僧众与道教人数相同均在一百余人，基督教的人数约为佛道的两倍，而天主教信徒更是达到2000余人，人数竟为佛道的20倍左右。近代东北地区佛教和道教的发展状况由此可见一斑。

伊斯兰教又称“回教”“天方教”“清真教”，约于唐代由中亚传入中国，后又传入东北地区。近代东北地区的伊斯兰教多为东干派，其教主称“依玛木”，教

---

① 据王树楠、吴廷燮、金毓黻等纂：《奉天通志》，卷九二至卷九四，《建置志·祠庙》，东北文史丛书编辑委员会点校，1983年版，第2100—2166页统计得出。

② 崔正峰修、郭春藻辑：《盖平县乡土志》未分卷，《宗教》，民国九年（1920）石印本，第60页。

师称"阿訇",其教义经典为《可兰经》。全教只拜上帝(即造物主)一神,不信其他神灵,无论是祭拜,还是饮食婚丧等生活习俗均自成一体,与众不同。

近代东北地区的伊斯兰教教徒主要为回族人,他们人数众多,分布广泛,无论是城市还是乡村均有定居。回族人多聚族而居,并在居住地建礼拜堂,俗称"清真寺"。如沈阳共有四座清真寺,"有三者皆在外攘关回回营"①,"近又新建一寺,在怀远门关外马路湾"。② 与佛教和道教不同,回族人往往是全家全族均信奉伊斯兰教,因此,伊斯兰教具有极强的家族性和民族性。有些地区的回族人还自建小学,将宗教与教育融为一体。如《长春县志》记载:"长埠一隅,回教徒甚多。于清同治元年在县城北门外建清真寺,为膜拜诵经之所。近年并附设小学,以施教焉。"③这就使得伊斯兰教在传教及发展方面具有极强的独立性,受其他因素的干扰很小。但是由于伊斯兰教教义的限制,回族人不与其他民族人通婚,加之饮食、婚丧等生活习俗中的禁忌颇多,使得伊斯兰教与其他宗教相比发展的速度较慢。

近代东北地区城市生活中的外来宗教主要包括基督教、天主教、东正教和日系宗教四个部分。这些外来宗教都是由外国传入的舶来品,其中许多外来宗教在客观上促进了近代东北地区城市生活向近代转型,具有一定的积极意义,但个别的外来宗教却本着文化侵略的目的,为侵略者服务。

基督教又名"耶稣教"或"新教",与天主教、东正教并为基督教三大派别。道光十二年(1832),德籍传教士郭实腊先后在锦州和营口传教,此为基督教在近代东北地区传播的开端。同治六年(1867),英国牧师宾威廉从北京到营口传教,并奠定了近代东北地区基督教的基础。此后,英国爱尔兰长老会、苏格兰长老会、浸信会、监理会、安息日会等基督教教派先后进入东北地区,并在

① 赵恭寅、曾有翼纂:《沈阳县志》卷十三《宗教》,民国六年(1917)铅印本,第17页。

② 王树楠、吴廷燮、金毓黻等纂:《奉天通志》卷九九,《礼俗三·神教》,东北文史丛书编辑委员会点校,1983年版,第2275页。

③ 张书翰等修、金毓黻等纂:《长春县志》卷五,《人文志·宗教》,民国三十年(伪满康德八年,1941年)铅印本,第14页。

营口、海城、沈阳、长春、吉林、铁岭等地，兴建教堂，建立教会，开始传播基督教。据《长春县志》记载，“长春教会在商埠地东三马路，并于城里西三道街设福音讲堂，有女子医院，附设男女学校，规模甚宏整焉”。[①] 另据当时在东北地区传教的弗雷德里克·奥尼尔牧师(Frederick O'Neill)回忆：“到 1890 年底，爱尔兰长老会已在东北设立了 6 个传教站，有 6 位传教士，其中 2 位是医生，还有 12 位助手，信徒总数 76 人。从 1890 年到 1900 年，22 位传教士从爱尔兰来到中国东北，其中包括 8 位女传教士。这 22 人中，有 9 位牧师、7 位医生”[②]；在“1897 年当年，中国东北有 1473 位中国人受洗皈依基督教，使东北的教民人数达到 3234 人。而爱尔兰长老会在中国传教的 28 年里，入教人数平均每年是 116 人”。[③] 光绪二十六年(1900)，受义和团运动影响，近代东北地区的基督教受到很大冲击。沈阳、长春、吉林、辽阳、营口、法库、开原等地的教堂被烧毁，传教士和信徒被杀害，外国传教士或逃避回国或潜居营口等地。[④] 义和团运动后，外国传教士陆续返回，重新开展传教活动。中华民国成立后，东北地区的基督教会又在沈阳创设中华奉天自立基督教会，“借以启导爱国思想，促进道德观念”。[⑤] 1915 年，又在沈阳德胜门内创立奉天中国基督教青年会，“以基督教理，培植青年致用社会为旨归。内设查经班、英语班，以及食堂、游艺、旅舍、浴室，无不完备。青年学子，政教名流，多与往还。各县亦有分会，惟规模较隘耳”。[⑥] 青

---

① 张书翰等修、金毓黻等纂：《长春县志》卷五，《人文志·宗教》，民国三十年(伪满康德八年，1941 年)铅印本，第 15 页。

② ［英］马克·奥尼尔(Mark O'Neill)，牟京良编译：《闯关东的爱尔兰人：一位传教士在乱世中国的生涯(1897—1942)》，生活·读书·新知三联书店 2013 年 9 月版，第 41 页。

③ ［英］马克·奥尼尔(Mark O'Neill)，牟京良编译：《闯关东的爱尔兰人：一位传教士在乱世中国的生涯(1897—1942)》，生活·读书·新知三联书店 2013 年 9 月版，第 52—53 页。

④ 《南满巴黎外方传教会会长舒莱致辛纳的书简》，中国第一历史档案馆、福建师范大学历史系编：《清末教案》第 4 册，中华书局 1996 年版，第 572—573 页。

⑤ 王树楠、吴廷燮、金毓黻等纂：《奉天通志》卷九九，《礼俗三·神教》，东北文史丛书编辑委员会点校，1983 年版，第 2273 页。

⑥ 王树楠、吴廷燮、金毓黻等纂：《奉天通志》卷九九，《礼俗三·神教》，东北文史丛书编辑委员会点校，1983 年版，第 2273 页。

年时期的张学良也曾经加入过该会并参与活动。由此可见,这一时期基督教在近代东北地区的发展速度是非常快的。

除了传教以外,基督教会还十分热衷于发展当地的社会事业。为了增强基督教传播的能量,他们充分利用文化、教育、科学发展的优势,通过帮助传教地区建设医院、学校来影响当地社会。基督教涉及社会事业主要包括医院、学校和慈善三个部分。其中,教会所创办的医院主要有盛京施医院、吉林省阿什河医院和黑龙江省呼兰医院等。教会所创办的学校主要有海城三育中学、锦县私立育贤小学、基督教立育英女子小学校、辽阳文德中学、榆树县文华小学等。教会所创办的慈善机构主要有养老院、幼稚园、育婴堂等。这些由基督教所创办的社会事业虽然在传播基督教方面起到了巨大的推动作用,但在客观上也促进了西方先进科学知识的传播,开阔了东北民众的眼界,增长了知识,促使他们在思想上和生活上向近代转变。

天主教又称“罗马公教”“加特力教”“旧教”,是基督教中历史最悠久、人数最多的教派。道光初年,法国人袁司铎同教徒华人夏姓者至长春三区王胡窝堡传教①,此为天主教在近代东北地区传播的开端。道光二十一年(1841),法籍神父杜公斯当、包若瑟、祁类斯、纪隆;荷兰籍神父吕继贤等外国传教士相继来到辽宁,在沈阳、朝阳、辽阳、营口、海城、阜新、铁岭等地建立教堂,传播天主教。义和团运动爆发后,天主教受到很大冲击,沈阳的南关教堂、小河沿教堂、大连的岔沟教堂、营口的西市教堂、辽阳和锦州的教堂等多处教堂被烧毁,南满教区主教纪隆、神父李若望、夏亚利山、两名法籍修女及500名信徒被杀。天主教的发展暂时陷入低谷。义和团运动结束后,外国传教士利用清廷的赔款,重建天主教堂,继续传教,并兴办医院、教育、慈善等社会事业,近代东北地区的天主教由此进入快速发展时期。以长春的天主教发展历程为例,据《长春县志》记载:咸丰初年,长春的天主教会“构建祈拜教堂,信徒达数百人。天

① 司铎,又称神甫,神父,司祭,是罗马天主教和东正教的宗教职位,通常为一个教堂的负责人。

主教遂盛行于邑之西北隅。及庚子变乱，拳匪仇洋，教民多惨罹荼毒，虽天心悔过，旋泯猜嫌，然势亦为之稍杀矣。现于本城东四道街建天主教堂，附设学校一所，入学者皆教民子弟。司铎，法国人”。①

为了培养天主教的传教人员，天主教会还建立了多所神学院和修会。近代东北地区由天主教会创办的神学院主要有东蒙教区修道院和奉天天主教神学院，其中奉天天主教神学院是天主教在东北地区的最高学府。此外，近代东北地区的天主教会还创办一个男修会和六个女修会，其中男修会是耶稣圣心门徒会，女修会是保尔雪照顾会、圣母中保会、圣母圣心会、玛利亚若瑟会、圣母孝女会、耶稣圣心会。

与基督教类似，近代东北地区的天主教会也十分热衷参与当地的社会事业，涉及医院、学校、幼稚园、育婴堂和养老院等。这些由天主教所创办的社会事业与由基督教所创办的社会事业一样在传教和社会进步方面均产生了一定的影响。

东正教又称“正教”，是伴随沙俄对中国的侵略而进入东北地区的，因此，其具有极强的目的性和文化侵略意味。光绪二十三年冬至光绪二十四年春（1897 年冬至 1898 年春），沙俄军舰闯入旅顺口，强租旅顺和大连，进而夺取中东铁路及其支线的修筑权。伴随着沙俄的侵略势力进占东北地区，东正教也随之传入，并开始在东北各个主要城市修建教堂和礼拜堂，开展各种宗教活动。当时，东北地区的东正教会均隶属于沙俄海参崴都主教区。其后，诸如沈阳东正教堂、大连圣天神掌米哈伊洛教堂建立、哈尔滨尼古拉教堂、索菲亚教堂、阿列克赛教堂等东正教教堂先后建立并成为当地东正教的主要活动中心。俄国“十月革命”后，东北地区的东正教会开展宗教活动的经费来源断绝，加上生活在这里的“白俄”生活困难，东正教堂的维持陷入困境。东正教在中国的传教士团和所有各地的教会、信徒均依附于沙俄流亡南斯拉夫塞尔维亚的

---

① 张书翰等修、金毓黻等纂：《长春县志》卷五，《人文志·宗教》，民国三十年（伪满康德八年，1941 年）铅印本，第 15 页。

“国外临时主教教会会议”,积极参与反苏活动。

由于近代东北地区东正教的神职人员和教徒主要是俄国人,东正教的教会组织和教堂数量大大少于其他基督教派。如在近代辽宁地区先后出现过两个东正教教会组织。一个是沈阳市东正教会。该教会先后由修筑教堂的募捐委员会、北京俄罗斯军人代表团、俄罗斯东正教北京传教士团(中国东正教北京总会)、哈尔滨教区领导和管辖;另一个是大连市东正教会。该教会先后由沙俄驻旅大军队、中国东正教会北京总会、哈尔滨教区领导和管辖。东正教教堂往往和墓地连在一起,日俄战争后沙俄在旅顺、大连、金州、辽阳、朝阳、沈阳、铁岭、开原等地,为阵亡将士建立墓地和教堂。这些教堂包括:沈阳教堂、大连圣天神掌米哈伊洛教堂、大连圣亚历山大涅夫教堂。此外,东正教还在大连建立了卡赞圣母女子修道院。

日系宗教是伴随着日本对中国的侵略传入东北地区的,其服务于日本帝国主义的侵略扩张,服务于日本帝国主义的殖民统治,是日本军国主义侵略活动的重要组成部分,因此,其带有极强的侵略目的,故无法真正融于中国文化。抗日战争胜利后,日系宗教便在东北地区荡然无存。

近代东北地区的日系宗教主要包括神道教和佛教。在神道教中,出云大社教、御狱教、金光教、天理教、黑住教等派别纷纷在辽宁地区设立神社。日本佛教的真宗、净土宗、真言宗、日莲宗、禅宗等宗派争相进入辽宁地区。光绪三十年六月(1904 年 8 月),本愿寺派在大连设立关东别院,这是日系宗教在东北地区进行宗教活动的最早记录。1904 至 1905 年日俄战争期间,日系宗教以“军队布教”的方式,随日本侵略军进入辽宁地区。最初进入辽宁地区的日系宗教以神道教和佛教为主,并派遣传教使团向士兵传教。日俄战后,日本侵占大连地区,并逐渐将侵略势力扩展至东北地区南部,日系宗教也随着日本的侵略势力向东北腹地蔓延。光绪三十一年十月(1905 年 11 月),日本神道教设立安东(今丹东)神社,其后相继建立千山神社、抚顺神社、辽阳神社和沈阳神社。至 1914 年,日本佛教仅在辽宁地区建立的寺院就达 20 余处。九一八事变后，日系宗教更是随着日本侵略军的铁蹄进一步扩张到东北全境。

日系宗教的各宗各派为了扩张势力，竭力兴办社会事业，如为军人、军属、铁路员工及日侨设立俱乐部、阅览室、音乐部、夜校、女子技艺学校、大慈园（内设育婴部、托儿部、养老部）、外国语研究班、幼儿园、日曜日（星期日）学校等。此外还创办了日莲宗青年团、满铁佛教音乐团、关东妇人会、日宗妇人会等社会群团组织。①

近代东北地区日系宗教的一切活动，均以强化殖民统治为宗旨，听从日本军部的指挥，开展殖民宣抚活动，开办殖民地日本化教育学校、制作宣扬日本化的影片、散布宣传皇民化主张的小册子。日本日系宗教在东北各地的所作所为，遭到了东北民众和宗教信徒的痛恨和抵抗。1945 年，随着日本殖民统治的结束，东北地区的日系宗教也消失殆尽。

在中国的传统社会生活中，以多神崇拜为代表的民间宗教一直存在，并通过自身独特的宗教信仰及祭祀方式影响着人们的日常生活。在近代东北地区的城市生活中，这种情况也很常见。人们希望通过多神崇拜祈福禳灾，祈求五谷丰登、平安幸福。

近代东北地区城市生活中的民间宗教多承袭于古代。其信仰庞杂，包罗万象，大至神仙鬼怪，小到草木图腾，均有崇拜祭祀现象的存在。如前文所提及的萨满教（俗称“跳神”）就是一种典型的以多神崇拜为代表的民间宗教。其他如天地、关帝、龙王、药王、牛王、马王、虫王、门神、火神、财神、苗神、山神、土地、瘟神、狐仙等诸多神灵均存在于日常生活之中，且地域分布很广，几乎遍布整个东北地区。在中华民国时期东北各地的地方志中对这类民间宗教多有记载，如《奉天通志》《海城县志》《桓仁县志》《庄河县志》《安东县志》《通化县志》《临江县志》《辑安县志》《农安县志》《双城县志》《宝清县志》等均对跳神、狐仙、求雨、祈愿、烧香跪拜等民间宗教信仰及其祭拜形式有所记录。即便

---

① 辽宁省地方志编纂委员会办公室主编:《辽宁省志·宗教志》，辽宁人民出版社 2002 年版，第 52 页。

在回忆录中对民间宗教的记述亦有所提及,如近代东北著名女作家梅娘在回忆中就曾记录她的继母崇拜狐仙一节,“广袤的东北大地上,狐狸成仙得道的故事很多很多,娘十分相信这个……她命令在我家那巍峨的连脊大瓦房西侧,修筑了一间狐仙堂。狐仙堂比东西配房略矮,却装饰着和正房一样的画栋和绚丽的藻井。前脸涂着寺庙正门的黄色,朱红的雕花窗棂没有糊纸,狐仙是不怕冷的。这殿堂不许孩子们进去,娘每日前往拈香”。①

除了上述的多神崇拜,在近代东北地区的民间宗教中还有在理教和混元门教这两种组织形态相对完备的民间宗教,其中混元门教更是在光绪三、四年间(1877—1878 年间)才产生并出现在东北地区的。相较其他的民间宗教,在理教和混元门教亦属多神崇拜范畴,其崇拜的神灵混淆儒、道、释,其教徒即修仙又拜佛,且与佛教徒一样素食,戒烟酒,但是其组织形式更加完备,有固定的集会场所,入教教徒还须缴纳一定的费用并承担相应的工作。如《长春县志》记载:(在理教)“长春商埠地有同善社、忠信堂及头道沟附属地之惠善社等。按月举办善斋,有众催党承办各名目。凡信仰者,谓之‘入缘’,入时纳费,有差”。② 又如《奉天通志》记载:(混元门教)“以孝弟(悌)忠信为常行,以得道成仙为归宿。近又有倡五教同源之说者,建设佛堂,杂供诸像徒众散布四方。”③

由于民间宗教常常与封建迷信活动相关联,对社会进步及民众的日常生活均有一定的危害,近代东北地方政府曾经明令禁止,严加取缔。如《安东县志》就记载了安东县在宣统二年六月(1910 年 7 月)取缔跳神的情况,(安东县)“乡镇巡警第三区巡官孙培堂呈请示禁,警务局照准出示严禁,限定时日

① 梅娘:《我的青少年时期(1920—1938)》,载张泉选编:《梅娘:怀人与纪事》,中央广播电视大学出版社 2014 年版,第 31—32 页。

② 张书翰等修、金毓黻等纂:《长春县志》卷五,《人文志·宗教》,民国三十年(伪满康德八年,1941 年)铅印本,第 15 页。

③ 王树楠、吴廷燮、金毓黻等纂:《奉天通志》卷九九,《礼俗三·神教》,东北文史丛书编辑委员会点校,1983 年版,第 2276 页。

勒令缴销所用器具，以绝根株。乡镇六区，计二区 17 名，三区男女共 33 名，四区 19 名。其一、五、六三区称，是先后将跳神器具焚毁，是为取缔巫风之始。嗣后，省署暨警务处迭次申令严禁跳神治病，警察亦认真查拿，巫风几乎息矣”。[①] 然而，只靠政府的强令禁止是无法彻底消除的，正如《奉天通志》所记载的“愚民信仰仍不少衰”[②]，惟“近年教育普及，科学日进，迷信观念，较前稍减矣”。[③] 由此可见，只有大力发展教育，推进科学，提高民智，才能从根本上制约民间宗教和封建迷信的传播和发展。

本章小结　新旧杂糅：近代东北地区多元化的城市生活方式与城市文化

综观近代东北地区的城市生活方式与城市文化，其中既有对传统完全不变的继承和保留，如丧葬礼俗、茶馆和戏院等；又有与传统不同的新兴事物，如西餐、火车、汽车、足球、篮球、基督教等；而更多的则是在继承传统的基础上吸收新兴的外来事物对原有的生活方式和文化进行渐进式的改良，如新式旗袍、中西混合式建筑、中外结合的出行方式等。这种融合改良既表现为多民族文化间及中西文化间的相互融合，还表现为多民族文化间及中西文化间的相互制约和相互冲突，并逐渐形成了独具地域文化特色的近代东北城市文化。与传统东北地区的城市生活方式和城市文化相比，近代东北地区的城市生活方式和城市文化主要呈现出以下五个方面的变化。

---

① 王介公修、于云峰纂：《安东县志》卷七，《礼俗 · 神道》，民国二十年（1931）铅印本，《中国方志丛书 · 东北地方 · 第 18 号》第 3 册，台北成文出版社有限公司 1974 年影印版，第 951 页。

② 王树楠、吴廷燮、金毓黻等纂：《奉天通志》卷九九，《礼俗三 · 神教》，东北文史丛书编辑委员会点校，1983 年版，第 2277 页。

③ 王树楠、吴廷燮、金毓黻等纂：《奉天通志》卷九九，《礼俗三 · 神教》，东北文史丛书编辑委员会点校，1983 年版，第 2276 页。

第一,城市生活和城市文化呈现多元化特征。

与传统相比,近代东北地区的城市生活和城市文化呈现出多元化特征。这种多元化既体现在传统文化与近代文化并存上,又体现在中国文化与西方文化并存上。如在近代东北地区的各个主要城市经常可以看到衣着中山装、礼帽、皮鞋等西式服装的人与身穿长袍马褂、旗袍、布鞋、布帽等中式服装的人并行于市,也经常可以看到汽车、电车、人力车和马车同时出现在城市的大街小巷。类似的情况比比皆是,这就使得多元化成为近代东北地区城市生活和城市文化最主要的特征。

第二,城乡发展不平衡,二元化特征明显。

与传统相比,由于近代东北地区的城乡发展极不平衡,导致城乡的生活方式和文化出现差异,城乡间二元化的特征开始显现且愈加明显。如城市生活受到外来影响较大,许多近代的生活方式开始出现并逐步日常化,而乡村受到外来因素的影响较小,依然按照传统的方式生活,变化很小。城乡间的不平衡在这种变与不变的作用下越来越大,最终演变为近代东北地区的城市生活和城市文化的又一主要特征。

第三,近代科技日渐融入生活。

近代的科学技术多属于舶来品,在被引入东北地区后很快就为人们所接受并应用于实际。在城市生活和城市文化方面也是如此,如火车、汽车、轮船等近代交通工具的引进和使用,很快就被社会所接纳,并融入日常生活,其他如电影、电报、电话等也均逐步成为日常生活之中不可或缺的一部分。近代科技在城市生活中的出现和应用不仅体现了时代的特征,也是区别于传统城市生活的又一主要变化。

第四,自由平等逐步取代等级尊卑。

在东北地区传统的城市生活和城市文化中,等级尊卑的观念根深蒂固,在衣食住行、礼仪礼俗等方面表现尤为明显。进入近代,尤其是在中华民国成立后,自由平等的思想日渐深入人心,传统的等级尊卑被逐步打破。这一点在社交礼俗上表现明显，握手、鞠躬、点头等近代新式礼仪取代了跪拜、作揖、请安等传统礼仪，同志、先生、君、女士等新式称谓也代替了大人、老爷、奴才、臣等传统称谓。人与人之间的平等关系日益彰显，社会交往也变得更为正常。

第五，崇尚节俭逐步取代奢靡攀比之风。

在传统的城市生活和城市文化中，由于等级尊卑的观念浓厚，致使奢靡攀比之风盛行，尤其表现在婚嫁礼俗、丧葬礼俗和节庆礼俗之中，往往遇到婚丧嫁娶之类的事情都要大操大办。近代以后，随着等级尊卑观念的消除，奢靡攀比的风气也消减很多。20世纪20年代后，节俭之风渐起，东北各级地方政府均号召节俭，以取代奢靡攀比之风。如民国十七年（1928）吉林实业厅就遵照吉林省政府令制定《崇俭办法》三条，并在所辖各单位中推广实行，现照录于下，以为示例。

《崇俭办法》

一、庆吊之事，以物将意，本不在多。本署各职员对于本署及外机关同事，总以崇尚实际，不送绸缎幛幔，改送公份为宜。科员、办事员每份以哈洋或永洋二元为度，科长、课长以四元为度，参议、秘书以六元为度，能少亦佳，不宜再多。

二、朋友宴会，意在联欢，不尚豪举。省垣物价奇昂，燕菜席每桌四十余元，加以酒饭，则六十元有奇，翅席每棹三十余元，加以酒饭，则五十元有奇，月薪几何？实有难继之难。与其珍馐狼藉，食不及半，近于暴殄，何如以适口为度而常相过从乎？本署各同事互相酬应，应免去燕菜、鱼翅及白兰地酒，适用海参席，以菜饭酒并计每人平均哈洋或永洋二元为度，不宜再多。

三、烟酒二物，激刺气血，消耗钱财，有百害而无一益。本署同人能免除不用者为最善，否则亦宜不用远来贵重之品，以符崇俭之旨。

吉林实业厅公函：除传知本署职员遵办外，此知省工厂、女工厂、试验场遵照办理。①

以上五个方面着重展现了近代东北地区城市生活和城市文化的变化,其中既有时代发展的因素,也有社会进步的因素,然而无论这些变化基于何种因素均或多或少地推动了近代东北社会不断向前发展演进。

① 《吉林实业厅为奉省署拟办在职各员遇有婚丧庆吊酬应不得豪举以期崇俭给省工厂、女工厂和试验场的函》,《吉林省政府实业厅》民国十七年一月十二日至中华民国十七年一月十三日(1928 年 1 月 12 日至 1928 年 1 月 13 日),档案号:J111,全宗号:01,卷号:1538,吉林省档案馆馆藏档案。

第三章　城市和城市经济的发展及其对城市生活兴衰变化的影响

近代中国东北地区的各个城市和城市经济发生了巨大的变化。主要表现在城市经济发展迅速、城市职能发生转变、初步城市化兴起等方面，其中中东铁路、南满铁路、京奉铁路等交通干线的开通对近代东北地区的城市发展和城市布局影响巨大，这不仅使东北地区成为当时全国铁路交通最发达的地区，也迅速地将整个东北地区带入近代世界，使之成为全世界的大豆、豆饼、生丝等原料的产地和西方资本主义国家商品的倾销地。伴随着城市和城市经济的发展，故有的城乡关系也随之发生变化。为了能够更好地探究近代东北地区城市和城市经济与近代东北地区城市生活之间的相互关系，故对近代东北地区的城市和城市经济这一城市生活的物质载体进行初步研究，以便能够更好地揭示近代东北地区城市生活的全貌。

第一节　城市经济初步腾飞奠定了城市生活兴衰变化的经济基础

中国东北地区城市经济的快速发展大体上是从近代开始的。随着营口开埠，封闭已久的大门被西方列强叩开，中国东北地区很快就沦为西方资本主义国家的商品倾销地和原料产地,特有的农产品迅速商品化,并深受世界供求市场控制,半殖民地性质的经济特征愈发明显。然而,在这一时期,东北地区的城市经济却得到了快速发展,经济总量不断攀升,实现了城市经济的初步腾飞,城市的职能也由原来的军事职能逐步转变为经济职能。城市经济的快速发展伴随着初步城市化的兴起,由于中东铁路、南满铁路、京奉铁路等多条铁路干线相继开通,旧有的城市布局被打破,一些新兴城市涌现出来,也有一些旧有城市衰落下去,东北地区的城市版图呈现出前所未有的新变化。

从咸丰十一年(1861)营口开港起①,西方列强之间就为瓜分世界展开了激烈的斗争,从中日甲午战争到日俄战争,近代东北地区的城市经济就是在这样艰难的历史环境中一步一步发展起来的,并且实现了初步的腾飞。东北特有农产品率先被西方列强所关注,正如英国人亚历山大·霍斯(Alexander Hosie,中文名字谢立山)在其著作《满洲——她的人民、资源和最近的历史》中描述的那样:"在满洲一些工业已经兴起,例如丝绸、粉条、靛蓝等。但是,有一至两种工业极具商业价值,如:豆饼、豆油、盐和烧酒。"②其中大豆、豆饼和豆油迅速实现商品化,并成为东北地区出口贸易的主体。

如下表所记,在光绪二十四年至光绪二十五年间(1898—1899),东北地区出口的大豆、豆饼和豆油总额就从477663吨增长到550738吨,短短的一年时间就增长了73075吨,增幅达16%,其价值也从14880641海关两增长到16685792海关两,增幅达12%。到了1923年仅单从大连港出口

---

① 近代东北地区首先开埠和外国通商贸易的是营口。在此之前,东北地区沿海通商是以牛庄为贸易市场,当时远来牛庄贸易的是福建、浙江的商船。嘉庆、道光年间,牛庄口岸已经名闻中外。咸丰十一年(1861),英国领事梅多斯到牛庄查勘,发现辽河下游海口淤浅,轮船出入不便,梅多斯认为牛庄不如营口,遂强取营口以代之,并在该地筑领事馆,但是按照约文仍称为牛庄领事。所以,营口直至清末一直被中外称作牛庄商埠。这是近代东北地区第一个对外国开放的商埠,也是中日甲午战争之前东北地区唯一的对外开放商埠。

② Alexander Hosie, *Manchuria: Its People, Resources And Recent History*, London: Methuen & CO. Press, 1904, p.218.

的大豆一项就达到 67 万吨，并在 1929 年达到了创纪录的 216 万吨，短短 30 年时间就翻了 10 倍多。此外，将东北豆饼作为肥料，特别适合水稻种植，还可以替代鱼肥，是当时日本农业不可或缺的原料，因此，东北豆饼对日本的输出逐年急剧增加，直到硫氨肥等化肥的出现，才开始回落。亦如下表所记，光绪二十四年（1898），东北地区出口的豆饼约为 22 万吨，以后逐年急剧增长，1923 年仅大连港出口的豆饼就有 121.6 万吨，随即又有所回落，但到 1931 年为止，大连港的东北豆饼出口额基本保持在 80 万吨左右。

表 3-1　1898 年、1899 年东北地区大豆、豆饼和豆油的出口情况表①

产品	用途	1898 年			1899 年		
		数量	价值		数量	价值	
		吨	白银（海关两）	英镑（£）	吨	白银（海关两）	英镑（£）
黄豆	豆饼、豆油、食物	139508	4687827	676318	153745	4694750	706658
绿豆		71510	2402747	346646	95649	3306172	497648
黑豆		20806	579346	83583	21076	602492	90688
小绿豆	粉条	4435	178581	25764	3328	140436	21138
白豆	食物	14785	548243	79095	6241	216153	32535
红豆		182	6870	991	389	14232	2142
豆饼	肥料和动物饲料	219989	5828715	840913	260798	6711364	1010200
豆油	食物和照明	6448	648312	93532	9512	1000193	150550
出口总额		477663	14880641	2146842	550738	16685792	2511559

① Alexander Hosie, *Manchuria: Its People, Resources And Recent History*, London: Methuen & CO. Press, 1904, p.242.

表 3-2　1908—1931 年大连港出口主要货物吨数统计表①

单位:千吨

年度	合计	谷类		豆饼	豆油	煤炭	生铁	其他	船用煤
		大豆	其他						
1908	688	260	16	257	5	19	——	103	26
1913	1640	131	83	488	49	600	——	83	206
1918	2594	351	182	959	170	406	——	280	246
1923	4777	670	351	1216	119	1425	——	360	636
1928	7069	1569	514	845	78	2830	188	434	611
1929	7569	2160	472	889	116	2690	165	472	605
1930	5439	950	414	676	108	2225	166	447	453
1931	6479	1441	463	925	139	2400	217	387	507

繁荣的大豆和豆饼出口贸易也带动了东北地区榨油业的发展,并与面粉制造业和酿造业一起成为近代东北地区城市经济的重要支柱性产业。

中国东北地区的榨油业古已有之,上至每个大中城市,下至每个小村镇都有油房存在,但是,这些油房都采用传统手工榨油的生产方式,日产量极低,且出油率不高。光绪二十二年(1896),英国太古洋行在营口开设了第一家机器榨油房——太古元。其后光绪二十五年(1899)的怡突源油房,光绪二十六年(1900)的东生怡油房和光绪二十七年(1901)的东永茂油房也相继使用机器榨油,其后又开始使用小蒸汽机和发动机代替人力。这种机器油房与当时的楔式油房相比平均每一名工人的工作能力成倍增长,由于出油率的大幅提高,生产成本也随之降低了三成左右。光绪三十三年(1907)的《盛京时报》就以《油坊日盛》为题对当时营口港榨油业的繁荣景象进行了报道:光绪三十二年

① [日]满史会编,东北沦陷四十年史辽宁编写组译:《满洲开发四十年史》上卷,辽出临图字〔1987〕第 192 号 1988 年内部资料出版,第 394 页。

(1906),“埠西小岗子建立油坊三家”,到光绪三十三年(1907),“该三房所制豆饼每日有一千五百片之多”。[①] 在哈尔滨,旧式油房向来专用楔式压榨法制油。1912 年,始有新式机器榨油油房,采用螺旋式水压机,新式油房在埠头区开设一处,在第八区开设一处。“工业中心哈尔滨之油房,合新旧计之,无虑五十余处。约三倍于面粉工场。即此而论,油房业在北满一般经济有如何重要位置,从可证矣”。[②]

1914—1918 年的第一次世界大战使得西方列强忙于争夺世界霸权,无暇东顾,这为中国东北地区经济的快速发展提供了契机。因为第一次世界大战使欧洲的物质缺乏,欧美各国,求补给于远东地区,其中豆油又是制造福尔马林的重要原料,其他各种制造工业也对东北大豆及大豆制品需求很大。在此期间,东北地区大量的豆油输出欧美,豆饼运销日本。仅大连在第一次世界大战期间就建立 40 家榨油油房,到 1928 年已发展到 84 家。[③] 日产量也迅速提高,仅 1929 年 12 月中旬,“大连油房联合会之豆饼生产量九十八万七千枚,比较上旬之九十四万枚增加四万七千枚,比较上年同期之五十五万八千枚增加四十二万九千枚,其原因系由于日本及中国台湾需要倍增”。[④]

由于中国东北地区的小麦生产是以北部为中心,所以近代东北地区的面粉制造业也是以北部地区更为发达。传统的磨坊以畜力为动力进行小规模制粉生产,生产力发展水平很低,最大磨坊的日产量也只有 1000 斤上下。随着近代东北边疆危机日甚,沙俄势力侵入东北地区。为了给当时驻扎在东北地区的沙俄军队和居住在东北地区的俄国人提供食物,光绪二十六年(1900)俄国人以 30 万卢布为资本在哈尔滨建设了第一家机器面粉制造厂——第一满洲制粉公司,日生产能力 8200 斤,光绪二十八年(1902)又在哈尔滨建立了中

---

① 《油坊日盛》,《盛京时报》光绪三十三年正月十七日(1907 年 3 月 1 日),第 3 版。

② 哈尔滨满铁事务所编,汤尔和译:《北满概观》,上海商务印书馆 1937 年版,第 271 页。

③ 孔经纬:《东北经济史》,四川人民出版社 1986 年版,第 256 页。

④ 《十二月豆饼产量》,《盛京时报》民国十八年十二月二十四日(1929 年 12 月 24 日),第 7 版。

东路面粉厂,在哈尔滨傅家店设立了卡瓦利斯基制粉所,光绪二十九年(1903)又在哈尔滨开设三家机器面粉制造厂,在长春设立一家机器面粉制造厂,在一面坡开设一家机器面粉制造厂,光绪三十年至光绪三十一年(1904—1905)又在哈尔滨设立好几家机器面粉制造厂,哈尔滨附近俄国机器面粉制造厂的日生产能力已达16万吨以上。"哈埠面粉制造厂制出之面粉,近来销路日广,今后俄属之贝加尔及西比利亚一带所仰供给之货当让哈埠为所独占。"①

日俄战争以后,随着沙俄军队陆续撤回国内,面粉制造业也进入了困难时期。"俄人向在哈尔滨开办粉面厂现计有七处规模宏大,其造粉皆用汽力运转机器。前日俄战争时俄军粮饷多仰给予,该厂故每日所制额数约有十万斤之多,办事人以及所有工人忙碌异常,不暇眠食,成一时之盛业。刻下,战乱已定,俄兵次第撤回,而所制粉面遂停滞不售,内有二三厂已在歇业之际,困状异常。"②第一次世界大战后,由于受到俄国革命和世界危机的影响,又接连受到小麦歉收和美国面粉的冲击,从1919年开始进入了持续大约8年之久的萧条时期,在此期间,俄国人开设的机器面粉制造厂要么倒闭要么转让给华人经营,"北满面粉业之特征,为起初虽由俄人创办,而其后几全部归华人经营,各工场之机器设备及经营状态,极不统一"。③ 具体情况从下面两张数据表可见一斑。

表3-3 1923年哈尔滨面粉厂概况④

单位:千斤

国别	法国	苏联	英国	日本	中国	合计
工厂数	1	1	1	4	18	25
日粉碎能力	655	109	123	491	1242	2620

① 《面粉业输出之盛况》,《盛京时报》光绪三十四年六月十八日(1908年7月16日),第5版。

② 《俄人面粉受滞》,《盛京时报》光绪三十二年十一月二十六日(1906年12月11日),第3版。

③ 哈尔滨满铁事务所编,汤尔和译:《北满概观》,上海商务印书馆1937年版,第281页。

④ [日]满史会编,东北沦陷四十年史辽宁编写组译:《满洲开发四十年史》下卷,辽出临图字〔1987〕第192号1988年内部资料出版,第69页。

表 3-4 1929—1930 年东北地区的面粉制造业概况①

单位:千斤

地 区		国别、工厂数	日生产能力	生 产	
				1929 年	1930 年
北部	哈尔滨	法国 1 中国 20	244 1048	45534 267336	40106 224623
	其他地区	中国 17	565	107390	130697
南部	长 春	日本 1 中国 1	192 1258	44246 60566	23364 62889
总 计		40	3307	525072	481679

近代东北地区的酿造业的发展程度也是相当惊人的。在东北地区北部的烧酒制造厂,俗称"烧锅",数量多达数百家,规模最大的烧锅地基用地可达13200多平方米,包括仓库在内有110多间房间,作为畜力使用的马匹达60多匹,仅酿造操作的工人就达30多名,所用原料主要为黍米、高粱和玉米,其消费量每年约10万吨至15万吨,所产烧酒,即未经精制的酒精,强度约达60度,多含有谷酒油,因而具有独特的香气,饮之易醉,每年的年产量因记录很少,难于统计,"根据消费以及事实上输出、移出量可推断出在满洲年产为1.8亿斤左右"。② 东北地区南部的酿造业没有北部发达,只能达到北部的1/3或1/6,尽管如此,与当地的其他工作比起来仍是十分庞大。而且,烧锅多以烧酒工场为中心,兼营面粉、油房、杂货、粮栈、金融(借贷,有的烧锅还发行纸币,即私贴)等,所经营事业颇为复杂,对地方经济具有重大影响。随着沙俄势力侵入东北地区,西式酿酒厂也逐步发展起来,因其使用机器生产,其生产能力是中国传统烧锅的一倍以上。光绪二十六年(1900),俄国人西里尼可夫及克兹奈奥夫在宁古塔建立首家西式酿酒厂,第二年,卡衣可夫司基又在哈尔滨建

① [日]满史会编,东北沦陷四十年史辽宁编写组译:《满洲开发四十年史》下卷,辽出临图字〔1987〕第192号1988年内部资料出版,第69页。本表略有改动。

② [日]满史会编,东北沦陷四十年史辽宁编写组译:《满洲开发四十年史》下卷,辽出临图字〔1987〕第192号1988年内部资料出版,第54页。

设西式酿酒厂,其全部生产能力也仅能满足东北北部地区实际需要的十分之一。此外,火酒也是西式酿酒厂的主要产品。火酒为40%—50%的纯酒精与50%—60%的纯水混合而成,其制造多为西式酿酒厂的附业,大部分均在哈尔滨及附近制造。

除了榨油业、面粉制造业和酿造业这三大支柱性产业外,桑蚕养殖和缫丝业也是近代东北地区城市经济的主要产业之一。与雄踞近代东北地区北部的面粉制造业相对应,桑蚕养殖和缫丝业则主要集中在东北地区南部,尤其以辽宁省的东南部最为兴盛。清朝初年,东北地区的桑蚕养殖业就已经发展起来。"据光绪三十四年(1908)调查,饲柞蚕者有十二县,及民国六年(1917)调查,本省著名蚕场数:盖平五三五七,宽甸二五二七,安东一五七五,复县一一四三,岫岩七七〇,凤城六六三,海城五六一,辽阳一七〇,桓仁五一,而最近农商统计,则增至十七县。"[①]在盖平县,1920年"统计本县剪场可有两万把之谱"。[②] 在安东地区,"(民国)十五年(1926)调查,实有二千四百二十五把九分七厘,每年出茧约一万两千枚,为本境大宗出产"。[③]

在缫丝业方面,清嘉庆、道光年间,在盖平县设立了近代东北地区的第一家缫丝工厂。其后,安东、岫岩、庄河、宽甸、凤城、海城、辽阳、复县、本溪、兴京、桓仁、通化、临江、辑安、西丰、西安、柳河、东丰等各个县的缫丝业也纷纷兴盛起来。特别是在光绪三十年(1904)由安东道台创设的缫丝工厂,该工厂采用芝罘式的小线框制丝新技术进行生产。此后,新兴的小线框制丝技术逐渐取代了传统的大线框制丝技术,进而使得安东逐步发展成为近代东北地区缫

① 王树楠、吴廷燮、金毓黻等纂:《奉天通志》卷一二一,《实业九·蚕业》,东北文史丛书编辑委员会点校,1983年版,第2764页。

② 崔正峰修、郭春藻辑:《盖平县乡土志》未分卷,《山剪》,民国九年(1920)石印本,第62页。另外,因为每亩蚕场的桑树有疏有密,并不平均,所以近代奉天省东边道地区的蚕农以一个人能放养蚕场的面积作为计算蚕场面积的单位,称为"一把剪"。也正因此,在近代辽宁地区的许多地方志中,也将"山茧"写作"山剪"。

③ 王介公修、于云峰纂:《安东县志》卷六,《人事·蚕业》,民国二十年(1931)铅印本,《中国方志丛书·东北地方·第18号》第3册,台北成文出版社有限公司1974年影印版,第801页。

丝业的中心。据统计,至1919年“安东有26家工厂(其中包括日本方面两家工厂),11402台设备,生产丝10966捆;盖平为28家工厂,5050台设备,生产丝8280箱”。①

表3-5　1915—1919年东北地区的柞蚕蚕茧和丝绸的输出概况②

年　度	蚕茧(千担)	丝(千担)
1915	244	26
1916	71	14
1917	129	17
1918	187	19
1919	145	25

榨油业、面粉制造业和酿造业的快速发展只是近代东北地区城市经济快速发展的一个缩影,其他诸如棉纺织业、缫丝业、毛麻纺织业、造纸业、窑业、烟草工业、火柴制造工业等工业均实现了由传统手工作坊向近代机器工业转变,生产效率和生产能力都得到了大幅度提升,为近代东北地区城市经济的初步腾飞注入了强劲动力。

纵观近代东北地区城市经济的发展过程大体可分为三个阶段:

第一个阶段是由咸丰十一年(1861)营口开港起至日俄战争爆发之前为止。这个时期是英、俄等西方列强将近代机器工业引进东北地区,并全面促进东北地区由传统手工业生产方式向近代机器工业生产方式转变的时期。其中营口港的开埠和中东铁路(含南满支线)的修建是最具代表性的事件,营口港的开埠为东北地区打开了门户,以英国为首的西方列强将近代的工业机器和近代化的生产方式引入东北地区。而中东铁路(含南满支线)的修建需要大

① ［日］满史会编,东北沦陷四十年史辽宁编写组译:《满洲开发四十年史》下卷,辽出临图字〔1987〕第192号1988年内部资料出版,第53页。

② ［日］满史会编,东北沦陷四十年史辽宁编写组译:《满洲开发四十年史》下卷,辽出临图字〔1987〕第192号1988年内部资料出版,第54页。其中,蚕茧几乎全部输往中国关内、江南等各个地区,丝大体上是一半输往中国关内、江南等各个地区,另一半则是输往日本。

量人力、物力,为此沙俄投入大量资金,对铁路及铁路沿线地区进行开发,东北地区作为主要的原料产地和加工地也借此快速发展,尤其是以供给军队及其他市场为目的的面粉制造业发展尤为迅速。位于松花江与中东铁路交叉点上的哈尔滨,因其绝佳的地理条件成为工商业中心。

第二个阶段是由日俄战争起至第一次世界大战爆发之前为止。这个时期是沙俄势力退守东北地区北部,日本势力进入东北地区南部,中国民族资本在曲折中发展的时期。日俄战争时期,100 多万俄军所需的物资数量庞大,无法完全通过国内补给,西伯利亚铁路所输送的物资也不过武器、被服之类的必需品,额外所需的日用品,则要通过在东北当地购买补充,因此,俄军兵站附近地区以及铁路沿线地区许多企业借此兴旺。使用蒸汽机器的新式面粉制造厂、酒精、啤酒酿造工厂、皮革工厂、玻璃工厂、通心粉工厂、制碱工厂以及其他各类工厂如雨后之笋般纷纷涌现,不但如此,从前所有各个工厂,也都纷纷扩张其生产力,以便获得最大的利益。然而,日俄战争结束后,俄军陆续撤回国内,对物资的需求量大减,各个工业均进入困难时期。

第三个阶段是由第一次世界大战起至九一八事变爆发为止。这一时期是中国民族资本发展的黄金时期。第一次世界大战爆发后,西方列强专注于争夺世界霸权,无暇东顾,所需的战略物资很多,有赖于中国补给,这些因素均给中国东北地区城市经济的快速发展提供了契机,中国民族资本迎来了自身发展的黄金时期。中国民族资本迅速在大豆及大豆制品、面粉制造、酿造、棉纺织、烟草、造纸等领域收购外资公司,抢占国际市场,中国东北地区的城市经济迅速发展,并开始起飞。

根据 1930 年中华民国工商部编印的《全国工人生活及工业生产调查报告书》统计可知,1930 年的中国东北地区工业资本约 0. 93 亿元,工人总数 7. 7 万人,工业原动力 1. 7 万马力,每年出品总值 3. 3 亿元;共建有工厂十三大类 464 个,并在工业资本、工人总数、每年出品总值和工厂数量上均已超过华中地区和华南地区,仅次于华东地区,居全国第二位。而这些工业和工厂均以城市为依托，基本代表了各个地区的经济总量情况和经济发展水平，因此，也可以说近代东北地区的城市经济总量和经济发展水平居全国第二位，由此亦可看出，近代东北地区在全国经济和经济发展中占有极其重要的地位。

然而，九一八事变彻底打断了中国东北地区城市经济发展的良好势头，以往取得的成果也被日本帝国主义掠夺。中国东北地区的城市经济完全沦为日本经济的附庸，从此进入发展的黑暗时期。

表 3-6　1930 年全国工厂概况统计表①

地名	资本（元）	工人总数（人）	原动力（马力）	每年出品总值（元）
上海	222411452	211235	600075 39036　K.W.	100415273
苏州	1500543 250000 日金	6420	265483 46000　K.W.	3872400
无锡	12177436	40635	78745　H.P. 6944　K.W. 1415　K.V.A. 12　K.M.	74365278
武汉	4452000	6120	2494 1875　K.V.A. 453060　K.W.	9372280
镇江	2693111	1847	963	2253460
江都	323000	100	1296	266200
南通	4961700	10499	4935	17890300
宜兴	85900	135	120	74330
南京	2247100	2035	953	5620000
嘉兴	931555	3978	1201	1537430
宁波	1868200	4124	2282 2060　K.W.	7493818

① 《全国工人生活及工业生产调查报告书》，《奉天省公署（辽宁省政府）》中华民国十九年四月九日（1930 年 4 月 9 日），全宗号：JC10，目录号：01，卷号：003075，辽宁省档案馆馆藏档案。原《报告书》有用其他单位者，一律依照原样注明。

续表

地名	资本（元）	工人总数（人）	原动力（马力）	每年出品总值（元）
杭州	7943250	15131	2868.5 28223　K.W.	15174620
芜湖	1813200	1896	3922	1194570
九江	1724800	2868	1186	2765840
安庆	427000	306	808	459330
南昌	1373000	592	1136	43000
蚌埠	943000	1584	1020	2760000
汉口	10961200 2500000 日金	24860	18826 7095　K.W.	35873713
汉阳	613200	3354	17098 210　K.W.	1789214
武昌	12246585	18215	8983 1075　K.W. 314　am	8401000
大冶	2763118	4625	2583	5964000
青岛	26095500 60415000 日元	19861	10616 12850　K.W.	6528820 27434456 日元
大连	12430000 244237000 日元	60687	1810	34815195 日元
营口	15427778 15900000 日元	249	972	28438888 4140256 日元
旅顺	7827000 日元	—	—	1141728 日元
沈阳	9430000 167350000 日元 4200000 奉票	4537	918 1000　K.W.	3463333 3833749 日元
辽阳	5250000 日元	2018	1780	6154114 日元
抚顺	7706000 日元	—	329	11930075 日元
盖平	525000	—	—	—
安东	256944 59940000 日元	421	772	1130000 5071518 日元

续表

地名	资本(元)	工人总数(人)	原动力(马力)	每年出品总值(元)
吉林	1565000 2859000 日元	120	160	400000 1140000 日元
长春	14275000 日元	135	1292	4402190 日元
吉林滨江	2099000 511000 日元	1939	1154	6062000 52000 日元
吉林宁安县	150000	40	20	—
吉林阿城县	182000 哈元	80	74	1490000
黑龙江龙江县	530000	—	80	600000
黑龙江安达县安达站	1700000 815000 哈元	745	1185	9916250
黑龙江龙江县昂昂溪	850000	53	435	1442600
黑龙江松山镇	170000	170	95	1400000
黑龙江龙江富拉尔基	100000 哈元	70	75	—
黑龙江肇东县	350000	—	71	—
哈尔滨	14275000 24470000 日元 21000000 卢布	5996	5823	444920 1900000 日元
汕头	237000	307	2299	287700
顺德	582300	9645	1365	13222400
佛山	317000	433	189005	4887600
潮安	90000	358	460	172400
马尾	—	849	744 175　K.W.	—
厦门	2567750	553	401.5 2500　K.W.	1567000
福州	1964500	997	628. 2	2063000
广州	5547950	8540	5446. 5	1822603
梧州	309000	249	206	459000

表 3-7　1930 年全国分类工厂比较表①

单位:个

地名	纺织	饮食	交通	化学	建筑	器具	衣服	教育	机械	公用	美术	杂品	其他	总计
上海	363	88	8	95	16	6	7	88	113	6	1	42	4	837
苏州	17	1		2	1		1	2	1	1		1		27
无锡	102	26		5	1			4	15					153
武汉	17	15							5	2				39
镇江	1	3		3				1		2		1		11
江都				1						1				2
南通	4	5		1					3	2				15
宜兴	2			1						1				4
南京	3	4		1	2	2		13	3					28
嘉兴	7			2										9
宁波	11	2		3					3	2		2		23
杭州	32	1		8	1			1	5	1	1			50
芜湖	3	1							3	1				8
九江	1		2							1				4
安庆	2	1								1				4
南昌	2							4	1	1				8
蚌埠		2		2						1				5
汉口	17	23		9	2		2	4	10	4		5		76
汉阳	1	4							9	1				15
武昌	5			2				1		1				9
大冶				7	1									8
青岛	12	6		11		1			12			2		44
大连	3	81	6	23	10	3	2	9	10	2				152
营口		2		21	1			1		1				26
旅顺	2	3	1		1				1	1				9
沈阳	6	12		5	5				2	2				32

① 《全国工人生活及工业生产调查报告书》,《奉天省公署(辽宁省政府)》民国十九年四月九日(1930 年 4 月 9 日),全宗号:JC10,目录号:01,卷号:003075,辽宁省档案馆馆藏档案。

续表

地名	纺织	饮食	交通	化学	建筑	器具	衣服	教育	机械	公用	美术	杂品	其他	总计
辽阳	1	1	1					1		1				5
抚顺	1	18		5	8	2		2	5	2		3		46
盖平	22													22
安东	18	2		10	5			1	1	2				39
吉林	1	5		4	3									13
长春	2		12	4	5					2				25
吉林滨江	4	4		3	2		1		1					15
吉林宁安县				1										1
吉林阿城县				2										2
黑龙江龙江县		3		2						1				6
黑龙江安达县安达站				8										8
黑龙江龙江县昂昂溪				2										2
黑龙江松山镇		2												2
黑龙江龙江富拉尔基				1										1
黑龙江肇东县					1									1
哈尔滨		53		1	1		1			1				57
汕头	2	3								1				6
顺德	21	10												31
佛山		3								1				4
潮安				1						1				2
马尾			1											1
厦门		2	1		1				2	2				8
福州	1	3		2	5					2				13

续表

地名	纺织	饮食	交通	化学	建筑	器具	衣服	教育	机械	公用	美术	杂品	其他	总计
广州	9	13	1	13	2		1		20	2		2		63
梧州					3					1				4
总计	695	495	33	281	77	14	15	132	225	51	2	58	4	1975

表 3-8　中华民国时期全国工厂成立年份统计表①

单位:个

年别 地名	民国纪元前	民国元年	民国二年	民国三年	民国四年	民国五年	民国六年	民国七年	民国八年	民国九年	民国十年	民国十一年	民国十二年	民国十三年	民国十四年	民国十五年	民国十六年	民国十七年	民国十八年	民国十九年	未详	总计
上海	48	15	7	18	11	10	14	19	26	24	39	40	41	40	54	65	68	91	108	62	37	837
苏州	2		4	1		1	1		1	1	1	2	1			2	4	2	3	1		27
无锡	8	3	5	1	5	2	3	3	9	4	3	3	5	2	3	17	11	28	33	4	1	153
武汉	3	1	3	1	1	2		1	1	1	2		2	1	2	1	2	5	4	6		39
镇江	2									2				2	1		1		1	2		11
江都			1																	1		2
南通	5	1				1	1			2	1		1		1			1	1			15
宜兴								1			1					1		1				4
南京	1			1						1	2	2	3		2		2	7	1	3	3	28
嘉兴											1					4	1	1	1	1		9
宁波	3	1		3	2				1				1	2		1	3	1	4	1		23
杭州	4	5	1	3		1	1	2		2	1	4	3		1	7	1	7	5	2		50
芜湖	3						1	1	1	1								1				8
九江						1				1	1			1								4
安庆	1						1			1						1						4
南昌	1	1								1							1	2	2			8
蚌埠			1							1						1		1		1		5
汉口	15	4	1	1	3	2	2	2	3	5	7	1		4	4	2	1	5	6	3		76
汉阳	8						1								1			1	3	1		15
武昌	2	1	1				1		1	1	1							1				9

① 《全国工人生活及工业生产调查报告书》,《奉天省公署(辽宁省政府)》民国十九年四月九日(1930 年 4 月 9 日),全宗号:JC10,目录号:01,卷号:003075,辽宁省档案馆馆藏档案。

续表

年别 地名	民国纪元前	民国元年	民国二年	民国三年	民国四年	民国五年	民国六年	民国七年	民国八年	民国九年	民国十年	民国十一年	民国十二年	民国十三年	民国十四年	民国十五年	民国十六年	民国十七年	民国十八年	民国十九年	未详	总计
大冶	2					1						1			1		1	1			1	8
青岛		2					2	1	4	3	2	2	2	1	2		2	12	6	4		44
大连	39		4	5	4	4	8	10	29	15	3	11	3	6	5		2	3			1	152
营口	3				1			1	1	4	2	2		3		1	2	2	2		2	26
旅顺	1						1	2		1			1			1	1				1	9
沈阳	1	1		1	1			4	6	3	2		5	2		2					4	32
辽阳	2							1	1				1									5
抚顺			1	2					1	6	1	1	1	1		1					31	46
盖平																					22	22
安东	1	1			1		3	3	6	5	3	1	3	4	1	1	5	1				39
吉林			1	1	1		2	1		2			1								4	13
长春			1	2	1	1	1		2	3	1		2		1			1			9	25
吉林滨江	1					1			1	1	2	3		1	1		3	1				15
吉林宁安县																		1				1
吉林阿城县														1	1							2
黑龙江龙江县												2									4	6
黑龙江安达县安达站										1			1			3	1	1		1		8
黑龙江龙江县昂昂溪																	1		1			2
黑龙江松山镇																1		1				2
黑龙江龙江富拉尔基																1						1
黑龙江肇东县										1												1
哈尔滨	5			1	5	1	3	1	3	7	4	3	3	1	3	2	4	3	2	2	4	57
汕头	1											1						2	1	1		6
顺德	3	2				1	2	2	1	1	1	1	1	2		1	3	3	4	3		31

续表

年别 地名	民国纪元前	民国元年	民国二年	民国三年	民国四年	民国五年	民国六年	民国七年	民国八年	民国九年	民国十年	民国十一年	民国十二年	民国十三年	民国十四年	民国十五年	民国十六年	民国十七年	民国十八年	民国十九年	未详	总计
佛山			1									1			1					1		4
潮安									1				1									2
马尾	1																					1
厦门	1		1					1		1			1	2					1			8
福州	2	1					1		1		1	1		2			1	1	2			13
广州	3	3		1	1	1	2		3	3	5	3		1	2	7	3	7	14	3	1	63
梧州											1	2				1						4
总计	171	41	33	41	37	30	56	56	103	105	88	87	83	81	87	124	124	195	205	103	125	1975

经济的发展促进了城市的发展,反过来说城市的发展也是经济发展的一个重要标志。城市化作为城市发展的主要形式之一,不仅直接反映了一个国家或者地区的城市发展情况,也反映了该国家或者地区的经济发展情况。城市化是一个漫长而又多变的过程,“是存在于变化中的变化”①,它与农业开发的进展,商业的流通,特别是铁路、公路、水路等交通运输的发展有着密切的关系。近代东北地区的城市化也经历了这样一个漫长而又多变的过程。其中营口开埠,辽河航运兴起,中东铁路、南满铁路、京奉铁路等铁路交通线的开通等因素都直接促进了城市的发展,伴随着新兴城市的崛起和旧城的衰落,固有的城市版图发生了变化,新的城市分布格局正式形成,并一直延续到现在,至今影响着中国东北地区的经济发展。

近代的中国东北地区伴随着营口港的开埠,第一批城市兴衰的历史过程拉开帷幕。营口开埠后,辽河航运业迎来了前所未有的发展契机,英、美、法、日和中国南方出产的绸缎、布匹、茶叶、瓷器、砂糖、纸类、五金制品、玻璃制品及日用杂品等都通过营口港行销东北各地,而东北地区出产的大豆、高粱、山货、皮毛、药材等农产品也通过营口港销往世界各地。繁忙的辽河航运促进了辽河流域的经济发展,辽河上的各个埠口商贾云集,市街兴盛,逐渐发展成为

① 康少邦、张宁等编译:《城市社会学》,浙江人民出版社1986年版,第270页。

繁盛的城镇群。

辽河，古称辽水，流域面积广阔，主要源头有内蒙古自治区赤峰市的西辽河和吉林省东辽县的东辽河，总长 1700 公里，太子河、浑河、蒲河、柴河、辉发河、柳河是其主要支流，这些支流与辽河干流一起组成了辽河航运的水运网络。“当时辽河干流沿岸之停船码头，总数为 187 处，其中大码头约为 40 个，由北向南，较著名的码头有邓子村、郑家屯、三江口、通江口、英守屯、马蓬沟、三面船、老达房、三岔河、田庄台、营口等；其主要支流太子河、浑河、东辽河的重要码头包括小北河、辽阳、小河口、小姐庙、浑河堡、埃金堡、长滩、大疙瘩（今辽源）、朝阳镇等。”①这些码头虽然很多都是未经人工修筑的天然码头，但是在营口开埠后，随着辽河航运的快速发展，都纷纷成为进出口商品的集散地。

以田庄台为例，田庄台位于盘锦市南部，踞守辽河西岸，东望营口，西连锦州，南面渤海，是辽河下游发祥较早的文明古镇。据史料记载，早在公元前 195 年，西汉政权曾在田庄台设置“房县”。至元明时期，随着辽河下游河道变迁，人烟日盛，田庄台逐渐成为辽河沿岸小镇。由于田庄台地处辽河下游右岸，辽河航运的发展带动其日渐繁盛。当辽河之水充盈丰沛时，田庄台曾是辽河沿岸上的最大码头，“八百里河道，帆墙林立，往来如梭”，在康乾盛世时期更是被誉为“商贾辐辏之地”。至道光年间，田庄台依托辽河水运之利，各地大小船只穿梭其间，逐渐成为辽河西岸著名的水路码头、商埠重镇。五公里的河岸线上曾有货运码头十余处，一派“十里沿岸，泊船上千”的繁忙景象。当时进出田庄台码头的船只很多，这些船上行时装载着粤、闽、浙、苏、鲁、川等省出产的绸缎、布匹、药材、茶叶、瓷器、漆器、竹器及日用杂品等，通过田庄台码头销往东北各地；下行时装载着东北平原出产的高粱、木材、大豆、皮毛，通过渤海、东海或者大运河远销江南。当时的田庄台有各种店铺 300 多家，其中营业多年的老字号

---

① 曲晓范：《近代东北城市的历史变迁》，东北师范大学出版社 2001 年版，第 28—29 页。

就有200多家。永裕昌、广永茂、义顺华、双兴合、永源盛、人合号、泰合斋、天一堂这八大商号,更是蜚声关内外。在辽南地区自古就有“先有田庄台,后有营口”的说法,随着营口港的崛起,曾经辽河沿岸最大码头的田庄台逐渐被营口取代,城市发展趋于停滞,并在中东铁路开通后,彻底走向没落。

营口原为辽河口外的一处沙岛,直到19世纪20—30年代才与陆地相连,遂使辽河河口延伸至营口之处。[①] 咸丰八年(1858)中英《天津条约》规定开辟牛庄为通商口岸。由于辽河口泥沙淤塞,牛庄已远离出海口,经实地考察,英国领事梅多斯决定放弃牛庄,而改在营口开埠。咸丰十一年(1861)营口正式开港,成为近代东北地区第一个对外通商口岸。营口地理位置优越,“临冥北构而东折,南走辰韩,百川朝宗”[②],将太平洋和东北内陆连接在一起。营口位于辽河出海口,船舶沿河而上可溯至郑家屯,全部航程1312.5公里。再加上其支流浑河、太子河等,航程更有所增加。营口开埠,极大地推动了东北内陆经济的活跃,到清光绪后期,在辽河上航行的商船多达2万艘,满载着大豆、谷物、烟草、麻类等顺流而下,运往营口,在营口载运货物往来于辽河水域各码头之间。据日本人小越平隆记述,自郑家屯至营口的辽河上“殆舳舻相接,帆影覆河之观”,“而往来河上者,尚艨艟如卿,大有掩江之势”。[③] 在晚清的大部分时间里,辽河的航运贸易极盛,辽河已成为沟通营口与东北腹地的纽带。形成了以营口为出海口,以辽河航运为纽带的东北市场流通结构。而在这种互动结构中,营口港也确立了东北地区第一码头的地位。

优越的地理位置仅仅为营口提供了发展的可能,而真正使其崛起是开埠后涌现的贸易机会,其中最为典型的就是大豆及大豆制品的外销。辽河流域盛产大豆,且品质优良,大豆及大豆制品成为商人贩运牟利的首选货物。“当

① 中国科学院《中国自然地理》编辑委员会编:《中国自然地理》(历史自然地理),科学出版社1982年版,第228页。

② 沙迹、李建华、杨庆昌:《营口碑志辑注》,辽宁大学出版社2012年版,第120页。

③ [日]小越平隆:《满洲旅行记》,上海广智书局1902年版,第1页、第23页。

时满洲的大豆和豆饼都向营口集中,正如铺设铁路之后的大连一样……甲午战争后,(营口)油房数竟达到 30 多家的盛况。"①同治十一年至光绪二十年(1872—1894),经营口港输出的大豆及大豆制品输出额累计达到 8338 万海关两,占此间东北地区输出总额的 76.9%。② 甲午战争之前,尤其是开埠初期,大豆及大豆制品一直占营口港出口贸易的半数以上,而营口港也几乎垄断了近代东北地区大豆及大豆制品的外销,并且数量巨大,这为营口港出口贸易的稳定增长奠定了基础。

随着营口港的发展,对外出口产品也日益多样化,柞蚕丝、杂粮、烧酒、中药材、人参、鹿茸、皮革、鬃毛等商品的出口量逐年增长。同时,进口产品中最初占有绝对比例的鸦片,也逐渐被棉织品、毛织品、金属制品、煤油、火柴等生活用品所替代。此时营口港的对外贸易额遥遥领先于东北地区其他口岸,稳居第一位,在当时的全国主要港口中,营口的出口贸易位列第六位,紧随上海、天津、广州、汕头、厦门之后。

然而,正如田庄台被营口取代一样,随着中东铁路(含南满支线)建成通车,曾经是中心地的营口被大连夺去它的地位,而且由于受到日俄战争后特别是第一次世界大战中船只货舱不足的打击,其经济一直没有得到完全恢复,不可能把被大连夺去的兴盛再夺回来,因而陷于逐年衰退之中。③ "1911 年营口共有油房 35 家,1921 年为 19 家——日产豆饼 41000 块;1914 年 10 家,生产能力为 2400 块。"④

① [日]满史会编,东北沦陷四十年史辽宁编写组译:《满洲开发四十年史》下卷,辽出临图字〔1987〕第 192 号 1988 年内部资料出版,第 47 页。

② 胡雪梅:《东北大豆出口贸易与近代中国东北开发(1860—1931)》,《北方文物》2002 年第 3 期,第 94 页。

③ 关于近代辽河流域城镇群衰落的具体过程及原因,可参见曲晓范的《近代东北城市的历史变迁》一书中的第十章《辽河流域早期市镇带的逆城市化变迁》(东北师范大学出版社 2001 年版,第 265—282 页)。笔者在此不再赘述。

④ [日]满史会编,东北沦陷四十年史辽宁编写组译:《满洲开发四十年史》下卷,辽出临图字〔1987〕第 192 号 1988 年内部资料出版,第 55 页。

自咸丰八年(1858)中俄签订《瑷珲条约》开始,沙俄势力大举入侵中国东北地区。为了能够更好地侵略东北、掠夺东北,沙俄于光绪二十四年七月(1898 年 8 月)开始动工修建中东铁路,光绪二十九年六月(1903 年 7 月)全线通车。中东铁路是“中国东清铁路”的简称,亦称作“东清铁路”或“东省铁路”,中华民国建立后改称“中国东省铁路”,亦简称“中东铁路”。中东铁路以哈尔滨为中心,东起绥芬河,西至满洲里,南经长春、沈阳,直达旅顺口,全长近 2500 公里,略呈“T”字形。日俄战争后,沙俄势力退守到以哈尔滨为中心的中国东北地区北部,日本全盘承袭了沙俄在中国东北地区南部的一切特权,并将长春(宽城子)至大连间的中东铁路支线改称“南满铁路”。中东铁路和南满铁路是日俄帝国主义侵略和掠夺中国东北地区的交通大动脉,日俄帝国主义通过这两条铁路及其支线将自己的势力伸入中国东北地区的各个角落。为了与日俄侵略势力对抗,中国及东北地方政府也先后兴建了京奉、奉海、吉海、齐昂、齐克、锦朝、开丰、呼海、洮索等多条铁路干线,至 1931 年中国东北地区的铁路总长度达 6224 公里,每平方公里铁路长度为 613 米,是当时全国平均每平方公里铁路长度 200 米的 3 倍有余,是当时美国平均每平方公里铁路长度 6000 米的 1/10,与当时澳大利亚平均每平方公里铁路长度 600 米大致相同,平均每万人铁路长度为 2. 077 公里,各项数值均居全国首位。

表 3-9　1903—1932 年东三省面积、人口与铁路情况表①

年度	路长(北宁线除关内段)(公里)	面积(平方公里)	人口(人)	平均每百平方公里铁路长(公里)	平均每万人铁路长(公里)
1903	2928	1014050	15290000	0. 289	1. 915
1908	3363	1014050	17156200	0. 332	1. 960
1913	3509	1014050	19207800	0. 346	1. 827
1918	3642	1014050	21568500	0. 359	1. 689

① 哈尔滨满铁事务所编、汤尔和译:《北满概观》,上海商务印书馆 1937 年版,第 62—63 页。

续表

年度	路长(北宁线除关内段)(公里)	面积(平方公里)	人口(人)	平均每百平方公里铁路长(公里)	平均每万人铁路长(公里)
1923	4113	1014050	24294600	0. 406	1. 693
1924	4238	1014050	24889500	0. 418	1. 703
1925	4326	1014050	25502300	0. 427	1. 696
1926	4834	1014050	26133600	0. 477	1. 850
1927	5411	1014050	26784600	0. 534	2. 020
1928	5787	1014050	28034400	0. 571	2. 064
1929	6038	1014050	29197920	0. 595	2. 068
1930	6166	1014050	29597490	0. 595	2. 040
1931	6224	1014050	29962000	0. 613	2. 077
1932	6224	1014050	30351510	0. 613	2. 050

发达的铁路交通网和畅通的铁路交通线极大促进了近代东北地区城市的兴起,加快了城市化速度。如下表所示,截至 1930 年,东北地区 20 万人口以上的城市有 3 个,10 万—20 万人口的城市有 2 个,5 万—10 万人口的城市有 6 个,3 万—5 万人口的城市有 11 个,1 万—3 万人口的城市有 53 个,城市总人口 303. 1 万,与 1907 年的城市人口数相比,增长了近 3 倍。

表 3-10 1907—1930 年东北地区城市发展情况表①

人　口	1907 年	1915 年	1925 年	1930 年
20 万以上	——	——	3	3
10 万—20 万	2	3	1	2
5 万—10 万	4	3	9	6
3 万—5 万	7	10	6	11
1 万—3 万	24	34	51	53
城市数量小计	37	50	70	75

① [日]满史会编,东北沦陷四十年史辽宁编写组译:《满洲开发四十年史》上卷,辽出临图字〔1987〕第 192 号 1988 年内部资料出版,第 55 页。

续表

人　口	1907 年	1915 年	1925 年	1930 年
城市人口数(千人)	1062	1544	2629	3031
增长指数	100	145	248	285
农村人口数(千人)	16717	18566	23873	26544
增长指数	100	111	137	159
城市人口水平(%)	6. 0	7. 7	10. 2	10. 2

以大连和哈尔滨为例。“大连往时为青泥洼,仅一渔村耳,长丁曲浦,芦荻繁茂……西历一八九八年,与俄订大连租借条约,俄人始开经筑港,又在旅顺建筑军港,一九〇〇年着手市街建设。”①当时沙俄称大连为“达里尼市”,意为“遥远的城市”。光绪三十年(1904)日俄战争爆发,沙俄战败,日本取代沙俄侵占了大连和旅顺,并将达里尼更名为大连。1915 年,日本宣布大连建市。大连之所以能够取代营口成为东北地区第一大港口城市,与其优越的地理位置密不可分。大连位于辽东半岛南端,隔渤海海峡与山东半岛隔海相望。相较营口,大连与日本、朝鲜、韩国和俄罗斯远东地区的距离更近。另一方面,大连于光绪三十二年(1906)建设了第一家机器油房,接着不少新设的机器油房纷纷涌现,榨油业逐渐兴盛起来,这使得大连在日俄战争后一跃成为新兴的榨油工业城市。此外,满铁方面也在运费上对大连实行特殊优惠的运费制度,这也使得大连得以快速发展,并迅速取代营口的地位,成为近代东北地区第一大贸易港口。“东三省地方其已经耕耘者概计约一千万甲,内外所产出各农产物一年数额,大豆约一千万斛即一百二十万吨,大麦五百万斛即六百二十万吨,大豆、大麦半由东省各土民运消,半向外洋运出,而运出之际所靡运费,马车每一吨每一英里约二分二厘或四分不等,又辽河运费自一分三厘至三分不等,今将南满路与此竞争,则绰乎可相抵制矣。”②

① 刘天威:《旅大考察报告》,《冯庸大学月刊》1931 年,第 1 卷,第 2 期,第 101—102 页。

② 《述南满路运输情形》,《盛京时报》光绪三十二年九月十一日(1906 年 10 月 28 日),第 2 版。

在中东铁路修筑以前哈尔滨只是“松花江畔仅三五渔人,舟子荟居一处,不过为萧瑟寒村而已”。① 1913 年始设立治所,“彼时虽人烟日集,要不过一乡镇而已”②,光绪三十年(1904)时,哈尔滨的人口只有 3 万,到 1929 年时,哈尔滨的人口已增加至 16 万。至 20 世纪 20 年代初,哈尔滨已经发展成为一个国际性大城市,与沈阳、长春一起成为中国东北地区三大政治经济中心。“今日者,植立于松花江畔之哈尔滨,视朴次茅斯合约时,市况且已倍其繁盛,人口亦垂五十万矣。哈尔滨者,北满最重要之市镇……自昔有小上海之称,白人之人口殆与中国匹敌。”③

中东铁路、南满铁路、京奉铁路等铁路交通线的开通不仅促进了大连、长春、哈尔滨等大城市的兴起,也促进了铁路沿线其他中小城市的发展,如“自南满铁路告成,商贾多徙奉化县之五站”④,如下表所示,其他如齐齐哈尔、满洲里、绥化、四平等城市也都是随着铁路的开通而发展起来的。

表 3-11 九一八事变前东北铁路沿线城镇一览表⑤

铁路交通线	人口数	城镇
满铁线	1091389	旅顺、大连、金州、瓦房店、鞍山、辽阳、奉天、开原、四平街、公主岭、长春、安东、盖平城、海城、凤凰城、昌图城、抚顺
中东线	649726	哈尔滨、双城堡、三岔河、一面坡、昂昂溪、阿什河、安达站、海拉尔、满洲里
奉山线	120340	锦州、新民府、绥中
吉海线	47000	海龙、朝阳镇、磐石
四洮线	129600	洮南、郑家屯、白音太来
沈海线	69000	大疙瘩、北山城子

① 殷仙峰:《哈尔滨指南》,哈尔滨:东陲商报馆 1922 年版,第 1 页。

② 刘静严:《滨江尘嚣录》,哈尔滨:新华印书馆 1929 年版,第 6 页。

③ 连浚:《东三省经济实况揽要》,上海:民智书局 1931 年版,第 29 页。

④ 程道元修、续文金纂:《昌图县志》第 2 编,《地理志》,民国五年(1916)铅印本,《中国方志丛书·东北地方·第 25 号》第 1 册,台北成文出版社有限公司 1974 年影印版,第 69 页。

⑤ [日]天野元之助:《满洲经济の发达》,南满洲铁道株式会社 1932 年版,第 84 页。

续表

铁路交通线	人口数	城　镇
开丰线	41990	开原城、陶鹿
天图线	28508	局子街、龙井村
呼海线	69000	绥化、呼兰、海伦
吉长线	191108	吉林
吉敦线	15988	敦化
洮昂线	58404	齐齐哈尔
总　计	2512053	

此外,中东铁路、南满铁路、京奉铁路等铁路交通线的开通还导致了近代东北地区旧有的城市版图发生变化。如长春、哈尔滨等城市,由原来的二级城市跨入一级城市的行列;而辽阳、吉林、宁古塔等原府、州治所所在地,则由二级城市下降为三级的小城市。

近代东北地区城市经济的初步腾飞不仅改变了传统的城市的分布格局,还初步奠定了城市生活兴衰变化的经济基础。虽然,近代东北地区的城市经济发展很快,城市的发展和城市化进程是十分迅速的,但是这种城市经济和城市化的快速发展只能算是初步或初级的发展,其中暗藏着城市未来发展、经济、民生、社会文化等许多问题,笔者下文进行详细论述。

第二节　近代化的城市建设改善了城市居民的生活环境

随着城市的快速发展,近代化的城市建设与城市规划逐渐为国人认识并接受。在奉天、长春、安东等城市出现了城市近代化建设运动,自行开放的商埠地大大促进了各个城市的发展,旧有的城市格局悄然发生变化,新的商业区和生活区建设更为合理,而新兴的市政组织和市政法令则标志着近代东北地区的各个城市正式步入近代城市的行列。

近代东北地区的城市建设是伴随着城市和城市经济的发展而同步进行的。其中以南满铁路和中东铁路为依托的日俄侵略势力在近代化的城市建设方面走在了中国的前面。

为了侵略中国东北地区，掠夺中国东北地区，最后吞并中国东北地区，沙皇俄国一直酝酿修筑一条穿过中国东北地区的铁路，把远东地区重要的港口城市符拉迪沃斯托克（海参崴）与西伯利亚铁路相连接。光绪二十二年（1896），沙皇借加冕典礼的机会与清廷特使的李鸿章签订了《中俄御敌互相援助条约》（即《中俄密约》），《条约》中即允许沙俄在中国东北地区修筑中东铁路（时称“大清东省铁路”，简称“东清铁路”，中华民国成立后改称“中东铁路”），并将铁路及铁路附属地的经营权和行政管理权交予沙俄。光绪二十四年七月（1898 年 8 月）中东铁路动工修建，光绪二十九年六月（1903 年 7 月）全线通车，并开始正式营业。光绪三十年（1904）日俄战争爆发，沙俄战败，沙俄把长春至大连间的中东铁路及其特权全盘转让给日本，日本将这段铁路改称“南满铁路”，并成立“南满洲铁道株式会社”作为最高行政机构经营和管理南满铁路及其附属地。满铁附属地从南至北贯穿瓦房店、熊岳、盖平、营口、海城、鞍山、辽阳、丹东、本溪、沈阳、抚顺、铁岭、开原、四平、公主岭、长春等十多个大中城市①，由于这些城市均属于各个地区的政治、经济和文化中心，九一八事变前，日本帝国主义就是通过这些附属地来控制整个东北地区的经济命脉，进而更好地侵略和掠夺东北地区。

满铁及满铁附属地带有很大程度的“国有”性质，它不属于任何个人，但是满铁并非仅仅是一个日本的“国有”企业，其本身拥有很大的行政权力，还配有一定数量的军队，在实际的殖民过程中，常常以武力相威胁，干涉中国内政，因此，可以说满铁就是日本帝国主义在中国东北地区实行殖民统治的工具。当时日本殖民当局占据着总面积为 4952 平方公里的大片区域，具体包

① 大连时称：“关东州”，是属于日本的租借地，而不属于满铁附属地范围，故不在此列之中。

括:“关东州租借地(面积为3462平方公里)、从该租借地的边界到长春的铁路干线、从奉天到安东的支线及其他各条小型支线(总计为1192平方公里)的铁路用地及市街用地(面积为298平方公里)”①,其中主要的城市及其附属地面积从下表中可见一斑。

表3-12　满铁主要城市附属地面积表②

单位:平方公里

附属地名称	面　积	附属地名称	面　积
营　口	5.205	奉　天	12.772
鞍　山	18.441	铁　岭	6.350
辽　阳	6.828	开　原	6.630
四平街	6.713	安　东	9.589
公主岭	6.847	抚　顺	61.839
长　春	6.763		

光绪三十三年(1907),在“满铁”刚刚成立后不久就在南满铁路沿线上选定了瓦房店、熊岳城、盖平、大石桥、营口、海城、鞍山、辽阳、苏家屯、奉天、四平、开原、公主岭、范家屯、长春、本溪湖、桥头、连山关、鸡冠山、安东、抚顺等20余个中枢要地和时称“关东州”的大连进行所谓“现代化文明产业城市”的城市建设,并在实地调查的基础上制定了城市建设规划。

满铁对于附属地制定的城市建设规划,既不模仿大连和哈尔滨那样的俄国式建筑,也不模仿欧美各国的建筑样式,而是根据当地中国城市的发展状况、交通情况及地方经济状况,结合中日两国市街建筑的特点,进行城市建设。满铁附属地的城市建设大多在附属地的中心地点设立大型广场,并通过主要干道与火车站所在地相连接,并通过主要干道与支路构成矩形的街路网,考虑

① [日]满史会编,东北沦陷四十年史辽宁编写组译:《满洲开发四十年史》下卷,辽出临图字〔1987〕第192号1988年内部资料出版,第397页。

② [日]满史会编,东北沦陷四十年史辽宁编写组译:《满洲开发四十年史》上卷,辽出临图字〔1987〕第192号1988年内部资料出版,第365页。

到城市未来的快速发展，铁道货运和客运集散以及与中国方面联络的便利，满铁附属地道路通常建设成柏油马路或碎石式马路，宽度为 5 米或 36 米，并在 10 米以上的道路两侧修筑人行道，从而形成了以中心广场至火车站的附属地城市中心市街结构。如：奉天的浪速广场—浪速通—奉天驿（今沈阳的中山广场—中山路—沈阳火车站）和长春的大同广场—大同大街—新京站（今长春的人民广场—人民大街—长春火车站）。

满铁附属地在城市建设的初期有意招揽中国商户迁往附属地开展经营业务，并通过向当时的晚清政府施压、贿赂官员、恶意竞争、雇用浪人闹事等恶劣手段压制和骚扰中国东北地区旧城市和自开商埠地的发展，迫使当地的商业中心不断向满铁附属地转移，并达到最终控制中国东北地区商业资源的险恶目的。但到了满铁附属地城市建设的后期，由于附属地内城市建设愈加繁荣，商户林立，日本商户已经占据主体地位，满铁随即开始使用各种手段，逐步对中国商户进行各种限制，使其逐渐失去发展能力，最终为日本企业所吞并或压垮消亡。此外，满铁对附属地的土地开发，除了用于满足自身建设的需要外，还将剩余的土地按不同的类型和等级进行出租，以获取租金，用以加快自身发展。

总之，满铁对附属地进行的一系列近代化城市建设，其目的是用高标准的城市建设对外宣扬日本先进的近代文明和优越的日本文化，以吸引和奴化中国人民，进而实现永久占领中国东北地区的侵略梦想。

面对日本帝国主义的层层压力，中国东北地方政府决定加快旧城市的近代化建设，并自开商埠地，对日本侵略势力进行坚决抵抗。

光绪三十二年（1906），时任盛京将军的赵尔巽奉旨会同北洋大臣袁世凯、外交部、商部筹设东三省开埠通商事宜。同年，在奉天、营口、安东三地设立开埠局，划定盛京城大西门外、小西门外到大西边门、小西边门边墙之间为外国人居留地，西关边门外辟地 1 万余亩作为商埠地。光绪三十三年（1907），清政府正式确定商埠地范围，决定将商埠地划分为正界、副界、预备界三块，正式自行对外开放。

商埠地范围东起大西边墙,西至满铁附属地(今沈阳市老道口附近),北起皇寺界内(今皇寺路路南),南至大道(今市府大路)。内以经纬线为依据,先后开辟建设了几十条主次街路,形成了类似满铁附属地的网格状城市结构。先后建成了北市场、南市场以及英、美、德、俄、日等国的领事馆区。此外,大批具有近代化基础设施的西式建筑也大量涌现,使得商埠地的城市建设呈现出与传统旧城区截然不同的发展风格。

在奉天自开商埠地之前,安东实际上已经自行开放商埠地了。早在光绪二十九年(1903),《中日通商行船续约》中就规定开放大东沟为商埠,商埠区在市街西南,南至太平湾,东至市街西界,占地两千余亩。日俄战争后,日本人又强占安东七道沟,并设立市民公议会,进行殖民统治。光绪三十一年(1905),时任安东知县高钦与日本军政署协定,以七道沟地区为日本人居留地。迫于此种时局压力,清政府在光绪三十二年(1906)设立开埠局,以候补道员钱嵘为开埠总办,筹设开放事宜。划定前后聚宝街、财神庙街、官电街及中富、兴隆各街,面积总计 900 余亩土地为中国商埠地,划定七道沟地区共计 2800 余亩土地为日本市场。“开埠以来,国内则津沪各地,国外则英日诸邦,富商大贾纷至沓来,银行、公用相继设立,商业极称繁盛。”①

近代东北地区的商埠地与近代中国东南沿海地区的商埠地相比存在很大的不同。近代中国开辟的商埠地多是在西方列强的炮舰威逼或外交讹诈下,签订不平等条约而被迫开放的,而被迫开埠之地多在东南沿海地区。如第一次鸦片战争后被迫开放的五个通商口岸就是这类的商埠地。

近代东北地区从 1861 年至 1917 年间共开设营口、大连、奉天府(沈阳)、安东(丹东)、大东沟(丹东东港)、辽阳、凤凰城(丹东凤城)、新民屯(沈阳新民)、铁岭、法库门(铁岭法库)、旅顺口、长春、吉林、哈尔滨、宁古塔(宁安)、珲春、三姓(依兰)、齐齐哈尔、海拉尔、瑷珲、满洲里等 29 处商埠地,其中除了牛

---

① 王介公修、于云峰纂:《安东县志》卷六,《商业·饮食》,民国二十年(1931)铅印本,《中国方志丛书·东北地方·第 18 号》第 3 册,台北成文出版社有限公司 1974 年影印版,第 751 页。

庄(后改为营口)为《北京条约》中被迫开放的商埠地,大连和旅顺口为租借地开埠外,其余的商埠地都属于自行开放的商埠地。虽然这些商埠地在开放时间、选址和章程等问题上不同程度地受到列强干扰,但是从本质上不能改变这些商埠地均为清政府自行开放的事实。如在《中美通商续订条约》和《中日通商行船续约》中都特别说明这是中国自行开埠通商,后来清廷在谕令开放东三省的文告以及地方督抚在筹办开埠的奏折中,也都反复强调这些商埠地属于自主开放的根本性质。

近代东北地区的商埠地虽然允许中外商人在此租地建房和经商,但商埠地的主权、土地经营权以及商埠地内的行政管理、警权、土地的出租和建筑等权利仍归属中国地方政府,这与西方列强分割的租借地是截然不同的。如长春商埠地的土地出租是以"40 年为期,期满后或停租或续租由本国国家斟酌办理"。[①] 而且,东北地方政府有权根据地块好坏划分等级,分别规定不同的租地价格,并希望以低廉的价格与日本的满铁附属地相抗衡。如长春商埠公司在光绪三十三年二月(1907 年 4 月)发出的第一次拍卖公告中就规定:"将长春头、二、三道沟以及城后堡、东西屯等(土地)……头等地每垧 500 吊,二等地每垧 400 吊,三等地每垧 300 吊"[②],这一价格与满铁附属地的土地租价相比,每垧各等分别低 100 吊。

由东北各地方当局主导的城市建设中也运用了一些近代化的规划技术,在某些城市的建设中还聘请了外籍规划师。例如:在长春的商埠地建设中就聘请了英国规划师对长春商埠地进行总体规划设计。宣统元年(1909),英国规划师运用巴洛克设计风格,将长春商埠地规划为放射线辅以网格状的街市区,且路网间距尺度大大超过长春满铁附属地的路网间距。之所以会采取这样的规划布局,是因为东北地方政府希望借此种设计使商埠地建设得更加宏

① 《吉林自开商埠要领》,《盛京时报》光绪三十三年正月十八日(1907 年 3 月 2 日),第 2 版。

② 《长春商埠公司告示》,《盛京时报》光绪三十三年二月二十七日(1907 年 4 月 9 日),第 2 版。近代东北地区 1 垧地约合 1 公顷,大致为 15 市亩。

伟,并以此与满铁附属地相抗衡。

除长春外,20 世纪 20 年代,由奉天市政公所主持建设的惠工工业区以及沈海市场也采用了巴洛克的放射形式,形成了与传统旧城区不同的形态特点。

辛亥革命以后,张作霖为全力提升奉系军阀的实力,在奉天旧城区西北部、东部和东北部分别规划建设了惠工工业区、东塔兵工工业区和沈海市场。惠工工业区占地面积 1.3 平方公里,以惠工广场为中心,以放射状辟建六条干道,辅以网格状的街市区,整齐划一。工业区内建有奉天迫击炮厂、奉天电灯厂、奉天文教用品厂等民族工业和国民大市场。东塔兵工工业区占地面积约 4 平方公里,网格状街道布局。因为该工业区为军事工业区,区内建有东三省兵工厂、东塔飞机场、东三省讲武堂、纺织厂、电灯厂、兵工学校等机构。沈海市场地区占地面积 3.2 平方公里,市场中心建设大型椭圆形广场,以广场为中心铺设七条放射状道路,全部街区采取网格状布局,与沈海铁路平行。区内建有大型跑马场、公园、剧场等游乐设施。①

在近代东北地区的城市建设方面,中国人也有自己对于东北城市建设和城市规划的认识。早在光绪二十年(1894),都察院左副都御史薛福成在出使西洋后就深感在城市中建立火药库的危害,并在给光绪皇帝的奏折中明确写道:“中国各省会城、府城皆官吏、军民所骈集,仓库、市廛所荟,万无可置火药之理。”光绪皇帝据此也明降谕旨通饬各省督抚:“自今以后文武各员不得在城市添建火药局,择地筑库,务求僻远,或在洲沚之上,或在山岭之间,倘有商民愿捐巨费搬移旧局者,均听酌办,以顺舆情,如一时未能骤移不妨相机变通,将尤为猛烈之物分储远地,徐时妥为经理。”②

---

① 沈海市场的兴建缘起于沈海铁路(1929 年以前称奉海铁路)。1919 年,张作霖为与日本南满铁路相抗衡,从奉天到海龙修建了一条全长约 250 公里的铁路,取名奉海铁路,并建立奉海总站(今沈阳东站)。总站建成后,一块新的城市区域也随之出现,它便是沈海市场。

② 《吉林将军衙门为吏部具奏各省文武各官不得在城市添建火药局拨地筑库等因一折的札文并抄原奏》,《吉林练军文案处》光绪二十年二月十三日(1894 年 3 月 19 日),档案号:J075,全宗号:01,卷号:0180,吉林省档案馆馆藏档案。

进入民国以后，由于西方科技的传播，中国人对于城市建设和城市规划有了更为先进的认识。1927 年，时任奉天市长的李德新在呈请扩张市区及北陵公园管理计划的报告中就说："文明国家之各大都市，其街市之整齐、建筑之宏壮，可谓尽美尽善，而其市政计划，每年列有市区改正一项。"又说："现在市郊之外建筑日多，若不亟图改正，早为计划，任人民自由修盖，将来参差错落，将与城内之旧街市同，不易整理。"①李德新还呈请在完善东北大学建筑板块（今辽宁省政府所在地）的同时，开通北陵大街，经惠工工业区与城内连成一气；北陵大街以东，在京奉铁路北陵支线北陵火车站东、南两侧筹建新街路；北陵大街以西建设新的居民区、商业区等。

在这些新市区规划建设的同时，奉天旧城区也加快了近代化城市建设的步伐，先后修造了张作霖的"大帅府"以及其他军政要员的公馆 50 余处，中街两侧的商号纷纷建起二至五层的西式洋房，在大西和小西城门外，西式楼房纷纷涌现。学校、报社、影剧院等近代教育设施、文化设施和电灯、电话等近代城市基础设施相继设立。至 1931 年九一八事变前，沈阳市（1929 年"东北易帜"后，张学良将"奉天市"改为"沈阳市"）总用地面积约 60 平方公里，全市人口接近 57 万人，已经成为近代东北地区最大的中心城市。

随着近代东北地区城市建设的快速发展，国内外商旅接踵而至，近代东北地区的城市贸易也因此繁荣起来。"近闻长春府地面甚觉活泼，因火车临近，百行货物日间运往，故此各行茂盛，兼之官署办理地面亦属妥善耳"②；又如，"缘长春为三省通衢，南满、东清铁路往来交通颇称便利，商务日渐发达"③；再如，长春商埠地"北门外，自开埠以来，商业日渐繁盛。戏园以外，若茶饭庄、说书场、杂技场等星罗棋布。近日，又有各种动物设棚售票，每日前往游览者

---

① 张志强：《沈阳城市史》，东北财经大学出版社 1993 年版，第 199 页。

② 《长春商务起色》，《盛京时报》光绪三十二年九月初一日（1906 年 10 月 18 日），第 5 版。

③ 《长春府议事会关于城商按照资本纳捐以裕饷源的呈文及吉林行省批文》，《吉林省政府》民国元年六月三十日——民国元年十一月二十六日（1912 年 6 月 30 日—1912 年 11 月 26 日），档案号：J101，全宗号：01，卷号：0341，吉林省档案馆馆藏档案。

大有举袂成云、挥汗如雨之概。较之前二年,不啻有天渊之别矣”。①

然而,由于近代中国政府近代化改革的不彻底性和帝国主义列强的粗暴干涉,使得东北地区的近代化城市建设多流于形式,而不能彻底改变其半封建半殖民地城市的根本性质。不过,近代东北地区各个城市的近代化转型却是由此开始的,虽然其转型的过程充满艰辛、曲折,甚至是屈辱,但这种近代化转型终究为近代东北地区各个城市的发展进步注入了新的力量。

近代东北地区城市建设的新发展还反映在城市基础设施的建设上,尤其是城市街路的近代化建设与改造,极大方便了市民出行,对近代东北地区城市生活的发展变化影响极大。

对于城市基础设施的建设与改造古已有之,但大都只是平整街道,整修宫墙之类,无论是在建设理念还是修筑工程上都相对粗浅。如在光绪三十二年九月初九日(1906 年 10 月 26 日)的《盛京时报》上就刊载了一则关于奉天省城平整街道的专题报道,“今闻,小西边门外马路工程刻间大为修葺,约有二三百工人之数由火车站迤东道路两边水沟,其中有次陷之处已竟垫平矣”。②在同年九月十一日(1906 年 10 月 28 日)的《盛京时报》上同样刊载了类似的一则专题报道,“昨闻,大西关街南名仓左边大水泡不久将水泡掩盖平坦,并得后面筑造房室,屋北沿一带馆子各家驱逐速急搬于他处,云”。③ 这两则专题报道均是对清末奉天省城城市基础设施建设的直接记录,从中可以看出当时对于城市基础设施建设的大体状况。

东北地区具有近代性质的城市基础设施建设与改造起始于民国时期,特别是在市政公所成立之后对城市街路的近代化建设与改造尤为显著。1916 年 10 月,奉天省议会通过《举办市政案》开始兴办市政。1923 年 5 月组设市政公所,同年 8 月正式成立,负责奉天省城市内的市政建设,近代东北地区具

① 《商埠繁盛》,《盛京时报》宣统三年六月初四日(1911 年 6 月 29 日),第 5 版。

② 《兴修马路》,《盛京时报》光绪三十二年九月初九日(1906 年 10 月 26 日),第 3 版。

③ 《垫平坎陷》,《盛京时报》光绪三十二年九月十一日(1906 年 10 月 28 日),第 3 版。

有近代性质的城市基础设施建设由此开始。

以奉天省城市政公所对奉天城区街路的建设与改造为例，1924 年，新修由大东边门外至东塔的马路，取名"长安街"，以便沟通奉天省城东部和西部之间的交通。全路"计长二千一百余米达，面积约三万三千六百余平方米达"。① 1925 年，改造市内各段马路，"计长二千七百七十余米达，面积占四万二千三百六十余平方米达"②，且马路两辅道均铺设水泥道砖，种植榆树、槐树等各种行道树，同时铺设上下水管道，上水水源由自来水厂供给，下水管道分为净水管道和污水管道二种，均接入浑河排泄。1927 年，修筑黑龙江街、奉天街及吉林路。三条马路"计长一千六百九十余米达，面积占二万七千七百一十余平方米达"。③ 1928 年，新修锦州路，"计长一百六十余米达，面积占二千五百六十余平方米达"④，同时铺设上下水管道、雨水井、救火栓等，并在马路口树立水泥杆，杆上用白板黑字标明道路名称，以便识别。

此外，还兴修了一条环城电车路，并对电车路的宽度及其附设的人行道宽度均做出了详细的规划。如："查日本站马路宽十二丈尚若狭窄，而省垣人烟稠密则七丈马路复通以电车当更拥挤不堪。兹，拟按照前定十五丈限度展宽四丈，共为十九丈，而此十九丈内细别之距墙根留二丈为防城垣坍塌之地，再外七丈为建筑地基，再外一丈为人行路，再外八丈为石子马路，再外一丈为人行路，计共为十九丈。"⑤

奉天省内的其他城市如安东、营口等也分别成立各自的市政公所以负责

① 王树楠、吴廷燮、金毓黻等纂：《奉天通志》卷一四四，《民治三·市政》，东北文史丛书编辑委员会点校，1983 年版，第 3304 页。

② 王树楠、吴廷燮、金毓黻等纂：《奉天通志》卷一四四，《民治三·市政》，东北文史丛书编辑委员会点校，1983 年版，第 3304 页。

③ 王树楠、吴廷燮、金毓黻等纂：《奉天通志》卷一四四，《民治三·市政》，东北文史丛书编辑委员会点校，1983 年版，第 3304 页。

④ 王树楠、吴廷燮、金毓黻等纂：《奉天通志》卷一四四，《民治三·市政》，东北文史丛书编辑委员会点校，1983 年版，第 3304 页。

⑤ 《呈拟定围城市街限度由》，《奉天省公署》民国十六年四月三十日（1927 年 4 月 30 日），全宗号：JC010，目录号：01，卷号：019406，辽宁省档案馆馆藏档案。

组织各自城市的基础设施建设。如:1922 年,安东市“前东边道尹王顺存呈请省署创设市政会,设市政事务所……至(民国)十一年三月正式成立,即附设于警察厅内办公”。① 营口市也在 1923 年 11 月,组织设立了市政公所,主管全市一切市政事务。

在城市基础设施的建设与改造方面,吉林省与奉天省的情况大体相同。1927 年,长春市成立市政公所。“事由公办,权辖全城,其所办事务,若公众卫生、救济事务、市区马路、土木建筑等项,积极进行,逐项发展,大有蒸蒸之势,不啻一日千里。”②据近代东北著名女作家梅娘回忆称:“我家住在名为西三道街的大道旁。这条大街东起大马路,西连通往郊区的木桥,宽阔笔直,是当时仅次于柏油路的路面,那正是张学良将军力图振兴东北之时修建的。街上可以说是百业兴旺:有典当铺、绸布庄、米粮店、五金杂品店等等。”③由这段回忆不难看出,民国时期的长春由于修建街路所带来的商业是何等的繁华。

在对城市基础设施的建设与改造期间也会为城市居民的日常生活带来不便,这种不便并不是所有人都能够理解,也会引起人们的反感甚至抱怨。如光绪三十二年九月十日(1906 年 10 月 27 日)的《盛京时报》就曾以《农民不便》为题对兴修马路引起的不便进行过专题报道,“现今各街兴修马路,俱用石块,堆积其中,行路之人多有妨碍。刻下,农人来往,甚有怨愤之意,云云”。④在第二天的《盛京时报》上又以《商民艰于运货》为题再次对此进行跟踪报道,“今闻,省城各商民俱虑冬令无法采买煤炭、柴薪等物,因各街马路正在兴修之际,商民所买各物非以大车装运不可,刻间道路难行,至彼时恐更难于运往,

---

① 王树楠、吴廷燮、金毓黻等纂:《奉天通志》卷一四四,《民治三 · 市政》,东北文史丛书编辑委员会点校,1983 年版,第 3302 页。

② 张书翰等修、金毓黻等纂:《长春县志》卷四,《政事志 · 自治》,民国三十年(伪满康德八年、1941 年)铅印本,第 13 页。

③ 梅娘:《长春忆旧》,载张泉选编:《梅娘:怀人与纪事》,中央广播电视大学出版社 2014 年版,第 15 页。

④ 《农民不便》,《盛京时报》光绪三十二年九月十日(1906 年 10 月 27 日),第 3 版。

是以闾里颇多慨叹耳”。①

此外，由于物力所限，近代东北地区的城市基础设施建设与改造主要集中在市内的商埠区和主要街路，市内其他偏僻的街路和小街小巷尚无力顾及。如时人卢作孚就曾在游记中有如下记述：（1930年6月30日沈阳）“午餐后出城到建设厅，经过几条偏僻街市，然后知道沈阳市政之不修。比较看得的只有商埠几条马路和城内几条大街。有无数的市民固仍在地狱之中。道路积满灰尘，任风飞扬，秽水秽物，点缀左右，任他奇臭。人则局促于破烂的房屋里，衣服面目亦同周围环境一样不肯讲究。中国人真有守旧的精神，连野心者紧迫着在旁的影响，都不容易接受。”②这段回忆记录的是近代东北地区城市基础设施建设与改造的另一面，也是当时普通城市居民日常生活状况的真实写照。对此，我们应当客观看待，毋庸讳言。

总体而言，对近代东北地区城市基础设施的建设与改造是具有近代化性质的市政建设，近代东北地区各个城市由此开始向近代城市迈进，近代化的城市基础设施为城市居民的日常生活带来了便利。柏油马路、电车、人行道、行道树、上下水管道、雨水井、救火栓、指示路牌等新兴事物出现在城市的各条大街，并逐步融入人们的日常生活中，近代东北地区的城市社会生活由此发生了根本性变化。

第三节 近代化的城市管理标志着城市生活开始步入法制时代

如果说城市经济的初步腾飞和城市建设的快速发展是近代东北地区城市近代化的经济基础的话，那么城市管理的近代化就是近代东北地区城市近代

① 《商民艰于运货》，《盛京时报》光绪三十二年九月十一日（1906年10月28日），第3版。

② 卢作孚：《东北游记》，载卢作孚等：《乡愁东岸：东北江浙海南岛旅行记》，辽宁教育出版社2013年版，第23页。

化的上层建筑,而新式的市政组织——市政公所的成立和近代化市政法令的颁布则标志着东北地区的各个城市正式步入近代城市的行列。

1916 年 10 月,“奉天省议会准省长交议,举办市政案,以市政为改良市街公共之组织,而尤以发达官方各营业为宗旨……暂定名为市政筹办处,其范围如整顿市道、公建、市场、上下水道、取缔建筑、市房、电灯、自来水、电话、电车、工场、市街树木、公园、市立学校、慈善事业、卫生设备,由当地士绅工商会组织市政会议”。① 市政筹办处即为市政公所的雏形,其职责范围基本上与市政公所的职责范围相同。1923 年 5 月,奉天“省城组设市政公所筹备处,筹备一切,假电灯厂内开办。(中华民国十三年,1924 年)八月,奉令改为市政公所,正式成立,直隶于省政府,为办理省城市政之机关”。② 下设总务、财政、工程、卫生、教育、事业六课分管市政范围内的各项事务。其中工程课统管市区规划、道路、桥梁、沟渠、水道、自来水、土木工程、园林绿化等公共设施的建设和养护,以及旧建筑的保护等,可以说,奉天市政公所工程课的职权范围实际上相当于当时的城建局、建设局、园林局及部分文化局的职能总和;事业课则统管全市的电力、电车、自来水、煤气等公用事业。此外,奉天市政公所还附属有:电车厂、中日电车联络运输事务所、屠宰场四个、北陵公园管理处、市立小学七个、同善堂、卫生队、汽车厂等若干机构。

与此同时,在东北地区的其他城市也纷纷组织设立了各自的市政公所。如:1922 年,丹东市“前东边道尹王顺存呈请省署创设市政会,设市政事务所……至(民国)十一年三月正式成立,即附设于警察厅内办公”。③ 营口市也在 1923 年 11 月,组织设立了市政公所,主管全市一切市政事务。

---

① 王树楠、吴廷燮、金毓黻等纂:《奉天通志》卷一四四,《民治三 · 市政》,东北文史丛书编辑委员会点校,1983 年版,第 3300 页。

② 王树楠、吴廷燮、金毓黻等纂:《奉天通志》卷一四四,《民治三 · 市政》,东北文史丛书编辑委员会点校,1983 年版,第 3300 页。

③ 王树楠、吴廷燮、金毓黻等纂:《奉天通志》卷一四四,《民治三 · 市政》,东北文史丛书编辑委员会点校,1983 年版,第 3302 页。

因各个城市的具体情况不同,近代东北地区各个城市市政公所的成立原因也不尽相同,但归纳其主要原因有如下几个方面:

首先,成立市政公所是近代东北地区城市和城市经济快速发展的客观要求。面对快速发展的城市和城市经济,旧有的城市管理体系无法跟上城市发展的节奏,这就要求必须有新的城市管理组织和城市管理体系来建设城市和管理城市,近代东北地区各个城市的市政公所应势而生。电力、自来水、煤气、公共卫生等诸多近代新兴事物为城市居民生活带来的便利,日渐深入人心,老城区的居民纷纷要求改造旧城区、建设新城区、大力发展新的城市基础设施建设,这就使得除旧布新成为时代发展的必然趋势,也正是这种趋势成为近代东北地区各个城市建立市政公所的内在动力。

其次,成立市政公所受到了近代东北地区某些殖民城市和铁路附属地的外在刺激。大连和哈尔滨是近代东北地区最具殖民色彩的城市,其中大连更是日本的租借地"关东州"。日本在大连建立起一整套的近代化城市管理体系,以方便在大连日本人的日常生活,并吸引居住在本土的日本人移居大连,来扩大日本在大连的殖民势力。沙俄在哈尔滨建立起的近代化城市管理体系也是如此,其根本目的也是为了加强沙俄在哈尔滨的殖民势力。除了大连和哈尔滨这两个城市外,分布在近代东北地区铁路沿线的铁路附属地也按照近代标准建立了近代化的城市管理体系,这些铁路附属地因其大都与中国东北地区传统的城市相距较近,对这些中国东北城市的影响也相对更大。虽然日俄殖民者用心险恶,但是在间接上却刺激了近代东北地方政府,进一步坚定了改革旧式市政组织的决心,成为近代东北地区各个城市建立市政公所的外在刺激。

最后,成立市政公所受到了近代中国其他地区城市的间接影响。在近代东北地区各个城市建立市政公所之前,在上海、广州等南方城市已经率先建立起新式的市政公所——市行政委员会,并逐步开展了近代化的城市建设运动。这些城市的开发和建设的速度明显加快,效率也大幅提高。这些中国南方城市在城市建设和城市管理上的成功不仅给中国东北地区的城市建设和城市管理做出了表率,还成为近代东北地区各个城市建立市政公所的楷模。

社会制度作为城市生活的主要客体之一,它时刻约束着城市居民的日常行为,也在潜移默化地影响着城市生活的兴衰变化,而且社会制度的发展变化最能够从制度层面揭示城市社会生活的兴衰变革,因此,对城市社会生活的研究离不开对社会制度的研究,而对社会制度的研究也可以更好更全面地理解城市社会生活兴衰变化的制度原因。

由于受到民主革命、社会改良和西方资本主义社会制度等诸多因素的影响,在近代东北地区的各级城市中所施行的社会制度与传统东北社会中的社会制度有很大区别,其中有些社会制度是在传统的社会制度上改良而来,有些社会制度是将西方资本主义社会制度照搬而来,还有些则完全是自己凭空发明创造而来。诚如《奉天通志》中所载:"今昔异制未可同也。"①面对如此巨大的变化,拟从民政、司法、教育、公共卫生四个主要方面,并选择市民自治制度、灾荒救助和社会保障制度、城市基础设施建设、司法制度、警甲制度、教育制度、医疗卫生制度和环境卫生制度等几个角度进行分类论述,以资对近代东北地区城市生活的兴衰变革形成较为全面的理解。

在城市管理制度的新变化方面,自治制度是城市社会生活兴衰变化的一个代表。近代东北地区的自治制度是近代东北地区城市生活中的新兴事物,属于清末新政的一部分。近代东北地区的自治制度主要包括自治制度和议会制度两个方面。其中,自治制度是实行议会制度的基础和保障,而议会制度则是施行自治制度的主要路径和外在表现形式,二者属于一个问题的两个方面,密不可分,甚至可以说是相辅相成,互为基础。

近代东北地区的自治制度始于光绪三十二年(1906)。为了在奉天省推

① 王树楠、吴廷燮、金毓黻等纂:《奉天通志》卷一四二,《民治志》,东北文史丛书编辑委员会点校,1983年版,第3256页。

行清末新政的改革措施，光绪三十二年（1906）时任奉天将军赵尔巽率先“奏设全省地方自治局，提倡自治”①，并在各县、镇、乡等地方设立地方自治研究所、地方自治研究会、地方自治事务所、地方自治筹备会、城乡自治会和府厅州县自治会等组织，逐步推进建立奉天省内的地方自治制度。光绪三十四年（1908），奉天府自治局改称为“奉天省城自治研究所”，附设于奉天省谘议局。宣统元年八月（1909 年 9 月），改奉天省谘议局筹办处为奉天省地方自治筹办处，负责组织推进奉天省范围内一切有关市民自治的具体工作。自此，“奉天自全省自治筹办处开办，限年筹备，分作六期，每期六个月，循序施行，规划井然，以求合于逐年筹备宪政”。② 自治制度在奉天省内的各个府、县、镇、乡逐步推广开来，成绩斐然。

除了奉天省之外，吉林省也于宣统元年（1909）开始逐步推广自治制度。如：“长春筹办自治开始于前清宣统元年二月至二年二月。始完全成立有县城镇乡之分，惟县乡两自治均于宣统二年筹备，至三年始行成立，除县城以外共分六镇十四乡。”③由此可见，近代东北地区的自治制度大致在光宣年间即清末新政时期逐步推广施行。中华民国成立后，民主共和政体正式建立。自治制度作为民主政治的基础基本被完整保存下来，只是在原有制度的基础上略作调整而已，直至 1922 年时任奉天代理省长的王永江将自治制度改革为区村制度。

区村制度，又称“区村制”，是 1922 年第一次直奉战争后在奉天省内推行的一种基层自治制度。1922 年第一次直奉战争奉系战败后，张作霖宣布东三省闭关自治。此时奉天省内自治制度的各种弊端已经暴露出来，各个镇村各

---

① 王树楠、吴廷燮、金毓黻等纂：《奉天通志》卷一四二，《民治一 · 自治》，东北文史丛书编辑委员会点校，1983 年版，第 3261 页。

② 王树楠、吴廷燮、金毓黻等纂：《奉天通志》卷一四二，《民治一 · 自治》，东北文史丛书编辑委员会点校，1983 年版，第 3261 页。

③ 张书翰等修、金毓黻等纂：《长春县志》卷四，《政事志 · 自治》，民国三十年（伪满康德八年，1941 年）铅印本，第 10 页。

自为政，一盘散沙，省、县政府对基层的控制力下降。为了加强对镇村等基层的控制，时任奉天代理省长的王永江在全省范围内推行区村制度改革。其具体措施主要有：在奉天省内以县为基本单位，在各个县内划分区村，“区村之划分，各县情形不同，多则十区、八区。村以满二百户者为主村，不足以小村附之”。[①] 每个区设区长一名，助理员一名，每个村设村长一名，副村长一名。区长由县长（时称“县知事”）提名，省长面试合格后，方可就任。区长的主要职责是协助县长处理地方政事，调解群众之间的争端。所需经费由清赋税契中提留使用，不足的部分由行政拨款补充。

区村制度的实行有助于在直奉战后迅速医治战争所带来的创伤，有助于当地政府对基层管控力度的加强，也有助于基层社会秩序的迅速恢复。就当时奉天省内的经济状况和社会状况来看不失为一种有益的改革。然而，随着时间的推移，区村制度在具体施行上日趋变质，以致弊端丛生，怨声载道。如在 1925 年 8 月 8 日本溪县长给张作霖的禀陈中就对区村制存在的问题有如下记载：“区长则自居佐治之官，徒知炫耀，乡里不知奉行规条，甚至以练勇自卫饰其图，簿庇其僚属诈虞乡民，虽有一二自爱者，亦不过仅守其位而已。村长则均受各村粮户指挥，不能行使职权，谨愿者如同傀儡，狡狯者弊窦丛生。知事体钧座求治之旨，痛治法之不行，于是择区长之尤不善者悉予禀撤……查村长为区村制之基础，村长不良基础不立，并责令各区考核各村村长，敏干而能负责任者仍予留用，其庸懦狡狯者一律更换，从此根本改张区政，前途庶有曙光矣。”[②]在这段记录中，本溪县长一针见血地指出区村制度中存在的各种问题，如区长徒知炫耀，不奉行法律规条，欺诈乡民，村长受粮户指挥，如同傀儡，弊端丛生等，并建议重新考核铨选区村长，剔除庸懦狡狯者，对区村制度进

① 王树楠、吴廷燮、金毓黻等纂：《奉天通志》卷一四二，《民治一・自治》，东北文史丛书编辑委员会点校，1983 年版，第 3264 页。

② 《禀陈办理庶政各情形由》，《奉天省长公署》民国十四年八月八日（1925 年 8 月 8 日），全宗号：JC010，目录号：01，卷号：015182，辽宁省档案馆馆藏档案。

行彻底改革。区村制度不适宜当时的社会情况的问题暴露无遗，终于在1928年12月，奉天省内的各县的区村长一律裁撤，实行6年的区村制度正式结束。①

与市民自治制度一样，近代东北地区的议会制度同属于清末新政改革的一部分，但是议会制度的建立时间略晚于市民自治制度。光绪三十三年九月十三日(1907年10月19日)，光绪皇帝谕旨在北京设立资政院，作为议会的基础，并要求各省均以资政院为榜样，在省会城市设立谘议局，作为各省的议会，推进地方自治。光绪三十四年(1908)，奉天省设立谘议局，民政司司长张元奇为奉天省谘议局首任局长。宣统三年(1911)，吉林省谘议局成立，设议长1名，副议长1名，议员数额各省不等，大体在50名左右，下属各府、厅、州、县设议事会和参事会，议事会设议长1名，副议长1名，议员20名；董事会设总董1名，董事5名，亦由议事会议员选举产生。各乡村只有议事会，设乡董一名，负责具体会务工作，三年一个任期，均依法选举产生。近代东北地区的议会制度由此开始。中华民国成立后，各省的谘议局改称省议会，其议员分别由初选和复选二级选举产生。初选时，先按区域核定选民资格，分别登记在册，后由符合选民资格的选民依法投票选出当选人；复选时，由初选当选人再以同样的方式投票选出复选当选人，其余各形制与清末时期大体相同。直至1929年初东北易帜后，东北三省的各级议会才奉令取消。其间虽也有解散与复会的波折，但大体上贯穿整个民国时期。诚如《奉天通志》所载："溯自清季，议会乃始萌芽，谘议局成立三年，国体变更，改组临时省议会。逾年，正式省议会成立未久旋被解散。后经恢复，继续历开会议。迄第五届第五次临时会后，无复议会之存在云。"②

① 王树楠、吴廷燮、金毓黻等纂：《奉天通志》卷一四二，《民治一·自治》，东北文史丛书编辑委员会点校，1983年版，第3264页。

② 王树楠、吴廷燮、金毓黻等纂：《奉天通志》卷一四二，《民治一·议会》，东北文史丛书编辑委员会点校，1983年版，第3261页。

在选民资格的核定方面,东北地区各个省的各个地方都对选民资格进行了严格的核定,并登记造册。以吉林省为例,吉林对全省范围内的选民资格进行了严格规定,如在吉林自治筹办处刊发的《居民及选民资格说明书》中就有如下记载:“第十五条,凡于城镇乡内现有住所或寓所者,不论本籍、京旗驻防或流寓均为城镇乡居民。第十六条,城镇乡居民具备左列资格者为城镇乡选民。一、本国国籍者;二、男子满二十五岁者;三、居本城镇乡接续至三年以上者;四、年纳正税或本地方公益捐二元以上者。第十七条,有左列情事之一者,虽具备前条第一项各款及合前条第三项所定资格,不得为选民。一、品行悖谬营私武断确有实据者;二、曾处监禁以上之刑者;三、营业不正者;四、失财产上之信用被人控实尚未清结者;五、吃食鸦片者;六、有心疾者;七、不识文字者。”①从这些记录可以看出,吉林省在国籍、性别、年龄、居住时间、纳税和选民的个人情况(包括是否有过犯罪记录,所从事的职业是否正当,个人信用如何,是否吸毒,身体是否健康,是否识字)等方面对选民均有严格要求,从而确保选民能够切实行使选举权和被选举权。

总体说来,近代东北地区的市民自治制度和议会制度自清末创建以来至1929年东北易帜后奉令撤销止,二者作为市民自治制度的两个方面,也作为民主政治的主要表现形式,取得了一定的成效。首先,议会制度与自治制度互为表里,成为各级民众发表言论,行使民主权利,践行民主政治的基础,是近代以来新兴的政治制度,对近代东北地区的城市生活影响很大。其次,议会制度和市民自治制度的政治意义更为重大,它们标志着近代东北地区的民政制度开始向近代化转变,自由民主的思想开始在制度层面显现。

在城市管理制度的新变化方面,灾荒救助和社会保障制度也是城市社会生活兴衰变化的一个代表。灾荒救助和社会保障制度作为重要的民政制度之一,自古以来为历朝历代统治者所重视。东北地区的灾荒救助和社会保障制

---

① 《吉林全省吉林自治筹办处刊发居民及选民资格说明书》,《吉林将军衙门》宣统元年(1909),档案号:J001,全宗号:35,卷号:0225,吉林省档案馆馆藏档案。

度也是如此。在灾荒救助方面，清廷在东北地区主要实行政府赈济、蠲缓租税、移民救灾、民间义赈等各种灾荒救助手段相结合的赈济措施。在社会保障方面，清政府在东北地区主要依靠民间力量为城市居民提供保障，如设立社仓、义仓、常平仓、义庄、育婴堂、义济院等。在《铁岭县志》中就有对铁岭积谷备荒的情况有所记录，如："国以民为本，民以食为天。劝农积谷，即所谓知天之天也……相地建仓廒一区，库则设于县衙，每遇大有年，可令丁出米一斗，渐而积之，贮仓以备凶札。古人社仓、常平仓之法皆可。"①此外，在《铁岭县志》中还对铁岭设立义济院的必要性有所记录，如："各处俱设，俱有额，设钱粮，亦率故事行之……鳏寡孤独为天下之穷民，发政施仁，必先斯四者，岂独文王宜然哉！志之以及时修举，或非急其所缓也。"②综上可见，清政府在灾荒救助和社会保障制度上可以说是比较完备，且积极作为的。

步入近代，由于国力的日渐衰微，清廷在灾荒救助和社会保障方面的力量日渐下降，传统上以政府为主要执行力量的局面逐渐向以政府为主导、以民间为主要执行力量的局面转变。进入民国时期后，这种转变的表现更加明显，而且其中大部分的民间力量都带有宗教色彩。这些民间组织大都以宗教的普世和博爱为宗旨，进行慈善性质的救助和保障活动，主要涉及慈善救济、赈灾、养老、收容孤儿等方面，少数几个民间慈善组织兼营近代化的经济性慈善救济事业。下面将主要活跃在近代东北地区的民间慈善救助团体择要介绍如下：

1. 同善堂。光绪二十二年(1896)，由左宝贵将军于奉天创设，主要目的是救济弃婴和孤儿。同善堂的创立标志着近代东北地区民间灾荒救助和社会保障事业正式兴起。它先后筹设有贫民收容所、病丐疗养所、施医院、施粥厂、孤儿院、女子实业学校等下属慈善救助机构。后来接受了政府注资，成为拥有

① (清)贾弘文修、董国祥纂:《铁岭县志》卷上,《仓库》,载金毓黻主编:《辽海丛书》第2册,辽沈书社1984年影印版,第771页。

② (清)贾弘文修、董国祥纂:《铁岭县志》卷上,《义济院》,载金毓黻主编:《辽海丛书》第2册,辽沈书社1984年影印版,第771页。

一定的官方背景的慈善组织。

2. 世界红卍字会。1922年成立,附属于山东省的某一宗教团体,以世界和平、救济灾难为宗旨,在北京设立总会,在奉天设立分会。1943年时,在各地拥有分会113个,拥有一般性慈善救助机构68个、儿童救助机构28个、慈善医疗机构54个、慈善性经济机构4个,共计263个。

3. 博济慈善会。光绪二十六年(1900)于热河创立。1917年获北京政府正式承认,并改称为慈善联合总会。1933年得到伪满洲国承认,改名博济慈善总会。总会设于长春,在各地拥有分会约110个,拥有一般性慈善救助机构131个、儿童救助机构57个、免费医疗机构21个、平民学校14所,共计223个。

4. 道德总会。1919年于济南创设。以博爱为宗旨,兼杂以儒、佛、道、回,甚及基督教的教义。1933年得到伪满洲国承认。总会设于长春,在各地拥有分会574个,拥有讲演社427个、民众讲习所187个、道德学院等道德教育机构及女子职业传习所26个、幼儿园20个、养老院38个,共计698个。

5. 全国理善劝戒烟酒会。由理教创办。伪满洲国成立后,将其长春分会升格为总会,在各地拥有分会约300个,拥有一般性慈善救助机构312个、儿童救助机构2个。

此外,五台山向善普化佛教会也以佛教教义为宗旨,在东北地区设立贫民子弟教育机构、免费医疗机构、义葬机构及贫民救助机构等慈善机构。①

而政府在灾荒救助和社会保障方面则主要是颁布一系列法律法规,完善灾荒救助和社会保障制度,对民间慈善组织进行管理和引导。如1929年8月8日,安东市政筹备处就颁布了《管理育婴室章程》对孤儿、贫儿、弃儿及私生子的收养办法、收养流程、收养人的资格均做出了严格规定,如:"第七条,收养人欲领孤儿为养子者得酌量捐助养育费,并须具备左列条件:一、须系中华

① [日]满史会编,东北沦陷四十年史辽宁编写组译:《满洲开发四十年史》下卷,辽出临图字〔1987〕第192号1988年内部资料出版,第510页。

民国国民；二、须家道充裕；三、须人品端方。”①这就为被收养儿童日后能否健康成长在法律法规上做出了一定程度上的约束。

另外，在防范水灾与消防安全上，民国时期奉天省沈阳县县长王家瑞提出：“惟水灾为患，关系民生；消防之法，刻不容缓。兹为认真筹设起见，拟再责成各县一律于三个月内各就管境地势体察情形，分别妥拟消防办法，专案呈核。”②此件档案材料虽然形成的时间不明，但从中仍然可以看出，至少在民国时期奉天省内的各个县已经高度重视防范水灾和消防安全，并开始着手制定相应的规章办法，以备具体施行。

以上所述均是近代东北地区在灾荒救助和社会保障领域上对传统措施的新发展。除此之外，还有一点是传统灾荒救助和社会保障领域所没有，在近代由西方引入东北地区的，那就是近代的保险事业。

对于保险事业而言，近代以前，生活东北地区的中国人几乎无人知晓保险为何物，更别说参与保险来弥补自己的人身和财产损失。近代以来，东北地区的中国人受到西方文明的影响，或多或少的对保险事业有所了解，中国人自己开办的保险公司才慢慢出现。以 1923 年东北地区保险业的发展情况为例，如下表所示：1923 年东北地区的保险公司只有 8 家，数量很少，每个公司的规模也很小，受理的保险件数很少，总共只有 682 件，合同金额也很小。由此可以看出，近代东北地区的保险事业尚处于起步阶段，加之保险行业相应的法律法规尚未制定，了解保险的中国人并不多，其中能够参与保险，并签订保险合同的中国人更是少之又少。不过保险对于近代东北地区的中国人来说毕竟属于新兴事物，它的出现对于近代东北地区的城市生活来说也可以称得上是一种进步。

---

① 《安东市政筹备处各项章程则》，《奉天省公署》民国十八年八月八日（1929 年 8 月 8 日），全宗号：JC010，目录号：01，卷号：032255，辽宁省档案馆馆藏档案。

② 《辽宁省县以上官员提议一册》，《奉天省公署》无时间标注，全宗号：JC010，目录号：01，卷号：032260，辽宁省档案馆馆藏档案。

表 3-13　1923 年东北地区保险业情况表①

名　称	种　类	件数	合同情况 金额(千日元)	遇灾件数
沈阳华洋人寿保险公司	人寿险	55	5	3
奉天金星人寿保险公司	人寿险	27	6	4
营口华安水火保险有限公司	水火险	80	2005	——
营口金星东三省分公司	水火险	158	1479	——
营口福安保险公司	人寿水火险	80	1479	——
安东大有昌公司	水险	37	200	——
安东合记公司	水险	245	240	——
滨江福安保险分公司	人寿水火险	——	——	——

司法制度是城市社会生活能否正常运行的法律保障,其对于城市社会生活兴衰变化的重要性和影响力不言自明,其中展现出的近代性变化亦是城市社会生活在制度层面上的革新与进步。

近代东北地区的司法制度是在承袭清代司法制度的基础之上,参考西方司法制度后,经过改革发展变化而来的。与清代的司法制度相比,近代东北地区的司法制度具有更加明显的近代特性,无论是在保障人权,还是在司法独立和检审制度上都展现了时代的进步性。

按照清代旧制规定,司法权与行政权是相互混合的,其权力的最终归属在于所属的各级行政长官,如皇帝、督抚、府尹、县令等,其目的是为了更好地治理社会,以便维护统治。这种混合于行政的司法制度在实际操作中常常会引起诸多不便,如:皇室宗亲犯法要交由内务府审理,一般的民事和刑事案件由县衙审理,重大刑事案件如杀人案又要由刑部复核,而土匪、强盗这类反叛国

① ［日］满史会编,东北沦陷四十年史辽宁编写组译:《满洲开发四十年史》下卷,辽出临图字〔1987〕第 192 号 1988 年内部资料出版,第 284 页。

家的罪犯则要划归总督处置。这就导致各个官署之间的司法权力相互重叠，司法制度异常混乱，往往发生一个案件不知该划归哪个衙门审理，各个衙门的主官之间也常常因此产生龃龉。至清末新政时期，清政府宣布变法改革，将司法权与行政权剥离，司法制度自此实现独立。

中华民国成立后，民国政府参考欧美等西方国家的司法制度改革清代旧制，近代化的司法制度才正式在东北地区建立起来。以近代沈阳的司法制度为例，近代沈阳地区的审判权与检察权均是各自独立的，分别由沈阳地方法院和沈阳地方检察厅负责管理和行使。

沈阳地方法院成立于光绪三十三年十二月一日(1908 年 1 月 4 日)，初名奉天地方审判厅，位于沈阳市德胜门内，与奉天高等审判厅、奉天省议会毗邻。初设六个初级审判厅，“第一初级厅旧设德胜关，第二初级厅旧设县治城北大桥村，第三初级厅旧设城东四方台村，第四初级厅旧设城南白塔铺村，第五初级厅旧设城西沙岭村，第六初级厅旧设城东塔峪村”①，负责管理承德县和兴仁县境内的司法诉讼。光绪三十四年(1908)秋，兴仁县移设抚西，第六初级审判厅也随之划归抚顺县管理，同时将奉天地方审判厅改称为承德地方审判厅。宣统二年(1910)，因经费问题，将第四、第五两个初级审判厅裁撤，并入第二、第三两初级审判厅。1913 年，又将第二、第三两初级审判厅合并于第一初级审判厅，并将承德地方审判厅改名为沈阳地方法院。1914 年，又将第一初级审判厅裁撤，归并沈阳地方审判厅，内设简易庭负责审理境内初级案件。清末时期，沈阳地方审判厅设推事长一名，负责全厅的审判及各项日常工作。下设刑事一庭、刑事二庭、民事一庭和民事二庭，每庭各设庭长一名，另有帮办行走委员若干名，典簿一名，主簿两名，录事两名，书记若干名，承发吏十名，庭丁十名。1913 年，遵令将推事长改为厅长，帮办行走委员改为独任推事、陪席推事，典簿改为书记官长，主簿和录事改

① 赵恭寅、曾有翼纂:《沈阳县志》卷六,《司法》,民国六年(1917)铅印本,第 2—3 页。

为书记官。1929年1月,经改组后改称沈阳地方法院,厅长改为院长,其余各职均如旧未改。

沈阳地方检察厅的成立时间及大致沿革与沈阳地方审判厅相同,对此不再赘述。沈阳地方检察厅"原设检察长一,总理全厅检察事物,检察官一,外有帮办行走委员无定额,录事一,书记无定额,检验吏一,司法巡警设巡官一,巡弁二,警士四十。民国二年,废委员名目,改为首席检察官一,检察官三,设书记官长一,改录事为书记官,增置三员,司法巡警改为警长一,警卒十八"。①

与沈阳类似,长春地区的司法改革除了开始时间略晚于沈阳外,其他的各个方面均与沈阳大体相同。如:长春地方法院成立于光绪三十四年(1908)初,初称长春地方审判庭。至1929年1月,经改组后改称长春地方法院,庭长改为院长。"其内部组织分民庭、刑庭、民事执行处及民事记录科、刑事记录科、执行记录科、文牍科、会计科、庶务科、统计科,并不动产登记处、管卷处、收发处、发售印纸处、缮状处、收状处、问事处等部分,专理民刑案件。"②长春地方法院设院长一名,民事庭和刑事庭各设庭长一名,另有推事、书记官长、书记官、吏长及承发吏等若干名,分别负责审理民事和刑事案件及各庭的日常工作。

另外,从下面一张表格可以看出,在光绪三十四年五月份(1908年6月)吉林高等审判检察厅的收入中已经出现了对上诉状、辩诉状、判词、传票等项的具体收费数额,这就说明了此时的吉林省已经出现了上诉、辩诉、作保、传票等近代司法形式,同时也成为东北地区司法制度向近代化发展变革的又一例证。

---

① 赵恭寅、曾有翼纂:《沈阳县志》卷六,《司法》,民国六年(1917)铅印本,第3页。

② 张书翰等修、金毓黻等纂:《长春县志》卷四,《政事志·司法》,民国三十年(伪满康德八年,1941年)铅印本,第36页。

表 3-14　吉林高等审判检察厅五月份收入规费统计表①

状　纸			
名词	民事	刑事	合计
上诉状	43 张	30 张	合钱 116 吊
辩诉状	1	2	合钱 4 吊
保状	4	2	合钱 5 吊
交状	2	1	合钱 1 吊 500 文
限状	6	2	合钱 4 吊
甘结状	6		合钱 6 吊
委任状		11	合钱 11 吊
领状		1	合钱 500 文
合计	62	49	合钱 148 吊
食　宿			
案由	里数	银数	合计
倪谢氏人证王俊臣案	100	6 钱	合钱 2 吊 880 文
乔英控李贵霸地案	70	9 钱	合钱 4 吊 320 文
抄录判词			
原告	被告	钱数	
张忠阁	德祥阿	合钱 1 吊 200 文	
传票费，一般为 1 钱银子，合钱 480—484 文之间。			
承发吏出差支出费，赴长春府、土城子、下洼子、五常厅、乌拉街等地，一日 1 吊钱。			
警兵出差支出费，赴长春府、榆树县、火盆沟、朝阳沟、金沙河等地，一日 2 吊钱。			

① 《吉林高等审判检察厅为报光绪三十四年五月份收入规费统计表呈吉林巡抚》，《吉林将军衙门》光绪三十四年六月十二日（1908 年 7 月 10 日），档案号：J001，全宗号：34，卷号：1562，吉林省档案馆馆藏档案。

除了审判与检察之外,监狱与罪犯习艺所也是近代东北地区司法制度革新发展的另一个主要方面。近代东北地区的监狱与罪犯习艺所也是由清代承袭而来,不过与清代相比,近代东北地区的监狱与罪犯习艺所更加尊重人权,更注重对犯人生存技能的培养和思想改造。这种时代的进步性由此可略见一斑。以沈阳监狱为例可以厘清近代东北地区监狱发展沿革的大致概况。

沈阳监狱设立于光绪三十四年十一月(1908 年 12 月),初名奉天模范监狱,位于沈阳市天祐门内,初设“正管狱官一员,文牍、守卫、庶务三课,各设课长一,教务、医务各设所长一,看守长一,看守部长八,看守四十,女看守一”①,负责羁押已经判决和尚未被判决的罪犯。宣统元年(1909),奉天都督行营发审处看守所并入奉天模范监狱管理。1913 年 7 月,沈阳地方审检厅下设的看守所一处,划归奉天模范监狱管理。同年 8 月,将奉天模范监狱改名为沈阳监狱,将原来的三课改为三科,各科设科长一名,教务、医务两所及看守等仍旧制。1913 年 8 月,奉天罪犯习艺所改名为沈阳分监,并划归沈阳监狱管理。1915 年 5 月,又将广业织布工厂划归沈阳监狱管理。1917 年,改称奉天第一监狱,隶属于奉天高等检查厅。内设典狱长一名,科员兼看守长三名,教诲师一名,医士一名,药剂士一名,候补看守长两名,主任看守八名,看守一百零四名,女主任看守一名,女看守二名,雇员八名,差役七名。

除了监狱,罪犯习艺所也是犯人进行劳动改造的地方。与监狱注重思想改造不同,罪犯习艺所更加注重对犯人生存技能的培养,以便这些罪犯在刑满出狱后能够以此技能安身立命。如在宣统元年闰二月初五日(1909 年 3 月 26 日),吉林省延吉厅同知陶彬为请将监禁五年的犯人李祥收入吉林省习艺所的呈文中就有如下记载:“该犯年仅二十六岁,正在青年有为之际。原犯案情虽系火器杀人,究属无心之误。若令长收在押,俟限满释放,仍是游手好闲,毫无艺业。一至穷迫,不流于匪类,即入于棍党,殊觉可惜……念该犯现正自悔,

① 赵恭寅、曾有翼纂:《沈阳县志》卷六,《司法》,民国六年(1917)铅印本,第 4—5 页。

触其固有之善性，自能天良勃发，改过迁善……宪恩饬发工艺厂所，收所习艺。俾该犯习，静其心，练学手技，嗣后作工糊口，或可保其终身，未始非矜恤狱囚之大德也。”①由此记录中可以看出，吉林省罪犯习艺所的主要工作就是培养和锻炼犯人生存技能，以便刑满出狱后能够糊口生存，不至于游手好闲，再度犯罪。

综上可见，时至民国时期，近代东北地区已经正式建立了初具近代化性质的司法制度，诉讼、检察、辩护、审判、监狱、习艺所等近代司法形式均已出现。相对于传统的司法制度，这种近代化的司法制度更加独立，更尊重人权，也能够更好地保障人民的基本权益，可以说是近代东北地区城市社会生活在制度层面上的巨大进步。

近代东北地区的警察制度是在承袭清代巡防营制度的基础之上，参考近代日本的警察制度后，经过改革发展变化而来的。与清代的警察制度相比，近代东北地区的警察制度具有更加明显的近代特性，展现了时代的进步性。

近代东北地区的警察制度始于奉天。光绪二十七年(1901)，光绪皇帝下诏改革旧制，在北京创设警务学堂，聘请日本人为教师，参考日本的警察制度，创立近代中国的警察制度。与此同时，通饬各省将旧有的巡防营改为常备巡警军和续备巡警军，并一律操习新式枪炮。山东、山西、湖广等省先后创设各省的巡警局。光绪二十八年(1902)，奉天省城创设巡警总局，同时，新民府亦创办巡警，近代东北地区的警察制度由此开始。至光绪三十一年(1905)，奉天省内各个城市基本上都建立起自己的警察制度。②

吉林省的警察制度略晚于奉天省。例如：长春的警察制度创设于光绪三十二年(1906)初，初名巡警局。光绪三十四年(1908)，城乡管理合一，并将巡

① 《吉林行省为监禁五年人犯李祥解省收入习艺俾免习染的批》，《吉林将军衙门》宣统元年闰二月初五日(1909年3月26日)，档案号：J001，全宗号：34，卷号：3869，吉林省档案馆馆藏档案。

② 王树楠、吴廷燮、金毓黻等纂：《奉天通志》卷一四三，《民治二·警察》，东北文史丛书编辑委员会点校，1983年版，第3264页。

警局改称为巡警总局,局长改称总办。宣统二年(1910),城乡分行管理,又将总办改为局长。1913年,改巡警局为警察厅,局长改称警务长。1914年11月,改组警察厅,专门负责城区事物,并将长春城区和商埠地划分为五个区,城区之外的乡村地区则由各个县的警察负责。1929年东北易帜后,奉令将警察厅改称为公安局,厅长改称局长。这种变化只是称谓上的改变,其实质并无任何变化。① 奉天省警察制度的具体沿革过程及规制与吉林省大体相同,不再赘述。

近代东北地区的警察制度归结起来大致可分为四个时期。

第一,草创时期。以宣统元年(1909)为界,在此之前,各个省县下属的警官名称不一,所依据的章程、所发的薪饷饷均十分混乱,尚处于各自为政的状态。

第二,改良时期。宣统元年(1909)以后,清政府民政司颁发《警务通则》,警察制度由此整齐划一,并规定按照固定比例抽取警捐,作为维系警察系统日常支出的常经费。警捐的具体数额因地而异,各不相同。对此,档案史籍中均有记载。例如,在1912年6月30日《长春府议事会关于城商按照资本纳捐以裕饷源的呈文》中就有如下记载:长春城巡“所需款项由本城在会铺商按月筹钱11456吊350文,全年计算共筹钱137476吊200文,即由商会代收代交,历年指为定款”。② 又如,在《盖平县乡土志》中也有如下记载:“常年每日地规定抽收洋六毛作为警捐。”③

第三,进步时期。民国四年(1915)以后,由于各省警官学校的毕业生日渐增多,并陆续进入警察系统服役。与原有的警察相比,这些警官学校的毕业

① 张书翰等修、金毓黻等纂:《长春县志》卷四,《政事志·警团》,民国三十年(伪满康德八年、1941年)铅印本,第41页。

② 《长春府议事会关于城商按照资本纳捐以裕饷源的呈文》,《吉林省政府》民国元年六月三十日(1912年6月30日),档案号:J101,全宗号:01,卷号:0341,吉林省档案馆馆藏档案。

③ 崔正峰修、郭春藻辑:《盖平县乡土志》未分卷,《警务》,民国九年(1920)石印本,第54页。

生更具有近代知识，属于近代化的新型警察。与此同时，各省纷纷裁旧布新，改订章程，警察的素质有了很大提高。警察制度亦有很大发展。

第四，统一时期。至民国十五年（1926），近代东北地区的警察制度基本建设完备。警务普及镇乡，各级警察基本均能按照警察章程行使治安警察权力，维持公共秩序。在这个时期，警察专线电话的建设也被提上了日程。例如，在 1927 年 11 月新民县知事王煜斌的呈文中就有如下记载："我警察联防向无专线电话，一由电话局接线，每感传话不灵之弊，且中途须连接各机关皆得闻知，往往事未举办，消息多被泄露。如能普设专线，于剿匪前途裨益良多，云云……务于阴历年前一律竣事具报"。①

与清代相比，近代东北地方政府对警察的职能有着更为清楚的认识，警察的职责范围也更为广泛。例如，在《奉天通志》中对近代警察的功用就有明确的记载："警察为保护地方公安，维持公共秩序，助长内务行政，最关重要。如清查户籍，划区站岗，施行禁令条例，查察有无干违为人手通务。次则由道路而田野，一切保护、防维尤属警政之始基。洎乎营业之探访，检查卫生，救灾之讲求援应，已臻警政之进步。至于监临社会演说，限制报纸新闻，戒备啸聚暴动，处置喧哗斗殴，禁捕伪造钱币，私制军火，并防日用燃质各物，皆关于公私之保安。以上如有违警，则归于司法处分。若夫兼明国际公法，交涉保护，并维治外法权，迄是方为警政之极点。东西洋各国罔不注重警政"。② 又如，在光绪三十二年九月初九日（1907 年 10 月 15 日）的《盛京时报》上就有题为《出入渐可畅行》的专题报道，对当时奉天省城在夜晚关闭城门，并由警察值守巡查所造成不便的情况进行报道。"省城各门于夜十一点钟关闭，颇有妨于交通往来。后由巡警局颁布门票，以补其弊端。然尚不免有不便之处。故

① 《新民县为设立电话由》，《奉天省公署》民国十二年三月五日（1923 年 3 月 5 日），全宗号：JC010，目录号：01，卷号：004004，辽宁省档案馆馆藏档案。

② 王树楠、吴廷燮、金毓黻等纂：《奉天通志》卷一四三，《民治二·警察》，东北文史丛书编辑委员会点校，1983 年版，第 3264 页。

赵次帅遵照日本总领事荻原君意见,自初六日晚,开放小西、大东两门,以便士商往来,云云。"①再如,近代在东北地区传教的弗雷德里克·奥尼尔牧师(Frederick O'Neill)在1930年3月的一封信中详细描述了他去外县旅行途中被警察盘问的经历。"他挤上一辆满载着乘客和行李的小公共汽车,半路上,车子被警察拦了下来。弗雷德里克受到了特别的盘问,警察问他是否携带枪支,他回答:'没有,即便有,我也不知道怎么用。'接着警察又问他身上是否有鸦片,弗雷德里克认真地向他们解释了基督教对这些不洁之物的态度。我们重回车上时,一位警察向我表示抱歉,说这是他们的职责。"②从上面三段记录中可以看出,近代警察的职权范围很大,功用繁多,如清查户口,施行宵禁,盘查讯问,稽查捕盗,监控舆论,乃至检查卫生等,可以说涉及城市生活的方方面面。

综上可见,近代东北地区的警察制度不仅对于维护地方政权是十分重要的,而且从侧面亦可看出,近代东北地区的警察制度对于近代东北地区城市生活的影响也是十分巨大的。不过这种影响既有好的一面,如打击盗贼,维护治安,人们得以安居乐业等等。例如:在光绪三十二年九月初九日(1907年10月15日)的《盛京时报》上就有题为《巡警善政》的专题报道,对奉天省城北路巡警的工作提出表扬。"现闻,省城北路巡警分局较胜他处。自从朱统领查办该处之后甚为安稳,不但盗贼遁迹,即各村屯禾稼颗粒亦未丢失,实有路不拾遗、夜不闭户之景象耳。"③然而,这种影响也有坏的一面,如个别警察利用职权,敲诈勒索,骚扰百姓等。又如,在1914年8月11日《庄河盐局罚办购盐居民盐滩两千余人群起反抗及军警镇压情形》这份档案材料中则记载了巡警勒索百姓的恶劣行径。"(庄河县)张刚屯民户徐长义于民国元年节次买盐三

① 《出入渐可畅行》,《盛京时报》光绪三十二年九月初九日(1907年10月15日),第3版。

② [英]马克·奥尼尔(Mark O'Neill),牟京良编译:《闯关东的爱尔兰人:一位传教士在乱世中国的生涯(1897—1942)》,生活·读书·新知三联书店2013年版,第135页。

③ 《巡警善政》,《盛京时报》光绪三十二年九月初九日(1907年10月15日),第3版。

石，执有盐票三纸。又于二年六月二十一日买盐一石，八月初四日买盐二石，执有盐票二纸。除陆续腌鱼日用外，尚剩二石六斗零二十斛。本年阴历又五月初六日，突有巡差于海楼、赵姓等下乡搜察(查)，指为私盐。该民户出示盐票，被谓无效，立将该户所存食盐提出充公，并将盐票五纸一并索去。此外，又罚洋一百五十元，籍免送究……又查明曹家沟民户贾万祥……(同样被)索贿洋十元……又查东隈子民户安玉堂……(被)勒索小洋二十元。"①虽然，在实际生活中，这种警察勒索百姓的情况的确存在，不容否认，但是个别的负面案例不足以抹杀近代东北地区警察制度为城市居民生活带来的好处，也不足以否定近代东北地区警察制度的进步意义。

与司法制度和警察制度相似，近代东北地区的保甲制度亦是承袭清制，并在此基础上发展变革而来。但是保甲制度的近代化变革相对较少，就这点而言，与近代东北地区的司法制度和警察制度略有不同，且保甲制度多在乡村地区开展施行，在城市中也有少量存在。不过保甲多为辅助警察之用，二者联系紧密，常常协同使用，因此，史籍中往往将警察制度与保甲制度合称为警甲制度。虽然保甲制度对于近代东北地区城市生活的影响较小，但这种较小的影响也是客观存在的。

保甲制度古已有之，最早可以上溯至先秦时期。有清一代，从顺治到嘉庆、道光，再到光绪、宣统各朝均视保甲制度为弭民良规，极为重视，并"屡申明令，以(保甲制度)稽查奸佞，肃清盗源，为整饬地方良法，且相纠、相察、诘奸，正所以安良，其法甚详且备"。② 以吉林省宾州厅和三岔口的保甲情况为例，光绪十五年六月(1889 年 7 月)，宾州厅同知"将本城铺户及肆关居民逐一清查，共计铺户 208 家，居民 683 家。分别编联，设立牌甲各长，按户填注

---

① 《庄河盐局罚办购盐居民盐滩两千余人群起反抗及军警镇压情形》，《奉天省公署》民国三年八月十一日(1914 年 8 月 11 日)，全宗号：JC010，目录号：01，卷号：000127，辽宁省档案馆馆藏档案。

② 王树楠、吴廷燮、金毓黻等纂：《奉天通志》卷一四三，《民治二・警察》，东北文史丛书编辑委员会点校，1983 年版，第 3283 页。

门牌,交该商亲手散给各户,用木板裱糊悬挂门首,并缮给保甲章程”①,兴办保甲。而在光绪二十年七月初四日(1894 年 8 月 4 日)三岔口垦务总局记名副都统恩桂奏报的《三岔口商户居民保甲花户清册》中则明确记录了当时三岔口居民的保甲数额,“五社(威远、居仁、由义、讲礼、兴让)正副团总 14 名(团总并无定式),甲长 62 名,(每 10 户设一甲长),男、妇、子、女、雇工人等 4209 名”。②

近代东北地区的保甲制度基本上承袭了清代旧制,只是在名称和某些细节上进行了略微改动,其实质并没有太大变化。以奉天省为例,光绪二十六年(1900),奉天省将旧有的乡团组织进行整编,在省城设立保甲总局,在各县设立保甲局,在各镇、乡设立保甲分局,抽丁购械,不过这个时期的保甲制度杂乱无章,县乡各自为政,按地筹款,多寡不等,有的几个村、有的几十个村联成一会,一村有警,联村互应,因此,这个时期的保甲制度也有联庄会的别称。宣统二年(1910),时任东三省总督锡良以“地方不靖,正警力不足恃”为由,按照寓兵于农的思想,提出创办预备警察的议案。后经奉天省谘议局议决,制定简章十二条,通饬省内各地遵照执行,是为近代东北地区保甲制度系统化改革的开始。

中华民国成立后,奉天省的保甲制度仍旧沿袭了清末旧制,无甚变化。1913 年,奉天省议会对预警简章进行修订,在奉天省署设立预警课,并颁布条例,定名为预备巡警。各县分别设预警办事处,内设预警总长一职,由所在县的警务长兼任,其下再按各自治区域,每个区设预警分驻所,内设区董一职,由各乡议事会议长兼任,再下设百家长、十家长,并按户抽丁各若干名作为常驻预警,至于抽编的临时预警则没有定额。预警所需的经费有的地区由亩捐抽

---

① 《宾州厅造送本厅铺户居民保甲书册》,《吉林将军衙门》光绪十五年六月(1889 年 7 月),档案号:J001,全宗号:15,卷号:1233,吉林省档案馆馆藏档案。

② 《三岔口商户居民保甲花户清册》,《吉林将军衙门》光绪二十年七月初四日(1894 年 8 月 4 日),档案号:J074,全宗号:01,卷号:0378,吉林省档案馆馆藏档案。

拨，有的由警察经费中支出，有的由所在地自治会就地筹措，各地情况不同。所需枪械由丁户自行购买。1914 年，奉天省巡按使张元奇将各县的预警改为保卫团，颁发章程，设办事员一人，参议、稽查数人。各县知事为保卫团监督，各县、镇、乡划分为几个团，团下设保，团设团总，保设保董。按照编户抽丁的办法，以十户为一牌，设牌长一人，十牌为一甲，设甲长一人。甲长和牌长均属于名誉职，由村会推选产生，所属马步丁各若干名，专门负责治安巡逻和缉捕盗贼，遇到事情，每保可以临时抽调团丁作以辅助。保卫团的经费来源除了按照预警的经费方法筹办之外，还制订了养丁费章程，由民户每月按规定数额缴纳。各县由于团丁的额数多少不同，其团费的收支也各不相同。1918 年，撤销保卫团，改设保甲办公处，设保甲委员一人，裁去参议，改团为区，每区设总甲长一人，改保董为保长，甲丁分为常备、临时和备补三级，用抽签的办法每年抽取甲丁若干名，分两班常驻，六个月一更替。其经费按亩摊捐收取。1922 年，奉天保甲公所成立，改保甲委员为所长，由县知事保荐。是年夏，直奉战争爆发。奉天省将警察与保甲合编，改称为自卫团。由警长任分团长，各区保设正副队长。自卫团制度只是战时所设的临时制度，直奉战争结束后，又恢复原有的保甲制度。1925 年，各县保甲并入警察所，裁撤保甲所长，由警察所长兼任，添设游击队长一人，区保长兼任所在地保长。1926 年 7 月，奉天省的警甲制度又采取分权管理的办法，改区保长为区队长，专门负责督率甲丁缉捕盗贼。

吉林省和黑龙江省的保甲制度除了在创办时间上略晚于奉天省，其他的方面如具体的沿革过程及规制与奉天省大体相同，仅以长春的保甲制度为例略加说明，余者皆不再赘述。长春的保甲制度创办于 1914 年，“以地面不靖，恐警察兼顾难周，故省中有保卫团总管理处之设，并令各县遵照办理编制团队，专事逻缉盗贼，以安闾阎，法至善也。其组织按照警察五区各设正团总一员，由区官（即分所长）兼充，并设副团总一员，统归县所长兼辖。五年，将区官所兼之正团总裁撤，改委副团总以专责成。九年，复将团总改为正队长，县内添设总队长一员,办理全县保卫事宜,统辖马步各队,内部组织有教练兼调查员一员,文牍兼庶务一员,雇员三名。所属马步队各五队,有队长一员,分驻各地,其每队队兵数目无甚相差”。①

总体而言,近代东北地区的保甲制度由清代旧制沿袭而来,各地方政府均颇为重视,抽丁成保在民间社会也是蔚然成风,切实起到了协助警察、维护治安和巡逻捕盗的作用。不过,这种抽丁成保的方法具体实施起来在东北地区内地各县和偏远各县却略有不同。在内地各县,由民户亲自出丁者很少,多采取每月缴纳一定数额的养丁费,并以此费用雇用他人替自己出丁;而在偏远各县,如桓仁、通化等县,由民户亲自出丁者很多,其间偶有雇佣出丁的人,也都是少壮力强,兵马娴熟,剿匪颇为得力者,以致“警察力单,颇赖保甲以资自卫……其历年剿匪多有阵亡者,地方为之入祀忠烈祠,以彰劳绩,其成绩概可想见云”。②

除此之外,近代化的市政法令也是近代东北地区城市管理新变化的主要标志之一。以奉天市为例,“奉天市政公所自1923年7月至1930年末,先后发布了《建设万泉河公园章程》《街道、沟渠、桥梁及一切土木工程统一管理章程》《管理肥料章程》《卫生清洁法则》《电车厂规则》《北陵公园售票暂行章程》《考核建筑技术人员办法》《限制载重车通行马路通告》《北陵暂行取缔办法》《管理三陵章程》《管理公厕章程》《规定路厕商户打扫道路暂行章程》《西北工业区限制建筑期间办法》《翻修马路施工办法》《东三省兵工厂市政管理处暂行简章》等近百个章程”③,构筑了奉天市城市管理的法律基础,并用这些

① 张书翰等修、金毓黻等纂:《长春县志》卷四,《政事志·警团》,民国三十年(伪满康德八年,1941年)铅印本,第43页。

② 王树楠、吴廷燮、金毓黻等纂:《奉天通志》卷一四三,《民治二·警察》,东北文史丛书编辑委员会点校,1983年版,第3284页。

③ 沈阳市城建局编:《沈阳城建志》,《大事记·法规卷》,沈阳出版社1994年版,第22—25页,第757页。转引自曲晓范:《近代东北城市的历史变迁》,东北师范大学出版社2001年版,第133页。

法规来规范城市管理，从此近代东北地区的城市建设和城市管理正是进入了法制化时代。

第四节　城乡关系的不平衡加速了城市生活的兴衰变化

与城市的快速发展不同，在广大的乡村地区，由于交通闭塞，发展相对缓慢，经济和社会的近代化程度较低，有些偏远地区甚至依旧保持着古代社会的原始状态。随着时代的发展，这种发展的不平衡性愈发严重，进而，使得以乡村为主体，以城市为辅助的传统经济格局向以城市为中心，以乡村为从属的新型经济格局转变。这种新型经济格局也导致新的城乡关系出现，城乡交流以前所未有的速度加快，这种城乡关系的变化对近代东北地区的城市生活也产生了深远的影响。

相对于城市的快速发展，近代东北地区的广大乡村发展相对缓慢。清朝末年，中国东北地区的农产品生产大致形成了“南豆北麦”的基本格局，主要呈现出在东北南部地区大豆、红豆、绿豆等豆类作物的种植相对较多，而在东北北部地区小麦、大麦等麦类作物的种植相对较多。时至民国初年，中国东北地区大致形成了以高粱、谷子、大豆、小麦四种粮食作物为主体的农业生产格局。

以 1912 年度东北地区主要农作物的生产结构为例（详见下表），从表中可以看出，高粱、谷子、大豆、小麦这四种作物的种植面积比重高达 89. 7%，产量比重高达 90. 3%，产值比重高达 90. 0%，均占据着绝对主体的地位。从种植面积来看，这四种粮食作物的比例结构分别为 29. 0%、24. 8%、23. 2%、12. 7%，从产量来看，这四种粮食作物的比例结构分别为 33. 4%、22. 5%、22. 6%、11. 8%，从产值来看，这四种粮食作物的比例结构分别为 24. 8%、23. 5%、25. 8%、15. 9%。

表 3-15　1912 年东北地区主要农作物生产结构①

单位:千公顷、吨、千元、%

品　种		高粱	谷子	大豆	玉蜀黍	小麦	大麦	合计
面积	绝对数	1863	1586	1484	327	811	330	6401
	比重	29.0	24.8	23.2	5.1	12.7	5.2	100.0
产量	绝对数	2671989	1801672	1804557	385807	946875	391406	8002306
	比重	33.4	22.5	22.6	4.8	11.8	4.9	100.0
产值	绝对数	104227	78610	108211	14932	66835	27054	399869
	比重	24.8	23.5	25.8	3.6	15.9	6.4	100.0

相对于小麦,高粱、谷子和大豆在播种面积、产量和产值上都要稍高一些,大致在 10—15 个百分点,成为近代东北地区农作物生产的主体。其中的原因也很好理解,高粱和谷子是近代东北地区城乡居民的主要食粮,在日常生活中占据着极其重要的地位,其种植面积和产量的比重必然要占据首位。随着近代东北地区城市经济的快速发展,大豆及大豆制品的出口贸易发展十分迅速。作为东北城市经济快速发展的重要支柱性产业之一,大豆及大豆制品的商品化程度发展很快,并在出口贸易中占据主体地位,其产值比重也日渐升高,居于东北地区所有主要农作物的首位。

随着近代东北地区土地开发程度的日渐深入,东北北部地区的土地被大量开垦,清末东北地区"南豆北麦"的农产品生产格局日趋打破,并逐步演变为"北豆北麦"的农产品生产格局,即无论豆类作物还麦类作物均以东北北部地区为主。以 1930 年东北地区农作生产结构为例(详见下表),从表中可以看出,至 1930 年,黑龙江和吉林的大豆产量比重分别达到 36%和 34%,是辽宁的大豆产量比重的一倍,在小麦的产量和比重上,黑龙江和吉林也远远超过辽宁的小麦产量和比重,其中黑龙江一省的小麦产量比辽宁和吉林两省小麦

① 杨光震:《清末到 1931 年东北大豆生产发展的基本趋势》,《中国农史》1982 年第 1 期,第 81 页。

产量的总和还要多。

表 3-16　1930 年东北地区农作物生产结构①

单位:千吨、%

品　种	辽宁省		吉林省		黑龙江省		合　计	
	产量	比重	产量	比重	产量	比重	产量	比重
黄豆	1183	17.2	2364	34.0	1751	36	5298	28.3
其他豆类(赤绿豆)	181	2.6	129	1.8	58	1.2	368	2.0
高粱	2638	38.4	1444	21.0	698	14.3	4780	25.6
粟	937	13.6	1399	20.0	941	19.3	3277	17.5
玉蜀黍	929	13.5	425	6.1	232	4.8	1586	8.5
小麦	96	1.4	516	7.4	745	15.3	1357	7.2
水稻	77	1.1	71	1.0	6	0.1	154	0.8
陆稻	64	0.9	81	1.1	13	0.2	158	0.8
其他杂谷	770	11.2	530	7.6	421	8.7	1721	9.2
合计	6875	100.0	6959	100.0	4865	100.0	18699	100.0

截至九一八事变前,相对于城市经济的发展快速,中国东北地区的农业经济虽然相对发展速度较慢,但还是有了很大进步的。其中以大豆生产为代表的商品粮生产已形成了相当的规模,中国东北地区正式成为全世界的商品粮生产基地。据统计,近代东北地区主要农产品的商品化率"以大豆的 80%—83%居首位,其次是高粱为 40%—42%,再以种植面积为例,从 1910 年到 1933 年,在总种植面积中,大豆和小麦这些上市作物增加到 36%—42%、而高粱、小米和玉米等这些自给作物从 60%减至 45%。光大豆的种植面积就占总耕地面积的 30.3%,大豆、高粱和小米三种农作物加在一起则占 70%"。② 在近代东北地区主要农产品的出口贸易中大豆占据了绝对的主体地位,其输出额呈

① 杨光震:《清末到 1931 年东北大豆生产发展的基本趋势》,《中国农史》1982 年第 1 期,第 84 页。

② [日]满史会编,东北沦陷四十年史辽宁编写组译:《满洲开发四十年史》上卷,辽出临图字〔1987〕第 192 号 1988 年内部资料出版,第 60 页。

现逐年增长的趋势,1927年至1931年,东北地区的大豆及大豆制品的输出额达到了300万吨的历史峰值,此外,小麦、高粱和玉米等农产品也在出口贸易中占据一定的份额,其出口总额也呈逐年增长的态势。

然而,这一时期中国东北地区农业经济的发展主要是依靠扩大耕地面积来实现的,生产方式还很落后,近代化属性较低。“在民国初期的1914—1919年,粮食总产量增加了8.30%,其中粮食播种面积增加了9.50%,而粮食单产却减少了1.10%,而在整个民国时期的1914—1931年,粮食总产量增加了40.30%,其中粮食播种面积增加了35.42%,而粮食单产仅仅增加了3.60%”。①

刀耕火种的耕作方式,仰赖天雨的灌溉方式对自然环境的破坏也是很大的,其最终的结果就是导致水灾、旱灾、虫灾等自然灾害频繁发生。“东北地区与长江以南地区主要通过沟洫进行灌溉不同,这些山东、河北、河南出身的关内移民,原本在家乡也不过在部分地区打井浇地,进入东北大部分地区的农业耕作大体上是广种薄收,旱无所蓄,涝无所泄,仰赖天雨,耕作粗放,以致水旱灾害频频发生。”②从1840年至1949年的100多年间,中国东北地区共发生较大的水灾就有92次。如:吉林将军希元等在光绪十二年十一月二十五日(1886年12月20日)给光绪皇帝的奏折中就这样写道:“宁古塔地方旗民所种大田,因春夏亢旱,入秋扬花秀穗之时,阴雨连绵,未得旸晒,籽粒泡秕,收成四分余。三姓地方旗民所种大田,当耕耘时未得透雨,迨至扬花秀穗,霪雨连绵,未得旸晒,籽粒泡秕,收成四分余。阿勒楚喀、宾州厅所属大田,除马延河新荒四牌佃民承种纳租地亩,因六月间天将大雨,连阴月余,河水涨发……致将禾稼淹潦,颗粒不收……伯都讷厅所属大田,因八月间连降大雨,江水涨溢,致将北下坎佃民承种洼下纳租地亩被水淹没,颗粒无存,仅剩

① 李文明、王秀清:《中国东北百年农业增长研究(1914—2005)》,北京:中国农业出版社2011年版,第76页。

② 金颖:《近代东北地区水田农业发展史研究》,中国社会科学出版社2007年版,第4页。

畸零沙冈其禾稼未被冲淹者,又因秋雨连绵,未得旸晒,籽粒泡秕,收成不及四分……宾州、伯都讷二厅所属被水淹没成灾……吉林通省地方大田收成,统计五分有余。"①

此外,相对原始的交通工具也是近代中国东北广大乡村地区社会环境相对闭塞,社会经济的发展缓慢的主要原因之一。近代中国东北乡村地区最主要的交通工具就是马车,俗称"大车"。在东北南部地区多为一匹马或两匹马驾辕,在东北北部地区多为四五匹马或八匹马所拉,用于载人或载货运输。每辆大车载重约一吨半至二吨之间,一日平均行程约三十至四十公里,在冬季输送旺盛地方,一天之内,可见数十辆至数百辆大车,往来于路上,络绎不绝。

近代东北乡村的大车运输,大致可以分为以下两种:第一,农民装载自己生产的粮食,运往市场贩卖;第二,农民作为副业之一专门从事的运输业。前一种在农闲时,农民将各家剩余的粮食,装上自家的大车,运往附近的市场贩卖(其中既有村镇的小型市场,也有铁路沿线的大型市场),再用贩卖所得的钱,购买日常生活所需的杂货,装上自家的大车,满载而归。后一种则在农闲时,一个地区的农民自发组织成一个集团,公推出一人为首领,与附近城镇的粮栈签订运输协约,定期为粮栈运输粮食等货物,这种运输形式实际上是东北农民农闲时的一种副业,但日渐发展却逐渐演变成为一种专门的运输行业——"马帮"。一般近代东北地区的一个"马帮"大多有大车数十辆,结队进行,以老练者为队长,指挥一切。在有马贼和土匪出没的危险地方,还要携带枪械,运输范围近的在50公里左右,远的可达200公里。例如:"安达拜泉三百华里之间,拜泉向为有数之腹地市场,在齐克线完成前,拜泉县、克山县之粮食,殆均搬往安达,故两地间冬期马车运送,颇为旺盛,出运至安达站者,一日多至数千辆。"②

---

① 中国科学院地理科学与资源研究所、中国第一历史档案馆等编:《清代奏折汇编·农业环境》,商务印书馆2005年版,第551页。

② 哈尔滨满铁事务所编、汤尔和译:《北满概观》,上海商务印书馆1937年版,第112页。

随着近代中国东北农村地区社会经济的发展,近代化程度日趋加深,公路修筑日渐增长,汽车被引入到广大乡村地区,并呈现出日益取代东北乡村地区传统大车运输的趋势,但是近代中国东北农村地区的汽车主要用来客运,传统的大车仍旧在货运中占据着绝对的统治地位。“自动车(汽车)运送,近年虽渐发达,但尚以运送旅客为主,货运以道路关系,仅限于一部。水运除松花江水系外,无足观者,在此现状之下,以交通机关言,马车有伟大之势力,不能否认。吉、黑二省之马车,估计约有十七万辆,更以移民之农家为比例,其数日渐增加……欧战当时,中东路因莫大之军事运输,应接不暇,而运转材料又嫌不足,且未计及输送特产物,加以中东路南行之运价极高,故与铁路平行之长距离马车输送大为活动,自哈尔滨、安达、齐齐哈尔等沿线各站,远自拜泉等腹地市场,陆续向长春南下,为著名之事实。同期中最盛之一九一九年,仅长、哈间参加运送之马车,已多至十五万辆,运送数量实为三十万瓩。”①因此,就总体而言,近代中国东北农村地区仍然是传统的大车运输占据着绝对的统治地位,这与城市地区的铁路运输与公路运输形成了鲜明的对比,从而造就了乡村地区的发展速度远远落后于城市的总体局面。

近代东北地区城乡关系发展的不平衡性使得传统的城乡关系悄然发生变化,颇具特色的新型城乡关系出现在转型中的东北社会,这个时期的城乡关系主要体现出以下五个方面的特点。

第一,相互依存仍旧是近代东北地区城乡关系的总体特点。

城市与乡村对于人类来说蕴含着太多的情感。从正面情感上,关于城市,人们认为那是核心,代表着交流、知识和成就;关于乡村,人们形成了这样一种印象,它包含着自然、宁静和纯洁。与此相对,在负面情感上,人们认为城市是喧闹的、拥挤的而且生存险恶的地方;至于乡村,人们就认为那是封闭的、落后的而且愚昧的地方。“由于乡村与城市的关系不仅是一个客

① 哈尔滨满铁事务所编、汤尔和译:《北满概观》,上海商务印书馆 1937 年版,第 110—111 页。瓩:千克,即英文(kilogram)的旧译。

观问题和历史事实，也曾经是，而且现在仍然是成千上万人直接关注的问题。”①

城市与乡村作为人类两种基本的生活地域，一直存在于人类历史的长河之中，“城市一经出现，就与被称为乡村的广大非城市地区形成了对立统一的关系。城市是相对永久性的、高度组织起来的人口集中的地方”。② 早在2000多年前的战国时代，人们就将城市与乡村加以对比，并比较两者之间的关系。孟子就曾经说过“无君子莫治野人，无野人莫养君子”，又说“或劳心，或劳力；劳心者治人，劳力者治于人；治于人者食人，治人者食于人，天下之通义也。”③孟子以“君子”与“野人”为代表，从社会分工的角度对城市与乡村之间相互依存、相互促进的关系进行了阐释。这种城乡间相互依存的关系在政治、经济和社会文化等方面均有不同程度的表现。

在政治上，城市是国家权力的代表，统治着广大乡村地区，同时乡村又制约着无限膨胀的国家权力，使其变得有度。城市中居住着上至皇帝下至县令的各级官员，他们代表国家统治着数量庞大的乡民，维持着国家机器的正常运转。相反，一旦国家的权力无限膨胀，超出了乡民们的承受范围，农民起义就会爆发，旧有的国家机器将被推翻重建。

在经济上，城市需要乡村的物质供给，同时乡村需要城市进行商品交换。城市对乡村的依赖是十分明显的，城市居民日常生活所必需的粮食、蔬菜、肉类等农产品，工业生产所需要的原材料，无不是靠乡村供给，国家财政的主要收入——田赋也来自广大乡村地区。相对于城市，乡村对城市的依赖并不十分明显。近代以前(含近代)中国东北地区的乡村基本上仍旧是自给自足的小农经济，传统的男耕女织是其最主要的表现形式，然而，即便是自给程度再

---

① ［英］雷蒙·威廉斯(Raymond Williams)，韩子满、刘戈、徐珊珊译：《乡村与城市》，商务印书馆2013年版，第3页。

② 姜涛：《中国近代人口史》，浙江人民出版社1993年版，第278页。

③ 《孟子·滕文公章句上》。

高的乡村也不可能生产出生活中所需要的一切,这就需要到城市(至少要到乡村集市上)出售自己生产的产品以购买自己生活中的必需品。这样城市就通过市场来影响乡村,虽然这种影响可能是十分微弱的。

在社会文化上,近代的新文化通过城市传播到乡村,故有的传统文化又通过乡村和城市与新文化不断进行着冲突与融合。随着近代新文化在城市中逐渐传播,城市居民率先接受了近代新文化,并享受了近代新生活方式带来的便利,由于城乡人员往来频繁,近代新文化也被带到广大乡村地区,并对传统的乡村社会文化产生了影响。然而,在近代东北社会中,传统文化仍旧占据着绝对的统治地位,二者在城市和乡村中不断进行着冲突,并不断的融合,最终形成了近代东北地区特有的社会文化。

第二,城乡差异进一步拉开并成为近代东北地区城乡关系的显著特点。

近代是东北历史上城市快速发展的开端,也是城乡发展速度出现大幅差异的开端,更是城乡关系出现新变化的开端。与近代东北城市和城市经济快速发展相对,中国东北的广大农村地区和农村经济虽然也取得了一定的进步,但相对发展缓慢,且越来越依附于城市和城市经济。城乡经济差距日益扩大,资源配置日趋失衡,使得城乡差异进一步拉开。反映在社会上则是城乡社会生活的差异明显,乡村社会生活的近代化属性极低,基本维持传统的生活模式,这种城乡差异成为近代东北地区城乡关系的显著特点。

第三,"以城市为中心、以乡村为从属"成为近代东北地区新的城乡关系格局。

随着城市的快速发展,城市不仅在经济上大幅领先乡村,而且在政治、社会和文化,乃至资源配置等各个方面均居于主导地位。至此,近代东北地区的城乡关系一改往日以农村为主体、城市为辅助的格局,逐渐发展成为城市为中心、农村为从属的新的城乡关系格局。

这种新的城乡关系格局表现在政治、经济、社会等诸多方面。仅以城市当权者对农村土地的控制为例,1916 年张作霖强行索取达尔汉亲王旗辽河南北的沃土四千余方①,张作霖及其岳母王花太太、儿女亲家鲍贵卿、冯麟阁等人分别分得了千余方。1922 年,张作霖又占有通辽以西沃土 2800 余方。1924 年,吴俊升强租博多勒噶台旗斯卜海的土地两千垧,租期 99 年,强租博旗阿林塔拉的最好耕地五千垧。同年,吴俊升又和杨宇霆一起侵吞了博旗松林哈塔耕地 2200 垧。近代中国东北地方政权的当权者通过他们在统治机构中掌握的实权将土地集中,掠为己有,张作霖及其他大小军阀和官僚无一例外都成了大地主,彻底在土地上将乡村和居住在乡村的农民一起变成城市的附庸。同时,这些城市当权者还作为商业资本家,从经济上控制农民、剥削农民。《满洲经济年报》指出"满洲原东三省的一批军阀自己直接经营银行,粮栈和烧锅,或发行纸币制造通货膨胀,囤积东三省的各种特产,将其兑换成金票,牟取暴利,他们拥有几百万顷肥田沃土……中小银行乃是乡绅中饱私囊的机关,大银行则只不过是军阀的御用银行。从旧官银号的营业项目中可明显看出它们布下了如蜘蛛网一样的剥削网"。②

第四,大中型中心市场在城市形成并成为近代东北地区城乡交流的中心。

近代以前的中国东北地区就已经在城市形成了一些颇具规模的中心市场,如:明代的辽东马市,这些中心市场大部分都与城市的市场直接挂钩,然而,在这些中心市场中规模较大的并不多,多是一些县城的半农村市场和乡村集镇市场。进入 20 世纪,"人口较多的南满农民,大部分都是向附近的城市寻求直接的购销市场"。③ 奉天、哈尔滨和大连都设有大型的中央市场,锦州、吉林、营口、齐齐哈尔等城市也都设有中等的地方市场,以供城乡间商品买卖之用。

---

① "方"和"垧"均为旧时中国东北地区计算土地面积的单位。1 方等于 45 垧,1 垧地约合 1 公顷,大致为 15 市亩。

② [日]满史会编,东北沦陷四十年史辽宁编写组译:《满洲开发四十年史》上卷,辽出临图字〔1987〕第 192 号 1988 年内部资料出版,第 60 页。

③ [日]满史会编,东北沦陷四十年史辽宁编写组译:《满洲开发四十年史》下卷,辽出临图字〔1987〕第 192 号 1988 年内部资料出版,第 237 页。

这些中心市场按大小可分为四个等级。奉天、哈尔滨和大连的中心市场应属于第一等级的大型中央市场;长春、安东、营口、齐齐哈尔、吉林、锦州等主要城市的中心市场属于第二等级的中型地方性中心市场;海城、拜泉等东北各个县城以及相似城镇的半农村市场,应属第三等级;最后一个等级则是农民日常交易的乡村集镇市场。其中各个县城的农村半农村市场,是城市生产的产品及外国进口货物与乡村地产农产品直接进行大量交易的地方。此外,东北各地还有各类庙会,定期举行,往往附设各类市场。其中较著名的有海拉尔西部于农历九月举办的甘珠尔庙会定期集市。

近代东北地区的中心市场无论在规模上还是在数量上均远远超过了近代以前。城市和乡村在这些中心市场中进行物质和信息的交流,这些中心市场,尤其是大中型中心市场,由于其所处的地理环境很自然地成为该地区城乡交流的中心。

第五,乡村人口向城市集中并成为近代东北地区城乡关系变化的外在表现。

乡村人口向城市集中是近代东北地区城乡关系变化的又一个特点。城市发展的核心是城市经济的发展,城市经济的发展需要大量剩余劳动力的支持。近代东北地区城市经济之所以能够快速发展,是与广大乡村地区为其提供大量剩余劳动力分不开的。列宁在论及俄国资本主义的发展时指出:“居民的离开农业,在俄国表现在城市的发展、城市近郊、工厂村镇与工商业村镇的发展,并且也表现在外出做非农业零工的现象上。所有这些在改革后期中向纵深和宽广两方面迅速发展并且现在还在发展的过程,是资本主义发展的必要组成部分,同旧的生活形式比起来,具有很大的进步意义。”①

近代东北城市的兴起和城市工商业的发展对乡村地区的居民有很大的吸引力,人们纷纷离开世代居住的乡村进入城市谋生。以吉林市为例,“自清光

① 列宁:《俄国资本主义的发展》,《列宁全集》第3卷,人民出版社1959年版,第532页。

绪三十三年(1907)改建行省以后，吉林市兴，渐由简单而进于繁盛，人民多抛弃乡村生活，麇集城市以逐利于工商”。[①] 虽然，在实际的生活中存在正值农忙时节雇主雇不到劳动工人的情况。例如在哈尔滨，“刻下正值农忙，闻乡间农户所觅劳力，每人每日工资约需五卢布左右。是以本埠劳动家多纷赴乡间，建筑家觅人不得，工程遂多迟滞”。[②] 但是，由于农业和农村发展缓慢使得农民生活日渐贫困，迫使农民离开自己的土地，来到城市，被迫寻找其他劳动来补贴家庭生活所需的费用。这些进城务工的乡民，成为近代东北地区较早的一批农民工，正是这些农民工(其中主要是关内移民)用自己的血汗甚至生命满足了近代东北地区城市发展的需要。“大部分移民都被农村吸收为农业劳动者，另一部分则被城市及城郊的工矿业及其他事业所雇佣。城市工人的前身大多是农民，它的构成，一是割断了和农业生产的关系而转化成为纯粹的无产阶级；另是利用农闲期离乡出来打零工挣钱的实际农民……他们作为廉价劳动力的提供者，对满洲工矿业的发展起了很大的作用。”[③]因此，乡村人口向城市集中这一现象一直存在于整个近代东北城市发展的历程之中，并成为近代东北地区城乡关系变化最为直观的外在表现。

近代东北地区城乡关系发展变化的原因和动力归结起来主要有以下几个方面。

首先，近代城乡发展的差异是近代东北地区城乡关系变化的根本动力。如前文所述，由于近代东北地区城乡之间发展速度的差距，城乡经济差距日益扩大，资源配置日趋失衡，使得城乡差异进一步拉开。这种发展上的差距，与水位上的高度差正相反，城市作为高位的政治、经济、文化中心展现出强大的吸引力，不停地将社会资源吸引过来，导致城乡资源配置日趋失衡，进而使得

---

① 东北文化社编印处编:《东北年鉴》，东北文化社编印处 1931 年版，第 176 页。

② 《农工之昂贵》，《远东报》，民国七年六月二十三日(1918 年 6 月 23 日)，第 3 版。

③ [日]满史会编，东北沦陷四十年史辽宁编写组译:《满洲开发四十年史》上卷，辽出临图字〔1987〕第 192 号 1988 年内部资料出版，第 53 页。

城乡关系出现新变化。

其次,城乡交流的快速发展是近代东北地区城乡关系变化的主要推力。城乡交流的快速发展主要是以农民进城务工为客体表现出来的。正是这些农民工推动了城市和城市经济的发展,而城市和城市经济的发展又进一步拉大了城乡发展之间的差距,日渐拉大的城乡差距又成为吸引农民进城务工的不竭动力,如此往复循环,成为近代东北地区城乡关系变化的主要推力。但从历史上看,这种推力是进步的。正如列宁所说:"与居民离开农业而转向城市一样,外出做非农业的零工是进步的现象。它把居民从偏僻的、落后的、被历史遗忘的穷乡僻壤拉出来,卷入现代社会的漩涡中。它提高居民的文化程度及觉悟,使他们养成文明的习惯和需要。"①

最后,乡村封闭的环境和落后的交通也在近代东北地区城乡关系变化中起到了一定的助推作用。近代化的铁路、公路和水运为东北城市带来了便利的交通,大大提高了城市发展的速度,开拓了城市辐射的范围,也为城市居民打开了眼界。相反,广大的乡村地区受制于落后的交通,发展缓慢。农民主要通过步行、马车、帆船等传统的交通方式与外界沟通,费时费力,十分不便,因此,近代中国东北的乡村地区基本上长期处于信息闭塞的封闭环境。这种不平衡性在侧面上也对近代东北地区城乡关系变化起到了一定的助推作用。

本章小结　城市崛起:近代东北地区城市生活兴衰变化的物质基础

综上可见,伴随着城市经济的初步腾飞和城市建设的快速发展,近代东北地区的城市生活在以下几个方面呈现出明显的兴衰变化。

第一,城市的经济职能逐步取代军事职能,城市交通体系逐步完善。

① 列宁:《俄国资本主义的发展》,《列宁全集》第3卷,人民出版社1959年版,第527页。

近代以前中国东北地区的城市多为军事重镇，其主要职能也是政治和军事。进入近代，随着城市经济的快速发展，一些经济型城市逐步兴起，尤其是多条铁路建成通车后，更使得传统的军事型城市或者向经济型城市转型，或者逐步衰落乃至消亡。城市的经济职能也逐步取代了军事职能成为近代东北地区城市的首要职能。京奉、南满、中东、奉海等多条铁路相继竣工通车，使得近代东北地区的铁路里程跃居全国首位，并初步形成了覆盖整个东北地区的铁路交通网络，此外，辽河和松花江等内河航运，逐步完善的城际公路网络，城市内部的公共电车等近代化的城市交通方式与铁路一起构筑了东北地区城市交通体系。

第二，近代民族工业在部分大中型城市出现，城市商业体系渐次形成。

自咸丰十一年（1861）营口开埠以来，中国东北地区的民族工业得到了快速发展，尤其是在第一次世界大战期间更是进入了东北地区民族工业发展的黄金时期。榨油业、面粉制造业、酿造业、缫丝业、纺织业、造纸业、窑业、烟草工业、火柴制造工业等均实现了由传统手工作坊向近代机器工业转变，其中榨油业、面粉制造业和酿造业更是一跃成为近代东北地区城市经济的支柱性产业。此外，奉天、阜新、吉林等城市还出现了中国人自办的近代化机器局和煤矿。从大豆及大豆制品等货物的出口到玻璃、化工制品等货物的进口，都一改传统的暗码标价为明码实价，传统上简单粗糙的内部分工也被精细的内部分工所取代，商品交易所、商品陈列所、信托贸易等近代商业机构的出现进一步表明了东北地区近代化的城市商业体系已经渐次形成。

第三，近代科技被广泛应用于城市生活，市容市貌呈现近代特征。

市容市貌是另一个传统与近代之间的不同之处。近代东北地区各个主要城市的市容市貌均发生了显著变化，这种变化不仅仅体现在市容市貌的整洁靓丽，还体现在近代先进科技在器物和工具上的应用和近代化的公共卫生制度上。如路灯、电灯、电车、电话、电报、上下水管道、公园等近代化的市政公用设施纷纷在近代东北地区的城市中涌现出来，如沥青马路的铺设，城市街路初步实现人车分流,城市上下水管网开始铺设,公共厕所在城市生活中出现,汽车、机械洒水清扫设备、垃圾桶、化学检验仪器等先进工具被应用到城市环境卫生工作中。这不仅展现了近代科技给市容市貌带来的兴衰变化,更展现了城市生活的革新与进步。这既是传统城市向近代城市转变所取得的成果,也是时代带给近代东北地区城市生活的礼物。

第四,人本思想得到重视,市民社会逐步形成。

与传统相比,近代东北地区城市社会制度中的最大的不同之处就在于人本思想得到一定程度的重视。这主要表现在市民自治制度、议会选举制度、对罪犯的心理教诲等方面,其中市民自治制度和议会选举制度不仅标志着近代东北地区民政制度开始向近代化转变,也是自由民主思想在制度层面的显现,更是西方人权思想中自由、民主、人权、契约等精神在实际生活中的直接应用。与传统相比,近代东北地区城市社会制度中的另一个不同之处在于民间力量逐步加强。这种力量的加强指的是民间团体及个人在社会生活中的影响力逐步增强,而政府的影响力逐步减弱,民众参与社会生活及社会管理的意愿更加强烈。这点在灾荒救助和社会保障制度中表现得尤为明显,近代东北地方政府在灾荒救助和社会保障工作中逐渐从大包大揽的主体地位转向由地方政府为主导、以民间为主要执行力量的次要角色。但是这一角色的转换只是表明了政府与民间之间力量强弱的变化,民间力量只是相对增强,并没有强到可以完全压制政府力量的程度,这也是贯穿整个近代东北地区城市生活的一个主要特征。此外,以公议会、救火会、同善堂、教育研究会、通俗文化宣讲会为代表的近代市民社会也出现在近代东北地区的许多大中型城市中,近代市民社会的出现不仅标志着近代市民阶层的崛起,也标志着近代东北地区各个城市的市民社会逐步形成。

第五,近代司法制度确立。

近代司法制度的确立也是一个与传统社会制度不同的地方。这种不同主要表现在司法与行政分离,司法获得独立,检察与审判分离,警察与保甲制度向近代转变等方面。与传统上行政主管监管司法的制度不同，这种近代化的司法制度更加独立，更加尊重人权，也能够更好地保障人民的基本权益，可以说这是近代东北地区城市生活在制度层面上的巨大进步。

第六，城市结构和城市面貌呈现二元化或多元化特征。

“城市结构一旦形成，城市的空间性格也就基本确定了。是有机城市的自由生长，是巴洛克城市的宏伟壮观，还是方网格城市的理性严整，这些特征也就都一目了然了。”①近代东北地区的许多城市，其城市结构和城市面貌呈现出明显的二元化或多元化特征，这与近代东北地区半封建半殖民地的社会性质密不可分。比如近代的奉天城，由于日本殖民者在满铁附属地内按照自己的意愿进行城市建设，规划道路，修建许多日式及欧式建筑，又开辟建设了铁西工业区。这些城市规划和城市建设与奉天旧城和东北地方政府自行规划建设的大东工业区截然不同，使得近代奉天城呈现出“两头大、中间细”的哑铃型城市布局，奉天城几千年来的城市结构和城市面貌就这样被打破了。

虽然近代东北地区的城市和城市发展速度很快，也取得了巨大的成绩，但是传统的城市管理方式仍然顽强的存在与城市生活中，其中有些是落后的，如没有实行完全的普选制度；有些是不合时宜的，如后期的区村制度；更多的则是有益于整个城市生活的，如市政公所、城市管理法律法规、商埠地的开发等。随着社会的发展进步，有益的传统被更多地保留下来，不利的传统则被日渐淘汰，而近代化的城市管理方式也要经过时间的检验。正是这种新陈代谢使得整个近代东北地区的城市生活一直处于兴衰变化的状态，也使得近代东北地区的城市生活呈现出传统与近代并存，并日渐向近代发展的总体态势。

然而，近代东北地区城市和城市经济的快速发展并不是建立在近代东北地区农业经济发展繁荣的基础之上，而是建立在对国际市场的依赖和对农民剥削的基础之上的。因此，它具有极强的不稳定性和虚假性。在西方资本主

① 刘泉、梁江：《近代东北城市规划的空间形态元素》，大连理工大学出版社2014年版，第14页。

义国家里,城市是通过向其周围的农村提供廉价的工业产品,吸收农村的农产品和劳动力来发展自己,同时向农村提供技术支持,促使农业实现技术进步,如此往复循环,发展成为工业城市。但是中国东北地区的城市并不是作为工业城市而是作为商业城市发展起来的。在这里大城市很少,当时东北地区的总人口大约是3000万,而超过20万人的城市只有3个,大多是人口不满3万人的小城市。而且,在中国东北地区,大城市已发展成为外国资本的据点。“搞外贸的人主要关心的则是国外市场。他们的生意就是尽量压低农产品的收购价格,然后设法高价卖出。农民变得贫困化了,就使压价购买农产品成为可能,这对外国资本来说也很有利。外国资本所关心的并不是农业生产力的发展和农民生活水平的提高。作为外国资本的据点的大城市最典型的就是大连——它的发达与繁荣,虽然意味着经济的发展与繁荣,但并不意味着满洲农业经济——大城市繁荣的基础——本身的繁荣”。①

① [日]满史会编,东北沦陷四十年史辽宁编写组译:《满洲开发四十年史》上卷,辽出临图字〔1987〕第192号1988年内部资料出版,第55—56页。

第四章　城市居民和生活水平的发展及其对城市生活兴衰变化的影响

城市居民及其生活水平对城市生活兴衰变化的影响是显而易见的。城市居民是城市生活的主体，也是城市生活的创造者和享受者，因此，从城市居民及其生活水平角度着手可以更好地揭示近代东北地区城市生活兴衰与社会发展之间的相互关系。近代东北地区城市居民及其生活水平的相关问题主要涉及城市居民的人口数量、男女比例、年龄构成、社会阶级和阶层、职业分布、家庭与家族关系、收支及生活状况、教育、公共卫生等各个方面。通过对这些方面的研究可以初步了解出近代东北地区城市生活兴衰与城市居民及其生活水平之间的关系，从而更好地理解城市居民及其生活水平对近代东北地区城市生活兴衰变化的影响。

第一节　大规模的移民构成了城市居民的主体

伴随着“闯关东”这一中国近代历史上最大规模的移民潮，大批关内移民流入中国东北地区，这就使得近代东北地区的人口总量呈现跳跃式增长，城乡人口都有大幅增加。① 其中,由于城市经济的快速增长和城市化初步开展,大量农民涌入城市谋生,使得城市居民的总量快速增加。传统意义上以"士农工商"为标准的四民划分仍旧存在,且在城市居民的职业划分中占据主体地位,但以极少数的工业资本家和初具近代外貌的银行金融资本家为代表的新兴职业群体已经出现,并日渐取代传统社会中"士"人的社会地位成为新的四民之首。此外,满铁附属地内的城市居民虽然不归属中国政府管辖,但是作为生活在中国东北这片土地上的众多居民之一,其对于近代东北地区城市生活兴衰变化的影响是客观存在的,因此,对其一并做以介绍。

然而,在具体的研究过程中,笔者发现由于中国历朝历代的各级政府只关心其治下人丁数量的多少,并不关注妇女、老年人和未成年人的人口情况,这就使得在正史和档案材料中很难找到关于这几类人的只言片语,近代的东北地区也是如此。在这种困难的情况下,笔者只能借助地方志、游记、传教士笔记和回忆录等间接材料,通过某些个案研究,管窥近代东北地区城市居民和家庭的发展变化。当然,这种研究方法并非是最科学、最准确的,但尚可作为对近代东北地区人口问题研究的一个小小补充,抛砖引玉,以资参考。

近代百年间,中国东北地区的人口总量呈现跳跃式增长,城乡人口的增长幅度很大。据统计,嘉庆二十五年(1820),东北地区的人口比重为 0.66,到了宣统二年(1910),东北地区的人口比重增加到 3.89,变动值为 5.89,远超排名第二的四川(变动值为 1.73),成为全国范围内变动最大的地区。至 1928 年,东北地区的总人口已达 2943.2 万(含热河省的总人口 437.2 万),占全国总人口的 6.6%,与同时期河南省的总人口 2909 万大致相当。②

与此同时,由于城市经济的快速增长和城市化初步开展,大量农民涌入城

① 这所说的"关内"虽然也包含华东、华中和华南等地区,但主要是指华北地区,具体包括:河北、河南、山东、山西和内蒙古中西部地区。下文所涉,均如此。

② 根据姜涛的《中国近代人口史》一书中表 7-6"1820—1910 年各直省人口比重的相对变动"和表 7-7"1912—1953 年全国人口分布的变动"统计得出。姜涛:《中国近代人口史》,浙江人民出版社 1993 年版,第 168、172—175 页。

市谋生,使得城市居民的总量快速增加。以 1918 年的哈尔滨为例,根据哈尔滨警察局的调查统计,时年哈尔滨全市“仅就华人一方面计之已约在十八万左右,较之三年以前增多五六万有奇”。① 再以光绪三十四年(1908)的吉林省为例,如下表所示,时年吉林全省城厢总人口为 343792 人,市镇总人口为 358465 人,共计 702257 人,约占吉林全省总人口 255 万的 27.54%。

表 4-1 光绪三十四年(1908)吉林省城厢、市镇人口②

地区	城厢		市镇			共计	
	户数(户)	口数(人)	市镇数(个)	户数(户)	口数(人)	户数(户)	口数(人)
吉林府	37194	249899	40	9044	62307	46238	312206
长春府	7285	31912	19	2042	14113	9327	46025
新城府	7333	28328	6	7500	59470	14833	87798
延吉府	651	2528	10	2894	12523	3545	15051
伊通州	1950	4051	20	4238	35143	6188	39194
临江州	240	1426	2	402	3889	642	5315
蒙江州	23	120	—	—	—	23	120
农安县	933	6306	6	2978	36369	3911	42675
敦化县	992	5497	5	1278	4198	2270	9695
磐石县	1115	6790	4	1917	10300	3032	17090
榆树县	913	6681	64	29095	113633	30008	120314
长岭县	—	—	2	599	3250	599	3250
桦甸县	42	254	1	612	3270	654	3524
合　计	58671	343792	179	62599	358465	121270	702257

近代东北地区总人口数量和城市居民数量的大幅增长与“闯关东”这一中国近代历史上最大规模的移民潮密不可分,之所以会出现“闯关东”这一历

① 《本埠人口之调查》,《远东报》民国七年九月十四日(1918 年 9 月 14 日),第 3 版。

② 本表中所列府、厅、州、县、均属今吉林省。民国二年(1913),废除府、州、厅制,一律改称为县。《光绪三十四年吉林省民政统计表》,全宗:1,目录:2—6,档案号:1872,吉林省档案馆馆藏档案。转引自赵英兰:《清代东北人口社会研究》,社会科学文献出版社 2011 年版,第 194—195 页。

史现象,是由各个时期政府的移民政策以及关内外的生存环境这两个诱因所引发的。受此影响,近代东北地区的总人口数量和城市居民数量并不是一成不变的,人口流动的情况时有发生。

其一,"废封改移"——近代东北地区的主动性移民

近代以前,清政府为了保护满族的传统生活习俗在东北地区实行封禁政策,推行"国语骑射",设立柳条边墙,严禁关内汉族向东北地区移民垦荒,然而,沙皇俄国却趁机侵略东北边疆,并在咸丰八年(1858)胁迫清政府签订《瑷珲条约》,鲸吞东北大片土地,并继续向东北腹地渗透。

面对如此危局,黑龙江将军特普钦在咸丰十年(1860)率先上奏咸丰皇帝,请求改东北地区的封禁政策为弛禁政策,即允许由地方政府组织招募关内的汉族农民移民黑龙江,垦荒种地。特普钦之所以在奏折中向咸丰皇帝建议弛禁东北的主要目的归纳起来有以下三点:第一,移民实边,以拒俄国;第二,便于管理,以防私垦;第三,建立官庄,增加税收。① 由以上三点目的可看出,特普钦的建议是很有战略意义的。既然沙俄的侵略势力已经咄咄逼人,为什么不将有碍于我的封禁政策改为有利于我的弛禁政策呢?开放东北地区,于国于民皆有重大意义。光绪三十年(1904),日俄战争爆发,东北边疆的危机更加严重。彻底废除封禁制度,全面开放东北地区,极力招募移民开垦,成为东北地方政府抵抗外敌侵略势力的主要手段。为此,"经将军达桂、副都统程德全奏准,(黑龙江省)全体开放。(在)省城设立垦务总局,专司其事"。②

近代东北地方政府通过积极主动的引导和招募关内的贫困农民移居东北地区,对近代东北地区的国家安全和经济开发,尤其是吉林和黑龙江两省边疆地区的主权归属起到了至关重要的作用。由此,中国人才开始关注东北地区,

① (清)特普钦:《请开垦呼兰蒙古尔山间荒折》咸丰十年(1860),(清)黄维翰编:《呼兰府志》卷十二,《艺文略》,民国四年(1915)铅印本,《中国方志丛书·东北地方·第41号》第3册,台北成文出版社有限公司1974年影印版,第810—816页。

② 万福麟监修,张伯英总纂,崔重庆等整理:《黑龙江志稿》卷八,《经政志·垦丈》,《黑水丛书》上册,黑龙江人民出版社1992年版,第387页。

认识到东北肥沃的黑土地是属于中国人的。华北农民开始沿着水陆两线如火燎原地涌入东北大地，他们勤劳朴实，生存能力极强，通过自己辛勤的劳动，将吉林和黑龙江的荒野开垦出来，并在那里扎根定居。他们在日俄侵略势力的夹缝中寻求生存，在中东铁路沿线的荒地中开垦，种植日本人和俄国人生活必需的粮食和蔬菜，并拿到铁路沿线贩卖，一个个华北移民的村落日渐形成，而这些村落又促进了该地区中心城市的形成和发展。中国人就是通过这种方式，在不知不觉中捍卫了国家在东北地区的主权，就连"用军刀和铁路统治满洲的俄国人，结果也只好承认渐渐将化为中国一省的这个地区，归根到底只能是中国的领土。当不受欢迎的两个强国在争夺此地支配权时，事实上此地已为中国人所占据，这只能算是一个奇妙的情景"。①

其二，"难民涌入"——近代东北地区的被动性移民

近代东北地区总人口数量和城市居民数量大幅增长的第二个主要原因是关内难民大量涌入。与近代东北地方政府主动引导和招募的移民不同，大量涌入的关内难民大多是家乡受到自然灾害，无法继续维持生活，逃难来到东北谋生的贫困农民。近代的华北地区人多地少，人们的生存压力较大，加之频受自然灾害侵袭，许多受灾的农民食不果腹，沦为难民，纷纷拖家带口，"闯关东"到东北谋生。他们大多沿路乞讨，居无定所，本身带有极大的流动性，在东北的移居地也具有极强的不确定性，属于近代东北地区的被动性移民群体。他们中的一些人进入城市，靠出卖劳动力维持生活，成为第一批城市无产者，但绝大多数流向地广人稀的东北北部地区，在那里垦荒种地，成为东北地区的普通农民。

从下面三张表格可以看出，1928 年，到达东北地区的难民总数为 139546 人（表 4-2）。1929 年，从山东步行或乘火车到达东北地区的难民有 6 万人，从青岛乘船到达大连的难民有 5 万人，该年到达东北地区的难民总数为 153810 人（表 4-3）。其中，1927 年至 1928 年间，通过山东民众协会的帮助到

---

① ［日］满史会编，东北沦陷四十年史辽宁编写组译：《满洲开发四十年史》上卷，辽出临图字〔1987〕第 192 号 1988 年内部资料出版，第 36 页。

达吉林省的难民总数就达到 24572 人（表 4-4）。此外，还有很多难民因为种种情况没能列入统计，实际上在 1927 年至 1929 年这三年间至少每年平均约有 16 万关内难民到达东北地区。①

表 4-2　1928 年到达东北地区的难民分布情况表②

地　点	数量（人）
密　山	36416
呼　岭	31428
蛟　河	23986
勃　利	12166
哈尔滨	11364
穆　棱	7481
东　宁	4234
宁　安	1896
五　常	1506
长　岭	1342
庆　安	1322
阿　城	1202
德　惠	937
榆　树	861
扶　余	765
威　河	745
珠　河	678
农　安	655
东　滨	562
总　计	139546

① 诚如前文所述，涌入东北地区的关内难民具有极大的流动性和不确定性，这就为实际的统计工作造成极大的困难，因此，这些统计所得出的具体人数只能说是接近当时的实有人数，并不能达到十分准确的要求。

② Chen Han-seng: *Notes on migratation of nan min to the Northeast*, China council of the Institute of Pacific Relations, Shanghai, 1931, p.27.

表 4-3　1929 年到达东北地区的难民统计表①

从山东步行或乘火车到达东北地区的难民	60000 人
从青岛乘船到达大连的难民	50000 人
通过山东慈善协会到达黑龙江的难民	2400 人
通过北中国饥荒救助协会和天津红十字会到达呼伦厅和海拉尔的难民	1500 人
从河南省到达东北地区的难民	39910 人
总计	153810 人

表 4-4　在 1927 年至 1928 年间到达吉林省的难民分布情况表(山东民众协会统计)②

地点	数量(人)
桦甸	10344
敦化	4983
延吉	2781
吉林	2058
额穆	1177
安达	595
抚松	533
宁安	496
长春	445
珠河	228
汪清	212
海伦	193
珲春	186
通化	181

① Chen Han-seng: *Notes on migratation of nan min to the Northeast*, China council of the Institute of Pacific Relations, Shanghai, 1931, p.9.

② Chen Han-seng: *Notes on migratation of nan min to the Northeast*, China council of the Institute of Pacific Relations, Shanghai, 1931, p.27.

续表

地点	数量(人)
磐石	160
总计	24572

虽说近代的东北地区是主要的人口流入地区,但是东北各地人口流出的情况也是屡见不鲜。其中主要是由于受到兵燹匪患和自然灾害的侵袭所引起的。例如在《热河省公署》的档案资料中就有如下记载:“丰宁共分四区。因兵灾匪患连年未已,一二两区乡间大户久已迁避县城,三四两区自二三年前已无人烟。今夏,保安队来丰驻守。一二两区盗匪已告肃清,大户始得各归故里,惟三四两区之流落他乡者至今仍未归来。查三四两区各户有迁至多伦者,有迁至赤峰者,有迁至察哈尔者。”①又如:“查丰宁县所属,地僻伪隅,幅员辽阔。且各乡连年频遭兵灾、匪患,年景荒歉,人民户口迁徙逃避……查十四年调查全县户口尚有十三万七千五百丁口。截至十六年调查,则剩十一万有奇,十七、十八年又覆调查,剩八万五千余名。”②再如阜新县境内,“上年灾情奇重,民不聊生。当此春融,弃地逃难者时有所闻。现经派警调查西二道河子等村,总计远移出境者计有一百二十余户,人口在八百左右,其余他村亦有三五户或八九户先后逃难”。③ 诸如此类的档案记录非常多,由此可见,近代东北地区人口流动的情况十分普遍,流入和流出的情形时有发生,这不仅充分体现出当时东北地区人口的流动性很强,还能从侧面看出当时的东北社会具有极强的不稳定性。

---

① 《保安总队长请免民间旧欠招接流亡由》,民国十八年十一月十八日(1929 年 11 月 18 日),《热河省长公署》档案,全宗号:JC023,目录号:01,卷号:033462,辽宁省档案馆馆藏。

② 《呈覆调查户口因地方饥馑逃徙流离难定行止现在分催查报》,民国十九年五月十五日(1930 年 5 月 15 日),《热河省长公署》档案,全宗号:JC023,目录号:01,卷号:030662,辽宁省档案馆馆藏。

③ 《阜新县报四区灾民纷纷逃难由》,民国二十年三月九日(1931 年 3 月 9 日),《热河省长公署》档案,全宗号:JC023,目录号:01,卷号:014936,辽宁省档案馆馆藏。

对于近代东北地区人口流动这一问题，池子华先生已进行了深入研究，并通过下表对此试予全面展示。

表 4-5　民国时期"闯关东"流民规模量化表①

年份	流入人数	回流人数	留住定居人数
1912	252000	80000	172000
1913	260000	80000	180000
1914	272000	84000	188000
1915	280000	100000	180000
1916	259000	60000	199000
1917	304000	85000	219000
1918	272000	120000	152000
1919	330000	110000	220000
1920	336000	115000	221000
1921	362000	132000	230000
1922	368000	134000	234000
1923	341368	240565	100803
1924	384730	200046	184684
1925	472978	237746	235232
1926	566725	323694	243031
1927	1050828	341599	709229
1928	1089000	578000	511000
1929	1046291	621897	424394
1930	748213	512793	235420
1931	467407	408000	59407

① 池子华:《中国流民史·近代卷》,安徽人民出版社 2001 年版,第 125—126 页。

续表

年份	流入人数	回流人数	留住定居人数
1932	414034	449000	-34966
1933	631957	448000	183957
1934	690925	439628	251297
1935	519552	495009	24543
1936	436739	452294	-15555
1937	320000	250000	70000
1938	492000	192000	300000
1939	810000	312000	498000
1940	1050000	650000	400000
1941	920000	560000	360000
1942	950000	470000	480000
1943	930000	524000	406000
1944	600000	283000	317000
1945	400000	251000	149000
1946	380000	360000	20000
1947	350000	410000	-60000
1948	250000	350000	-100000
1949	240000	380000	-140000
合计	19847747	11840271	8007476

即便近代的东北地区在吸纳了大量关内移民之后,仍旧是地广人稀,尚有大片荒地有待开发。如下表所示,以 1930 年的吉林省和黑龙江省(含呼伦贝尔)为例,1930 年吉林省的土地面积约 28.8 万平方公里,人口 925 万人,人口密度为每平方公里 32.1 人;1930 年黑龙江省(含呼伦贝尔)的土地面积 67.6 万平方公里,人口 588 万人,人口密度仅为每平方公里 11.6 人。近代东北地区的人口吸纳能力着实令人惊叹!

表 4-6　1930 年东北地区北部面积、人口和人口密度统计表①

区域	面积(平方粁②)	人口(人)	人口密度(人/粁^2)
吉林	288100	9250000	32.1
黑龙江	520500	5820000	11.2
呼伦贝尔	155600	60000	0.4
合计	964200③	15130000	15.7

注:本统计表据 1930 年中东铁路经济调查局报告编制而成。

此外,对于东北地区内部人口流动情况的记载也很多,其中也多是出于兵燹、自然灾害及人们自身需要而产生的自然流动,但是也有地方政府出于灾荒赈济的需要人为组织的移民行为。如:"咸丰二年十二月乙亥(1853 年 2 月 1 日)谕内阁。前据奕兴奏:奉天灾歉,地方旗丁出外谋生……兹据奏称:该旗丁等实因本年金州、复州田禾灾歉,贫苦无资,暂住双城堡就食……俟年岁丰收,仍各归本期,以安生业。"④这种移民救荒的情况之所以能够在近代的东北地区出现,而不在同时期的华北地区或者华东地区出现,也是因为近代的东北地区存在大量富余的土地可供开发,从而保证这种移民救荒的政策得以实现。

近代东北地区城市居民的组成结构并不复杂,总体上呈现出男多女少的态势,且汉族人已经占据总人口的 90%,满族和蒙古族则成为近代东北地区人口最多的两个主要少数民族。在职业分布方面,传统意义上以"士农工商"为标准的四民划分仍旧存在,且在城市居民的职业划分中占据主体地位,但以极少数的工业资本家和初具近代外貌的银行金融资本家为代表的新兴职业群体已经出现,并日渐取代传统社会中"士"人的社会地位成为新的四民之首。

近代东北地区城市居民男多女少的总体态势并非一朝一夕形成的,它有

① 本统计表据 1930 年中东铁路经济调查局报告编制而成。引自哈尔滨满铁事务所编、汤尔和译:《北满概观》,上海商务印书馆 1937 年版,第 1—2 页,略有改动。

② 粁:公制长度单位,"千米"的旧称。

③ 其中"北满"为 664000 平方粁。

④ 郑毅主编:《东北农业经济史料集成》第 1 卷,吉林文史出版社 2005 年版,第 277 页。

一个日渐发展的缓慢过程,然而在传统的史籍与地方志书中大多只统计记载了当地的户数和丁口数,并没有将男女人口数分别进行记录。之所以会出现这种记录情况,是与历朝历代均重视丁口数以便按丁征税有关。进入民国,随着男女平权的思想日渐深入人心,在各类史志的记载中才出现男女人口数的分别统计数据,因此,下文所述的男女人口数及其比例,均以民国时期的统计数字为依据。

根据数据统计可知,时至民国时期,东北地区男多女少的性别构成态势已经形成,且在东北各地的地方志中均有所反映。例如:在《吉林新志》中对吉林省全省的男女人口情况就有详细的记录,“中华民国十八年(1929),吉林省人口共 1062849 户,男 4143597 人,女 3196397 人,共计 7339994 人”。[①] 又如:在《黑龙江志稿》中也有类似记述,“中华民国十八年(1929)统计,全省户六十一万五千七百九十,口三百七十三万一千二百二十,男子二百一十三万零八百四十六口,女子一百六十万零三百七十四口”。[②] 由上述两则材料可知,时至 1929 年,吉林省和黑龙江省两省男多女少的性别构成也已经形成。

此外,在对城市居民性别构成的调查统计中,男多女少的总体态势也已经形成。如:在《盖平县乡土志》中就有如下记载,1920 年,盖平县全县人口共有“户数:七万三千六百八十七户。男数:二十四万三千一百四十一口。女数:十九万六千八百三十四口。男女总数:四十三万九千九百七十五口。”[③]此时,盖平县男多女少的性别构成已经形成。又如下表所示,1920 年,吉林省吉林市的男性居民人口数已经超过女性居民人口数,全市居民男多女少的态

① 刘爽:《吉林新志》下编,《第三章人民 · 第二节户口及其分布》,辽东编译出版社民国二十三年(伪满康德元年,1934 年)版,第 177 页。

② 万福麟监修,张伯英总纂,崔重庆等整理:《黑龙江志稿》卷十二,《经政志 · 户籍》,《黑水丛书》上册,黑龙江人民出版社 1992 年版,第 534 页。

③ 崔正峰修、郭春藻辑:《盖平县乡土志》未分卷,《户口》,民国九年(1920)石印本,第 54 页。

势已经形成。另据 1929 年的调查统计可知，“（吉林）省城居民共 18187 户，男 63125 人，女 37701 人，共计 100826 人”。① 由此可见，时至 1929 年，吉林市城市居民男多女少的态势仍旧持续，且男性居民与女性居民的人口差由 1920 年的 25364 人发展到 1929 年的 25424 人，男女人数的差距在缓慢拉大。

综合上述材料，我们可以大胆推定，在整个民国时期，东北地区各个城市的居民性别构成大都呈现出男多女少的总体态势，且男女性别的差距在缓慢拉大。

表 4-7　1920 年吉林省会警察厅境内居民总数表②

区　别	户数	男数	女数
第一区署	2350	13360	2903
第二区署	2364	8776	5043
第三区署	3704	12075	7647
第四区署	2712	8294	5786
第五区署	3736	11477	7239
总　计	14866	53982	28618

近代东北地区城市居民的性别构成之所以会呈现出男多女少的总体态势，其最主要的原因是这个时期移入东北地区的移民主要为男性。如下表所示，根据在吉林的山东民众协会和在黑龙江慈善协会的调查统计，我们可以看出这些移民中男性总计 19690 人，占 40. 16%，女性总计 12892 人，占 26. 29%，儿童总计 16453 人，占 33. 55%，男性比女性多出 6798 人。

---

① 刘爽：《吉林新志》下编，《第三章人民 · 第二节户口及其分布》，辽东编译出版社民国二十三年（伪满康德元年，1934 年）版，第 177 页。

② 《吉林省会警察厅境内居民总数表》，《吉林全省警务处》民国九年（1920 年），档案号：J156，全宗号：08，卷号：0168，吉林省档案馆馆藏档案。另：近代吉林省的省会在今吉林省的吉林市，并非今长春市。

表 4-8　吉林山东民众协会和黑龙江慈善协会关于移民性别的调查统计表①。

移　民	男　人		女　人		儿　童	
	数量(人)	百分比(%)	数量(人)	百分比(%)	数量(人)	百分比(%)
1927 年至 1928 年间从山东到达吉林	8402	31.23	7104	26.41	11394	42.36
1929 年间从河南到达黑龙江	11288	51.00	5788	26.15②	5059	22.85
总计	19690	40.16	12892	26.29	16453	33.55

为什么在到达近代东北地区的移民中男性会多于女性呢？笔者认为这主要是由于以下三点原因决定的。

首先,男性在艰苦的移民过程中更容易生存下来。如前文所述,前往东北的移民大多都是华北地区的贫困农民。他们的家乡受到灾害,生活来源断绝,无法维持生计。在这种情况下迫不得已前往东北地区讨生活,因此,这些移民大都赤贫,沿路乞讨来到东北。一路上,千难万苦,冻饿或染病而死的人很多。在这种困难的条件下,男性比女性更容易生存。因此,在到达近代东北地区的移民中男性会多于女性。

其次,近代东北地区各个城市的快速发展更需要男性劳动力。近代的东北地区许多城市快速发展,城市经济初步腾飞,尤其是工矿类等重工业的出现和初步发展,加之初步城市化的进程开始,大量城市建设工程出现,这些都需要大量的劳动力与之相应配套。与女性相比,男性劳动力显然更适合这些劳动岗位。这也影响了到达近代东北地区的移民性别构成。

最后,“女性操持家务,男性外闯谋生”的传统家庭分工观念也在一定程度上影响了移民中的性别比例。按照中国传统的家庭分工观念,女性应该

① Chen Han-seng: *Notes on migratation of nan min to the Northeast*, China council of the Institute of Pacific Relations, Shanghai, 1931, p.18.

② 河南的女性难民中很少有年龄在 20 岁以下的。

在家中教育子女，操持家务，而男性应该外出谋生，保障家庭经济收入。这种家庭分工观念时至今日在传统文化相对繁盛的华北地区仍旧占据着主流地位。或多或少受此思想影响，外出离家，到东北地区谋生的男性移民要多于女性。

此外，大量外来的汉族移民及其后裔使得汉族的总人口已占近代东北地区总人口的90%①，远远超过满族和蒙古族的总人口成为近代东北地区城市居民的主体。在近代东北地区的各个少数民族中，满族人分布最为广泛，从黄海海滨到黑龙江流域的整个东北地区均有满族人生产生活，其中在吉林和黑龙江两省分布的人口最多。满族人以城市为生活中心，如近代东三省的三个省会城市沈阳、吉林和齐齐哈尔，辽东半岛上的复州和熊岳等大中城市都是满族人的主要活动中心。蒙古族人主要分布在辽宁省的西北部、吉林省的西北部和黑龙江省的西部和西南部，仍以传统的游牧生活方式为主，在城市中定居生活的人数较少。

城市与乡村的居民有着各自不同的职业和分工。以职业作为区分标准的方法古已有之，例如：管仲将城乡居民划分为“士、农、工、商”这四大类，即所谓传统社会中的“四民”。虽然这种划分方法并不十分准确完备，且“四民”之间的流动与相互转换也很频繁，但是以士、工和商这三类人组成城市居民，以农民组成乡村居民的基本城乡居民结构，却被精确地反映出来，以至于历朝历代均以“四民”作为对划分城乡居民职业分布情况的基本标准。

近代东北地区城乡居民的职业分布仍是按照“四民”这一基本分类原则进行调查统计的，只是由于某些新兴职业的产生而略作增补。如：1929年对于吉林省全省人口职业分布情况的调查中就有如下记载，“职业分类：农约2500000人，学约30000人，工约200000人，军约24000人，商约250000人，政

① Alexander Hosie, *Manchuria: Its People, Resources And Recent History*, London: Methuen & CO. Press, 1904, p.156.

约16000人”。[①] 在这段文字记载中,不仅按照“士、农、工、商”即所谓的“四民”进行分类(“政”类可看作“士”类的变称),还根据实际情况增加了“学、军”两大类进行统计。

从这段记述中还可以看出,“农”类的从业人口数最多,约250万人,约占吉林省各行业总人数的82.78%,占据绝对多数;“商”类的从业人口次之,约25万人,约占吉林省各行业总人数的8.28%;“工”类的从业人口再次之,约20万人,约占吉林省各行业总人数的6.62%;“政”类的从业人口最少,约1.6万人,约占吉林省各行业总人数的0.53%;其他的如“学”和“军”两类的从业人口也不多,分别约为3万人和2.4万人,约占吉林省各行业总人数的0.99%和0.79%,均不足1%。总体来说,近代吉林省的农业人口占全省总人口的80%左右,居主体地位,非农业人口占全省总人口的占20%左右。这个比例值在黑龙江省也大致如此。如:据1919年东省铁路经济调查局的调查,“乡村民约占人口总数百分之八十或百分之九十”。[②] 由此可以推断,近代东北地区的农业人口与非农业人口所占的比重基本在80%和20%左右,同时这也是乡村居民和城市居民的大致比例。

当然这个农业人口与非农业人口的比例值只是一个大概的数值,并不精确。在商业相对繁荣的地区非农业人口就会相应多些,而在农业相对发达的地区农业人口则会相应多些。如:据1919年东省铁路经济调查局的调查,“在龙江、滨江、呼兰、双城及各商务繁盛县分(份),城市民较多,约居总数百分之二十强,而偏僻县分(份)之乡村民数,则约居百分之九十强。各农业盛兴之区,乡村民约占百分之九十八或九十九(各雇工人亦在此数内)”。[③] 况且,生活在沿河地区的农民在农闲时会兼营捕鱼,生活在林区的农民在农闲时会兼

① 刘爽:《吉林新志》下编,《第三章人民·第二节户口及其分布》,辽东编译出版社民国二十三年(伪满康德元年,1934年)版,第177页。

② 东省铁路经济调查局:《北满农业》,中国印刷局1928年版,第44页。

③ 东省铁路经济调查局:《北满农业》,中国印刷局1928年版,第44—45页。

营采药、采参、采蘑菇、打柴等副业。因此，这个比例值在理论上也应随之相应浮动。

传统的“士、农、工、商”之外的某些行业已经具有一定的近代性质，或已经开始近代化转变，进而形成许多新兴的职业类型，如近代化的工业、交通运输业和银行业等。以银行业为例，近代的东北地区本没有近代意义上的银行业，只有传统社会中的钱庄和票号。近代伊始，随着许多外资银行进入东北地区，近代的银行业才出现在东北大地，如英国汇丰银行、美国花旗银行、日本横滨正金银行等纷纷在各大城市设立分行抢占金融市场。面对来势汹汹的外资银行，以东北地方政府为主导的中资银行继而奋起应对，力争捍卫金融市场的独立主权，如东三省官银号和边业银行等。它们采用近代的经营方式和管理理念运营，完全不同于传统的钱庄和票号，成为近代东北地区的新兴行业。

此外，男性与女性之间的职业界限逐渐破除，职业女性逐渐增多，并为社会所接受。在中国的传统社会中，由于受到封建礼教和社会观念的束缚，“男主外，女主内”成为家庭分工的最主要形式，女性极少参与家庭以外的社会工作。近代以来，随着男女平权思想的逐步普及，对女性的教育日渐兴起，这些受到教育的女性渐渐走出家庭，参与到社会工作中，传统的“男外女内”的家庭分工模式已被打破。如《吉林新志》记载：“其始也只见乎中小学教职员及火柴工厂之小工。继之则家庭商店（即夫妇小商店）见于京哈省城等通邑。今则女子缝纫工厂，遍吉林京哈各市。”①可见，女教师、女店员、女工等职业女性逐渐增多，女性参加工作已被全社会认可，并成为普遍现象。

总体而言，近代东北社会仍然是一个以“士、农、工、商”为主体的传统社会。但是，事实上，无论是在城市还是乡村中，始终还存在着不属于“四民”中任何一类的职业群体，姑且称之为“游民”。如僧、道、医、卜、娼、优、隶、卒、剃发、轿夫、鼓吹、裁缝、仆役、仵作等。“在总体上，这类‘不士不农不工不商之

① 刘爽：《吉林新志》下编，《第三章人民·第六节生活状况》，辽东编译出版社民国二十三年（伪满康德元年，1934年）版，第229—230页。

人',往往被认为是社会的寄生成分,是所谓'浮民''游民'或'游惰之人',因而社会地位低下。而其中操贱业的贱民,更为社会所轻贱,遭受法律和习俗的种种歧视性限制。"①然而,他们也是近代东北地区社会生活的主体之一。

在这个社会中,最底层的是占据人口总数80%的贫雇农和城市中的底层雇佣工人,他们承受着半封建社会制度下的种种盘剥,他们是整个社会的基础;在这个基础阶层之上的是中农、富农、大中小各类地主、城市中的中上层雇佣工人和高利贷从业者,以及收购农产品转销城市,并将生活必需品贩卖给农民的小商人;再上一层的是城市中的中等商人、手工业工厂主、旧式钱庄票号的掌柜和各级中小官僚,他们之间相互勾结,兼营高利贷,在城市中形成一股势力;最高一层的是掌握经济主导权的外国势力、依附于外国势力的买办阶层、大官僚、城市中的大商人、初具近代形态的工业资本家和银行资本家。近代的东北社会是由上述四个阶层一同构成,其半封建半殖民地的性质十分明显,是一个传统的农业社会与近代资本主义社会有机结合所产生的混合社会。

在近代东北的历史上,大连及满铁附属地是属于日本的殖民范围②,中国政府无权过问这片特殊区域内的任何事物,正是这种特殊的政治地位造就了满铁附属地内特殊的生活环境。然而,生活在满铁附属地内的居民大多属于城市居民,过着城市生活,并时时刻刻影响着附属地以外的城市生活。他们作为近代东北地区城市生活的主体之一,同样应当成为本研究的对象。

满铁附属地的居民主要由中国人和日本人组成。中国居民除了最初就生活在该地区及周边的原住民外,还包括大量的关内移民,正如上文所述,他们主要来自华北地区,且人数众多。中国居民约占附属地居民总人口的85%—90%。日本居民主要由两类人组成,一类是满铁各级各类的工作人员,他们主要负责满铁的组织和运营;另一类是商人,他们在整个东北地区从事商业贸

① 姜涛:《中国近代人口史》,浙江人民出版社1993年版,第281页。

② 日占时称大连为关东州。为方便阅读起见,下文统一将关东州改称大连,特此说明。

易。日本居民的总人口约占附属地居民总人口的8%—10%。另外,从下面两张表格也可以看出,历年来中国人移居大连及满铁附属地的总人数也是远远超过同时期日本人移居大连及满铁附属地的总人数。

表4-9　大连人口增加情况表①

单位:人

	1905年	1910年	1930年	1935年
日本人	5025	36668	116052	159749
朝鲜人	——	2	1794	3251
中国人	369762	425599	820534	955514
第三国人	34	112	734	1356
总计	374821	462381	939114	1119870

表4-10　满铁附属地人口增加情况表②

单位:人

	1905年	1910年	1930年	1935年
日本人	3821	25266	99411	190508
朝鲜人	——	384	15900	31415
中国人	7675	31774	235016	278385
第三国人	——	13	1769	1088
总计	11496	57437	352096	501396

综上可见,虽然近代日本向东北地区的移民很多,增长速度很快,但是中国人仍旧占据满铁附属地总人口的绝大多数。之所以会出现这样的情况,与日本侵略的侧重点有很大关系。相对于上海、广州、天津等地的租借地,满铁附属地有很大的不同。上海、广州、天津等地的租借地只是帝国主义进行经济

① [日]满史会编,东北沦陷四十年史辽宁编写组译:《满洲开发四十年史》上卷,辽出临图字〔1987〕第192号1988年内部资料出版,第48页。

② [日]满史会编,东北沦陷四十年史辽宁编写组译:《满洲开发四十年史》上卷,辽出临图字〔1987〕第192号1988年内部资料出版,第48页。

侵略的临时据点，因此，这些租借地严格限制中国人入界居住。而满铁附属地则是日本帝国主义准备长期占领东北地区的试验田，因此，满铁附属地要充分利用中国的资源，要与中国人建立良好的关系，大力输出日本的生活方式、思想文化和价值标准，以此吸引中国人到附属地居住，并同化他们，最终为侵占和吞并东北地区服务。正是基于此种侵略理念，满铁附属地从未出现驱赶排斥中国移民的情况。

不过需要指出的是，沙俄在对于中国人进入中东铁路附属地定居问题的态度上与日本截然相反，大多采取限制和强制驱逐的方式对待中国移民。如：在1916年的《远东报》上就明确记载沙俄曾在哈尔滨大规模驱逐中国移民。“本埠道里租界多有贫而失业之华民布散街衢，实于地方秩序大有关碍。月之七、八两日，经俄巴厘司先后圈有贫民六百余名，送由吉林交涉局查验，即用瓦罐车载回长春”。① 又如：“前道里某俄商失慎被盗，当呈报该管巴厘司屡缉盗贼未获，嗣以此等偷窃多由华人贫迫所为，该巴厘差作特由三十六棚中国各街赶圈华人约百三十余名，照会吉林交涉局签押后将贫民由瓦罐车移至长春。”②

生活在大连和满铁附属地的中国人都从事哪些职业呢？对这一问题的回答可以让我们更好地理解附属地内社会生活的总体情况，因此，在这里拟对此问题进行初步探索，并尝试性作出粗浅的回答。

宣统二年（1910），生活在大连及满铁附属地的中国人总计有457373人，其中有职业者为15万人，而从事农业和水产业的人数为9.4万人，约占有职业者15万人的63%。这个数字略低于当时东北地区的农业人口比率80%（前文推断得出）。至1935年，生活在大连及满铁附属地的中国人总计有123.3万人，其中有职业者猛增至46.3万（不含自由职业和其他职业者），从事农业和水产业的人数为16.6万人，在有职业者中的比率下降至35.85%

---

① 《道里查圈贫民》，《远东报》民国五年六月十日（1916年6月10日），第3版。

② 《圈移贫民》，《远东报》民国五年七月六日（1916年7月6日），第3版。

（具体的职业分布情况详见下表），从事工矿业、商业和交通业的人数为27.64万人，约占有职业者的59.70%，远超从事农业和水产业的人数。而在满铁附属地从事农业和水产业的人数更少，只有4300人，约占有职业者13.1万人（不含自由职业和其他职业者）的3.28%，从事工矿业、商业和交通业的人数为11.67万人，约占有职业者的89.08%，远远超过从事农业和水产业的人数。这种职业分布情况说明生活在满铁附属地的中国人几乎没有从事农业的，大多从事工矿业、商业和交通业等非农行业，这与近代东北其他地区中国人的职业分布情况截然相反。

表4-11　1935年大连及满铁附属地中国人口的职业分布情况表①

单位：千人

职业名称	大连	满铁附属地	总计	比率（%）
农业	144.8	4.3	149.1	27.2
水产业	16.9	0	16.9	1.3
矿业	2.6	29.1	31.7	5.8
工业	56.1	33.2	89.3	16.3
商业	61.7	47.5	109.2	19.9
交通业	39.3	6.9	46.2	8.5
自由职业	14.5	8.0	22.5	4.1
其他	35.0	23.0	58.0	10.6
家务劳动者	9.6	10.6	20.2	3.0
无职业者	2.9	0.8	3.7	0.6
以上小计	383.4	163.4	546.8	100.0
家属	571.0	115.1	686.1	—
总计	954.4	278.5	1232.9	—

日本对东北地区的移民大致起始于日俄战争结束后。光绪三十二年（1906），日俄战争结束后，日本从沙俄手中夺取了大连和满铁附属地等诸多

① ［日］满史会编，东北沦陷四十年史辽宁编写组译：《满洲开发四十年史》上卷，辽出临图字〔1987〕第192号1988年内部资料出版，第49页。

权利,当时东北地区增加的日本人只不过16613人,后来逐年均有所增加。为了能够更好地侵占东北地区,日本政府开始大规模向东北地区移民。如下表所示,至1930年,日本向东北地区的移民新增了233749人,约是1906年新增人数的14倍。这些新增的日本移民主要集中居住在大连和满铁附属地内,总计215463人,占日本当年新增移民总数的92.18%。九一八事变后,日本侵占整个东北地区,日本新增移民的数量也随之急速增长。至1940年,日本新增移民的总人数已达到1065072人,而且主要居住的区域也从大连及满铁附属地扩展至整个东北地区。

从中不难看出,日本新增移民数量的多少与日本侵略势力的强弱直接相关,当日本侵略势力刚刚进入东北地区尚处于弱小阶段时,日本新增移民的数量也相对较少,且主要居住在大连及满铁附属地内,即所谓日本的势力范围内;当九一八事变后,日本侵略势力极具膨胀,遍布整个东北地区,这时日本新增移民的数量也迎来了井喷式增长,且主要居住的地区也不仅仅局限与大连及满铁附属地内,而是向整个东北地区延展。这就说明日本向东北地区移民的主要目的是为了巩固自己的侵略势力,并为进一步长久侵占东北地区服务。

表4-12　东北地区日本人口增加情况表①

单位:人

年度	大连	满铁附属地	小计	其他地区	总计
1906	12792	3821	16613	—	—
1910	36668	25266	61934	14407	76341
1915	50176	34396	84572	16993	101565
1920	73894	61576	135470	24590	160060
1925	90542	83620	174162	13826	187988
1930	116052	99411	215463	18286	233749

① [日]满史会编,东北沦陷四十年史辽宁编写组译:《满洲开发四十年史》上卷,辽出临图字〔1987〕第192号1988年内部资料出版,第46页。

续表

年度	大连	满铁附属地	小计	其他地区	总计
1935	159749	190508	350257	144451	494708
1940	202827	—	—	862245	1065072

再来看看日本移民的职业分布及其变化情况。九一八事变前，东北地区的日本人主要分布在日本管辖下的大连和满铁附属地，因此，对于这两个地区日本人的职业分布情况进行统计，就可以看出九一八事变前在东北地区活动的日本人都在从事哪些职业。如下表所示，1930 年以前，东北地区的日本人主要从事工业、商业、交通业及自由职业，且从业人数逐年增加；从事农业和水产业的人数极少，且从业人数增长极其缓慢。这说明这个时期东北地区的日本人主要生活在城市里，过着城市生活，几乎没有人生活在农村，而且这种职业分布情况一直持续到 1935 年。如果说这个时期日本人在农业上能够与近代东北地区产生些许联系，也只能是通过商业途径，如对大豆及大豆制品的收购与贩卖。因此，可以说 1935 年之前，东北地区的日本人主要生活在城市，并对所在城市和城市的社会生活产生了一定的影响，但对近代东北地区的农村和农村的社会生活产生的影响较小。

表 4-13　大连及满铁附属地日侨人口变动情况表①

单位：人

职业名称	1910 年	职业名称	1930 年	职业名称	1935 年
农业	195	农业	971	农业	1112
水产业	197	水产业	275	水产业	552
工业	3844	矿业	1841	矿业	2773
商业交通业	4445	工业	14888	工业	28742
工人	3144	商业	17946	商业	33191

①　［日］满史会编，东北沦陷四十年史辽宁编写组译：《满洲开发四十年史》上卷，辽出临图字〔1987〕第 192 号 1988 年内部资料出版，第 46 页。

续表

职业名称	1910 年	职业名称	1930 年	职业名称	1935 年
自由职业者	3072	交通业	16279	交通业	23814
其他	12684	自由职业者	17632	自由职业者	29512
家务劳动者	632	其他	3402	其他	7115
无职业者	243	家务劳动者	1545	家务劳动者	5781
总计	28456	无职业者	803	无职业者	1779
家属	33882	总计	75582	总计	134371
人口总数	62338	随从人员	139881	随从人员	210902
		人口总数	215463	人口总数	345273

注:按照不同职业划分。

实际上,在东北地区出现这种日本农业移民增长缓慢,日本人没有快速占领东北农村的客观情况是完全出乎日本政府意料的。时任满铁第一任总裁的后藤新平就曾设想,不出十年的时间日本就会向东北地区移民 50 万人;宣统二年(1910)时任日本外务大臣的小村寿太郎也曾在议会上提倡用 20 年时间向东北地区移居日本人 100 万。然而,至九一八事变前的 25 年间,“移居满洲(包括关东州属地商埠地在内)的日本人才只有 23 万,大部分都是从事各方面开发活动的人员及其家属,农业移民不足 1000 人”。①

针对当时已经出现的日本农业移民增长缓慢的情况,当时的日本政府将此归结为中国农民的生活水平低,日本农民无法与之竞争,“日本农业移民如此出乎意料地不旺盛,原因之一就是由于中国农民的生活水平低,无法同他们竞争。所以在满洲事变以前,日本的经营满洲,在移民方面完全失败了”。②然而,笔者认为近代东北地方政府实行地“招徕流民,移民实边”的政策才是减缓日本农业移民最有效的抵制措施。正是这些中国移民率先开垦了东北地

① [日]满史会编,东北沦陷四十年史辽宁编写组译:《满洲开发四十年史》上卷,辽出临图字〔1987〕第 192 号 1988 年内部资料出版,第 11 页。

② [日]满史会编,东北沦陷四十年史辽宁编写组译:《满洲开发四十年史》上卷,辽出临图字〔1987〕第 192 号 1988 年内部资料出版,第 11 页。

区广袤的处女地，并凭借其令人赞叹的吃苦耐劳精神生存下来，从而在客观上抵制了日本对东北地区的农业移民侵略。为了一改日本农业移民增长缓慢的情况，也为了加快日本侵占和同化东北地区广大农村，自 1936 年 5 月起至 1945 年止，日本政府先后组织了 14 批，总计约 30 万人的开拓团，前往东北地区进行农业移民。近代东北地区日本人的职业分布才因此发生改变。

第二节　小家庭逐步取代大家族成为城市居民的主要家庭形式

在家庭与家族的构成方式上，近代东北地区的城市居民经历了一个由传统大家族制度向小家庭制度转变的过程。在这个转变的过程中，妇女的社会地位有所提升，由妇女提出申请的离婚案件开始增多，传统意义上的纲常制度趋于瓦解。在邻里关系方面，“大杂院”式的邻里关系则成为底层百姓间互帮互助的主要外在表现形式。

每一个生活在城市中的居民都不是孤立的，他需要与周边其他的城市居民建立起各种各样的联系，并借助这些联系谋得生存。而在这些联系之中最为重要的联系就是家庭和家族。正如《城市社会学》一书中阐释的那样，“现代人的文化以都市文化为其特征，它有别于乡村文化——它依赖于个人之间的联系，以及直接参与家庭、宗族和村落集体的公共生活”①。

在家庭与家族的构成方式上，近代东北地区的城市居民仍然以传统的大家族为主体，但是小家庭的生活方式已经逐步产生，且大家族制度开始逐步瓦解。在总体上，呈现出一个由传统大家族制度向小家庭制度转变的过程。如：《吉林新志》中记载：“（吉林）省内大族或及一二百口。而自三二十口及四五十口者为多。虽近年因人烟稠密生活较艰，加之小家庭制度之崇拜与便利，随

① ［美］R.E.帕克、E.N.伯吉斯、R.D.麦肯齐著，宋俊岭、郑也夫译：《城市社会学——芝加哥学派城市研究》，商务印书馆 2012 年版，第 131 页。

新教育之发展而加甚及显著,久年大家已多析居。然五世同堂、九世同堂之大家固所在尚有也。请褒奖、贺同居之风习亦时有所闻也。"①由此可见,在近代东北地区按照大家族制度生活的城市居民和按照小家庭制度生活的城市居民都是存在的。

那么是什么原因使得传统意义上大家族制度趋于瓦解而小家庭制度得以建立呢?究其原因归纳起来大致有以下三点。

首先,大家族制度自身的缺陷是大家族制度瓦解的根本原因。

随着时代的发展和社会的进步,传统意义上的大家族制度越来越受到冲击,近代东北地区的大家族制度也受到冲击,并开始逐渐瓦解。其中大家族制度自身的缺陷是大家族制度瓦解的根本原因。

按照大家族制度,一个大家族基本是由一位家长全权负责。如果这位家长治家能力高超,且能够满足所有人的利益需求,这个大家族才能稳定发展;反之,如果这位家长政令不一,偏袒偏护,则家族内部往往是非众多,议论横生。轻则家务废弛,重则分家打官司,而家长往往成为众矢之的,承受家族各方面的埋怨,甚至唾骂。此外,一个大家族中大多子女众多。各个子女共同生活在一起,共同使用家族的钱财,其间产生的矛盾和龃龉必然很多。如果再有许多儿媳参与其间,则解决起来会更加困难。"故因以演成婆媳之反目、父子之离二者,比比皆是……及妯娌间之种种问题亦为其因。"②这些都是大家族制度自身存在又难以克服的缺陷,同时也大家族制度逐渐瓦解的根本原因。

其次,大量关内的移民加速了小家庭制度的建立。

近代东北地区的城市社会是一个移民社会,其中最主要的移民是从山东、河北、山西、河南以及内蒙古等华北地区"闯关东"而来。由于迁徙的路途遥

---

① 刘爽:《吉林新志》下编,《第三章人民 · 第六节生活状况》,辽东编译出版社民国二十三年(伪满康德元年,1934 年)版,第 228 页。

② 刘爽:《吉林新志》下编,《第三章人民 · 第六节生活状况》,辽东编译出版社民国二十三年(伪满康德元年,1934 年)版,第 228 页。

远且生活艰辛，这些移民往往是以小家庭为单位，甚至其中很大一部分是单身男性移民。大量的关内移民促使近代东北地区城市社会的发生改变，也加速了传统大家族制度的瓦解和小家庭制度的建立。

当时在东北地区传教的苏格兰长老会传教士杜格尔德·克里斯蒂（Dugald Christie，中文名字司督阁）就曾注意到这个社会现象，并在自己的回忆录中记述如下："奉天与欧洲城市，尤其是英国城市有着明显的不同。与中国境内其他地区的城市也有很大区别：男性人口远远超过女性。奉天钱庄和当铺的老板，把女眷留在遥远的山西；众多的直隶商人，每年回家探亲一次；难以计数的手工艺人和体力劳动者，根本没有考虑把妻子从老家接来团聚……所有住在奉天的人，大部分为赚钱而来……小家庭的数目也在不断增多。"①

另外，从一些"闯关东"移民的口述中也能从侧面证明当时关内到东北地区的移民中有很大一部分是单身男性移民。如：高绪远口述："我上过六年学，1930年我去东北时，那年我十六岁。我舅舅在长春开副食品商店。舅舅回家把我带去。因为我有文化，就在他开的商店里当记账会计。每月工资五十元……到东北五年后，我回家结婚。妻子留在家里，我又回去当店员。"②又如刘长泰口述："我家世代很穷，在我小时候，家里只有一间房，一分地也没有。父亲十六岁（1894）从蓬莱坐风船到辽宁营口。开始到店铺学生意，因上过几年学，当会计，以后店家看着他有能力，便让他当采购，当时叫跑经济，经营烟土，来往于营口—上海—厦门之间，串通交易，能挣不少钱。他每年回家一次，捎回些钱来……我上学六年，十五岁（1922）跟着本村一个邻居到营口去找父亲。到那里开始学生意，站柜台，当学徒。"③

最后，西方的新思想和新生活方式促进了小家庭制度的发展。

---

① 杜格尔德·克里斯蒂（Dugald Christie）著，伊泽·英格利斯（Iza Inglis）编，张士尊、信丹娜译：《奉天三十年（1883—1913）——杜格尔德·克里斯蒂的经历与回忆》，湖北人民出版社2007年版，第16页。

② 路遇：《清代和民国山东移民东北史略》，上海社会科学出版社1987年版，第130页。

③ 路遇：《清代和民国山东移民东北史略》，上海社会科学出版社1987年版，第133页。

近代东北地区的城市居民接受了一些西方的新思想和新生活方式,如自由平等、男女平权、一夫一妻制等,这些新思想和新生活方式大大提高了妇女在家庭中的地位,从客观上也促进了传统大家族制度的瓦解和小家庭制度的发展。

在家庭中妇女的地位的提升可以从民国时期逐渐增多的离婚案中窥知一二。如:1923 年 11 月 14 日的《盛京时报》上就曾刊载《离婚之刍议》这样一篇评论,"国人思想发展之结果,婚姻关系人一生之苦乐,形式上虽注重在伦理上之结合,而实际上尤需赖性理之调适,徒有伦理上死板生挨,生拉硬扯,未有不发生问题者。今则科学昌明,神权日衰,思想解放之花大开。离婚案件之增加,除非我们认为人类思想发展是不好事,因此非但不容反对,还当原谅,还当援助"。① 在离婚案件中,妇女在法庭上为自己的权益诉讼,用法律手段维护自己的权益。这在传统的社会生活中几乎是不可能出现的,这也标志着传统意义上的纲常制度趋于瓦解。

除了家庭与家族,城市居民的邻里关系也是城市居民所建立的各种社会联系中较为重要的社会关系之一。在近代东北地区的各个城市中,富裕的大户人家大都选择居住在传统的四合院或西式的洋楼,各自独门独院,聚族而居,家庭与家族关系相对紧密,而邻里之间相互往来较少,邻里关系也相对淡薄。与此相对,贫穷的普通百姓大都居住在"大杂院",天南海北的各色人会集在一起,往往一个大院子里居住着许多小家庭。相对于独门独院,聚族而居的大户人家,"大杂院"里普通百姓的家庭与家族关系要淡薄一些,而邻里之间却由于往来频繁,彼此间的相互关系则要紧密许多。

这类的"大杂院"广泛分布于近代东北地区的许多城市。例如,沈阳市的铁西区、大连市的西岗区和长春市的商埠地居住区等。这种"大杂院"的大多采取封闭式建筑格局,且建筑密度非常高,几乎都是在街道内见缝插针、乱搭

① 《离婚之刍议》,《盛京时报》民国十二年十一月十四日(1923 年 11 月 14 日),第 1 版。

乱建，尽可能多地分割出一个个小居室，再分别以低廉的价格出租出去。在这种封闭式的“大杂院”里生活的大多是中下层的中国劳工和贫苦的关内移民，在平日里他们相互交往，组成一个个相互联合的小团体，遇到困难时他们彼此间互相帮助、互相保护，使得居住在“大杂院”里的居民形成了极强的归属感。这种紧密的邻里关系逐渐取代了传统的家族关系，成为广大中下层贫穷的普通百姓的主要社会关系。正如《城市社会学》一书中阐释的那样，“在这里（城市），大多数生存的利益和价值都经过了合理化的改革，化成可以度量的各种单位，甚至化为可供交换或出售的物体。在城市中，尤其在大城市，生存的外界条件如此明显地设法来满足人们清楚认识到的各种需要，以致处于智力底层的人们必然会被导向按照宿命论和机械论的方式来进行思维”。①

此外，在近代东北地区城市居民的邻里关系中，小学教员往往被树立为邻里居民之中的楷模，在家庭生活、道德标准和处事作风等方面都要起到表率作用。如在1921年3月奉天省长给教育厅的训令中就对此有着明确的要求：“为小学教员者，益当尽俭毋奢之戒，庶可植移风易俗之基，若同流合污，变节趋时，微时不能改造社会，恐转为社会所改造，世道愈糜，人心不古，瞻言前路，曷胜隐忧。小学教员为儿童模范，其职务何等清高，其责任何等重大，……窃谓：衣服所以保身则华丽何为？饮食所以卫生则丰美何为？居室所以蔽风雨则首可零膝何为□□（此处原稿破损）？推之朋友为辅仁之用，而酬应可捐，娼妓为伐性之媒，而冶避应免，赌博为耗财之具，而娱乐非宜，凡兹数端，在常人每视为无足轻重，在小学教员，则应悬为万禁，奉为戒条。”②小学教员的这种社会作用与乡绅阶层在中国传统乡里社会中所起到的作用十分类似，我们不妨等同视之。他们与传统社会中的乡绅阶层一样往往成为邻里关系中的核

① ［美］R.E.帕克、E.N.伯吉斯、R.D.麦肯齐著，宋俊岭、郑也夫译：《城市社会学——芝加哥学派城市研究》，商务印书馆2012年版，第131页。

② 《训令教育厅为维持小学教员生活由》，《奉天省长公署》民国十年三月（1921年3月），全宗号：JC010，目录号：01，卷号：022330，辽宁省档案馆馆藏档案。

心人物,肩负着教化居民、和谐邻里与维持稳定的社会责任,这也是近代东北地区城市居民邻里关系中一个颇具特色的外在表象。

第三节 贫富差距过大是近代东北地区城市居民生活水平的基本样态

如何从总体上将城市居民的生活水平情况呈现出来,是揭示城市社会生活演变的一个重要前提,其中城市居民的收支情况更是衡量城市居民生活水平变化的一个主要标尺。因此,在研究近代东北地区城市生活相关诸问题的时候,对近代东北地区城市居民收支情况的调查就显得十分必要,它可以更好地帮助我们探究近代东北地区城市生活兴衰变化的内部原因。在城市居民收入方面,以县级官员为代表的社会上层的平均收入最高,以警察为代表的社会中层的平均收入次之,以城市行业工人为代表的社会下层的平均收入最低。在居民支出方面,近代东北地区的税收名目繁多,可以说是“苛捐杂税如牛毛”;主要货物的物价总体上呈现出由低到高的上涨趋势。总体来说,在近代东北地区各个城市中,日本人的平均收入水平要远远高于中国人的平均收入水平,生活状况也要远远好于中国人的生活状况,而中国人的生活状况大体与收入情况成正比。其中,旗人的生活状况在民国时期并不好,基本上处于社会下层。另外需要着重说明的是,近代东北地区并没有一个统一的货币,市面上日常流通使用的货币十分混乱,这就给笔者对此问题的考量研究造成了极大的麻烦,加之,笔者的学术功力有限,难免出现谬误与遗漏,还望诸位研究先进着力斧正。

近代东北地区城市居民的收入水平与其所处的社会阶层大体一致。所处的社会阶层越高,其收入水平越高,而占据总人口80%的贫雇农和城市中的底层雇佣工人是收入最低的社会底层群体。由于每个社会阶层所包含的社会群体众多,每个群体从事的职业也是多种多样,实在无法将每种职业的收入情况分别进行调查分析，因此，笔者拟选定县级官员、警察和城市行业工人分别作为社会上层、中层和下层的代表，以便尝试性对整个近代东北地区城市居民的收入情况进行调查分析。

为什么要选取这三类人群作为代表？其理论依据在哪？笔者认为，在近代东北地区城市社会的各个阶层中，县级官员作为官僚机构的重要组成人员，属于统治阶级，可纳入社会上层的范畴，但是其位于整个官僚机构的最下层，最贴近社会中层，因此，以县级官员的收入作为划分社会上层与社会中层的标准是基本合理的。警察这个职业的收入覆盖面很广，高级警官的收入略低于县级官员，而最低级的初级警察的收入仅略高于城市行业工人的最高收入，因此，选取警察作为社会中层的代表也是基本合理的。城市行业工人因其人数众多，又多居于社会下层，其收入也相对最低，因此，选其作为社会下层的代表。以上均是个人粗浅的见解，至于选取的代表是否合理，尚待商榷。

首先，作为社会上层的代表，一位县级官员的收入如何呢？笔者在查找众多史料的过程中并没有发现对此的直接记录，但是在其他档案材料中却可以从侧面推算得出这一问题的答案。在光绪十一年五月十二日（1885 年 6 月 24 日）吉林将军行营《粮饷处为办事官林祺缴还前领五月份薪水银两如数收入练饷项下事的呈文》中就有这样一段记载：

> 总理粮饷事务副都统衔记名副都统花翎协领文全为呈报事。兹，准。营务翼长移称：敝处办事官委用府经历林寿祺现已委署蓝彩桥巡检任务。前领五月分薪水，银十三两，如数缴还，归款，等因。移交前来。①

又如：在光绪十二年十二月二十日（1887 年 1 月 13 日）《吉林将军行营粮饷处为报追缴知州书瑞薪水银两收入练饷项下备放的呈文》中还有这样一段

① 《粮饷处为办事官林祺缴还前领五月份薪水银两如数收入练饷项下事的呈文》，《吉林公署文案处》光绪十一年五月十二日（1885 年 6 月 24 日），档案号：J066，全宗号：04，卷号：0149，吉林省档案馆馆藏档案。

记载:

总理粮饷事务副都统衔记名副都统花翎协领文全、帮办粮饷事务记名副都统花翎协领庆云为呈报事……补用知州书瑞奉派委署敦化县。应领薪水银至十二月底止,其支领十三年正月分薪水银十三两,自应照数缴回,归款。①

从上面两段档案材料可以看出,光绪年间,县令一级(补用知州和委用府经历均属于县一级别)的普通官员每月的薪水(即俸禄)收入应为白银13两,换算成年收入应为白银156两,而这里统计的收入只是薪水的收入,并不包含养廉银、车马银、服装银、冰炭银等其他津贴,更不包含贪污、受贿、勒索等其他非法收入,据此可以推定,清末一个县级官员的年收入要远远高于156两白银。② 而在19世纪末的长春,一两白银能买到一百斗高粱;在光绪三十二年(1906)的沈阳,一两白银可以租用一年上等的房间四间,这样看来晚清时期一位县官的年收入是非常优厚的,生活水平应当是非常不错的(近代东北地区的物价水平情况笔者将在下文详述)。

那么民国时期一位县长的收入又如何呢?在1931年2月20日时任沈阳县县长李毅送交辽宁省政府关于前任县长罚薪的呈文中有这样一段记载:

咨达王前县长旋准……查十八年度田赋考成,敝任内经征田赋未完成在三分之一以上,应减两个月俸十分之二。兹,将敝任减俸现大洋八十四元,由天津中国银行汇寄,相应咨请贵县查收,转解为荷。等因。准此。③

---

① 《吉林将军行营粮饷处为报追缴知州书瑞薪水银两收入练饷项下备放的呈文》,《吉林公署文案处》光绪十二年十二月二十日(1887年1月13日),档案号:J066,全宗号:03,卷号:0481,吉林省档案馆馆藏档案。

② 清代官员的俸禄(即薪水)和津贴,如养廉银、冰炭银、车马银、笔墨纸砚银、服装银等,均有定制,按品级高低不同而多少不一,但同一品级内的俸禄和津贴是一样的。

③ 《呈为解送王前县长十八年度征收课赋未及考成罚薪现洋八十四元由》,民国二十年二月二十日(1931年2月20日),《辽宁省政府》档案,全宗号:JC010,目录号:01,卷号:010315,辽宁省档案馆馆藏。

从上面这段档案材料可以看出，沈阳县前任王姓县长没有完成民国十八年度(1929)的田赋考成，按规定应该罚扣两个月薪水的十分之二，其数额是现大洋84元。由此可以推算，民国十八年(1929)一位县长的月薪应为210元现大洋，一年的工资收入应为2520元现大洋。按照当时的物价水平，民国十六年(1927)，买一斗高粱米需要现大洋达一元一二角左右①，这样看来民国时期一位县长的年收入也是非常优厚的，生活水平也应当是非常不错的。

综上可见，近代东北地区的县级官员作为城市社会上层中的最下层，其年收入可谓是非常优厚的，而其他社会上层的年收入应高于县级官员的年收入，即最低年收入应高于白银156两(晚清时期)和现大洋2520元(民国时期)，其生活水平也应高于县级官员的生活水平。

其次，作为社会中层的代表，一位警察的收入如何呢？在宣统三年二月初七日(1911年3月26日)《奉天行省公署为内务府办事处呈报警卫兵需款等事》中明确记载：宣统三年正月分，(奉天内务府办事处)警官月饷白银十二两，警长月饷白银七两五钱，二等兵月饷白银六两，三等兵月饷白银五两。②这个月饷数额与中华民国元年正月分发给奉天内务府办事处警卫官兵的薪饷数额完全一致③，晚清时期各级警察的收入大致如此。其中警官的月饷白银12两略低于同时期县令的月俸13两，换算成年收入为白银144两，收入最高；三等兵月饷5两，换算成年收入为白银60两，收入最低。比照前文提及的当时物价水平，其年收入尚够温饱之用。

民国时期，一位警察的收入又如何呢？在1927年12月24日奉天省长兼领财政厅厅长刘尚清为辽宁省各县警甲申请自民国十七年(1928)起增涨薪

① 这里所说的"斗"是指沈斗，为中华民国时期辽宁地区的计量单位，1沈斗约合270斤，下同。

② 《奉天行省公署为内务府办事处呈报警卫兵需款等事》，宣统三年二月初七日(1911年3月26日)，《奉天行省公署》档案，全宗号:JC010，目录号:01，卷号:018471，辽宁省档案馆馆藏。

③ 《内务府办事处呈领警卫官兵薪饷杂支由》，民国元年三月十九日(1912年3月19日)，《奉天行省公署》档案，全宗号:JC010，目录号:01，卷号:013144，辽宁省档案馆馆藏。

水的呈文中有如下一张表格,从中可以窥探出一些端倪。

表 4-14　各县警甲原薪数及此次请增薪饷数目表①

单位:现大洋

职别	民国十四年度原饷数(月薪)	请增薪饷数及等级		
		一等	二等	三等
所长	七十元至一百二十元	二百元	一百八十元	一百六十元
区官	三十五元至五十五元	八十元	七十元	六十元
巡官	二十八元至三十五元	五十元	四十元	三十元
巡长	一十一元至一十九元	二十元	十九元	十八元
巡警	七元至十三元五角	十四元	十三元	十二元

注:一、股员照一等区官饷额,区保长照区官饷额,保长照巡官饷额,甲长、甲丁照巡长、巡警饷额。
二、书记长、巡记长、雇员、夫役等薪饷亦须按照当地生活程度分别增加,俾免向隅。
三、各县务须遵照本表所列饷额一律实行,以期薪饷统一。
四、边远地方款艰窘县份,如收入实不能增足表列薪额时,准量予酌减,但不得过定额十分之二,以示限制而兼顾地方财力。
五、本表所定等级由各县自行审度,地方财力酌量采定,能编何等则编何等,以期收能敷支而免困难。

在这张表格中,明确记述了民国十四年(1925)各级警甲的月薪和民国十七年(1928)各级警甲增涨薪水的具体数额。其中,等级最高的是一等所长,民国十四年(1925)每月的薪水为 120 元现大洋,民国十七年(1928)涨薪后每月的薪水应为 200 元现大洋;等级最低的是三等巡警,民国十四年(1925)每月的薪水为 7 元现大洋,民国十七年(1928)涨薪后每月的薪水应为 12 元现大洋。两者之间薪水差由原来的每月 113 元现大洋增至每月 188 元现大洋;其他诸如股员、区保长、保长、甲长、甲丁等均比照相应的各级警甲按规定发放薪水。比照前文提及的当时物价水平,其年收入亦够温饱之用。

---

① 《呈为核各县民国十六年度警甲学薪饷应照本厅修改数酌加最多以五成为限由》,《奉天省长公署》民国十七年一月十九日(1928 年 1 月 19 日),全宗号:JC010,目录号:01,卷号:014956,辽宁省档案馆馆藏档案。

由此可以推定，近代东北地区社会中层的收入水平均应不高于警官或一等所长，不低于三等兵或三等巡警的收入水平，即年收入约在白银 144 两（晚清时期）和现大洋 2400 元（民国时期）至白银 60 两（晚清时期）和现大洋 144 元（民国时期）之间，平均年收入约为白银 102 两（晚清时期）和现大洋 1272 元（民国时期）。比照前文提及的当时物价水平，其生活水平应在温饱之上。

最后，作为社会下层的代表，一位城市行业工人的收入如何呢？根据光绪二十九年闰六月十三日（1903 年 8 月 5 日）奉天银元局发给各工匠的月工资可以看出：木工头月给银十两，普通木工月给银三两五钱，泥工头月给银九两五钱，普通泥工月给银六两五钱，土工头月给银八两，普通土工月给银四两，油漆匠月给银六两。① 晚清时期各级城市行业工人的收入大致如此。各工头的平均月工资约为白银 9.17 两，各普通工人的平均月工资约为白银 5 两，换算成年收入平均每人约为白银 110 两和 60 两。比照前文提及的当时物价水平，其年收入尚够温饱之用。

民国时期，城市行业工人的收入又如何呢？如下表所示，根据 1931 年 8 月的调查统计，辽宁省 34 个县各项工业的最低工资各有不同。东丰县铁、木、纺织、缝纫工人每人每月可收入现洋 30 元，稍差的每人每月可收入 20 元，瞻榆县烧锅糟工人每人每月可收入现洋 30 元，安图县木、石、泥、铁工人每人每月可收入现洋 20 元，营口县铁、木工人每人每月可收入现洋 18 元。除了这几个县的个别行业外，其余 30 个县的绝大多数行业的行业工人每人每年的收入大约在现洋 100—150 元之间，即每人每月收入约在现洋 8—12.5 元之间。其生活状况也仅仅只够维持温饱，甚至经常会出现艰难窘迫、生计困难的状况。

---

① 《奉天银元局呈请饬发工匠人等全卒银札粮饷处由》，《军都部堂》光绪二十九年闰六月十三日（1903 年 8 月 5 日），全宗号：JC010，目录号：01，卷号：009811，辽宁省档案馆馆藏。

表 4-15　1931 年辽宁省 34 个县各项工业最低工资统计表①

县　别	工业种类	工资最低实数	供给饮食	生活状况
双山县	木、铁制作店十数家	每人每年现洋一百六七十元	雇主供给	每人每日生活费现洋三四角
	农工及其他劳工	每人每年现洋一百一二十元,以日计算每日现洋五角	雇主供给	每人每日生活费现洋三四角
西丰县	染色业、铜器工业、洋铁、锡器工业、皮匠	每月工资现洋十元上下	否	均不充裕
开原县	织布、染布、成衣、印刷、烧锅、制油及裱、铁、皮、木、鞋等各业	每人每月平均实数现洋十元	否	尚能维持
辉南县	各种小工业	按年者,现洋一百元。按月者,现洋十元	雇主供给	地方生产丰厚,生活当不艰难
西安县	各种小工业	每人每日现洋三角左右	否	尚称富裕
营口县	铁、木工人	每人每月现洋十八元	否	仅足自给
	农工	每人每月现洋十二元	否	仅足自给
洮南县	土、陶、铁、木、靴、帽、缝纫等工业	多者每月在国币二十元上下,少者仅八九元及十二三元不等	否	人民饮食日用生活有切安关系,可规定最低工资,致其发展
长白县	境内业农者居其八九	每人每月现洋十元	否	因境内地瘠民贫道路梗塞……无巨商富室,仅能维持
	采伐木材工人	每人每月约计现洋十五元	否	
柳河县	木、铁工匠	每人每月现洋十元至十五元	否	工商各业不甚振兴,尚能维持
	商业	每人每月现洋五元至十元	否	

① 本表根据《辽宁省实业厅呈报何项工业全部或一部适用最低工资及各工业最低工资实数当地生活状况》和《海城、宽甸、安东、怀德、通辽等 13 县工人最低工资和生活调查表及南京工人学生游行反对英兵枪杀工人》等档案资料编辑而成,《奉天省公署》民国二十年八月(1931 年 8 月),全宗号:JC010,目录号:01,卷号:002612,辽宁省档案馆馆藏档案。

续表

县　别	工业种类	工资最低实数	供给饮食	生活状况
庄河县	木工	每月现洋九元	多由业主供给,有不由业主供给者,得酌量增加工资以资补助食宿	所得工资尚可赡养家族
	铁工	每月现洋九元		
	瓦工、石工	每月现洋十元		
	缝纫工	每月现洋八元至十元		
	皮工	每月现洋八元		
桓仁县	各种小工	青年每月现洋八元,老弱者每月现洋六元	资方供给	生活程度尚不甚昂,除维持个人生活外,均能赡养室家
	木工、瓦工	每人每日现洋四五角不等		
盖平县	缫丝工厂,每厂均有工人二百之数	每人每日现洋三角		生活简单,所入仅可敷出
	制香一行,每部工人有至数十	每人每月现洋十三元		
	织布工人,各部不过十人八人	每匹现洋七角八角,每疋二日织成		
	木器工人,每部不过十人八人	每人每月现洋十元八元		
	铁器工人	每人每月现洋八元九元		
	杂艺及劳力工人	每年有得八九十元,有得六七十元		
	农人	每日现洋三四角,夏间一二角		
兴城县	木铺四家,鞋铺二家	每人每月现洋二十元或十元左右	否	家境寒微不过,借工资以维现状
复　县	劳工	每人每日现洋五角以上一元以下	否	生活艰窘
	稍有技艺劳工	每日现洋在八角以上一元五角以下	否	各业皆然
盘山县	普通工商各业用人	每人每月现洋四元	否	因不过其生计艰难,人民食官粥者居大多数
	农户用人	每月现洋五元	否	

续表

县别	工业种类	工资最低实数	供给饮食	生活状况
梨树县	本土各工及普通农商各工	每人每年现洋一百二十元	否	地处边陲,仅足食用,亦无法再予现定最低限度
彰武县	瓦、木工人	每人每日现洋一元	否	因本县为害百物奇昂,平民生活殊感困难
安图县	木、石、泥、铁工人	每人每月现洋二十元	否	百物昂贵,各杂工仅可自食其力,不足养给家属,已见生计艰难
	油、酒工人	每人每月现洋十元	否	
	麦、厨、成衣、理发工人	每人每月现洋二十元	否	
	皮工、染工	每人每月现洋十五元	否	
	陶器、烧砖、瓦盆缸	每人每月现洋十二元	否	
抚顺县	各小工业	每人每日国币四角	否	倘再低少,势难赡养
瞻榆县	烧锅三家有糟工三十人	每人月支现洋三十元	否	查工人所得工资不但可以维持生活,亦可赡家,似不比规定最低工资
	旧式布行工人三十人	每人月支现洋十二三元	否	
新民县	农人	每人每年现洋一百余元,日工现洋七角	否	仰事俯育度可敷用
	泥瓦木工	每人每日现洋一元四角	否	
本溪县	中日合办煤铁公司工人	每日平均最低有小银六角至七角,其有艺术者每日八九角,高至二元	否	颇能维持
	各种工业	每人每日现洋五六角至八九角	否	暖衣足食
	家庭工业之工人	每人每月现洋十元至十四五元	雇主供给	暖衣足食

续表

县　别	工业种类	工资最低实数	供给饮食	生活状况
北镇县	商人	每人每月现洋六元	否	生活艰窘
	农人	每月现洋五元	否	
	各业工人	每月现洋六元至十元	否	
临江县	农人	每人每年现洋一百元左右	否	年来农事虽不丰收，尚无饥贫之虑
	商人	每人每年现洋二百元上下	否	
绥中县	织工、染工、缝工	每人每月现洋十二、十一、十元不等	否	全境地处边陲，土瘠民贫。适因水旱频仍，虫蝗迭起，终年饱暖无望。遇此凶年，死亡诚恐难免
	农工、泥工	每人每日现洋八角、五角不等	否	
金川县	人民家庭及各商号工人	每人每年现洋约七十元	否	生活困难
抚松县	土木工程工人	每人每日现洋四角	否	尚可维持
铁岭县	泥、木、画、铁、染、织各工业	每人每月现洋九元、十元、八元	否	因物价昂涨，只能维(持)生活
东丰县	铁、木、纺织、缝纫等工业	每人每月现洋三十元，稍欠者二十元	否	所入无多，或足自谋生活，或仅赡养家属，欲其充裕者，实不多见
	雇佣工人	每人每月现洋最少四五元	否	
通化县	铁、木、织布、织袜工厂	每人每月现洋十四元至十六元	否	仰事父母，俯畜妻子尚称充裕
	火柴公司工人	每人每月现洋六元、八元不等	否	
新宾县	炮铺工人	每人每月现洋六元	否	工人生活状况平皆淡饭充饥，荆布障身，生活之俭略，可谓之至
	其他各业工人	每月现洋七元	否	
黑山县	农、商业工人	每人每年现洋仅百元	否	仅能糊口，决(绝)无余款之积。近年人口增加，获利者少，生活维艰，加以连年旱涝，田禾歉收，赋税时赠，一年所得工资多有入不敷出之势。农民苦累，商业凋敝

续表

县 别	工业种类	工资最低实数	供给饮食	生活状况
锦 县	农作劳工	每人每年现洋五十元至一百五十元止	否	无饥馑灾歉,尚能维持生活,不至流离失所,如去岁夏间,雨水为灾,而官方筹款设赈放币,生活亦可维持现状,未致紊乱
	靴鞋、缝纫、印刷、饮食、泥、木、铁行、车马、纺织、商民计共七万二十四百五十七户,人口四十二万四千二百八十七人,以农为业十分之七,商业及其他各业十分之三	每人每年现洋最低自五十元起至百元止	否	
康平县	织工	每人每日现洋二角	否	生活状况莫不艰辛
	农业	每人每日三角	否	
	商业	每人每日现洋二角五分	否	

综上可以得出,近代东北地区城市居民的收入大体如下:社会上层的年收入水平应高于县级官员的年收入水平,即最低年收入也应高于白银156两(晚清时期)或现大洋2520元(民国时期);社会中层的年收入约在白银144两(晚清时期)和现大洋2400元(民国时期)至白银60两(晚清时期)和现大洋144元(民国时期)之间,平均年收入约为白银102两(晚清时期)和现大洋1272元(民国时期);社会下层的年收入约在白银110两(晚清时期)和现大洋100元(民国时期)至60两(晚清时期)和现大洋150元(民国时期)之间,平均年收入约为白银85两(晚清时期)和现大洋125元(民国时期)。其中,民国时期的社会中层平均年收入为社会下层平均年收入的10倍左右。由于社会上层的最高年收入情况复杂,且彼此间差距很大,故无法统计得出的,因此,社会上层的平均年收入也无法相应计算得出,这就使得无法将社会上层的平均年收入情况与其他两个社会阶层进行比较分析。但社会上层平均年收入的水平要远远高于其他两个社会阶层这一实际情况确是客观存在的。

与城市居民的收入情况不同，近代东北地区城市居民的支出情况与其所处的社会阶层关联较小，而与税收、物价、通货膨胀和币制混乱这几个方面关联较大。税收、物价和通货膨胀的变化直接作用于每个城市居民的实际购买力，对城市居民的生活水平也会产生严重影响。混乱的币制虽然没有直接作用于每个城市居民的实际购买力，但对城市居民的生活水平也产生了一定的影响。

首先，税收的多少直接影响居民的实际购买力，可以说是制约居民收入的一个主要力量。

近代东北地区的税收种类繁多，且税率较高，可以说是“苛捐杂税如牛毛”。例如：光绪三十二年九月十一日（1906 年 10 月 28 日）的《盛京时报》上就有如下记载：“查奉省病民之政莫如税捐，同一货物，斗称有捐，落地有捐，厘金有捐，车船、边门，又莫不有捐。同一名目，户部有捐，旗衙门有捐，民衙门有捐，将军府及各衙门又莫不有捐，一捐再捐，琐细烦苛，商民交困，而究其所抽之数统计不及值百抽五。”①

再如：清末长春府的市钱斗税（即商品交易税）。光绪五年至八年，长春府管辖境内，每上市交易一斗小麦、大米等细粮或一斗高粱等粗粮都要抽收市钱，其比率分别为每斗 30 文、20 文和 10 文，对烧锅收卖小麦和高粱等细粮和粗粮抽收的市钱分别为每斗 16 文和 8 文；光绪十六年至光绪十七年，对上市交易的小麦、大米和高粱每斗抽收市钱的比率也是每斗 30 文、20 文和 10 文，对烧锅收卖小麦和高粱等细粮和粗粮抽收的市钱也是每斗 16 文和 8 文。与光绪五年至八年的税率相比并没有变化，但是光绪十六年至十七年征收的税款只收白银，“并按照光绪十六年六月初一日每两 3 吊 60 文报部银价、光绪十六年十二月初一日每两 2 吊 970 文报部银价、光绪十七年三月初一日每两 2

① 《奉省裁并税捐试办统税折》，《盛京时报》光绪三十二年九月十一日（1906 年 10 月 28 日），第 2 版。

吊905文报部银价和光绪十二月初一日每两3吊160文报部银价折银上缴"。[①] 这就为纳税的农民增加了一个将铜钱兑换成白银的过程,其间免不了又要被兑换商盘剥一次。此外,纳税的农民还缴纳一成的人工食役的损耗费。而同时期吉林府市钱斗税的税率和征收方法与长春府的也是完全一致。

为了改革弊政,减轻商民的生活困难,晚清时期东北地方政府也曾进行过捐税改革。如奉天省就曾经参照湖北省和江西省的改革措施,结合奉天省的实际情况进行捐税改革,其具体措施包括"除山关道经征之税并东边道经征之中江税应另案办理,暨烟、酒、土药、灯膏、木植、山茧、盐厘、牲畜、车捐、期粮各税各有专章,暂不更动外,所有繁杂各税,如斗称捐、厘捐、五河口粮货税、河防税、营口八厘捐、东边山货粮货税、沿海口船规凑挂各边门门捐、沿铁路火车税共十种名目,概行裁撤,酌定统税收法"。[②]

然而,无论进行什么样的捐税改革都无法改变清廷的腐朽和没落,苛捐杂税依旧有增无减,人们的生活依旧困苦不堪。截至1911年清朝灭亡前夕,粗略统计东北地区每个城市居民需要承担的捐税有房捐、人口捐、吃饭捐、死捐、活捐、生产捐、地捐、六畜捐、鞋捐等不下数十种,可谓是无所不捐,捐上加捐。时人画了一幅漫画题为"中国新制服"刊登在《盛京时报》上对此现象进行了辛辣的讽刺。[③]

进入民国后,苛捐杂税依旧如故,人们的生活依旧艰难。以中华民国初年吉林省珲春县各商户的捐税情况为例。如下面三张表格所示,清末民初,珲春县共有商号30家,资本总额51.05万吊。仅在1912年7月至1914年6月,

---

① 此数据依据《吉林分巡道造送吉省光绪十七年分抽收各属城市集镇斗税各钱文银两数目清册》统计得出,《吉林将军衙门》光绪十八年十月(1892年11月),档案号:J001,全宗号:18,卷号:1598,吉林省档案馆馆藏档案。

② 《奉省裁并税捐试办统税折》,《盛京时报》光绪三十二年九月十一日(1906年10月28日),第2版

③ 《时画"中国新制服"》,《盛京时报》宣统三年七月二十七日(1911年9月19日),第5版。

这30家商号就缴纳捐税49015吊210文，折合银元6472元2角1分，约占其资本总额的10%，这样的捐税比例不可谓不高，而在这些捐税中，路灯捐和特捐竟然是缴纳最高的捐税，且不乏路灯捐、特捐、兑换羌茶费这些不合理的捐税。这些商户所要面对的捐税压力由此可见一斑。

另据《盖平县乡土志》统计，1920年盖平县全年共收捐税十六种，即“出产税、豆税、销场税、烟税、酒税、茧丝税、牲畜税、销场木税、屠兽捐、车牌捐、警捐、学捐、自治捐、保甲捐、婚书捐、印花税”。① 这些苛捐杂税不仅展现了当时人们生活的艰难，还从侧面说明了近代东北地区的城市居民需要拿出很大一部分开支用以缴纳各种苛捐杂税。

表4-16　清末民初珲春县商业调查表②

商号	资本额（万吊）	财东或支配人	通信住所	商业种类	开市年月	目下雇用人数
义顺昌	5	方树功	珲春西关	杂货商	光绪三十年	20
福增盛	2	刘树林	珲春西关	杂货商	光绪二十九年	8
洪泰福	1.5	曲锡田	珲春西关	杂货商	宣统四年	4
同盛湧	1.5	王德利	珲春西关	杂货商	宣统四年	7
同兴德	1	张灏	珲春西关	杂货商	宣统元年	6
同利成	1	韩铭山	珲春西关	杂货商	光绪三十一年	6
东顺德	1.2	战集才	珲春西关	杂货商	民国三年	8
东顺兴	1	杨兴雨	珲春西关	杂货商	光绪二十七年	5
和顺东	1	张金福	珲春西关	杂货商	光绪二十九年	6
源昌合	1.1	黄士元	珲春西关	杂货商	光绪二十七年	8
同兴成	1	任长庚	珲春西关	杂货商	光绪三十一年	5
永茂昌	1	王金相	珲春城里	杂货商	民国元年	5

① 崔正峰修，郭春藻辑：《盖平县乡土志》未分卷，《杂税》，民国九年（1920）石印本，第57—58页。

② 《珲春商会为送财政收入、农商统计调查表的呈，省长公署训令，总商会照会》，《珲春商务分会》民国元年四月十九日至民国七年十月十七日（1912年4月19日—1918年10月17日），档案号：J064，全宗号：01，卷号：0082，吉林省档案馆馆藏档案。

续表

商号	资本额(万吊)	财东或支配人	通信住所	商业种类	开市年月	目下雇用人数
福和东	1	王扬名	珲春城里	杂货商	民国二年	10
同合义	1.2	赵宽	珲春城里	杂货商	光绪二十七年	8
福盛利	1	王克盛	珲春城里	杂货商	光绪三十年	7
同庆恒	2	段魁五	珲春城里	杂货商	光绪三十年	11
东盛魁	2.5	盛克茂	珲春城里	杂货商	宣统元年	8
福升魁	3.1	孙东生	珲春城里	杂货商	光绪二十八年	22
福祥号	3.5	淳于文卿	珲春城里	杂货商	光绪二十八年	14
东昌庆	2.5	吴玉堂	珲春城里	杂货商	光绪二十九年	16
同兴福	1	王子政	珲春城里	杂货商	光绪三十二年	8
福祥东	1	傅修铭	珲春城里	杂货商	民国三年	8
广顺和	3.5	萧仁堂	珲春城里	杂货商	光绪二十七年	14
东盛德	1.5	胡荫恒	珲春城里	杂货商	光绪二十七年	10
三升彩	1	郝智云	珲春城里	杂货商	光绪二十七年	5
德增利	1	张照远	珲春城里	杂货商	光绪二十八年	5
同顺成	1.8	李良玉	珲春城里	杂货商	光绪二十七年	9
春成湧	3.5	孙士纶	珲春城里	杂货商	光绪二十七年	20
东盛公	0.65	宋星堂	珲春城里	杂货商	光绪二十八年	6
福兴东	1	白玉堂	珲春城里	杂货商	民国二年	6

表 4-17　吉林省珲春县商务会民国元年七月一日起至民国二年六月底止共 12 个月收入统计表①

营业税二成拨款	钱 2913 吊 810 文	折合银圆	498 元 8 角
经收营业税津贴	钱 2109 吊 600 文	折合银圆	385 元 8 角 7 分
凭据费	钱 575 吊 720 文	折合银圆	103 元 9 角 7 分
三厘费	钱 5360 吊 750 文	折合银圆	976 元 4 角

① 《珲春商会为送财政收入、农商统计调查表的呈,省长公署训令,总商会照会》,《珲春商务分会》民国元年四月十九日至民国七年十月十七日(1912 年 4 月 19 日—1918 年 10 月 17 日),档案号:J064,全宗号:01,卷号:0082,吉林省档案馆馆藏档案。

续表

路灯捐费	钱 4784 吊 100 文	折合银圆	859 元 1 角 2 分
房租	钱 840 吊	折合银圆	152 元 7 角 7 分
罚款	钱 571 吊 820 文	折合银圆	88 元 4 角 4 分
较斗盖印费	钱 287 吊 120 文	折合银圆	61 元 2 角 4 分
市场费一成拨款	钱 638 吊 780 文	折合银圆	89 元 9 角 7 分
兑换羌茶费	钱 1114 吊 560 文	折合银圆	156 元 9 角 8 分
特捐费	钱 1440 吊 300 文	折合银圆	202 元 8 角 6 分
合计	钱 20636 吊 560 文	折合银圆	3576 元 4 角 2 分
备考	一查民国元年七月一日起至十二月年终止 6 个月共收钱 8315 吊 370 文,以 4 吊 500 文,折合银圆 1847 元 8 角 6 分。 一查民国二年正月一日起至六月底止 6 个月共收钱 12321 吊 190 文,以 7 吊 100 文,折合银圆 1735 元 3 角 8 分,合计二共收钱 20636 吊 560 文,合银圆 3576 元 4 角 2 分,合并声名。		

表 4-18　吉林省珲春县商务会民国二年七月一日起至三年六月底止共十二个月收入统计表①

营业税二成拨款	钱 4232 吊 970 文	折合银圆	431 元 9 角 3 分
经收营业税津贴	钱 2109 吊 600 文	折合银圆	215 元 2 角 7 分
凭据费	钱 718 吊 930 文	折合银圆	73 元 3 角 6 分
三厘费	钱 6576 吊 840 文	折合银圆	671 元 1 角 1 分
路灯捐费	钱 7553 吊 780 文	折合银圆	770 元 7 角 9 分
房租	钱 1134 吊	折合银圆	115 元 7 角 2 分
罚款	钱 393 吊 980 文	折合银圆	40 元 3 角
较斗盖印费	钱 129 吊 300 文	折合银圆	13 元 2 角
市场费二成拨款	钱 2154 吊 400 文	折合银圆	219 元 8 角 4 分
特捐费	钱 3374 吊 850 文	折合银圆	344 元 3 角 7 分
合计	钱 28378 吊 650 文	折合银圆	2895 元 7 角 9 分

其次,另一个影响近代东北地区城市居民支出情况的是物价。物价的涨

① 《珲春商会为送财政收入、农商统计调查表的呈,省长公署训令,总商会照会》,《珲春商务分会》民国元年四月十九日至民国七年十月十七日(1912 年 4 月 19 日—1918 年 10 月 17 日),档案号:J064,全宗号:01,卷号:0082,吉林省档案馆馆藏档案。

幅波动直接影响居民的实际购买力,可以说是制约居民收入的另一主要力量。

近代东北地区各个城市的物价大致经历了一个由低到高的上涨过程。19世纪末,长春的物价尚低。据近代东北著名女作家梅娘回忆,"一百吊官帖(银票)是十斗高粱的官价……一锡壶烧酒能跟老毛子(俄罗斯人)换一张羌帖(沙俄银行在东北使用的纸币),而一张羌帖能买一件白板羊皮大氅"。① 同时期,吉林省的驮运价格也可以对此做出佐证。如在光绪十一年十月二十五日(1885 年 12 月 1 日)吉林将军行营粮饷处的呈文中就对当时驮运价格有着明确的记载:"偶职前带马步勇队驰赴下站一带缉捕,所需驮价五分。照章先请一月驮价钱七十五吊,自九月初八日起至十月初二日止,共开除二十五日驮价钱六十二吊五百文,尚剩钱十二吊五百文,如数缴还。"②

20 世纪初,东北地区的物价已经开始上涨,且上涨的幅度较大。光绪三十二年九月十三日(1906 年 10 月 30 日)的《盛京时报》就曾刊文登载:奉天省"省城房租翔贵十倍于前。闻巡警局已拟定章程,分为三等价目,上等每间月租二十吊,中等十五吊,下等十吊,不日即出示晓谕。似此酌中限制,于主客两无所损,实为地方造无穷之公益"。③ 文中明确指出当时沈阳的房租价格已经上涨近十倍,租用一间上等房间月需租金二十吊,中等房间月需租金十五吊,下等房间月需租金十吊。奉天省地方政府被迫对房租价格进行行政干预,以便管控房租市场。

中华民国成立后,东北地区的物价并没有得到有效的控制,上涨的趋势仍在持续。1916 年 2 月至 5 月的《远东报》对哈尔滨物价上涨的情况进行了报

① 梅娘:《我的青少年时期(1920—1938)》,载张泉选编:《梅娘:怀人与纪事》,中央广播电视大学出版社 2014 年版,第 29 页。

② 《粮饷处为吉胜营管带连春呈缴驮价钱文如数收入钱款项下事的呈文》,《吉林公署文案处》光绪十一年十月二十五日(1885 年 12 月 1 日),档案号:J006,全宗号:04,卷号:0155,吉林省档案馆馆藏档案。

③ 《房租定价》,《盛京时报》光绪三十二年九月十三日(1906 年 10 月 30 日),第 3 版。

道。如:哈尔滨“现在肉价(牛肉)每磅已增涨至十八戈比”。① 面对物价上涨的压力,哈尔滨董事会对部分商品施行专卖,借以平抑物价。如“此项黄油在董事会内售卖,以免奸商把持,每磅定为六十戈比,而购买者须有执据”②;又如“哈埠董事会为抑遏物价腾贵起见,特在道里及秦家岗设立平粜局两处,专行售卖麦粉,不日即拟出售卖牛油及牛肉等物”③。

满铁调查科也曾对民国时期大连的物价情况进行了详细的调查,当时的物价水平由此可见一斑,详见下表。

表 4-19　1927 年 5 月大连市主要食品价格统计表④

类别	名称	单位	价格	名称	单位	价格
主食类	白面馒头(露天贩卖)	1个(重约4两)	铜货6枚	白面馒头(铺子贩卖)	1个(重约2.5至3两)	铜货4枚
	苞米面馒头	1个(重约5至6两)	铜货4枚	油饼(即烙饼)	1斤	奉小洋1.2元
	煎饼	1斤	铜货25枚	烧饼	1个(大小不同)	铜货6至3枚
	锅饼	1斤	奉小洋1.3元	锅饼角	1个(大小不同)	铜货8至6枚
	包子	1个	铜货3枚	饺子	1碗(约15至16个)	奉小洋1元
	糖饼	1斤	奉小洋1.1元	小米粥	1碗(大小不同)	铜货3至2枚
	糖火烧	1个	铜货6枚	高粱米稀饭	1碗(大小不同)	铜货3至2枚
	大米干饭	1碗(大小不同)	奉小洋1至0.5元	大米稀饭	1碗	铜货3枚
	饼子	1个	铜货6枚			

① 《董事会请拨巨款》,《远东报》民国五年二月十五日(1916年2月15日),第3版。
② 《平价出售黄油》,《远东报》民国五年三月十日(1916年3月10日),第3版。
③ 《董事会设立平粜局》,《远东报》民国五年三月二十九日(1916年3月29日),第3版。
④ 本表根据南满洲铁道株式会社社长室人事课:《大连市内下层中国人的饮食调查》制作而成,南满洲铁道株式会社1927年版,第4—15页。

续表

类别	名称	单位	价格	名称	单位	价格
副食类	果子	1个(大小不同)	铜货6至2枚	黄花鱼(浇汁)	1条(大小不同)	铜货10至8枚
	黄花鱼(煮熟不浇汁)	1条	铜货7枚	白菜炖豆腐	1皿	铜货15枚
	豆腐干	1个	铜货2枚	酱大头菜	1片	铜货1枚
	火腿	1片	奉小洋4元	猪肉野菜乱炖	1小碗	奉小洋1元以下
零食类	豆腐脑	1碗(大小不同)	铜货3至2枚	凉粉	1皿(大小不同)	铜货3至5枚
	糖葫芦	1串(6至8个)	铜货6至12枚	落花生	1斤	奉小洋1.2元
	块糖	1个	铜货1枚	其他糖类	1个	铜货2至4枚
	粽子	1个	铜货4枚	汤圆(元宵)	1个	铜货2枚
	蜜柑	1个	铜货1至2枚	其他时令水果		价格随时波动多变
饮料类	茶水	1大碗	铜货1枚	糖水、糖茶	1杯	铜货2至3枚
	豆腐汤	1碗	铜货3枚			

注:1. 铜货即铜元,俗称“铜子儿”;2. 按照1927年的汇兑价格,奉小洋10元约合现大洋1元,约兑换铜货22枚。

与同时期世界其他主要城市的物价做以比较。如下表所示,1914—1931年间,大连的批发物价虽有波动,但基本上一直处于上涨状态,并在1920年达到峰值,且略高于同时期东京、伦敦、纽约的批发物价。大连作为近代东北地区商业领域的桥头堡,它的批发物价变化情况直接反映出近代东北地区的物价变化情况,即近代东北地区的物价虽然也经常发生波动变化,但基本上也是一直处于上涨状态。

表 4-20　1914—1931 年大连及世界主要城市批发物价指数比较表①

年度	大连	东京	伦敦	纽约
	满洲调查课	日本银行	经济学家	花旗证券公司
1914	100.0	100.0	100.0	100.0
1915	106.9	101.6	129.2	114.8
1916	128.3	122.9	168.3	138.5
1917	162.2	154.7	214.4	183.6
1918	216.4	202.6	236.0	215.4
1919	260.2	248.1	246.8	216.1
1920	299.0	272.8	297.4	208.6
1921	214.3	210.8	190.1	129.3
1922	207.8	206.8	167.3	141.4
1923	207.8	209.5	170.2	153.5
1924	221.2	217.3	174.7	148.4
1925	226.7	212.2	169.1	160.2
1926	197.7	188.2	157.0	148.4
1927	187.0	178.6	151.0	147.5
1928	186.4	178.9	148.2	152.0
1929	181.8	147.8	139.6	144.3
1930	147.2	143.9	117.6	121.9
1931	118.9	121.7	98.0	98.9

接连上涨的物价变相缩减了近代东北地区城市居民的收入，致使其支出受限，生活水平下降。在吉林省"物价日昂，官俸有限，薪俸微薄者衣食仅能自给"。② 在奉天省"至（中华民国）十四年间物价如秫米（高粱米）每斗不过六七角，核现洋亦仅五角之谱，今（民国十七年）则每斗需小洋十一二元，合现

① ［日］满史会编，东北沦陷四十年史辽宁编写组译：《满洲开发四十年史》下卷，辽出临图字〔1987〕第 192 号 1988 年内部资料出版，第 250 页。

② 《吉林实业厅为奉省署拟办在职各员遇有婚丧庆吊酬应不得豪举以期崇俭给省工厂、女工厂和试验场的函》，《吉林省政府实业厅》民国十七年一月十二日（1928 年 1 月 12 日），档案号：J111，全宗号：01 卷号：1538，吉林省档案馆馆藏档案。

洋达一元一二角,计增长一倍有奇,余亦无不高贵。物价增长即如此,折现不及,人如彼,事实所在,自难敷用”。①

再次,接连上涨的物价还促使货币贬值,引起通货膨胀。

近代东北地区的通货膨胀严重,货币大幅贬值,使得近代东北地区城市居民的收入严重缩水。如时人卢作孚就曾在游记中如下记述:(1930年6月29日,沈阳)“晚间走了好几条街,找着一个浴堂洗澡。凡七个人,花了三百零四块钱。大家看了这笔账目,一定疑惑沈阳这个地方怎么生活程度会这样高?不然,亦疑惑这几位君子怎么在旅行中有这样的奢侈?两个原因必占其一了。却是一个原因都不占。只因为这里洋钱是纸造的,一块真的洋钱可以买得这种洋钱六十块。如果发行的人胆子再大一点,在后面多加几个圈圈,或许一块真的洋钱,可以买它几万块几十万块,以与马克比赛了。”②又如(1930年7月8日,敦化)“结算店账,共七个人,人各一餐一寝,花钱到一千七百钏,这恐怕是世界物价最高的地方了!不过原因还是在钱贱,每银一元便可换得钱一百六十八钏。亦无须虑其不易运输,所谓一百六十八钏者,并非旧制小钱,亦非新制铜元,不过纸票几张而已;所以其价甚贱”。③ 由此可见,当时货币贬值的程度是十分惊人的。

为了稳定币值,东北地方政府曾经采取严禁白银出境的措施。如光绪三十二年九月十日(1886年10月27日)的《盛京时报》就有《禁银出省》的报道,“初一旦,军宪谕警务局传谕各商号,不准运银出省,违者重罚。各商均不解其故,有谓吉市现银每两三吊九百八十七文,如再转运外销,必致陡涨,则银

---

① 《呈为核各县民国十六年度警甲学薪饷应照本厅修改数酌加最多以五成为限由》,《奉天省长公署》民国十七年一月十九日(1928年1月19日),全宗号:JC010,目录号:01,卷号:014956,辽宁省档案馆馆藏档案。

② 卢作孚:《东北游记》,载卢作孚等:《乡愁东岸:东北江浙海南岛旅行记》,辽宁教育出版社2013年版,第22页。

③ 卢作孚:《东北游记》,载卢作孚等:《乡愁东岸:东北江浙海南岛旅行记》,辽宁教育出版社2013年版,第39页。

元实受其害,故此举正维持钱法云"。[①] 然而,禁止白银出境这样的措施严重违背市场规律,虽能收一时的功效,但不能维持长久。因此,很快东北地区的货币又照旧贬值,东北地方政府的管控举措彻底失败了。

货币贬值进一步缩减了近代东北地区城市居民的收入。如1928年警察的月收入就比1925年时缩水了近三分之一。"查十四年度所长薪饷,除边瘠县分外,普通月支小洋一百元,按彼现洋一元四五价格,约合现洋七十一元之谱。今按四八核发计奉小洋四百八十元,照现时洋价,抵合现洋四十八元,计减少现洋二十三元之巨。"[②]

最后,混乱的币制给城市居民的支出造成麻烦,对城市居民的生活水平也产生了一定的影响。

因为近代东北地方政府没有将发行货币的权力收归政府进行统一管理,致使在近代东北地区并没有形成统一货币,这就造成近代东北地区的货币制度非常混乱。截至九一八事变前,据不完全统计在东北大地上流通的货币就有十五大类136种,几乎每个地区都有一种或几种货币在同时流通使用,甚至同一家银行发行货币,因种类不同,其所代表的价值也是不一样的。如下表所示,仅宣统三年(1911)吉林省官银号中库存的货币就有七种,分别是白银、银元、铜钱、龙圆银票、规元银[③]、日元和羌帖[④],其中白银、银元、铜钱、龙圆银票和规元银是中国发行的货币,而日元和羌帖则是日本和沙俄发行的纸币,且这七种货币均在近代东北社会上流通使用。

---

① 《禁银出省》,《盛京时报》光绪三十二年九月十日(1886年10月27日),第3版。

② 《呈为核各县民国十六年度警甲学薪饷应照本厅修改数酌加最多以五成为限由》,《奉天省长公署》民国十七年一月十九日(1928年1月19日),全宗号:JC010,目录号:01,卷号:014956,辽宁省档案馆馆藏档案。

③ 规元银:规元银是一种虚拟银两,一般作为价值符号或记账单位使用,但也可以随时兑换成实在的银两。

④ 羌帖:旧时我国东北地区对沙俄纸币的俗称。主要指流通于中东铁路沿线的华俄道胜银行、帝俄国家银行和中东铁道局所发行的金卢布和银卢布纸币。俄国十月革命后废除。

表 4-21　宣统三年(1911)吉林省官银钱号库款实存数目统计表①

旧存	银	107.820 两 71 分 8	龙圆票银	267.500 两
	银圆	820.000 元	规元银	4.212 两 08 分 2
	钱	7.353.916 吊 955 文		
新收	银	4.950.383 两 54 分	规元银	1523.267 两 59 分 3
	银圆	2051.766 元 05 分 8	日币	33.244 元 42 分 9
	钱	24742.031 吊 487 文	羌帖	299.349 元 44 分 5
	龙圆票银	351.232 两 27 分 2		
支销	银	1929.131 两 25 分 5	规元银	1481.479 两 67 分 5
	银圆	1319.315 元 33 分	羌帖	156.149 元 67 分 5
	钱	79465.814 吊 945 文	日币	27.965 元
	龙圆票银	603.752 两 27 分 2		
借垫	银	1215.381 两 27 分 2	规元银	46.000 两
	银圆	227.500 元	羌帖	2.537 元 40 分
	钱	22492.177 吊 867 文		
归还	银	105.086 两 57 分 8	银圆	40.000 元
	钱	6618.716 吊 668 文	羌帖	37 元 40 分
实存	银	2018.778 两 26 分 9	羌帖	140.699 元 77 分
	银圆	1364.950 元 72 分 8	日币	5.279 元 42 分 9
	钱	2941.925 吊 01 文	龙圆票银	14.980 两
备考	案:表内借垫、归还两项系指垫拨公家用款及旧年垫出本年归还者而言,其余一切收支凡关本年出入之款,均经分别列入新收支销两项数内			

① 《吉林省官银钱号官业收入、银圆价目、库存款等各项金融统计》,《吉林将军衙门》宣统三年(1911),档案号:J001,全宗号:37,卷号:1753,吉林省档案馆馆藏档案。

总体而言，截至九一八事变前，在近代东北地区流通使用的货币大致可以归纳如下：

表 4-22　近代东北地区通货概况表

<table>
<tr><td rowspan="11">中国体系</td><td rowspan="4">铜本位</td><td rowspan="4">制钱系</td><td rowspan="2">硬币</td><td>制钱(吊)</td></tr>
<tr><td>铜元(分)</td></tr>
<tr><td rowspan="2">纸币</td><td>官帖(吊)</td></tr>
<tr><td>铜元票(分)</td></tr>
<tr><td rowspan="7">银本位</td><td rowspan="5">洋钱系</td><td rowspan="2">硬币</td><td>大洋(元)</td></tr>
<tr><td>小洋(角)</td></tr>
<tr><td rowspan="3">纸币</td><td>大洋票(元)</td></tr>
<tr><td>小洋票(角)</td></tr>
<tr><td>私帖(角)</td></tr>
<tr><td rowspan="2">银锭系</td><td>硬币</td><td>元宝银(两)</td></tr>
<tr><td>纸币</td><td>过炉银(两)</td></tr>
<tr><td rowspan="7">外国体系</td><td colspan="2" rowspan="3">银本位</td><td rowspan="2">铸货</td><td>日元银(日元)</td></tr>
<tr><td>墨银(弗)</td></tr>
<tr><td>纸币</td><td>正金银行券(日元)</td></tr>
<tr><td colspan="2" rowspan="4">金本位</td><td>铸货</td><td>日本辅助货币(钱)</td></tr>
<tr><td rowspan="3">纸币</td><td>日本银行券(日元)</td></tr>
<tr><td>朝鲜银行券(日元)</td></tr>
<tr><td>俄国纸币(卢布)</td></tr>
</table>

这种混乱的货币制度反映在物价上则表现为同一种商品有许多种价格表述。如，在大连和满铁附属地，因其属于日本势力范围，主要为日本人的生活服务，这里的商品价格通常是以施行金本位的日元为标准，进口商品也以日本商品的价额为基准。在中东铁路及其附属地则主要使用羌帖和哈大洋票，所有商品都以这两种货币标注价格。其中，哈大洋票是在沙俄政府垮台后由中国发行的纸币，只在吉林和黑龙江地区流通使用。对此现象，时人卢作孚在游记中有如下记载：(1930 年 7 月 3 日，长春)“南满车买票用日金，这里却用哈

大洋了。哈大洋是一种使用于哈尔滨一带的银票,约合普通大洋八角余”。① 而在东北地方政府管辖的区域,流通的货币就更多了,除了日元和羌帖,其他诸如黄金、白银、银元、铜元、铜钱、各式银票等均可以合法流通使用。这里的商品标注的价格也是多种多样,有标现大洋的,有标奉大洋的,有标哈大洋的,还有标官帖的。由于中国发行的货币多以银本位为基础,因此商品的价格常常随着白银价格的变动而涨落变化。下面两张表格就体现出宣统二年(1910)和宣统三年(1911)吉林省内白银价格的变化及各种货币间的汇率变化。

表 4-23 宣统二年(1910)吉林省各币市价折合中数表②

币制	两数	元数	枚数	合吉钱数	合库平银数
库平银	1			5 吊 524 文	
吉平银	1			5 吊 325 文	0.964 两
官价银	1			3 吊 300 文	0.597 两
银 圆		1		3 吊 460 文	0.626 两
羌 帖		1		4 吊 630 文	0.838 两
足 金	1			214 吊 070 文	38.753 两
铜 圆			100	2 吊 500 文	0.453 两

表 4-24 宣统三年(1911)吉林省各币市价折合中数表③

币制	两数	元数	枚数	合吉钱数	合库平银数
库平银	1			5 吊 710 文	
吉平银	1			5 吊 504 文	0.964 两

① 卢作孚:《东北游记》,载卢作孚等:《乡愁东岸:东北江浙海南岛旅行记》,辽宁教育出版社 2013 年版,第 2 页。

② 《珲春商会为送财政收入、农商统计调查表的呈,省长公署训令,总商会照会》,《珲春商务分会》民国元年四月十九日至民国七年十月十七日(1912 年 4 月 19 日—1918 年 10 月 17 日),档案号:J064,全宗号:01,卷号:0082,吉林省档案馆馆藏档案。

③ 《珲春商会为送财政收入、农商统计调查表的呈,省长公署训令,总商会照会》,《珲春商务分会》民国元年四月十九日—民国七年十月十七日(1912 年 4 月 19 日—1918 年 10 月 17 日),档案号:J064,全宗号:01,卷号:0082,吉林省档案馆馆藏档案。

续表

币制	两数	元数	枚数	合吉钱数	合库平银数
官价银	1			3 吊 300 文	0.578 两
银　圆		1		3 吊 494 文	0.612 两
羌　帖		1		4 吊 560 文	0.799 两
足　金	1			223 吊 714 文	39.179 两
铜　圆			100	2 吊 500 文	0.438 两

在近代东北地区流通使用的诸多货币中,日元凭借着经济优势和南满铁路的特权占据着优势地位。据时人卢作孚在游记中记载:(1930 年 7 月 4 日,哈尔滨)"日本商店势力最大,商货十之八九都是销日本人的。尤其是金票,在市面上最活动了。第一,买日货必须用金票,第二,坐南满车必须用金票,第三,存款贷款于日本银行必须用金票,所以金票的侵略比商货还利(厉)害了"。① 在中国自己发行的货币中,现大洋(俗称"袁大头")是最为保值,也是最受欢迎的,其次是中国银行和交通银行发行的纸币,最差的是东北地方政府发行的官帖。据近代东北著名女作家梅娘回忆:"当时市面上最顶用的是袁大头(铸有袁世凯头像的银币),其次是中、交票(中国银行、交通银行发行的纸币),找零头才用官帖"。②

混乱的币制产生了大量汇兑问题,给近代东北地区城市居民的支出平添了许多麻烦,人们不得不在各种货币中来回兑换。然而,这些汇兑需要却刺激了银行和钱庄业的发展。据时人卢作孚在游记中记载:(1930 年 6 月 26 日,大连)"因为这里日本人用金票,中国人用上海小洋,外来的人携带大洋必须换掉,离开这里,又须换掉,所以掉换生意,比较发达"。③ 但是,由于在不同货

① 卢作孚:《东北游记》,载卢作孚等:《乡愁东岸:东北江浙海南岛旅行记》,辽宁教育出版社 2013 年版,第 32 页。

② 梅娘:《长春忆旧》,载张泉选编:《梅娘:怀人与纪事》,中央广播电视大学出版社 2014 年版,第 16 页。

③ 卢作孚:《东北游记》,载卢作孚等:《乡愁东岸:东北江浙海南岛旅行记》,辽宁教育出版社 2013 年版,第 15 页。

币的兑换过程中,每兑换一次都要花费一定数额的兑换费,这些兑换费又占据了城市居民的一部分支出,进一步缩减了近代东北地区城市居民的收入,城市居民的生活水平也会随之下降。

基于对近代东北地区城市居民的收支情况的分析研究,大体可以厘清近代东北地区城市居民的基本生活状况,并初步呈现。

正如前文所述,近代东北地区社会上层的城市居民年收入是最高的,其生活状况是最好的,也是最优越的;社会中层的城市居民年收入次之,其生活状况低于社会上层,但高于社会下层,位居中间地位,且能够达到温饱水平;社会下层的城市居民年收入最低,其生活状况仅仅勉强能够维持温饱,如遇到不好的年景,就会出现艰难窘迫、生计困难的状况。以抚顺煤矿矿工的生活状况为例:近代抚顺煤矿的采煤效率接近日本煤矿的同期采煤效率,甚至有时还要超过日本,但抚顺煤矿矿工的收入只接近日本女矿工收入的40%左右。过低的工资收入,使得在抚顺煤矿工作的矿工只能够维持最低限度的生活水平,“带家属的工人的工资收入只能维持生活费的70%—80%,独身工人的工资收入只能维持劳动力再生产的程度(其中伙食费占50%—60%,御寒服装和房租占20%—30%,仅就这些就会占去工资收入的80%—90%)”①,加之,现代机器工业的快速发展使得对劳动力依赖程度进一步下降,工人的工资收入也随之进一步下降,生活变得更加困难。由于社会下层占据着城市居民人口的绝大多数,因此,可以说近代东北地区城市居民的总体生活水平是偏低的。

在近代东北地区城市居民中有一个特殊的群体——旗人。作为近代东北地区城市居民的重要组成部分,旗人的生活状况如何?清朝覆灭对他们的生活产生哪些影响?这些问题都是值得关注和研究的。

近代东北地区的旗人来源于清代的八旗制度。在统一女真诸部的战争中,努尔哈赤于明万历二十九年(1601)创立黄、白、红、蓝四旗作为八旗制度

---

① [日]满史会编,东北沦陷四十年史辽宁编写组译:《满洲开发四十年史》上卷,辽出临图字〔1987〕第192号1988年内部资料出版,第64页。

的前身,将其统率的女真人编入各旗。明万历四十三年(1615),努尔哈赤又在原有四旗的基础上增设镶黄、镶白、镶红、镶蓝四旗,八旗制度至此正式形成。后来随着势力的壮大,统辖的人口逐渐增多,先后又增设了蒙古八旗和汉军八旗。八旗制度作为兵民一体的准军事化社会制度在清朝兴起及统一全国的过程中起到了巨大的作用。被编入八旗的满族人、蒙古族人和汉族人统称为旗人,俗称“八旗子弟”。

有清一代,旗人藉祖上开疆扩土之荫德一直享受着特殊的社会待遇,除在政治上享受特殊的优待外,在经济上,旗人一般都分给一定数额的田产,作为维持生活之用。如在《大清会典事例》中就有如下记载,雍正七年(1729)上谕:“八旗地亩,原系旗人产业,不准典卖与民,向有定例。”①而且,旗人男丁在成年之后大都会安排一定的职务,并发给钱粮,以便维持生活。因此,近代以前旗人的生活状况一般都很好,至少能够保证温饱。

近代以后,尤其是清朝末年,随着清朝国力的衰落,旗人的生活水平也逐步下降,有关旗人生活困难的记载也逐渐多了起来。例如在宣统二年十一月十五日(1910年12月16日)吉林旗务处的批文中就有如下记载:“据乌拉采捕右翼正黄旗代理五品翼领事务防御满良、骁骑校长寿等呈称:偶据职旗唐姓族长保成呈称:本族西丹唐顺昌现年十七岁,前在本处学堂肄业,因家寒无资攻读退学,情愿投入旗务工厂习艺,以为谋生之计。”②在这篇批文中,明确记录了正黄旗旗人西丹唐顺昌因家贫辍学,并自愿入旗务工厂工作以便维持生计的事实情况。由此可见,时至清末,即便是正黄旗正身旗人也有因贫困沦为工厂劳工的情况出现。

进入民国时期,旗人瞬间失去了政治依靠,往日的特权一律取消,加之平

① (清)昆冈、徐桐:《钦定大清会典事例》卷259,《户部·田赋》,清光绪二十五年(1899)原刻本,台北新文丰出版公司1979年影印版,第8509页。

② 《乌拉旗务承办处为将该处正黄旗西丹唐顺昌愿入旗务工厂肄业能否收入的呈及全省旗务处的批》,《吉林全省旗务处》宣统二年十一月十五日(1910年12月16日),档案号:J049,全宗号:04,卷号:0953,吉林省档案馆馆藏档案。

日里旗人大多养成了游手好闲的生活习惯,使得这个期间旗人的生活状况日渐惨淡。不过,旗人的生活状况并不是一下子就变得十分困难,而是这是一个渐变的过程,大致的时间节点在1925年的前后。

1911年10月10日,辛亥革命爆发,1912年2月12日,清朝最后一个皇帝颁诏退位,清朝正式结束统治。然而,根据中华民国颁布的《关于大清皇帝辞位之后优待条件》和《优待皇室条件》两份文件的规定,清逊帝溥仪及其皇室成员仍可在紫禁城后宫中居住,并每年给予四百万元以资生活之用,其他为其服务的一些机构和人员均可以继续保留使用。其中在东北地区的被保留下来的机构主要有八旗机构和"一宫三陵"的管理机构。如在辽宁境内仍保留有盛京副都统和兴京副都统两人,辽阳、复州、义州、凤凰城、广宁、盖州城守尉六人,铁岭防守尉一人,盛京、兴京、金州、锦州等处协领14人,另外还有各级八旗官员数百人。不过这些八旗官员的主要职责不再是军事防卫,而是每月发放粮饷,以便维持旗兵及其家属的日常生活。

这个时期八旗官兵维持生活的主要收入来源有二:一是俸饷,二是随缺地和伍田。八旗官兵的俸饷按照官职高低不同逐渐减少,最低一等的普通士兵每人每月饷银2两,全年共24两;八旗官兵的随缺地和伍田均是分给的官兵使用的土地,军官的分地称为"随缺地",士兵的分地称为"伍田"。与俸饷一样,随缺地和伍田也是按照官职的高低不同逐渐减少。如城守尉和协领每人给随缺地180亩,防守尉和佐领每人给随缺地144亩,防御每人给随缺地126亩,骁骑校每人给随缺地108亩,马兵每人给伍田60亩,步兵每人给伍田30亩。根据前文研究得出的收入标准来看,这个时期的八旗官兵的收入还是不错的,大致处于城市居民收入的中上层,完全可以保障一家人的吃穿温饱。

但是这种较好的生活状况并没有持续多长时间。在1913年的《福陵总管等呈那锡钧等请立会预筹生计章程由》中就有"当此国体更张,款项又极支绌,若不设法筹拟,官府既无暇兼顾,不惟食饷,官兵人人困难,即两署一万数千余口人民更何赖以活生命”的记载①，可见当时的民国政府对旗兵的俸饷已经采取不管不顾的态度，旗人的生活状况已经出现困难。至 1915 年，许多地方八旗官兵的俸饷仅能按照 40%发放，有的地方甚至不再给八旗官兵发放俸饷。为了维持生活，许多在任的八旗官员也多以生病为由申请调职或辞职，甚至不辞而别，直接离职。例如：1916 年 6 月，英额边门章京融临即以年老多病为由，给代理奉天巡按使张作霖呈文，要求请假回省城治疗，并将本职工作交由领催庆升、书记裕绎二人经手，便不再过问。奉天正黄旗满洲协领广善，原籍锦州。因俸银停发，随缺地又被丈放，又没有其他收入来源。在此情况下，广善为了返回原籍锦州，便于生计，于 1916 年 7 月向巡按使张作霖呈文，请调任锦州协领。牛庄防守尉荣桂，因 1913 年随缺地被丈放，田赋又被划归县公署，1916 年 11 月呈文辞职。广宁正白旗第一旗佐领常恩，因生活困难，为了糊口谋生，便呈文请假。而盖平城守尉英麟更是不辞而别，直接离任出走，下落不明，以致接任的多寿到盖平后发现一切事物都无从交接。

为了保障旗人生活，维持旗人生计，奉天的八旗及“一宫三陵”官署曾筹划组织生计会，以便统筹帮助旗人维持生活。如在《福陵筹办总管、关防两署旗人生计章程》中就提出：鼓励旗人从事实业，保护旗人原有生计，筹办屯垦、畜牧，设立宣讲所和阅报社以开通旗人智力等措施。② 然而，这些措施并未达到预期的效果，旗人的生活状况仍然日趋艰难。

1924 年，《关于大清皇帝辞位之后优待条件》和《优待皇室条件》两项文件被彻底废除，清逊帝溥仪也被迫迁出紫禁城，避居天津，东北地区的八旗及“一宫三陵”的所有机构也随之撤销。1925 年，“一宫三陵”完全由奉天地方政府接管，旗人完全失去了旧日特权和优待。为此，奉天福陵总管文源等曾经

---

① 《福陵总管等呈那锡钧等请立会预筹生计章程由》，《奉天行省公署》，民国二年一月五日（1913 年 1 月 5 日），全宗号：JC010，目录号：01，卷号：012580，辽宁省档案馆馆藏档案。

② 《福陵总管等呈那锡钧等请立会预筹生计章程由》，《奉天行省公署》，民国二年一月五日（1913 年 1 月 5 日），全宗号：JC010，目录号：01，卷号：012580，辽宁省档案馆馆藏档案。

呈请时任东三省巡阅使、奉天督军兼省长张作霖将被裁撤的守陵官兵择优录用,以便维持旗人生计。呈文中称:"至冯都统莅任之处,提前陵寝官兵,勿论世袭强弱,一概裁撤……有由法政并讲武堂毕业者,有充当警务教员者,由奉天高等警务毕业者,尤居多数,似此学力富强,未蒙录用,不无惋惜……守陵旧有之官兵,择其才力富强者,以看护皇室之陵寝,论人地似无不宜。以陵寝收入禁荒之租款,作守护陵寝常年之经费,不为不敷。政无旁贷,责有攸归,稍一变通,不惟守陵官兵有所统系,以免流离。"①然而,张作霖却在批复中以福、昭两陵已派警甲守护,不再需要旗兵守卫为由,予以拒绝。至此,东北地区的旗人彻底失去了特权和依靠,被推向社会,自谋生计。

与绝大多数的中国城市居民不同,生活在近代东北地区各个城市中的日本人收入往往很高,生活状况也很好。这个时期生活在东北各个城市的日本人主要为南满洲铁道株式会社(以下简称"满铁")的各级社员,因此,对满铁各级社员收入和生活状况的考察研究大体上可以看出当时东北各个城市中日本人的收入和生活状况。

据大正九年(1920)来到满铁工作的伊藤武雄回忆:"(他)最初的工薪是八十日元,这对当时大学毕业生来说,条件是相当优越的。虽然有时因时间不同而有些差别,但是一般地来说,对于在'满洲'工作的人员,除了本薪以外,都发给本薪的百分之四十到百分之百的津贴,并且还分给社宅。对于不住社宅的人员,还发给本薪的百分之三十住宅津贴。每年发两次奖金,固然也要看工作情况和职责,但是原则上是给四个月份的工薪,是典型的殖民地型的待遇。"②从这段回忆中不难看出,伊藤武雄作为一名刚刚到满铁参加工作的大

① 《文源等呈请将前撤守陵官兵选择铭用以图报称由》,《奉天省长公署》,民国十四年五月二十八日(1925年5月28日),全宗号:JC010,目录号:01,卷号:014152,辽宁省档案馆馆藏档案。

② [日]安藤彦太郎、山田豪一:《解说(二)》,[日]伊藤武雄,陈国柱、戚亚民译:《生活在满铁(三)》,政协吉林省长春市委员会文史资料研究委员会编:《长春文史资料》第5期,1984年4月28日内部刊物,第116页。

学毕业生，他的工资收入应该属于较低等级的，大致相当于满铁一般社员的收入，即便如此，他也认为当时满铁给予的条件是相当优越的。此外，除了基本工资，每位满铁员工都会得到相当于工资额度40%—100%的津贴、工资额度30%的住宅津贴和相当于四个月工资额度的奖金。以伊藤武雄每个月的工资80日元为例计算，他的每年纯收入大致可达1952日元。根据1925年6月7日的兑换率，现大洋1元约合0.61日元。① 如此算来，伊藤武雄的月工资约合现大洋48.8元，每年纯收入约合现大洋1190.72元，略低于近代东北地区中国社会中层城市居民的平均年收入现大洋1272元。加之，在近代的东北地区，日元属于硬通货，具有很强的购买力，伊藤武雄的年收入也算得上一笔不小的数目了。

除了工资、津贴和奖金等货币收入之外，在满铁工作的社员还享有各种各样的福利待遇，如住宅制度、消费组合制度和职员互助制度等。

满铁的住宅制度是满铁给予社员的一种住宅福利，也是对社员收入的另一种补贴形式。满铁的住宅制度形成于1910年左右，"在'满铁'成立初期继承下来的仅有3.8万坪（一坪约等于3.5平方米）的住宅，在大正六年（1917）发展到42万多坪，到了大正八年（1919）急剧扩大到52万多坪。在昭和十一年（1936）投资额为4600万日元，年间管理费216万日元"②，仅就住宅面积而言，1919年的住宅面积是52万多坪与1910年的住宅面积3.8万坪相比，即可看出，在短短九年的时间里，满铁的住宅面积迅速扩大了13倍多。满铁的住宅大多采取免费的方式直接分给或出租给各级社员使用，对于社员自行修建的住宅，满铁也会给予一定数额的货币奖励或补助，这点与现在的福利分房政策有类似之处。满铁的住宅制度与当时日本本土的住宅制度不同，它是建立

① 南满洲铁道株式会社庶务部调查课：《满铁中国人生活费调查》第1编，《满铁调查报告书》第27卷，南满洲铁道株式会社1926年版，第3页。

② ［日］满史会编，东北沦陷四十年史辽宁编写组译：《满洲开发四十年史》上卷，辽出临图字〔1987〕第192号1988年内部资料出版，第133页。

在巨大的殖民利益和特权的基础上的。满铁的住宅制度不仅解决了社员的住宿问题,其在各级社员的住宅规划、设计、施工等方面均成为后来日本各个公司住宅制度的范例,并被推广到日本的各个殖民地及占领区。

满铁的消费组合制度是满铁在日常必需品消费方面给予社员的一种福利待遇。至满铁成立之日起,满铁就"对它的从业人员的日常必需品的供应,不得不亲自承担。这个组织以运费、关税及其他直接、间接的补助打下牢固的基础"。① 换句话说,即是在日常必需品消费方面,满铁绝对保障其各级社员的权益,保证他们在日常必需品消费上享受最低的成本价格。至于这些日常必需品在运输、进出口等方面所产生的费用满铁都会一律承担。满铁的消费组合制度大大降低了社员的日常生活成本,也等于变相地增加了社员收入。总体来说,直到第二次世界大战结束,满铁的消费组合制度虽然经过了无数次的改革与调整,但不得不说对于维持满铁社员的日常生活作出了很大的贡献。

满铁的职员互助制度是一种在人文方面的福利待遇,它主要体现了满铁对于各级社员的人文关怀。按照满铁的职员互助制度规定,月基本工资不满100日元的从业人员必须强制加入,每人缴纳一定数额的资金,满铁再配以同样数额的款项组成职员互助基金,用于"补助职员及其家属的入院治疗费和对补助、吊唁、资历、救经等都按规定给予报酬"②,对于患有结核病等的需要长期疗养的社员,在配备完备的医疗机构的基础上,还会采取带薪休假和转地补贴等特殊的补助措施,这点与现在的医疗保险政策和社会保险政策有某些类似之处。日本昭和十一年(1936),满铁的职员互助制度基金每年就有124.3万日元,经过满铁按一比一的比例配套后够提供的基金总额为277.3万日元。总体来说,满铁的职员互助制度在社员的日常生活和人文关怀方面

---

① [日]满史会编,东北沦陷四十年史辽宁编写组译:《满洲开发四十年史》上卷,辽出临图字〔1987〕第192号1988年内部资料出版,第133页。

② [日]满史会编,东北沦陷四十年史辽宁编写组译:《满洲开发四十年史》上卷,辽出临图字〔1987〕第192号1988年内部资料出版,第133页。

也给予了极大的帮助。

以上这些收入和福利待遇是满铁给予人事编制内的各级社员的。除了人事编制内的各级社员,满铁还施行了一种名为"嘱托制度"的特殊人事制度。满铁的嘱托制度是一个特别表现出国策公司特征的人事制度。嘱托里面有许多种区别,上自理监事一级(有的正式称为顾问),下至一般社员,由最高到最低都有。嘱托有若干种类,在工作方面也各式各样,有的不一定要经常上班,只不过是提供技能;有的根据临时需要,只是短期工作;也有的和社员一样,是长期的。在任期方面,最多的是一年到三年。为补充职员,先以嘱托形式进入公司,然后再转为职员的常雇嘱托,任期多是三年。在报酬方面,"嘱托只给固定工资,而没有附加工资。有包工式的,有单纯执行工作而只支给旅费的,其数额下自一般职员待遇,上至领导干部待遇,各式各样。有很多外国人也是以嘱托名义雇用,在他们之中,有的工资拿得非常高"。① 满铁的嘱托制度实质上是一种临时用工的人事制度,多采取包干的方式进行雇佣工作。相对于人事编制内的各级社员,满铁的嘱托并不享受津贴、奖金和各种福利待遇,这是满铁的社员与嘱托之间最大的差别所在。

综上可见,在近代东北地区各个城市中生活的日本人,他们每年的实际收入很高,生活状况也很好,然而,日本人的优越生活状况却是建立在对中国东北地区进行大规模殖民掠夺基础之上的。据伊藤武雄回忆:"满铁公司,是存在于巨大的殖民地利润之上,大正末年(1926)三千万日元的利润,到后来年年增加,这种恩惠,或多或少,日本人都是享受了的。特别是满铁社员的生活,更受到相当充分的保障。不仅在物质方面,由于日本在'满洲'有各种各样特权,所以在'满洲'的社员生活,可以说是极其幸福的。"②相对于日本人的幸

① [日]伊藤武雄,陈国柱、戚亚民译:《生活在满铁(一)》,政协吉林省长春市委员会文史资料研究委员会编:《长春文史资料》第3期,1983年8月内部刊物,第93页。

② [日]安藤彦太郎、山田豪一:《解说(二)》,[日]伊藤武雄,陈国柱、戚亚民译:《生活在满铁(三)》,政协吉林省长春市委员会文史资料研究委员会编:《长春文史资料》第5期,1984年4月28日内部刊物,第116页。

福生活,绝大多数的中国人则一直生活在贫困之中,这种状况在九一八事变后变得更加明显。九一八事变后,伪满洲国建立。伪满洲国大肆宣传"日、满、汉、蒙、朝"五族协和的伪善论调,然而在实际的生活中五族的生活水平差距很大,"就主食而论,日本人吃白米,中国人吃高粱、玉米,朝鲜人吃小米,白俄人吃小麦粉,其他必需品的质和量也都各有差异"。① 由此可见,五族协和只是一句骗人的谎言,日本侵略和掠夺中国东北地区的丑恶本质并没有任何改变。

第四节　近代教育制度和新式人才促进城市生活向近代过渡

教育制度是影响城市社会生活的一个主要社会制度。由于教育具有"正人心、厚风俗、教化士民"之功效,历朝历代均极为重视。因此,教育制度对于城市社会生活的重要性和影响力非常大。在此问题上,近代东北地区城市生活的兴衰变化主要表现在中国人的教育制度和满铁附属地的教育制度这两个主要方面。与民政制度和司法制度不同,近代东北地区的教育制度并没有继承或在继承上改革发展传统的教育制度,而是以光绪三十年(1904)的"癸卯学制"为标志②,大致分成了传统和新式两种形制,且这两种形制的教育制度毫无关联,完全不同。其中新式的教育制度更是参考了西方的教育制度,尤其是日本的教育制度,并在此基础上编制而成,其对于中国近代教育的发展和近代东北地区城市社会生活的兴衰均产生了巨大的影响。

近代东北地区中国人的教育制度大体可分为传统和新式两种形制。其中

① ［日］满史会编,东北沦陷四十年史辽宁编写组译:《满洲开发四十年史》下卷,辽出临图字〔1987〕第192号1988年内部资料出版,第254页。

② 在"癸卯学制"之前,还有戊戌变法时期的新学制和光绪二十八年(1902)的"壬寅学制",但是这两个具有近代性质的新学制均未能切实付诸施行,因此,这里谨将"癸卯学制"作为近代东北地区新式教育制度的开端。

传统的教育制度是以科举制度为中心的传统书院式教育制度，新式的教育制度则是以光绪三十年（1904）的“癸卯学制”为标志的近代化教育制度，二者无论是在教育的宗旨和形制上均有很大差别。

东北地区的传统教育制度源远流长。早在东汉末期，管宁、王烈避难东北，开始讲授诗书，教化礼仪，是为东北地区传统教育的发端。魏晋时期，慕容廆曾在棘城（今辽宁省义县西北）新办教育，但规模很小。辽金时期，尤其是在金章宗大定十九年（1179）以后，传统教育制度发展很快，许多州府都兴建学校，学制也初具规模。元明清时期，东北地区的传统教育制度发展完善。明代在东北地区南部设立辽东都司，下设卫所，儒学书院遍布各卫，传统教育颇为兴盛。而在东北地区北部，传统教育的发展状况则相对落后许多。清代肇兴于东北地区，太祖努尔哈赤忙于统一女真各部及对明朝的战争，对教育制度尚无暇顾及。清太宗皇太极对教育制度极为重视，勒令诸贝勒及大臣的子弟读书就学，是为清代东北地区传统教育制度的开端。清代定鼎中原之后，以北京为首都，以盛京为留都，大力发展教育制度，多次诏令兴学。至康雍乾时期，东北地区的传统教育制度已经发展完善，盛京已是“学校蔚兴，彬彬称盛矣”①，在吉林和黑龙江也设立了满汉官学等教育机构。按照清代制度的规定，“东三省学务由奉天府丞主之”②，东北地区的传统教育制度均以奉天为参照标准，因此，仅以奉天为例对清代东北地区的传统教育制度做以简要梳理。

奉天的传统教育制度主要包括宗学、八旗官学、儒学、社学、义学和书院等六个方面。其中儒学、社学、义学和书院是普通教育机构，而宗学和八旗官学则是为八旗子弟专门设立的教育机构。

清代奉天地区的宗学可细分为宗室学和觉罗学，因此，宗学也称宗室觉罗

① 王树楠、吴廷燮、金毓黻等纂：《奉天通志》卷一五〇，《教育二·清上》，东北文史丛书编辑委员会点校，1983年版，第3476页。

② 万福麟监修，张伯英总纂，崔重庆等整理：《黑龙江志稿》卷二四，《学校志·学制》，《黑水丛书》中册，黑龙江人民出版社1992年版，第1086页。

学。宗学起源于天聪五年(1631)。皇太极令诸贝勒及大臣的子弟,凡年龄在15岁以下,8岁以上的,一律读书就学。乾隆二年(1737),设立盛京宗室觉罗官学。宗室觉罗子弟,凡年龄在20岁以下,10岁以上愿意入学的一律招收,不限名额。课程以教授满汉文和练习骑射为主。毕业的宗室子弟一律录用,觉罗子弟毕业满五年且考试合格后也一律录用,此外,宗学的毕业生还会发给学费、粮米、纸、帛、冰炭等生活用品。

清代奉天地区的八旗官学起源于康熙三十年(1691),设立盛京官学两所,分别于八旗左右两翼。无论满洲八旗、蒙古八旗还是汉军八旗的子弟均可入学。每所八旗官学招收学员40名,内分满学和汉学两科,每科学员20名,满学科教授满文,汉学科教授满文和汉文,两科学员还都要练习马步骑射。

清代奉天地区的儒学源于顺治五年(1648),"改立辽学,置教官一员,设廪额八十名,每年出贡三名"。[①] 顺治十一年(1654),设辽阳府儒学。后又在沈阳、铁岭、开原、锦州、宁远、义县、盖平、海城、复州、广宁等地设立儒学。雍正四年(1726),在吉林增设永吉州学正一名,在宁古塔增设泰宁县教谕一名,在伯都纳增设长宁县教谕一名,均归属奉天府管辖。吉林地区的儒学由此建立起来。

社学是明清时期在乡村地区兴办的学校,属于农村启蒙教育范畴。顺治九年(1652),谕令各直省的府、州、县在每个乡都要设立一所社学。凡年龄在十二岁以上,二十岁以下愿意入学的一律招收入学。

义学也称"义塾",是一种面向贫寒子弟的免费启蒙学校,其经费来源多为地方筹集的公益资金或私人捐赠。康熙五十一年(1713),谕令各省、府、州、县多设立义学,以便资助贫寒子弟入学读书。奉天地区的义学也随之发展起来,如辽阳、盖平、开原、锦州、宁远、广宁、铁岭等地均先后设立义学招收贫寒子弟入学读书。

---

① 王树楠、吴廷燮、金毓黻等纂:《奉天通志》卷一五〇,《教育二·清上》,东北文史丛书编辑委员会点校,1983年版,第3477—3478页。

书院是一种民间教育机构，多由私人出资设立，大体类似今天的私立学校。清代奉天地区的书院多是由地方政府的官员出资设立的。其中较为著名的有：沈阳的萃升书院、辽阳的襄平书院、海城的海州书院和他山书院、铁岭的银冈书院、锦州的凌川书院、凤城的启凤书院、兴城的柳城书院、宁海的南金书院、新宾的启运书院、昌图的开文书院、新民的辽西书院、康平的秀水书院、桓仁的莲沼书院等二十余处。铁岭的银冈书院更是周恩来总理少年时代读书求学的地方。

总体而言，清代东北地区的传统教育制度是以"读书明理，忠君爱国"为宗旨，以科举考试为中心，以四书五经为内容，以读书致仕为目标。无论是为八旗子弟专门设立的宗学和八旗官学，还是为普通百姓设立的儒学、社学、义学和书院，其基本内核均无出其右。但是，清代东北地区的传统教育制度教化了当地士民，树立了良好的社会风气，为国家培养和输送了大批优秀人才，这在中国教育史和东北地方史上也是功绩卓著的。

近代东北地区的新式教育制度起始于光绪三十年(1904)的"癸卯学制"。光绪三十年(1904)，清政府命令张百熙、荣庆和张之洞参考西方的教育制度，尤其是日本的教育制度，并以此为基础重新编制学堂章程，即《奏定学堂章程》，并于1904年正式颁布施行，史称"癸卯学制"。"癸卯学制"是中国第一个正式实施的近代化学制。根据"癸卯学制"的要求，各省均开始改革传统的教育制度，建立新式的教育制度。

光绪三十一年(1905)，东北三省均成立学务处，作为掌管各省教育的行政机关，下设教务、书记、庶务、编辑、调查、会计、收掌、游学八科，分管各类教育事务。近代东北地区的新式教育制度由此确立。光绪三十二年(1906)，各省改设提学使司，设立学务公所。光绪三十三年(1907)，各省又分别成立教育总会，并在所属各府、县分设教育会。此外，在此期间，各省先后改八旗官学、儒学、社学、义学、书院为小学堂，创设中学堂、师范学堂及各级女学堂，在奉天创设方言学堂、法政学堂、高等实业学堂、农业学堂、商业学校及物理、测算、体育、美术等专科学校,在黑龙江创设了俄文专科学校。至清朝末年,近代东北地区的新式教育制度初步创设完成。

总体而言,晚清时期东北地区的各级教育不再是以"读书明理,忠君爱国"为唯一宗旨,更多的则是对学生教授"自强图存"的理念;不再是以科举考试为中心,更多的则是对学生进行实业技能的教育;不再是以"四书五经"为内容,更多的是对学生进行近代科技的传授;不再是以读书致仕为唯一目标,学生可选择的职业道路更为宽广。

进入民国时期,近代东北地区的传统教育制度彻底结束,取而代之的新式教育制度则在晚清时期的基础上又得到了进一步发展。民国初年,废除提学使司,改为教育厅分管各省的教育事务。各省均重新制定教育章程,积极扩充学校,近代东北地区的新式教育制度迅速发展。正如《奉天通志》所载:"十余年间,学校林立。于是荒僻山陬,莫不有弦歌之声矣。"①1922 年左右,改旧学制为"三三制"的新学制,即小学阶段分为初级小学和高级小学,各三个学年;中学阶段同样分为初级中学和高级中学,也是各三个学年。这与当下我们现行的学制已经十分相似了。至此,近代东北地区的新式教育制度正式建设完成。

在此期间,各省先后在清末新式教育制度的基础上对各级中小学堂、师范学堂和女学堂进行改革,使之符合民国时期新式教育制度的宗旨和要求。如在"东北易帜"后,东北地区的各级中小学均将三民主义的内容引入修身课程,以此对学生进行政治思想教育。另外,还创办东北大学、冯庸大学和吉林大学三所综合性大学,以及医科专门学校、外国语专门学校、文学专门学校等专科学院。其中东北大学可以作为这一阶段新式教育制度快速发展的杰出代表。东北大学成立于 1923 年 4 月,由奉天和黑龙江两省合办,所需经费的十分之九由奉天省承担,余下的十分之一由黑龙江省承担。下设工、理、法、文、

① 王树楠、吴廷燮、金毓黻等纂:《奉天通志》卷一五二,《教育四·近代上》,东北文史丛书编辑委员会点校,1983 年版,第 3516 页。

商、农六科，其中工科有土木、河海、建筑、机械、电工、采冶、工业、应用化学等8个系；理科有数学、物理、化学、地质学、生物学、天文学等6个系；法科有法科、政法、经济3个系；文科有国学、历史学、地理学、教育学、英国文学、俄国文学、德国文学、法国文学等各系；商科有银行、外贸、会计三个系；农科有农学、林学、渔业、畜牧、兽医等五个系。预科学制二年，本科学制四年。可以说，此时的东北大学已经具备了近代综合性大学的基本特征，其开设的科系基本涵盖了近代综合性大学的所有科系，更有梁思成、林徽因、章士钊、梁漱溟、罗文干、冯祖恂、刘先州等一批名师执教。东北大学作为近代东北地区新式高等教育的杰出代表，不仅在当时为国家培养输送了大批人才，时至今日，仍旧为东北地区的高等教育事业贡献着巨大的力量。

总体而言，民国时期东北地区的各级教育均以“民主共和、自强图存”为指导思想，以近代科学知识为教学内容，以建设中国为根本目标。

除了正规的学校教育外，近代东北地区的新式教育制度在社会教育方面的变化也很突出。近代东北地区的各个省、县都普遍设有通俗教育演讲所、图书馆、阅报室、博物馆等社会教育机构，并通过这些机构对普通市民群众进行宣传教育。如在光绪三十四年十二月十日（1909年1月1日）公布的《奉天省城图书馆章程》中就明确阐明了奉天省城图书馆的开设宗旨、机构设置、经费来源、职员规则、开馆时间、闭馆时间、储藏规则、藏书体例、阅览规则、寄赠规则、委托规则和工役规则等一应事宜。① 其他如安东通俗教育讲演所、安东图书馆、长春图书馆、哈尔滨博物馆等社会教育机构也都是在近代设立并发挥功效的。如在《长春县志》中记载长春图书馆于“民国元年十一月创立，初名图书阅览场。购备书籍多种，公开借阅。五年，改为长春简易图书馆。十一年，取消简易字样，称长春图书馆。嗣因规模狭隘不敷应用，于十四年在中央通建筑宏澜馆舍，现购藏各种书籍六千九百四十四册，读者会员七百六十八名，常

---

① 《奉天省图书馆章程及各地赠书清册》，《奉天省公署》光绪三十三年四月初九日（1907年5月20日），全宗号：JC010，目录号：01，卷号：002985，辽宁省档案馆馆藏档案。

年阅书人达一万一千余名”。[①] 又据时人卢作孚在游记中记述:(1930 年 7 月 6 日哈尔滨)“(博物)馆中搜集很富,略可与大连旅顺的陈列馆比;唯陈列秩序不如。关于矿业、工业、农业、牧畜,各地风俗之照片特多,陈列亦各有方式,折叠壁间,不占地位。尤以表明风俗,塑人而着衣装,作种种姿势,最饶风味”。[②] 由以上两则材料不难看出,无论是图书馆还是博物馆,其藏书和藏品均十分丰富,受众十分广泛,人数也很多,近代东北地区的新式教育制度在对普通市民群众的社会教育方面所起到的影响由此可见一斑。

在近代东北地区各个城市的主要教育制度中,除了中国政府制定的教育制度外,还有外国人建立的教育制度。其中西方的教会教育最早出现在近代东北地区的各个城市,成为外国人在东北地区建立教育制度的开端。随后日本人在大连及满铁附属地建立的教育制度则更为完善,由于其存在的时间长,投入的力度大,其对近代东北地区城市生活的影响也十分深远。

近代的西方列强通过不平等条约先后攫取了建立教会、开办医院和创办学校的特权,由此开始,西方教会在东北地区的各个城市先后创办了许多各级各类的学校。近代东北地区西方的教会教育以光绪二十六年(1900)为界大致可划分为两个阶段。1900 年以前为草创阶段,这个时段的教会学校主要有:海城三育中学、锦县私立育贤小学、基督教立育英女子小学校、辽阳文德中学、榆树县文华小学等。这些教会的中小学多由爱尔兰长老会和苏格兰长老会的传教士们创办,他们希望通过办教育的方式让更多的中国人尤其是孩子们了解和学习《圣经》,进而信教。不过由于当时的教会尚处于初创阶段,各项工作繁多,人手不足,以致这个时期的教会教育规模很小,创办的各级各类学校也很少,影响微弱。1900 年至 1931 年为发展阶段,这个时段的教会教育

---

① 张书翰等修、金毓黻等纂:《长春县志》卷四,《政事志 · 教育》,民国三十年(伪满康德八年,1941 年)铅印本,第 36 页。

② 卢作孚:《东北游记》,载卢作孚等:《乡愁东岸:东北江浙海南岛旅行记》,辽宁教育出版社 2013 年版,第 34 页。

取得了较快发展，主要反映在教会教育的规模逐渐变大，创办的各级各类学校也逐渐增多。如近代在东北地区传教的，弗雷德里克·奥尼尔牧师（Frederick O'Neill）就曾对当时的教会教育有所记录："1902 年 11 月，爱尔兰长老会与苏格兰长老会、丹麦路德会合作，在沈阳开设神学院，教授的课程包括神学、数学、生物、历史、地理、英文……1912 年，教会又在沈阳开办了一所医学院。"① 又如下表所示，时至光绪三十一年（1905），苏格兰长老会已在东北地区创办 24 所学校，共有学生 458 人，这一阶段教会教育的发展情况由此可见一斑。

表 4-25　苏格兰长老会在满洲传教办学统计情况表（1905）②

单位：个

地名	学　校		
	数量	男生	女生
海城	4	49	51
辽阳	10	80	87
奉天	3	53	20
兴京	5	64	3
开原	2	25	26
合计	24	271	187

总体而言，西方教会教育制度虽然是外国人在东北地区建立教育制度的开端，但是无论是在规模上、形制上，还是在对近代东北地区城市生活的影响上，均无法和日本人在大连及满铁附属地建立的教育制度相提并论。因此，这里笔者仅是对此问题略作提及，有兴趣的读者大可深入研究。西方的教会教育虽然在诸多方面不及日本，但是其"通过教育，争取人心，为我所用"的教育方针和目的表露无遗，这为后继而来的日本殖民者指明了方向，正是基于此种

① ［英］马克·奥尼尔（Mark O'Neill），牟京良编译：《闯关东的爱尔兰人：一位传教士在乱世中国的生涯（1897—1942）》，生活·读书·新知三联书店 2013 年版，第 70—71 页。

② D.MacGillivray, *A Century of Protestant Missions in China*（1807-1907）, *Being the Centenary Conference Historical Volume*, Shanghai: Printed at the American Presbyterian Mission, 1907, p.221.

目的日本人在大连及满铁附属地开展了完善而系统的殖民教育。

在日本殖民者之前侵占大连及满铁附属地的是沙皇俄国。沙俄殖民者为了解决俄国移民子女的教育问题,先后在旅顺设立了男女学校,同时为了加紧推进对中国居民的殖民教育,在金州、旅顺、普兰店等地也建立了几所针对中国人的俄清学校。光绪二十六年(1900),沙俄总督先后批准实施了《规则学校建设纲领》和《关东州俄清学校规则》,进一步制定旨在服务沙俄殖民统治的教育制度。然而,由于沙俄在日俄战争中战败,被迫将大连及满铁附属地的权益让给日本。日本侵占大连及满铁附属地后,立即建立有利于自己殖民统治的教育制度,按照教授的对象和目的划分,大致可分为对日本人的教育制度和对中国人的教育制度这两个主要方面。

在对日本人的教育制度方面,日俄战争后,为了吸引日本移民服务于殖民统治,日本政府仅用了十几年时间就在大连及满铁附属地建立起从小学到大学,从普通教育到职业教育的完整教育体系。这些学校一般都以"皇道精神"为指导,对日本移民的子弟灌输殖民主义和军国主义精神,用以培养为日本侵略扩张和掠夺政策服务的殖民人才。20 世纪 20 年代后,日本殖民当局又强调要把对日本人的教育"乡土化""地方化",即要求日本移民子弟要"以满蒙为家",培养保卫疆土的爱国精神,把殖民主义和军国主义思想渗入到整个教育制度的各个层面里。

以满铁在满铁附属地的教育投资和各级教育的构建方面为例,"满铁投资大约 500 万日元,在这些城市添设 19 所日本人学习的小学,8 所中国人教育的公学堂、南满医学堂、南满洲工业学校等教育设施,并提供病床总数 1500 张的 10 所医院,以及其他公园、图书馆、防疫设施等文化卫生机构"。① 其对教育的投资力度相当大,由此可见日本政府对于教育制度的高度重视。

在小学教育方面,日本能够做到"铁路每延长 30 公里就设立一所小学。

① [日]满史会编,东北沦陷四十年史辽宁编写组译:《满洲开发四十年史》上卷,辽出临图字〔1987〕第 192 号 1988 年内部资料出版,第 106 页。

就学儿童数1907年为255名，1916年达3900名，1926年为11600名，至九一八事变爆发时已达15200余名”。① 九一八事变后，日本移民急剧增加，到了1935年，“（小学入学）儿童已达2944万名，学校总数为43所，班级为683个班，教职员823名。学校总经费达188.3万日元”。②

在中学教育方面，“面对日本人的中学教育，从1919年开设奉天中学校开始，第二年（1920年）在奉天开办了奉天高等女子学校。自1922年以后日人剧增，除了在抚顺、鞍山、安东、长春设立中学之外；女子中学校也在抚顺、安东、长春、鞍山、奉天设立；另在长春设立了商业学校。1935年度当时……中学为3294人，班级数为72个；女子学校2982人，设62个班级”。③

在专科教育方面，“1922年6月，满铁在大连设立了南满洲工业学校，实施中学程度的工业教育……这所学校分建筑工程学、结构工程学两个学科。设置建筑、矿山、土木、农业土木，以及电气、机床、铁路机械等课程。到1935年，工业学校毕业生达到12期，716人；工专12期，760人”。④

在大学教育方面，“1911年在奉天设立招收日本人和中国人的南满医学堂。1922年升格为大学，设有本科四年（320名），预科三年，专科四年（160名）。作为临床实习医院附设满洲医科大学附属医院，配有本科教授79名，预科教授22名”。⑤

此外，日本政府还在大连及满铁附属地建立起一整套对于教育系统的卫生保健及后勤保障制度，如“预防砂眼制度（1918年）、校医制度（1928

① ［日］满史会编，东北沦陷四十年史辽宁编写组译：《满洲开发四十年史》上卷，辽出临图字〔1987〕第192号1988年内部资料出版，第125—126页。

② ［日］满史会编，东北沦陷四十年史辽宁编写组译：《满洲开发四十年史》上卷，辽出临图字〔1987〕第192号1988年内部资料出版，第125—126页。

③ ［日］满史会编，东北沦陷四十年史辽宁编写组译：《满洲开发四十年史》上卷，辽出临图字〔1987〕第192号1988年内部资料出版，第126页。

④ ［日］满史会编，东北沦陷四十年史辽宁编写组译：《满洲开发四十年史》上卷，辽出临图字〔1987〕第192号1988年内部资料出版，第126—127页。

⑤ ［日］满史会编，东北沦陷四十年史辽宁编写组译：《满洲开发四十年史》上卷，辽出临图字〔1987〕第192号1988年内部资料出版，第127页。

年)……学校供给饮食制度”等。①

从以上诸多材料中不难看出,在大连及满铁附属地,日本已经建立起一套非常完备的教育制度,可以说是从小学到大学,从普通教育到职业教育应有尽有。当然这个教育制度,或者说是教育体系主要是面对当时生活在中国东北地区的日本移民子弟,并借此免除日本移民的后顾之忧,以便他们能安心工作,更能吸引更多的日本本土居民移民中国东北地区,进而达到长久侵占的险恶目的。

在对中国人的教育制度方面,日本殖民者在构建面对日本人的教育制度时也在同步构建面对中国人的教育制度。早在光绪三十年(1904)日本殖民者对大连实行军管时就已开始着手建立面对中国人的教育制度,光绪三十二年(1906)以后,关东州及满铁更是极力推行,谋求在日本殖民者能够控制的区域内使面对中国人的教育制度得到普及和发展,为此,“开始施政以来,根据轻重缓急充实教育设施,实施初等教育,师范教育和高等教育同时进行的教育体制”。②

日本殖民者之所以积极构建面对中国人的教育制度,其目的是对中国人实行奴化教育,使其从思想文化上亲近日本,进而为日本长久殖民中国东北地区服务。因此,日本殖民者特别重视对中国人的中小学教育,力求从每个中国儿童入手培养亲日心理。在招生方面,这些由日本建立的面对中国人的中小学招生范围极广,无论是否在大连及满铁附属地内生活的中国人子弟均可入学。

在小学教育方面,日本政府开设公学堂,内设初级四年,高级二年,并设有以日本语教育为主的其他各类课程。截至 1935 年,日本政府共开设“学校 10

---

① [日]满史会编,东北沦陷四十年史辽宁编写组译:《满洲开发四十年史》上卷,辽出临图字〔1987〕第 192 号 1988 年内部资料出版,第 126 页。

② [日]满史会编,东北沦陷四十年史辽宁编写组译:《满洲开发四十年史》下卷,辽出临图字〔1987〕第 192 号 1988 年内部资料出版,第 439 页。

所，儿童数5000名，教职员133名，经费每年为18万日元”。①

在中学教育方面，“1917年在奉天开办的南满中学堂。这所学堂预科一年，本科四年，招收中国高级小学校和公学堂的毕业生。其毕业生大都进入满洲医科大学，旅顺工科大学以及日本内地的各大学。这所学校有10个班级，学生定员为400人”。②

在大学教育方面，日本政府没有开办专门面对中国人的大学，而是将中国学生和日本学生混编至各个学校和班级，并力求平等对待，不搞中国人和日本人之间过大的差别待遇，以求加速对中国学生亲日心理的形成和培养。

然而，实际的情况却与日本殖民者的预期大相径庭。面对日本人的教育办得很好，而面对中国人的教育则办得很差，基本没有达到日本殖民者最初的目的。据时人卢作孚在游记中记述：（1930年6月26日大连）“日本人在大连经营的教育事业如何？有一个工业专门学校，有一个商业学校，有两个中学校，有一个高等女学校，有几个小学校。这都是教育日本人的，办得很好，很注重军事操。另外有几个公立学堂，是教中国子弟的，那就办得不了了，七年毕业，无论中文日文都弄不清楚，教科书很守秘密，除了学生不能购买”。③ 由此可见，日本殖民者建立的面对中国人的教育制度基本上是失败的，它并没有在社会生活上产生巨大影响，也没有从根本上在中国人中建立起亲日心理。

除了各级学校教育制度外，日本殖民者还在大连及满铁附属地建立了图书馆、博物馆和资源馆等其他文化设施，用以宣传日本的殖民文化，并对普通群众进行殖民教育。

在图书馆方面，很早以来，日本殖民者就认识到图书馆对社会教育的重要

---

① ［日］满史会编，东北沦陷四十年史辽宁编写组译：《满洲开发四十年史》上卷，辽出临图字〔1987〕第192号1988年内部资料出版，第126页。

② ［日］满史会编，东北沦陷四十年史辽宁编写组译：《满洲开发四十年史》上卷，辽出临图字〔1987〕第192号1988年内部资料出版，第126页。

③ 卢作孚：《东北游记》，载卢作孚等：《乡愁东岸：东北江浙海南岛旅行记》，辽宁教育出版社2013年版，第15页。

作用,早在1907年就在大连满铁总社大楼内开设一间图书室,1914年,又在满铁总社接邻地方新建了一所图书馆。1910年11月,又在奉天修建了参考图书馆。这些图书馆均面向广大群众开放。此外,还在瓦房店、大石桥、辽阳、公主岭、长春等地,以及后来又在安东、开原、四平街等满铁附属地先后修建许多图书馆。至1928年,大连及满铁附属地内"共有23个(图书)馆,藏书336516万册,后经一系列的整顿和合并,截至1937年11月,馆数为20个,藏书566782万册,除满铁职员以外的利用人数,每年超过60万人"。①

在博物馆方面,日本殖民者开设了旅顺博物馆。旅顺博物馆,原称满蒙物产馆,于1917年4月1日开馆。"旅顺博物馆分本馆、考古馆、纪念馆三个部分,另有附属植物园。主要收集并保存了满蒙的学术、技艺及其他参考资料8.1万件供群众阅览。该馆的目的是为了提高和普及知识及培养兴趣,同时兼为学术研究提供必要的资料,本馆又分为动物、植物、水产、矿物、风俗、考古、陶瓷器参考各部。"②

在资源馆方面,日本殖民者开设了满洲资源馆,并于1926年10月开馆。满洲资源馆"主要介绍与满铁经营有关的满洲资源的实际状况。即把满蒙资源按矿产、农产、畜产、林产、水产等加以概括分类,然后把这些实物标本,以及试验研究样品、模型、图表等收集、整理后进行陈列。此外,作为参考品还收集了日本、朝鲜和中国以及欧美的展品,与满洲的原产品对照排列以便于人们的理解。同时,还展出这些基础或学术性研究的一般成果,以求达到其目的"。③

总体而言,日本殖民者之所以要在大连及满铁附属地建立起一整套完备的教育制度,一方面是要借此吸引日本本土居民移民中国东北地区,为日本殖民侵略中国东北地区的政策服务,进而达到长久侵占的险恶目的。另一方面

---

① [日]满史会编,东北沦陷四十年史辽宁编写组译:《满洲开发四十年史》下卷,辽出临图字〔1987〕第192号1988年内部资料出版,第466页。

② [日]满史会编,东北沦陷四十年史辽宁编写组译:《满洲开发四十年史》下卷,辽出临图字〔1987〕第192号1988年内部资料出版,第467页。

③ [日]满史会编,东北沦陷四十年史辽宁编写组译:《满洲开发四十年史》下卷,辽出临图字〔1987〕第192号1988年内部资料出版,第467页。

也是为了借此奴化中国人，培养树立亲日心理，甘当顺民，进而为日本的殖民侵略服务。日本首屈一指的殖民专家，满铁的首任总裁后藤新平对此称为："文装武备。"他把这个理论作为殖民地经营的要诀，他说："经营殖民地的政策，归根结底是文装武备，以王道之旗，行霸道之术，这是本世纪的殖民政策所难免的。那么需要采取什么措施呢……中央试验所、现居民教育、其他有关学术或经济等所谓文化侵略都必须进行。侵略主义这个字眼也许觉得不大好听，但那是另外一个问题，把这综合起来，可称为文装的侵略政策……如能彻底以文装武备的精神来经营满洲，满洲就一定会转化为日本独占的殖民地。"①

第五节　近代化的公共卫生制度成为城市居民生活步入近代的主要标志之一

公共卫生制度是影响城市社会生活的另一个主要社会制度，也是城市生活由古代步入近代的主要标志之一。在此问题上，对近代东北地区城市生活兴衰变化的影响主要表现在医疗卫生制度和环境卫生制度两个方面。由于西医的传入与发展，逐步被普通大众所接受，传统的中医仍旧被人们信赖，这使得近代东北地区城市中的医疗卫生制度呈现出中西医并行发展的状态。在环境卫生制度方面，由于近代西方科学的引入，尤其是东北鼠疫的暴发及救治，使得近代东北地区城市居民的环境卫生习惯发生了巨大的变化，城市环境卫生制度开始向近代转变。

近代东北地区的医疗卫生制度是在城市中率先创立和发展起来的。由于近代西方医学的传入，尤其是对 1910 年至 1911 年冬春之交东北地区暴发的肺鼠疫的防疫及救治，使得西医逐渐为广大普通百姓所接受，西医由此得以快速发展，并取得了与传统中医并立的社会地位。

---

①　[日]伊藤武雄，陈国柱、戚亚民译：《生活在满铁(一)》，政协吉林省长春市委员会文史资料研究委员会编：《长春文史资料》第 3 期，1983 年 8 月内部刊物，第 77—78 页。

左宝贵将军在奉天创设牛痘局,为人们施种牛痘。光绪二十二年(1896),左宝贵将军又在奉天创设同善堂,并将牛痘局并入同善堂。光绪二十七年(1901),同善堂附设施医院。同善堂施医院是一所以中医技术为病患治疗的医院,“中华民国十四年(1925),奉令并入中国红十字会病院,加添西医一科”。① 另外,创建于光绪三十一年(1905)的奉天官立卫生医院和创建于光绪三十四年(1908)的吉林官医院也是一所以中医技术为病患治疗的医院。

由此可见,当时东北地区的中国人更加信任中医,而对西医科学及其治疗方法并无多少了解,也不信任。真正使中国人了解西医,信任西医治疗,则要归因于对1910年至1911年冬春之交东北地区暴发的肺鼠疫的防疫和救治。“起初,西方医学的引入曾遭遇当地社会激烈的抵触,主要原因是对西方科学的无知,当地人不了解西方医术的优点,并强烈质疑这些拿着刀子剪子和各种奇形怪状金属家伙的外国人的动机……1911年和那场大瘟疫的搏斗……西方医学的作用也获得了当地人的承认。”②

1910年10月25日,满洲里首先暴发肺鼠疫,11月8日传至哈尔滨,12月15日传至长春,1911年1月2日传至奉天,1月12日传至吉林,1月28日传至锦州,随即传遍东北全境,河北、山东等邻近省份也有所波及。在短短四个月的时间里,“死于此次鼠疫的人数达6万余名,仅东北地区死亡人数既达51155名”。③ 这是

---

① 王树楠、吴廷燮、金毓黻等纂:《奉天通志》卷一四四,《民治三·卫生》,东北文史丛书编辑委员会点校,1983年版,第3288页。

② [英]马克·奥尼尔(Mark O'Neill),牟京良编译:《闯关东的爱尔兰人:一位传教士在乱世中国的生涯(1897—1942)》,生活·读书·新知三联书店2013年9月版,第104页。

③ 关于此次肺鼠疫所造成的具体死亡人数大概有如下几种说法:1. 根据出席1911年4月3日在奉天(今沈阳)召开的奉天国际鼠疫会议的美国首席代表理查德·P.斯特朗(Richard.P.Strong)记述,此次肺鼠疫的死亡人数约为5万人([美]理查德·P.斯特朗(Richard.P.Strong):《序言》,国际会议编辑委员会编辑,张士尊译:《奉天国际鼠疫会议报告》,中央编译出版社2010年版,第1页)。2. 根据奉天防疫总局编纂的《东三省疫事报告书》统计,此次肺鼠疫的死亡人数为50927人(奉天防疫总局编:《东三省疫事报告书》,《奉天省长公署》宣统三年(1911),全宗号:JC010,目录号:01,卷号:012311,辽宁省档案馆馆藏档案)。3. 据焦润明先生考证得出,此次肺鼠疫的死亡人数达6万余人,仅东北地区的死亡人数既达51155人(焦润明:《清末东北三省鼠疫灾难及防疫措施研究》,北京师范大学出版社2011年版,第7页)。笔者认为焦润明先生考证得出的具体死亡人数更为准确可信,故以此为据。

自14世纪欧洲黑死病之后,人类所遭遇的最严重瘟疫。究其根源,是由于20世纪初旱獭的毛皮在世界皮革市场上热销,这就使得中俄商人大量私自招募华工捕猎旱獭。西伯利亚许多没有经验的华工在捕猎了染有肺鼠疫的旱獭之后,食用其肉,感染了肺鼠疫,患病的华工回国又将肺鼠疫传入东北地区,由此,肺鼠疫在东北地区沿着铁路线和大车店迅猛传播扩散。这种肺鼠疫的致死率几乎是百分之百,感染者在几天之内就会死亡。铁路沿线的有些村子整村子的人都死光了,街头经常有冰冻的尸体横倒在路上,但是没有人敢去收尸。许多村镇拒绝外人进入,村镇里的人也都躲在家里不敢出门。1911年1月,东三省总督锡良不得不打破传统习俗的限制,下令改用火葬的方式处理尸体。面对如此凶猛的疫情,近代东北地区本就十分脆弱的医疗卫生体系被彻底摧毁。如何应对肺鼠疫疫情没有任何经验,没有所必需的治疗药品,也没有隔离处理感染病患的观念,这就使得经常接触病患的医护人员更容易被感染。

1911年春,在清政府、医院和西方医疗团队等多方共同努力下肆虐东北地区的肺鼠疫疫情终于得到控制。在经过这场疫病的洗礼之后,政府和大众的卫生观念有了极大提升,充分认识到西医的科学性和重要性,充分认识到医疗卫生体系的重大价值,社会观念日臻进步和成熟,传统习俗和禁忌均被打破,人们不再固守传统观念,具有近代化性质的医疗卫生制度由此建立起来。如长春卫生医院就在疫情过后立即重新开办起来。据吉林省档案馆馆藏档案记载:"卫生为防疫善后要政,势难延搁。于是,一面筹挪商款,于上年(宣统三年,1911年)闰六月间就原有之官医院旧址,先行修葺,酌派医官略购医具、药料,于七月初一日开院。"①中华民国成立后,大量新建医院均采用西医技术治疗病患。如中国红十字会病院、营口海口检疫医院、奉天公立医院及前文提

---

① 《吉林行省批西南路道呈长春停办卫生医院垫款请仍饬府议事会按照原拟归还由》,《吉林省政府》民国元年九月二十一日(1912年9月21日),档案号:J101,全宗号:01,卷号:0431,吉林省档案馆馆藏档案。

及的同善堂施医院等均采用西医技术治疗病患。①

在西医为大众接受并快速发展的同时,中国的传统医学(即中医)并没有被大众抛弃,在社会生活中仍有很大影响。如1930年沈阳市民丁广文就曾上书辽宁省政府,申请组建同善医社并获批准。丁广文在呈文中说:"溯考上古医院,皆用针砭,既省物力,且收速效,即中古诸贤,亦多以针灸起人沉疴,晚近趋重汤剂,致针灸灵术渐至失传。慨念圣道,情殷研求。爰集同志,自筹经费,组织同善医社,聘请针灸名家,一面传习讲授,一面施治贫苦。将来继承人多,施济自广,庶兴社会民生,盛少裨于万一也。"②同善医社以"研究针灸医术,救济贫病"为宗旨,传授针灸技术,并使用针灸治疗病患。同善医社只是当时中医发展的一个缩影,不过从中不难看出,在西医快速发展的同时,中医也在发展进步,并与西医一起构成了近代东北地区完整的医疗卫生制度。

环境卫生制度是城市公共卫生制度的另一个主要方面,它与城市普通居民的生活密切相关,且时刻影响着城市的社会生活。由于近代西方科学的引入,使得近代东北地区城市居民的环境卫生习惯发生了巨大变化,城市环境卫生制度开始向近代转变。

近代东北地区的城市环境卫生制度大致起始于清代末叶,且多由巡警局或警察署兼管。以奉天省为例,光绪三十一年(1905),"省城(今沈阳市)改组巡警总局兼管卫生事宜"。③ 巡警总局内设卫生科和药科,其中卫生科分管防疫、清道、检查饮食物品卫生等项工作;药科主管稽查各级医院。为了重点整治奉天省城街市环境卫生,奉天省城警务公所于宣统元年(1909)组设东城和西城两个清道队,每队210人,专门负责城市街市环境卫生的清扫和保护工

① 王树楠、吴廷燮、金毓黻等纂:《奉天通志》卷一四四,《民治三·卫生》,东北文史丛书编辑委员会点校,1983年版,第3287—3288页。

② 《为丁广文组织同善医社报送章程由》,《辽宁省政府》民国十九年十月二十一日(1930年10月21日),全宗号:JC010,目录号:01,卷号:012302,辽宁省档案馆馆藏档案。

③ 王树楠、吴廷燮、金毓黻等纂:《奉天通志》卷一四四,《民治三·卫生》,东北文史丛书编辑委员会点校,1983年版,第3286页。

作。如疏通城市沟渠,清扫公厕,疏通窨井等项均有专人负责。另外,为了确保食品卫生,巡警总局另外筹建屠宰场三所,并委派专业兽医分管检疫、化验及食品和药品的检验等项工作。

进入民国时期,近代东北地区的城市环境卫生制度在清末的基础上有了进一步发展,特别是在市政公所成立后,城市环境卫生工作的近代化色彩更加浓厚。以奉天省为例,1916 年奉天市政公所成立,"所有省城卫生事项,由警察厅移市政公所接管"。① 市政公所下设卫生课,分管清除街道,清理公共厕所,负责公共市场、屠宰场、菜市场、公共浴池、戏园、旅店、妓院及各类饮食的卫生监查工作。原隶属于警察厅的清道队也划归市政公所管理,并更名为卫生队,"其隶属关系脱离警察厅,改变了警察管卫生的原有职能。在清道队改卫生队以后,仍然设置巡警 26 人,人夫 361 人,马 44 头,车 44 辆,负责城区卫生的清扫。不久,卫生队又停用洒水马车 8 辆,改用 4 辆汽车洒水,每天上、下午各洒水两次,使市内街道卫生大为改观"。②

另外,市政公所也开始对全市的排污沟渠着手逐步进行设计建造。对此时任东三省巡阅使、奉天督军兼省长的张作霖就曾于 1923 年 8 月 10 日训令如下:"兹,查开浚沟渠说明书及图表,所拟分年进行事项,尚属详明。惟所有明沟及暗沟之宽深须俟实行测量后,再参照人民之废水量及最大雨水量,用图式画法,方能求得真正之尺寸。若预先估定,实际上恐有过或不及之虞。此节应详加考虑,余尚妥协,准予照办。"③在商埠地"重要马路埋设水泥下水管道,大口径者为 3 尺,小口径者为 1.5 尺,共长 3000 多丈;在小马路埋设缸管下水道,口径有 1.5 尺和 0.8 尺的,分别总长 5000 余丈"。④ 沈阳市排水管网系统

① 王树楠、吴廷燮、金毓黻等纂:《奉天通志》卷一四四,《民治三 · 卫生》,东北文史丛书编辑委员会点校,1983 年版,第 3286 页。

② 张志强:《沈阳城市史》,东北财经大学出版社 1993 年版,第 198—199 页。

③ 《训令市政公所为核定开浚沟渠计划由》,《奉天省长公署》民国十二年八月十日(1923 年 8 月 10 日),全宗号:JC010,目录号:01,卷号:019879,辽宁省档案馆馆藏档案。

④ 张志强:《沈阳城市史》,东北财经大学出版社 1993 年版,第 196 页。

的近代化建设由此开始。

公共厕所是城市环境卫生的另一个主要方面,也是城市社会文明进步的一个主要标志。近代东北地区的各个城市在此方面也开始向近代化转变,并取得了一定的成绩。晚清时期东北地区的城市中已经建有旨在维护城市环境卫生的公共厕所,但由于客观条件所限,当时城市中的公厕均为旱厕,且建设时所预留的蹲位较少,清扫也不及时,所起到的效果极为有限。如光绪三十二年九月初七日(1906 年 10 月 24 日)的《盛京时报》就有如下记述:"昨闻省城内外各设厕所,原为洁净免生污秽起见。现今各处厕所若有便溺甚为艰难,因各厕所便溺之处仅有四人之设置,而日间所有往溺者不下十数余人,在内者可以便溺,及在外者直待候多时亦不能便溺,甚至有便溺于裤内者,故此怨恨之人不可胜数。况厕内须得勤掏秽物方保卫生,而今亦不见勤掏又不敷用,不知应管者知之否耶?"①由此记录不难看出当时奉天省城公共厕所的使用情况堪忧,甚至经常有人由于等候时间过长而便溺在裤子内的情况出现,以致引起居民的怨言。进入民国以后,公共厕所作为关乎城市环境卫生的重要基础设施之一东北地区各级地方政府均极为重视,尤其是在市政公所成立后更是如此。以沈阳市商埠地的公共厕所建设为例,沈阳市商埠地"经商埠警察局与长兴公司订立合同,历时三个月在商埠地建起 25 座公厕。其中圆形 14 处,方形 11 处,一律以青砖砌筑。方形建筑前高 6 尺,后高 7 尺;圆形建筑的围墙均高 7 尺,上覆瓦盖,各公厕的存滞井达 1.2 丈"。② 这些公共厕所的建立极大地改善了沈阳市的环境卫生,同时也预示着近代东北地区的城市环境卫生制度向近代化大步迈进。

1927 年以后,奉天省又将城市环境卫生工作划归警察厅管辖,"省会警察各署署长均兼市政各区区长,所有关于卫生一切事宜,则仍由各地方警察依法执行。"③

---

① 《厕所现状》,《盛京时报》光绪三十二年九月初七日(1906 年 10 月 24 日),第 3 版。

② 张志强:《沈阳城市史》,东北财经大学出版社 1993 年版,第 197 页。

③ 王树楠、吴廷燮、金毓黻等纂:《奉天通志》卷一四四,《民治三·市政》,东北文史丛书编辑委员会点校,1983 年版,第 3302 页。

除了奉天省省城沈阳，哈尔滨、营口、安东、台安等城市的环境卫生制度也都大致经历了类似的发展过程。如在1917年5月12日的《远东报》上就有关于哈尔滨市各户门前卫生清扫的记述："各街道走路清理、修理等事概归户主、地皮主担任，即马路二分之一，空场三十英尺，每日早七点前至九点为止，扫除灰尘，昼间亦可，一切积物皆应运走。房主与地皮主若违背此谕，当照罚款二十九条办法，街道由官家修理，仍由房主担任花费，现在多有不照此谕奉行者，应再三申前令，请各房主、地主作速清理、修理街道便路，以免本会强迫执行。"① 这则记述不仅记录了哈尔滨各户应当清扫各自门前马路的范围和清扫时间，还记录了对于没有按照要求清扫马路者的处罚方法。由此可见，当时哈尔滨市的环境卫生工作也已经开展起来。

此外，在城市环境卫生制度的制定和实施方面，近代东北地区的各个城市均制定简章对具体的工作内容进行详细规定。例如台安县就在简章中对此明确做出规定，"第二条：县街卫生由公安局雇用清道夫二名，派卫生队兵二三名，每日督令将通衢以及狭巷扫除清洁并疏浚沟渠以免粪秽狼藉而重卫生，其外镇由公安各分局长雇用清道夫逐日照此办理。第三条：县街及各区镇商户门前街道由各商人自行打扫，所有水桶均须满贮洁水，每日泼洒两次，限定早八钟至晚一钟行之。如遇大风干旱之时，督令不时洒扫以却飞尘，但夏雨冬雪不在此限。第四条：县街厕所粪便已由氏户包办，春秋冬三季每日令其清除一次，夏日每天清除两次或三次，由卫生队长逐日查验，不得令粪便溢出厕所之外，倘厕所有坍塌破坏时由包办人赶速修补之……第六条：商农人等无论大小便溺均须赴往厕所，不准在大街狭巷任意便溺而重清洁。第七条：商农各户院内秽土烂草以及厕所粪便等等不洁之物，每日早晨须挑除一次，不准任意堆积，致碍卫生，但清除后须将厕所洒以石灰而除恶秽。第八条：凡各商户收拾门前街道秽土等物均须置于尘芥箱内以便运除之……第十条：清除粪秽，县城

① 《董事会》，《远东报》民国六年五月十二日（1917年5月12日），第9版。

由公安局制备尘芥箱及卫生车,其外镇由公安分局办理之,每日由清道夫将尘芥箱内秽物倒于车内,即时运往郊外空旷之地,远离居民免碍卫生”。① 这些规定基本上涵盖城市环卫工作的主要方面,对市容市貌及普通百姓的日常生活起到了积极作用。

对于清洁环境卫生所必需的费用,各城市主要采用向商户征收的方式予以解决,这与今天实行的征收卫生费制度略有相似。如台安县就对此明确规定,“办理卫生所需款项无论县城及各区镇,凡有商会者除由商会补助若干外,不足之数由公安局及各分局派妥警向各摊床收取。其收捐办法分为三等:一等,每日收取现洋三角;二等,收取现洋二角;三等,收取现洋一角。其经收之款作为购买卫生器具及卫生车、尘芥箱并雇佣清道夫工资之需,其外镇补修厕所化(花)费亦由此款项下开销”。②

总之,由于近代西方科学技术的传入,汽车、机械洒水清扫设备、垃圾桶、化学检验仪器等一系列近代化的先进工具被应用到城市环境卫生工作中,使得近代东北地区各主要城市均展现出有别于往日的市容市貌,城市居民的生活环境也有很大提高。近代东北地区的环境卫生制度开始向近代迈进。

本章小结　人口红利:近代东北地区城市生活兴衰变化的人力资本

伴随着城市居民人口数量的快速增长和城市居民结构的变化,近代东北地区各个城市获得了历史上前有未有的人口红利,这个巨大的人口红利也对近代东北地区城市生活的兴衰变化产生了重大影响。归纳起来主要呈现在以

① 《警务处呈台安县公安局拟筹款办理公共卫生请示遵》,《辽宁省政府》民国十九年五月十日(1930年5月10日),全宗号:JC010,目录号:01,卷号:031522,辽宁省档案馆馆藏档案。

② 《警务处呈台安县公安局拟筹款办理公共卫生请示遵》,《辽宁省政府》民国十九年五月十日(1930年5月10日),全宗号:JC010,目录号:01,卷号:031522,辽宁省档案馆馆藏档案。

下几个方面。

第一,人口的数量急剧增长,从人口净流出区域变成人口净流入区域。

与近代以前东北地区的人口变化情况不同,近代东北地区的人口增长幅度很大,增长速度很快,这与近代东北地方政府采取招募移民、垦荒实边的政策密不可分。为了解决日益严重的边疆危机,东北地方政府先后多次招募移民,到吉林和黑龙江的边疆地区垦荒种地,以便抵御外患。另外,关内地区,尤其是华北地区,人多地狭,加之连年遭受自然灾害,许多农民生活困苦。基于生活所迫,许多破产农民沦为难民开始向东北地区迁移谋生,进而形成了中国近代历史上最大规模的移民潮——"闯关东"。在招募垦荒和"闯关东"移民这两股力量的共同作用下,近代的东北地区逐渐从人口净流出区域变成了人口净流入区域。然而,截至九一八事变前,虽然有大量的移民迁入东北地区,但是东北地区的人口密度仍然很低,仍然是一个地广人稀的地区。

第二,男多女少的性别结构正式形成,职业分布情况变化不大。

在数量庞大的移民群体中,男性的数量远远多于女性,这就使得近代的东北地区在接纳了大量的移民后,整个人口的性别结构呈现出男多女少的态势。由于这些移民基本上都是汉族人,这就使得东北地区传统上的民族结构发生了改变,汉族超越了满族、蒙古族、回族、朝鲜族等少数民族成为东北地区最大的民族,且这种民族构成情况一直延续到当今社会。

在职业分布方面,近代东北地区的农业人口与非农业人口所占的比重基本维持在80%和20%左右,这与近代以前东北地区的农业人口与非农业人口所占的比重大致相同。所不同的是近代机器工业、银行业、交通运输业等新兴产业开始出现。女性渐渐走出家庭,更多地参与社会工作,职业女性的人数有所上升。但总体而言,占据人口总数80%左右的仍旧是贫雇农和城市中的底层雇佣工人,他们仍旧是生活在最底层的社会群体。

在日本殖民统治下的大连和满铁附属地内,中国人在人口数量上也是占据绝对多数的。与近代东北其他地区中国人的职业分布情况截然相反,大连和满铁附属地内的中国人几乎没有从事农业的,大多从事工矿业、商业和交通业等非农行业。1930年以前,在东北地区生活的日本人主要从事工业、商业、交通业及自由职业,且从业人数逐年增加;从事农业和水产业的人数极少,且从业人数增长极其缓慢。这说明这个时期东北地区的日本人主要生活在城市里,过着城市生活,几乎没有人生活在农村,且这种职业分布情况一直持续到1935年。

第三,大家族制度开始向小家庭制度转变,邻里关系因贫富差距变得不同。

在家庭与家族方面,近代东北地区的城市居民仍然是以传统的大家族为主体,但是小家庭的生活方式已经产生,且大家族制度开始瓦解,在总体上,呈现出一个由传统大家族制度向小家庭制度转变的过程。

在邻里关系方面,近代东北地区的各个城市中,富裕的大户人家多选择四合院或西式洋楼居住,居住环境相对封闭,这就使得其在自己的家庭与家族之间的活动更为密切,家庭与家族内部的关系也更为紧密,而邻里之间相互往来较少,邻里关系相对淡薄。相对于独门独院,聚族而居的大户人家,贫穷的普通百姓大都居住在"大杂院",往往一个大院子里居住着许多小家庭。"大杂院"里普通百姓的家庭与家族关系相对要淡薄一些,而邻里之间却由于往来频繁,彼此间的相互关系则要紧密许多。此外,在近代东北地区城市居民的邻里关系中,小学教员往往被树立为邻里居民之中的楷模,在家庭生活、道德标准和处事作风等方面起到表率作用。

第四,在近代东北地区的城市居民中,各个社会各阶层间的收入差距较大。

在近代东北地区的城市居民中,社会上层的城市居民年收入是最高的,其生活状况是最好的,也是最优越的;社会中层的城市居民年收入次之,其生活状况低于社会上层,但高于社会下层,位居中间地位,且能够达到温饱水平;社会下层的城市居民年收入最低,其生活状况仅仅勉强能够维持温饱,如遇到不好的年景,就会出现艰难窘迫、生计困难的状况。而且,每个社会阶层之间的收入差距很大,社会中层平均年收入约为社会下层平均年收入的10倍,社会上层平均年收入的水平还要远远高于其他两个社会阶层,这就导致贫富差距过大,贫富两极分化严重,社会稳定性较差。

另外,近代以前,旗人的生活状况一般都很好。近代以后,尤其是1925年以后,旗人的生活日渐惨淡。而生活在近代东北地区各个城市中的日本人收入往往很高,生活状况也很好。在实际的生活中,中国人与日本人的生活水平往往差距很大。

第五,繁重的税收、上涨的物价、严重的通胀和混乱的币制成为拉低城市居民生活质量的主要负担。

在税收方面,近代东北地区的税收种类繁多,且税率较高,可以说是"苛捐杂税如牛毛"。据粗略统计,近代东北地区每个城市居民需要承担的捐税就有数十种之多。在物价方面,近代东北地区各个城市的物价大致经历了一个由低到高的上涨过程。各主要货物的物价少则增长近一倍,多则增长十倍多。在通胀方面,近代东北地区的通货膨胀严重,货币大幅贬值,使得近代东北地区城市居民的实际收入缩水严重。仅民国十七年(1928)的货币就比民国十四年(1925)时贬值了近三分之一。在币制方面,近代东北地区的币制极为混乱。截至九一八事变前,据不完全统计在东北大地上流通的货币就有十五大类136种,几乎每个地区都有一种或几种货币在同时流通使用,甚至同一家银行发行货币,因种类不同,其所代表的价值也是不一样的。混乱的币制给城市居民的支出造成麻烦,对城市居民的生活水平也产生了一定的影响。繁重的税收、上涨的物价、严重的通胀和混乱的币制给城市居民的生产和生活带来了极大的压力,成为拉低城市居民生活质量的主要负担。

第六,近代西式教育制度为近代东北地区培养了大量的新式人才,并促进了城市生活向近代过渡。

近代西式教育制度的确立也是一个与传统社会制度不同的地方。这种不同主要表现在近代新学制的创立和施行上。如学务公所的设立,大、中、小各级学堂的创设,各级各类专科学校的创设等方面。近代新学制的创立和施行培养了一大批具有新思想的年轻人,这些年轻人日后均成为近代东北地区发展建设的中坚力量。

第七,西医获得认可是近代东北地区城市生活在公共卫生制度上的巨大飞跃。

西医的传入及其获得广大民众的认可也是一个与传统城市社会不同的地方。不过这种认可并非出于人们主观意愿的接纳,而是迫于疫病的压力被动接受,特别是1910年至1911年冬春之交在东北地区暴发的肺鼠疫。在这场对于肺鼠疫的救治和防疫斗争中,西医展现出强大医疗能力,这才被广大民众的认可和接受。西医获得认可可以说是近代东北地区城市生活在公共卫生制度上的巨大飞跃。

以上几个方面揭示了近代东北地区城市居民和生活水平的发展变化及其对城市生活兴衰的影响。其中既有时代发展的因素,外部环境的因素,社会进步的因素,也有人们思想观念变化的因素,然而无论这些变化基于何种因素,其最核心的变化是近代东北地区城市社会的主体即城市居民的发展变化,这也是近代东北地区城市生活所有方面兴衰变化的核心所在。

第五章 城市文化的发展及其对城市生活兴衰变化的影响

任何事物的兴衰变化都有其自身的原因和动力，近代东北地区的城市生活也是如此。总体而言，城市文化的发展对近代东北地区城市生活兴衰变化的影响大致可以归结为内、外两方面。在内在方面，近代东北地区城市生活的兴衰变化主要归因于传统文化影响力的衰落，在外在方面，近代东北地区城市生活的兴衰变化主要归因于西方文化影响力的增强。另外，内、外两方面的因素之间还存在着彼此相互碰撞和相互融合的复杂情况。正是在这种既碰撞又融合的混合力量作用下，近代东北地区的城市生活不断发生变化，并推动着整个东北社会不断向前发展演进。

第一节 传统文化影响力的衰落减少城市生活向近代转变的文化阻力

传统文化一直是东北地区城市生活发展演进的核心动力，也是维系东北地区社会文化的核心支柱。近代以后，西方文化传入东北地区。由于受到西方文化的冲击，传统文化的影响力逐渐衰落，这一情况在近代东北地区的城市生活中表现得尤其明显。然而，传统文化的影响力虽然有所衰落，但是它仍然是整个社会文化的主体,并在近代东北地区城市生活的兴衰变化过程中发挥了核心作用。

近代以前的东北地区是满族、蒙古族、鄂伦春、鄂温克、赫哲等北方少数民族游牧和渔猎的地方,在文化类型上属于少数民族生活文化区。后随着关内汉族人口的大量迁入,以儒家文化为代表的中原传统汉族文化也随之传入东北地区,并逐渐成为主流的传统文化,其最主要的表现就是汉语逐渐取代满语成为东北地区的主要语言,"到 1800 年,黑龙江以南的满洲几乎人人会说点汉语,许多满人甚至已经丢掉了自己的母语,此即汉化的结果"①,在《铁岭县志》中更是将这种文化的转变归功于儒家传统礼义教化的力量,即"移风易俗使之兴行于礼义,非岁月之功也"。②

近代以来,大量来自河北、山东、山西、河南等关内地区的外来移民又将各自地区的文化带入东北地区,这就使得近代东北地区的传统文化呈现出明显的移民文化特征,其主要表现在:近代东北地区的传统文化呈现出多种文化并存且相互融合的混合型文化特征;传统文化的积累薄弱且易于改变;对于外来文化的接纳和融汇能力很强,文化排斥的情况极为罕见。如沈阳、大连、长春、哈尔滨等一批东北城市都是 19 世纪后伴随着铁路的修筑而逐渐发展起来的。这些城市大多属于新兴的移民城市,其对于新兴事物有较强的接受力,无论是什么东西,来自哪里,只要为我所用就都可以接受并应用。加之,近代东北地方政府的统治力日趋衰落,致使其在文化上的控制力和影响力也随之日渐衰落。传统的儒家文化及道德观念在城市生活中的影响力逐渐下降,尤其是封建宗法制度对城市居民的控制力下降很大,许多年轻人开始摆脱封建家庭的束缚,接受并尝试新鲜事物,这也促进了近代东北地区城市生活的兴衰变化。

近代东北地区的传统文化虽然积累的时间较短且处于日渐衰落的状态,

---

① [美]费正清等编,中国社会科学历史研究所编译室译:《剑桥中国晚清史》上卷,中国社会科学出版社 1985 年版,第 40 页。

② (清)贾弘文修、董国祥纂:《铁岭县志》卷下,《风俗》,载金毓黻主编:《辽海丛书》第 2 册,辽沈书社 1984 年影印版,第 774 页。

但是它仍然是整个近代东北地区社会文化的主体，这在城市建设及城市规划、城市居民的日常生活和家庭生活等方面均有所表现。

在城市建设和城市规划方面，虽然日、俄等殖民者按照自己的意愿将西方的城市建设和城市规划理念强行移植到东北地区，在铁路附属地内大搞建设试验，修建了许多西式建筑，但是无论是在沈阳、长春、哈尔滨这类的大城市，还是在辽阳、熊岳、农安、呼兰等中小城市都可以见到孔庙、关帝庙、土地庙以及各类佛道寺院，而且这些传统建筑大多分布在城市中较为重要的位置，并在城市居民的日常生活中起着十分重要的作用。甚至在伪满洲国成立后，溥仪这位傀儡皇帝也会出于传统文化的考虑，要求他的皇宫必须面南背北，这就为长春的城市规划留下了一抹传统文化的印记。

在城市居民的日常生活方面，传统文化中的优良品德仍然颇受广大城市居民的赞扬。如光绪三十二年九月初九日（1906 年 10 月 26 日）的《盛京时报》就曾以《拾回巨款义举》为题对营口刘照阁先生拾金不昧的善举进行报道："营口广德兴商号日前遗失银票共计二万二千四百九十两，不知遗落何处。不意竟有刘照阁君拾去，后慨然如数归赵。如义士刘君实足以风矣。"① 除了传统的优良品德，一些传统文化中的封建等级制度也或多或少地被保留了下来，这点在晚清时期表现得尤为明显，如杨同桂在《沈故》中就有以下记述："盛京电线之设，自光绪十一年始。初设西南路通营口经锦县以达于山海关至津入京，继设南路通旅顺，东南路通凤凰城以达朝鲜，再设北路以通吉林，其线南北各二条，东南一条每百里约线杆七百根。其设局之处曰省城，曰营口，曰凤凰城，曰旅顺，曰山海关。其报分四等，头等曰公报，督抚将帅之奏牍公文也；二等曰局报，局员互相询问之公务也；三等、四等皆商报也。"②从上面这则记述中不难看出，晚清时期辽宁地区的电报共分为四个等级，其中第一和

① 《拾回巨款义举》，《盛京时报》光绪三十二年九月初九日（1906 年 10 月 26 日），第 3 版。

② （清）杨同桂撰：《沈故》卷三，载金毓黻主编：《辽海丛书》第 1 册，辽沈书社 1984 年影印版，第 307 页。

第二等级的电报都是仅供政府及政府官员使用的,其他人无权使用;只有第三和第四两个等级的电报才是商用,供普通群众使用。

在城市居民的家庭生活方面,传统的封建思想仍旧浓厚,家庭暴力偶有出现,男女平权仍多流于纸面,这一点可从1931年6月29日海城县呈报的关于杨兴乾虐待妻子杨马氏的案件中可窥见一二。

> 呈为(杨马氏)氏夫杨兴乾与胞姊李杨氏通奸,虐待妻室,不堪同居。在营口法院请求离异,杨家财势两大,法官徇情偏袒……(杨马氏)氏母早逝,父是礼教中人,即旧名词之老学究也。虽知杨家虐待,仍严责氏不会作妇,不能承顺夫子,责以善感不许恶离。氏受家庭压制,只有任其荼毒,求死不得,求生不能,渴腔委曲,莫可与述,遍体鳞伤,经年不脱……只有离异一途……在营口法院以不堪同居之虐待,请求离异……(杨家)贿买法警……第三次开庭,退庭之后杨兴乾在法院门外即拦路对氏加以暴行,法院之人相视大笑。四次开庭,氏举此而为强暴之证,推事都不与作主,一味迫氏归回杨家。①

从上述案件中可以看出,传统封建文化在城市居民家庭生活中的影响力仍然十分强大。杨马氏遭受丈夫家残暴虐待,不仅没人施以援手,就连自己的亲生父亲也因受到封建礼教思想的束缚,一味责备女儿,委曲求全,男女平等更是无从谈起。这也是传统文化在整个近代东北地区社会文化中占据主体地位的一种体现。

第二节　西方文化影响力的增强成为城市生活向近代转变的文化推力

西方文化是近代东北地区城市生活兴衰变化最重要的推动动力,也是促

---

① 《海城杨马氏呈氏丈杨兴乾虐待不堪同居营口法院偏袒案》,《辽宁省政府》民国二十年六月二十九日(1931年6月29日),全宗号:JC010,目录号:01,卷号:000943,辽宁省档案馆馆藏档案。

使近代东北地区社会文化发展演变最主要的外部因素。近代以后，西方文化传入东北地区。随着时间的推移，西方文化对近代东北地区城市生活的影响力越来越大，尤其是在物质、思想和生活方式三个方面均有较大影响，其中某些方面甚至完全改变了东北地区传统城市生活的旧方式和旧习俗，进而发展演变成为独具特色的新生活方式和新习俗。

物质是文化的载体，也是文化发挥影响力的外在途径之一。西方文化最早在东北地区发挥影响力也是通过物质实现的，尤其是先进的新兴事物在其中发挥了巨大的推动作用。

哈尔滨作为近代东北地区受西方文化影响最大的城市，在这一方面的表现非常明显。近代的哈尔滨又被称作“东方的巴黎”或“东方的莫斯科”，从侧面可以看出这个城市受到西方文化的影响很大。无论是在城市建设和城市规划，还是在衣食住行等方面，来自西方的新兴事物为哈尔滨带来了浓郁的欧洲风情。吉林著名书法家成多禄在当时所写的《哈尔滨竹枝词十首》中就对哈尔滨城市风貌进行了十分形象的描述：“宝马香车结对来，哮经声彻喇嘛台（尼古拉教堂）。电灯夹道人如海，更醉花亭酒一杯。清钟震耳教堂敲，公园深处看花苞。马戏园中把臂游，短裙高屐自风流。巴黎声色今何在，心醉欧风总不知。”①其他来自西方的新兴事物如邮政、电车、东正教等也都无时无刻不在影响甚至替代传统的生活方式和生活习俗。如1916年2月23日的《远东报》就对当时哈尔滨的邮政发展情况进行了简单报道：“道里所设之俄国收信处，现因邮务极为发达，拟在十二道街及中国大街或在宽那亚街设立分局一处，约在俄历五月间可以开办。”②又如1918年6月28日的《远东报》又对当时哈尔滨修建电车的情况进行了报道：“董事会议妥准中央电车公司修筑电车办

① 翟立伟、戚其昌整理标点：《成多禄集》，吉林文史出版社1988年版，第302—303页。转引自曲晓范：《近代东北城市的历史变迁》，东北师范大学出版社2001年版，第161页。

② 《俄邮局将设分局于道里》，《远东报》民国五年二月二十三日（1916年2月23日），第3版。

法,每站停五分钟,每辆电车内分两等,计二十四座位,车手两人,查票者二人,电车数目以不妨害电灯等为标准。并于四个月内拟妥计划书,送至董事会交议员讨论,最优等计划书,奖给一万卢布,准各技师随意拟稿,不加限制。"①

无独有偶,与哈尔滨的情况类似,在沈阳由中国人自主设计修建的城市电车也开始规划筹建。沈阳市第一期的电车工程于 1925 年 11 月正是建成通车,路线从大西门至西塔。虽然当时的电车路线尚短,且车辆不过六两,等车的时间较长,但却受到沈阳市民的热烈欢迎。据 1927 年 5 月 4 日时任奉天市市长李德新给张作霖的呈文称"奉市电车现在只有大西门至西塔一段,车辆不过六两,运输路线远近距厂不过千有余丈。虽候车时间较长,乘客尤为拥挤,然月终必有盈余。朔自十四年度开办伊始,营业不过九月,计得纯利奉大洋十六万余元,得利之普,无逾此者。查各国都市先例,电车路线愈长,其利愈普。一则车资较廉,乘客踊跃;一则利用电车,随意所之;一则电车速度高,可以节省时间,便利作事。是电车获利与否,恒以路线长短为转移,苟无特别障碍,未有赔累者……第一期电车开通以来,商民咸称便利,市面状况亦非昔比,如能按照原定计画逐年继续兴修,则市政前途实利赖之。否则以奉市区域之大,不谋扩张交通,机关微特,市民不便,市面难兴"。② 此后,沈阳市又先后拨款修建了由太清宫至小北门外和由小北门外至大北门外两条电车线路。由此电车正式走进沈阳市民的日常生活,给沈阳市民的日常出行带来极大方便。

如果说哪一种新兴西方事物对近代东北地区城市生活造成的影响最大,就当数电了。近代东北地区用电及电力事业是由俄国引入的。20 世纪初,俄国人在大连造船厂附近建立了一所小型发电厂,这是有关近代东北地区电力事业的最早记录。该发电厂主要向大连造船厂供电,多余的部分供应市区使用。光绪三十三年九月(1907 年 10 月),大连率先在全市范围内使用电作为

① 《修筑电车消息》,《远东报》民国七年六月二十八日(1918 年 6 月 28 日),第 3 版。

② 《呈拟兴修第二期电车路计画由》,《奉天省公署》民国十六年五月四日(1927 年 5 月 4 日),全宗号:JC010,目录号:01,卷号:019406,辽宁省档案馆馆藏档案。

一般照明的手段,成为近代东北地区最早实现在全市范围内使用电照明的城市。随后日本人在安东、营口、奉天、抚顺、长春等城市的满铁附属地也先后开始由满铁直属的发电企业供应电力。在中东铁路的附属地内,俄国人在哈尔滨中东铁路中央工场内建立了发电所,“发电量一万八千千瓦,电灯数三万盏”。① 除供应中东铁路使用外,还供给如附属学校等中东铁路附属的有关机构使用。其余在双城堡、一面坡、三岔河、五常、阿城、横道河子、穆棱、五站、富锦、安达、海拉尔、满洲里、呼兰、绥化、海伦、克山等地也都建有电灯公司和发电所,但这些电灯公司和发电所的规模都比较小,发电量均不足 400 千瓦。

相较而言,在电力事业方面中国人的起步较晚。在光绪三十三年(1907)和宣统元年(1909),中国人先后创办吉林宝萃电灯公司和奉天电灯厂,是为中国人自主创办电力事业的发端。1920 年 5 月,中国人从俄国人手中收回了哈尔滨电业公司。该公司拥有“电灯约十五万五千盏,供给电力约三千五百马力,且运转电车三十辆,民国二十一年(1932)之营业利益约达一百万元”。② 虽然中国人自主的电力事业从无到有,发展很快,但相较日俄两国控制的电力事业还是相对弱小。如下表所示,中国电力企业的数量虽远远多于日本电力企业,但大多属于小型企业,无论是在投资额,还是在发电设备和照明用户数量方面都远远落后于日本电力企业。

表 5-1　1934 年 3 月中日电力企业情况比较表③

	企业数	投资额（日元）	发电设备（千瓦）	照明用户（户）	备　考
中国	62	2500 万	64. 9	104388	辖区面积中国为日本的 308 倍,人口为 25 倍
日本	18	5300 万	206	145185	

① 哈尔滨满铁事务所编、汤尔和译:《北满概观》,上海商务印书馆 1937 年版,第 266 页。

② 哈尔滨满铁事务所编、汤尔和译:《北满概观》,上海商务印书馆 1937 年版,第 264—265 页。

③ [日]满史会编,东北沦陷四十年史辽宁编写组译:《满洲开发四十年史》下卷,辽出临图字〔1987〕第 192 号 1988 年内部资料出版,第 133 页。本表略作改动。

另据近代东北著名女作家梅娘回忆:"在我有记忆的20世纪20年代,电的街灯是有了,但那只不过是几条大马路,小的街,疏疏落落,点的是长方形有玻璃罩子的煤油灯。老百姓家,富裕的用煤油灯;日子过得俭省的拮据人家,用的还是老祖宗留下的竖着两三根灯草棍的油灯。记忆中,几乎所有的左邻右舍的大姑娘小媳妇,一到傍晚,便都有个不变的工作——擦灯罩。那个吹成球形的玻璃灯罩,一头是个出烟的短筒,一头是个嵌在油灯座上的小圆口,那口不大,只有女人们的纤手才伸得进。劣质的煤油是不用说了,就是当时号称一等一的德士古煤油,燃烧起来,也会在灯罩的内壁,渍留下细细的煤烟灰。不伸进手去擦,就擦不掉……长春那地方,冬季很长,天黑得早,没有电灯做功课,是我们最大的苦恼。当时的日租界,不但街上是电灯,人家用的也都是电灯……好像是张学良挂起了青天白日旗的前后,市面上兴旺起来,小街上也出现了这样那样的商号。听爸爸说,人们要求政府建发电厂,政府没钱。人们又要去商会出面,从租界地的发电厂里拉出几条线来,先装上街灯……号称长春县首富的王家和我家,也用煤油灯照明,虽然我们两家都有自备的小发电机,她家用来磨面,我家用来锯木榨油,可那是在工厂里,据说是发电机的功率小,用的燃油又很贵。"①由此可见,近代东北地区中国人自主创办的电力事业还很弱小,但是电对于城市生活的影响还是很大的。

此外,如管风琴、香皂、缝纫机等新兴西方事物也在潜移默化地改变着近代东北地区的城市生活。据近代东北著名女作家梅娘回忆:"我曾从仁慈堂的法国嬷嬷学习《圣经》,从道胜银行留守的沙俄贵夫人学踏管风琴。我会伶伶俐俐地用长春土话从卜内门蓝眼睛的洋掌柜手里买回白生生还略带香气的碱块(即香皂)。这种碱块去污快又不皱手,洗黑色衣裳不留白毛毛,我家上上下下的女人们都喜欢使用……至于胜家的缝纫机,人们说那种针会飞,一眨

① 梅娘:《电在我的故乡》,载张泉选编:《梅娘:怀人与纪事》,中央广播电视大学出版社2014年版,第7—8页。

眼便能缝起一件长衫。”①可以说，由西方传入的新兴事物在许多方面都对近代东北地区的城市生活发挥着影响，无时无刻不在改变着城市居民的日常生活。

思想是文化的内核，也是文化发生改变的内在动力。西方文化促进东北地区传统文化发生变化也是通过西方的思想这一途径得以实现的，尤其是先进的新兴思想更是发挥了巨大的推动作用，其中近代新兴西方思想对东北地区的城市生活，尤其是城市居民的日常生活影响很大。

例如，近代东北著名女作家梅娘在她小的时候就曾经受到新兴西方思想的影响，常常身着西式洋装，驾驶西式马车在长春城郊奔驰。她在回忆录中如此说道：“我穿上他（父亲）从哈尔滨秋林洋行买回来的西式衣裳，穿上白色、褐色的半高筒皮靴在他铺有虎皮的座椅前后，嬉笑奔跑，揪虎头上翘起的虎须。他也常常带我驾上只有两个大轮子的轻便马车，在长春城郊的土路上驰骋。他把马缰递在我手里，任凭我自由驾驭。本来我家那辆从法国买来的郊游车已经是当时长春市的奇特物件了，再加上一个穿着洋衣裳小姑娘大声喝马。所过之处，总是引起过路人驻足而观。父亲很可能很中意他这突出习俗的举动（当时，一般的女孩子不允许这样疯玩）。”②从这段回忆中不难看出，新兴西方思想对青少年时期的梅娘所造成的影响有多么深远，以致终身难忘。从另一侧面也可以看出，新兴西方思想对当时长春的城市生活所造成的冲击有多么大。

另外，在1924年6月，英美烟草公司广告部的电影摄影师准备到沈阳拍摄沈阳故宫、东陵、北陵等古迹，并向奉天交涉署申请“俾用电影活动传布国内外而垂久远可否？”③同年7月，满铁工业学校助教授伊藤清造率领学生九

---

①　梅娘：《长春忆旧》，载张泉选编：《梅娘：怀人与纪事》，中央广播电视大学出版社2014年版，第16—17页。

②　梅娘：《我的青少年时期（1920—1938）》，载张泉选编：《梅娘：怀人与纪事》，中央广播电视大学出版社2014年版，第33页。

③　《交涉署函英商游览宫殿由》，《奉天省公署》民国十三年六月九日（1924年6月9日），全宗号：JC010，目录号：01，卷号：002778，辽宁省档案馆馆藏档案。

名,准备参观测绘沈阳故宫的宫殿建筑,也向奉天交涉署申请“为考察研究贵国旧建筑及旧装饰之目的,拟往宫殿、金銮殿及文溯阁并其他之楼阁,自七月二十日起约三星期之预定,恳请准予实地见习”。① 对此,奉天交涉署均予以核准,并发放许可证。这类事件在今天看来似乎只是一件平白无奇的寻常事件,然而,在晚清时期,皇宫乃是机密重地,绝对不可以对外开放参观,更不能允许外国人随便拍摄和测绘(沈阳虽属清代留都,但按制度,沈阳故宫仍不准许对外开放)。中华民国成立后,自由、平等、人权等新兴西方思想对传统文化的影响很大,以往皇帝生活居住的皇宫也开始对外开放,任人参观。沈阳故宫、北陵、东陵等也是如此,普通人只要购票均可进入参观。这也可以说是新兴西方思想对近代东北地区城市生活产生影响的一个显著表现。

此外,诸如近代新式结婚礼俗、社交礼俗、节庆礼俗、宗教、市民自治、社会救助、司法、教育、卫生等领域的新兴西方思想也都对近代东北地区的城市生活产生了较大影响,甚至还出现了信教之女不聘于外教之家的奇怪现象。如在呼兰“查此案非寻常交涉之件者,此乃大关条约之件也,中华国既准传天主圣教,依圣教会规定:奉教女决不能聘于外教之家。倘贵将军不便以司铎之言为是,务须先行详情总理各国事务衙门指示,再为核夺”。②

第三节　中西方城市文化的碰撞与融合成为城市生活向近代转变的不竭动力

在近代这个新旧文化交融、中西文化交汇、社会动荡剧变的特殊历史环境

① 《交涉署函“满铁”工业学校助教授伊藤清率学生九名参观绘画宫殿建筑由》,《奉天省公署》民国十三年七月十九日(1924 年 7 月 19 日),全宗号:JC010,目录号:01,卷号:002778,辽宁省档案馆馆藏档案。

② 《将军衙门为教民与外教人家婚姻事咨呼兰副都统与法国管理教务司铎文》光绪六年十一月初九日(1880 年 12 月 10 日),中国第一历史档案馆满文部、黑龙江省档案馆、黑龙江省社会科学院历史研究所编:《黑龙江将军衙门档案》(光绪元年—光绪二十六年),黑龙江人民出版社 2017 年版,第 435—436 页。

下，东北地区传统的城市文化也不可避免地受到了西方城市文化的强烈冲击。无论是近代东北地区传统的城市文化，还是舶来的西方城市文化都想压倒对方成为近代东北地区的主流城市文化，然而，随着时代的发展和社会的进步，二者之中的任何一方并没有压垮对手，反而，在不断的冲突和碰撞中，相互融合，且不断地发展变化，这就使得碰撞与融合成为近代东北地区城市文化的主要演进形式和发展动力，进而形成了“你中有我，我中有你”的独特文化现象。

当任何两种或者多种文化碰到一起时，任何一种文化都想要同化其他的文化，而成为绝对的主流文化，就像生活在丛林中的众多野兽一样，彼此之间一定要决出一个王者，成为百兽之王。于是不同文化之间的冲突与碰撞不可避免地发生了，同属于文化范畴的中国传统文化和西方文化在近代东北地区城市文化的大舞台上也不可避免地发生了冲突与碰撞，而这种碰撞在近代东北地区的城市生活的各个方面均有着不同程度的表现。

如长春商埠地电灯厂与日本电灯厂在商埠地电力事业上的争夺可为一例。据史料记载，长春商埠地电灯厂始创于宣统二年六月初一日（1910 年 7 月 7 日）。时至民国元年十一月二十四日（1912 年 11 月 24 日）运行已经两年有余，且“商埠发达甫在萌芽，中外商民闻风毕集，尽有待装灯之户”①，可以说发展的形势一片大好，但“该厂限于机器，困于资本，无法应付，坐失利源……日本电灯厂受南满铁道之辅助，扩张利权，不遗余力，并不惜自贬价值，诸事迁就。虽目前竭力设法抵制，尚无越界装灯之事，而一则暗事招徕，一则愿行拒绝营利，以便为归终，不免利权外溢……商埠电灯厂虽已具有基础，实有岌岌不可终日之势力”。② 从上面这则档案材料不难看出，中日双方在长春商埠地

① 《吉林行政批西南路道禀请长春商埠电灯厂由慎昌洋行纳租包办由》，《吉林省政府》民国元年十一月二十四日（1912 年 11 月 24 日），档案号：J101，全宗号：01，卷号：0245，吉林省档案馆馆藏档案。

② 《吉林行政批西南路道禀请长春商埠电灯厂由慎昌洋行纳租包办由》，《吉林省政府》民国元年十一月二十四日（1912 年 11 月 24 日），档案号：J101，全宗号：01，卷号：0245，吉林省档案馆馆藏档案。

电力事业上的争夺是十分激烈的。中方的长春商埠地电灯厂受机器设备和资本的制约,虽竭力抵制但一直无法与日本电灯厂抗衡。而这种对于电力事业的争夺从另一侧面看来即是一种对于城市新兴事物的争夺,也是一种对于新兴城市文化控制权的争夺。

另外,在城市居民的日常生活中,这类中西方城市文化相互碰撞的情况更为多见,也更加明显。例如近代西式的马车有着宽敞的车厢、漂亮的窗户、舒适的座椅,车轮上箍着橡胶轮胎,还有减震弹簧,乘坐起来非常舒适。而传统的中式马车则是纯木车轮,并将车厢底板直接架在坚硬的车轴上,也没有弹簧减震,乘坐时需要盘腿而坐,走起来非常颠簸。对此当时在中国东北地区生活游历的外国人极不适应,往往宁愿步行,也不愿乘坐传统的中式马车。

另据近代东北著名女作家梅娘回忆,在长春当时她生活居住的左邻右舍就存在着这种中西方城市文化相互碰撞的情况。“左邻是由梵蒂冈派遣的法籍神父主持的天主教仁慈堂,与我家的大院仅有一架板墙相隔。右邻是沙俄的道胜银行长春支行,耸立着绿漆的圆铁屋顶。隔大街相望的是英国的卜内门洋碱公司,用的是十分精致的中国砖刻门面。胜家缝纫机公司则在明亮的大橱窗里放了一架比实物大得多的缝纫机样品。夹在卜内门与胜家两大公司之间的是个土著的贩马大店,黑漆大门上贴着门神秦琼的彩色像,院门右侧是座泥塑的财神像。像前的铁香炉里终日香烟缭绕。”①这段回忆生动地展现了近代长春城市街头日常生活的情形,其中既有天主教堂、沙俄道胜银行的圆形铁制屋顶和一架比实物大得多的缝纫机样品等这类西方城市文化的元素,又有土著的贩马大店、中国传统的黑漆大门、门神秦琼和泥塑的财神像等中国传统城市文化的色彩,中西方城市文化就在这样一个小区域内展现出相互碰撞一面。然而,在这段回忆中,英国卜内门洋碱公司的门脸竟然用的是十分精致的中国砖刻门面,在这一点上反映出的却是中西方城市文化的相互融合。

---

① 梅娘:《长春忆旧》,载张泉选编:《梅娘:怀人与纪事》,中央广播电视大学出版社 2014 年版,第 15 页。

在中西方城市文化之间不断地冲突与碰撞之后，近代东北地区的城市文化并没有呈现那一种文化压制另一种文化而成为主流文化的现象，反而，更多的是呈现出两种乃至多种文化相互融合的情况，且这种文化现象逐渐演变成为主流文化，进而形成了近代东北地区独具特色的城市文化。

如传统文化对待电、电报、电话等新兴西方事物就多采取积极接纳的态度。光绪三十二年九月初七日（1906年10月24日）的《盛京时报》就曾经以《电线渐有起色》为题专门刊文对此进行报道："东三省地方电线之设仍未周全，文报迟延，颇有碍于要政。赵次帅有鉴于此，前与袁宫保磋商，在京开设东三省电线公所，以便推广事宜。兹，闻前月以来，电报局派员兴工添设电线，日有进步，由昌图到通江子电线已经竣工，办理士商电报，云。"①

中华民国成立后，中央及东北地方政府又积极推广电话事业。为此，袁世凯曾指令时任交通总长曹汝霖制定私设电话规则十四条，对私设电话的营业期限、资本额、备案、监管、所用电机和电线种类等项目都做出了详细的规定。② 东北地方政府也积极发展电话事业，奉天省电话总局于1919年9月成立并开始营业。辽宁省自动电话局于1930年7月4日成立并开始营业。③

近代东北地区的电、电报、电话等新兴西方事物虽然已被接纳且发展较快，但是作为近代西方的舶来品，电、电报、电话等仅仅在各个主要城市及重要地区铺设，边境及其他相对落后的地区尚属空白。如1925年8月8日本溪县知事在给奉天省长的呈文中就曾陈述如下："电话为灵通消息之具，虽经前任创办，而边徼之处通者甚鲜，今已督令电话局长各处兴修，现在全境要区均已通电。惟本溪电报一层尚未成立，每有电信借重异国，迟延错误，殊感不便，实为最缺之点。伏望我省长饬知主管机关尅日兴修，一则收回利权，一则便于指

① 《电线渐有起色》，《盛京时报》光绪三十二年九月初七日（1906年10月24日），第2版。

② 《呈报订定私设电话规则请备案由》，《奉天省长公署》民国八年四月十七日（1919年4月17日），全宗号：JC010，目录号：01，卷号：008789，辽宁省档案馆馆藏档案。

③ 《辽宁省电话局造送自动电话成立营业收支预算书》，《奉天省公署》民国十九年七月四日（1930年7月4日），全宗号：JC010，目录号：01，卷号：003969，辽宁省档案馆馆藏档案。

挥,此种要图我省长必筹之已熟,毋庸知事赘言也。”①由此可见,近代东北地区的电、电报、电话等事业虽然发展较快,但仍处于初创阶段。

在城市居民的日常生活中,这类中西方城市文化相互融合的情况更为多见,也更加明显。例如,有些即使信奉基督教的中国牧师和信徒仍旧会受到中国传统文化的影响。他们会在婚礼上使用龙凤呈祥的图案,燃放鞭炮,甚至会在教堂的门口摆放两个石狮子,用以驱邪。据近代在法库地区传教的女传教士梅米·约翰斯顿(Mamie Johnston)记述:(她)“最有趣的体验是和着中国古乐唱圣经诗。教堂里有一架小风琴,但与欧洲不同,这里唱圣诗时还用唢呐和鼓来伴奏……(在清明节)我们排着队穿过镇上的街道,走向山坡上的教会公墓。男人和女人清理着墓园,白花被红花代替,我们既悼念亲与友的离去,感叹生命之短暂,又为他们步入永恒天国而喜悦。大家围聚在墓碑旁,唱起了哈利路亚。”②

在男女之间的社交礼俗方面,这类中西方城市文化相互融合更加明显。晚清时期,即使是信奉基督教的男教徒和女教徒在做礼拜时都要用布帘隔开,以示男女授受不亲。而到了1930年,无论男女身着泳衣一起游泳也不会感到些许不便,以致时人卢作孚在游记中有如下记述:(1930年7月6日哈尔滨)“(太阳岛)岛近江北,中隔水流浅甚,游泳的人甚多。起来都卧沙上,无论男女,都仅着浴衣(即游泳衣)一袭,一成风俗,便无所谓羞耻了。”③

以上这些文化现象都反映出中西文化在近代东北地区城市文化中的冲突与融合,正是这种冲突与融合的相互关系促进了近代东北地区城市文化不断变化,并成为近代东北地区城市文化不断发展的源源动力。

---

① 《禀陈办理庶政各情形由》,《奉天省长公署》民国十四年八月八日(1925年8月8日),全宗号:JC010,目录号:01,卷号:015182,辽宁省档案馆馆藏档案。

② [英]马克·奥尼尔(Mark O'Neill),牟京良编译:《闯关东的爱尔兰人:一位传教士在乱世中国的生涯(1897—1942)》,生活·读书·新知三联书店2013年版,第133页。

③ 卢作孚:《东北游记》,载卢作孚等:《乡愁东岸:东北江浙海南岛旅行记》,辽宁教育出版社2013年版,第34页。

第四节　精英文化与大众文化的冲突与融合成为城市文化发展的内生动力

近代中国是革新的中国，是“千年没有之大变局”的中国。近代中国的东北地区也是如此，随着社会经济的发展，传统意义上的各个城市纷纷向近代城市演进。传统的城市生活也随之变化，西式的生活方式和娱乐方式被引入进来，传统与现代在近代东北城市生活这一小舞台上相互角逐也相互融合，为我们上演了一出精彩绝伦的历史大戏。在这场历史大戏中，改良精英所倡导的精英文化和下层民众所主导的大众文化唱了主角，她们之间的冲突与融合不仅反映了近代东北城市生活的真实风貌，也反映了上层精英与下层民众间的斗争与合作。

为了能够更好地分析和研究，在对近代东北城市生活中的精英文化与大众文化进行深入探讨之前，对其中涉及的相关概念进行界定就显得十分必要。

精英文化与大众文化同属于社会文化史研究范畴。① 精英，英文称作“elite”，为西方社会学用语，“指社会上具有卓越才能或身居上层地位并有影响作用的杰出人物，与一般天才和优秀人物不同，在一定社会里得到高度评价和合法化的地位，并与整个社会的发展方向有联系”②，这些人大都生活在城市中，通过自己拥有的权力、财富和学识来影响自身所在地的人们及当地的社会生活。王笛教授以“‘社会改良者’（social reformers）来代表与下层民众相

① 社会文化史，是介于社会史和文化史之间的一门新兴交叉学科。它是在20世纪80年代文化史和社会史相继复兴的基础上于20世纪80年代末90年代初发展而来的。社会文化史的研究对象从“广义来说，可以视为是一个学科领域的划分，即凡属社会文化交织领域如风俗习尚、教育、宗教、文化传播、生活方式、大众文化、民众观念等，以及它们之间的相互关系都属此范围。狭义来说，强调其社会与文化相结合的研究视角，即社会生活、大众文化与观念的联系，及大众文化和精英文化的互动关系”（李长莉：《社会文化史的兴起》，《天津师范大学学报（社会科学版）》2003年第4期，第33页）。

② 夏征农、陈至立主编：《辞海：第六版（普及本）》，上海辞书出版社2010年版，第2001页。

对应的精英阶层,特别是指那些受现代化和西化影响的并有意识地试图重建公共空间和重塑城市形象的那一部分人"。①

精英文化是由这些精英们创造出来的文化类型,它带有极强的精英意识,力求以精英们的价值标准、审美趣味和思维模式改造社会,"一般来讲,这些精英继承了他们先辈关心'民生'的传统,并运用诸如赈济、教育、控制等方法来改造社会。但与过去的精英不同的是,他们都关心西学,有的还游历或留学海外,力图把西方或日本城市的形象转移到他们自己的城市中来"。②

与精英和精英文化相对应的则是大众和大众文化。大众,"原指参加军旅或工役的多数人,后泛指人群;民众"③,这里泛指城市中的普通民众、下层群众或百姓。王笛教授认为"所谓'城市民众'(urban commoners)主要是指那些普通市民……他们可以是'无名者'(nobody)、'任何人'(anyone)、'一般人'(ordinary men),或者是'依附阶级'(subordinate classes),或用统治阶级的话讲是'危险的阶级'(dangerous classes)"。④

大众文化是由大众(即城市民众)在其所生活的社会文化公共空间或公共领域中创造产生的文化类型,她带有极强的草根性,具有顽强的生命力,被大众广泛接受、传播和信奉。"虽然他们的名字在历史上早已被忘却,但他们的确曾经是街头的主要占据者,并创造了丰富多彩的街头文化。"⑤鲁迅先生在《且介亭杂文·门外文谈》中也对大众文化有如下记述:"大众并无旧文学的修养,比起士大夫文学的细致来,或者会显得'低落'的,但也未染旧文学的

① 王笛:《走进中国城市内部——从社会的最底层看历史》,清华大学出版社2013年版,第173页。

② 王笛:《走进中国城市内部——从社会的最底层看历史》,清华大学出版社2013年版,第174页。

③ 夏征农、陈至立主编:《辞海》(第六版普及本),上海辞书出版社2010年版,第648页。

④ 王笛:《走进中国城市内部——从社会的最底层看历史》,清华大学出版社2013年版,第172—173页。

⑤ 王笛:《走进中国城市内部——从社会的最底层看历史》,清华大学出版社2013年版,第173页。

痼疾，所以它又刚健、清新。”

王笛教授对于精英和大众的界定可谓十分准确，笔者也非常赞同。然而王笛教授的论断是基于近代成都乃至长江上游这一地域得出的，那么这些概念是否同样适用于对近代东北城市生活的研究与分析呢？答案是肯定的，而且近代东北城市生活中的精英文化与大众文化更具自身独有的地域性特点，她们隐匿在近代东北城市生活的传统与现代之间，正等待我们去耐心寻找。①

无论是精英文化还是大众文化，都是从属于近代东北城市文化的亚文化类型，即近代东北城市文化中不仅包含精英文化，也包含大众文化，二者共同组成了近代东北的城市文化，甚至是社会文化，但二者各有属于自己独特的文化特点。然而，无论是精英文化，还是大众文化，二者都不能完全分开，可以说是“你中有我、我中有你”，彼此间的界限十分模糊，甚至有时候在一种文化现象中既能看见精英文化在起作用，又能找到它符合大众文化的依据，因此，对近代东北城市生活中的精英文化与大众文化做定量考察是十分困难的。比如说近代东北人对于关帝的崇拜，这一文化现象就既反映了精英文化的力量，同时又反映了大众文化的诉求，这就使得关帝崇拜在近代东北城市所展现出的诸多文化现象中显得十分有趣。

关帝在中国历朝历代都被统治者极力推崇，在清代，关帝更是被历代帝王

---

① 目前学术界关于近代中国的精英文化与大众文化的研究成果很多，学术著作已有百部有奇，公开发表的论文亦有万余篇，这些研究成果不仅反映出学术界对于该研究领域的重视，更是诸位研究先进共同努力的结果。其中涉及近代东北地区社会文化的研究成果多集中在：近代东北宏观文化理论、近代东北教育史和近代东北少数民族社会风俗三个方面。如李侃的《浅谈传统文化在近代东北地区的演变》（《史学集刊》1994 年第 4 期，第 42 页）、马平安、楚双志的《移民与新型关东文化——关于近代东北移民社会的一点看法》（《辽宁大学学报》1996 年第 5 期，第 25 页）、李治亭的《关东文化》（辽宁教育出版社 1998 年版）、齐红深的《东北地方教育史》（辽宁大学出版社 1991 年版）、王鸿宾的《东北教育通史》（辽宁教育出版社 1992 年版）、定宜庄的《满族的妇女生活与婚姻制度研究》（北京大学出版社 1999 年版）、江帆的《满族生态与民俗文化》（中国社会科学出版社 2006 年版）等。笔者拟从近代东北城市生活中的传统与现代这一角度入手，尝试分析近代东北城市生活中精英文化与大众文化的冲突与融合，以期在此方面对近代东北社会文化史的研究有所补益。

封赐许多头衔，并竭力使其官方化。“关帝之列祀，原为旌其忠义，作范士民。有清开国，祠宇尤广，除省县由政府奉祀者外，虽乡曲山陬，庙堂普遍。”①由此可见，地方政府的参与使得东北人对于关帝的崇拜急速扩张。然而，人们对关帝的崇拜不仅来自官方的推动，更重要的是来自民间的力量。在东北民间，关帝在不同人的心目中有着不同的作用，在普通百姓的心目中，他是忠臣和大英雄；在商人的心目中，他是能带来滚滚财源的武财神；在土匪马贼的心目中，他是江湖义气的代表，凡是入伙的新人必须向关帝叩拜，以示忠义。即便进入民国以后，张作霖亦在自己的大帅府中特地为关帝留出专门的区域建立关帝庙，以彰显他对关帝的崇敬之情。但是，从精英文化的角度来看，此时作为名震中外的东北王，张作霖对关帝的崇拜仍旧与正统观念十分契合。

由此可以看出，近代东北城市生活中的精英文化与大众文化在这点上达到了完美的统一。诸如此类的文化现象还有很多，这就使得我们对近代东北城市生活中精英文化与大众文化的定量考察成了不易完成的任务，好在我们可以无限趋近这个目标，就像我们可以无限接近历史原貌一样。②

“在近代这个新旧文化、中西文化交汇和社会动荡剧变的特殊历史环境下，大众文化也不可避免地受到了巨大的冲击，而与精英文化展开了新一轮更为剧烈的碰撞和组合。”③近代东北的城市文化也是如此，她是在近代东北城市生活中的精英文化与大众文化的冲突与融合中发展演进的。这种冲突与融合既是传统与现代的冲突与融合，也是精英与大众的冲突与融合。

---

① 王树楠、吴廷燮、金毓黻等纂：《奉天通志》卷九九，《礼俗三·神教》，东北文史丛书编辑委员会点校，1983年版，第2276页。

② 关于精英与大众的界限十分模糊，并经常发生变化，且每个人均有一套对于精英和大众的评判标准，可谓仁者见仁智者见智。与之相关的精英文化与大众文化也是如此，即以某种视角看，一种文化现象属于精英文化，而以另一种视角观之，该文化现象又属于大众文化。本文中的精英、大众、精英文化、大众文化等相关概念均是笔者的个人见解，亦属于大胆的尝试性探讨，其中必有疏漏，乃至谬误之处，抛砖引玉，还望各位研究先进批评指正，不吝赐教。

③ 王笛：《走进中国城市内部——从社会的最底层看历史》，清华大学出版社2013年版，第128页。

《礼记》有云："今大道既隐，天下为家，各亲其亲，各子其子，货力为已，大人世及以为礼，城郭沟池以为固，礼义以为纪。以正君臣，以笃父子，以睦兄弟，以和夫妇，以设制度，以立田里，以贤勇知，以功为己。"①在近代东北传统的城市生活中，以儒家文化为代表的中国传统精英文化是视"改变天下，恢复三代"这一目标为己任的，因此，传统的城市精英们力求通过对大众文化的控制，来向全社会灌输自己的思想观念和价值标准。

中国的传统社会讲求"建国君民，教学为先，郅治之道此为要矣"。② 精英文化对大众文化的控制在书院教育上彰显得最为突出，以"四书五经"为代表的儒家文化通过书院教育已经深深地嵌入每一个读书人的精神，统治者又通过科举制度将精英文化确定为全社会唯一的价值标准。正如王日根先生所论述："中国传统社会似乎自科举制度推行之后，士农工商的四民秩序更深入于社会各个阶层。'万般皆下品，惟有读书高'成为中国人普遍的人生取向……四民之首的认定使全社会的各阶层都把士作为全社会的翘楚，士族化的倾向成为全社会的价值观念。"③

这些城市精英们采取移风易俗的方式，将自己信奉的礼乐制度用以改良大众文化。《奉天通志》中就有如下记载："安上治民，莫善于礼；移风易俗，莫善于乐……移风易俗，何也？俗有美恶，宜汰恶而存美，所谓易者，易此而已。故善言礼者，因其故俗而利导之，而不求变俗。"④且不论此种观点是否属于作者的一家之言，仅就其中的美与恶来看，即是以礼乐为判断标准的，凡是符合礼乐制度的即为"美"，就需要保护；凡是违背礼乐制度的即为"恶"，就需要淘

① （清）孙希旦撰：沈啸寰、王星贤点校：《礼记集解》卷21，《礼运第九之一》，中华书局1989年版，第583页。

② 王树楠、吴廷燮、金毓黻等纂：《奉天通志》卷一四九，《教育志・教育一》，东北文史丛书编辑委员会点校，1983年版，第3458页。

③ 王日根：《中国科举考试与社会影响》，岳麓书社2007年版，第114—115页。

④ 王树楠、吴廷燮、金毓黻等纂：《奉天通志》卷九七，《礼俗志》，东北文史丛书编辑委员会点校，1983年版，第2231页。

汰,无论其是“雅”是“俗”,均须如此。政府更是以法令的形式支持精英文化,如在衣冠服饰上,清廷详细规定了什么身份的人应该穿着什么样的衣服,佩戴什么样的冠饰,违者严加治罪。“本朝衣冠俱有定制,岂容任意带用……嗣后如有正身旗人将衣冠旧制任意更用者,一经查出,除将本人严加治罪外,并将该管官照不能约束例参办,决不姑容!”①

此外,对传统戏剧进行改良也是精英文化对大众文化进行控制的一种表现。例如:1920年,师范毕业生曹庆祥就将淫盗、虚妄、迷信、腐败等社会不良现象归罪于戏剧,并提出“改良戏剧,教化愚民”的主张。“我国社会教育不兴,反有淫盗、虚妄、迷信、腐败之戏剧破坏社会,如此而望一般未受国民教育之人智识日开,道德日新,亦难乎? ……欲兴社会教育非改良戏剧不为功也,况且初创戏剧之意,亦为劝化愚民,即兴社会教育之意也。后因不能随时改良,法久弊生,因有不良之戏以致不良之事实。今若通都大邑殷设立戏团,且编且演且卖戏票,令其各处戏班各选其人,旁观传习,如此不费巨资,社会教育可普及矣。”②对此,张作霖批示指出,“改良之法,编演新戏,莫若先以改正原有之戏,或改其不良,或更其词白,或明其道德,或增其新趣,所以演者习熟,观者为故,以便实行,其不可改者,一切禁演”③,并明令奉天省教育厅严格按此办理。

从上述材料中不难看出,城市精英们的做法是得到当地政府支持的,甚至在有的时候政府就是精英文化的代表,精英文化也乐于有政府为其撑腰,以便更有力量对大众文化进行控制和改良。正如张仲礼先生在其著作《中国绅士》中所记述的那样:“绅士所干的事,往往取代了官府的政事……有时绅士

① 《严行禁止任意更用衣冠旧制》乾隆五十年二月十八日(1785年3月28日),辽宁省档案馆编:《中国近代社会生活档案·东北卷》,广西师范大学出版社2005年版,第348—349页。

② 《曹庆祥呈请提倡改良戏曲由》,《奉天省长公署》民国九年四月一日(1920年4月1日),全宗号:JC10,目录号:01,卷号:002932,辽宁省档案馆馆藏档案。

③ 《曹庆祥呈请提倡改良戏曲由》,《奉天省长公署》民国九年四月九日(1920年4月9日),全宗号:JC10,目录号:01,卷号:002932,辽宁省档案馆馆藏档案。

受命于官宪而办事，或协助官府办事。有时官吏们倡议某些事，由绅士去干，并且让绅士放手去推行。还有的时候绅士倡议做某些事，然后经官府批准，往往还得到官府经费上或其他方面的实际支持。"①

面对精英文化来势汹汹的控制力和改良方法，大众文化以其强大的生命力和草根精神，顽强的存活于近代东北的城市生活中，并通过自己独有的形式反抗着精英文化的控制。"在城市里，聚居在一起的人们创造出一种新的生活方式，因为他们需要协调彼此的思想、需求和利益。城市好比社会发展的催化剂，它在居民中传播着新的文化与思想……它捣毁着'传统主义'的枷锁，促进着个人的发展。"②

以传统的衣冠服制为例，在东北的传统城市生活中，商人的礼服是有定例的，不能随意穿着，违者严加治罪。在道光、咸丰年间，"凡商人遇庆吊事，夏冠草笠，冬冠高檐黑毡冠衣，则冬夏皆著褐衫（即雨衣），盖以此为礼服也，今则冠服炫华，望之与士绅无异，此亦觚不觚之一事也"③，由此可见，时至《沈故》成书的光绪年间，商人的服饰已经与当地的士绅一样了，传统城市生活中的衣冠服制已被民间的力量打破，政府的法令在大众文化面前亦如具文。

此外，在中国传统的精英文化中，女性的行为准则应该是"三从四德"谨守妇道，她们不能随意外出，更不能参加社会活动。当时在东北传教的弗雷德里克·奥尼尔牧师（Frederick O'Neill）曾经这样评价东北普通女性的日常生活："以西方人的观点看，她们生活得相当乏味，受到传统文化伦理和社会习俗的束缚，她们不能发展自己的兴趣，不能尽情表现女性的魅力，也没有爱的自由。"④

---

① 张仲礼：《中国绅士》，社会科学出版社 1991 年版，第 50—51 页。

② ［英］安德鲁·韦伯斯特（A.Webster），陈一筠译：《发展社会学》，华夏出版社 1987 年版，第 71—72 页。

③ （清）杨同桂撰：《沈故》卷 3，载金毓黻主编：《辽海丛书》第 1 册，辽沈书社 1984 年影印版，第 300 页。

④ ［英］马克·奥尼尔（Mark O'Neill），牟京良编译：《闯关东的爱尔兰人：一位传教士在乱世中国的生涯（1897—1942）》，生活·读书·新知三联书店 2013 年版，第 113 页。

随着社会的发展,某些女性开始反抗传统精英文化对女性的压迫,她们开始走出家庭,走向社会。"福音传播者常夫人(音译)的社会生活丰富多彩,她的英文名字叫玛莎,在官方开办的法库女子学校里当教师。她积极参与教会工作,教孩子们唱圣诗。她还和其他志愿者一同做家访,向人们普及健康知识。在学校里,她发起了劝同事们戒烟的运动。为了帮助人们戒除酒瘾,她在当地组织成立了'世界妇女戒酒联盟'的分支机构。"①

进入20世纪,中国东北地区近代化的速率进一步加快。新式的市政公所、新式的大中小学校、新式的警察、新式的文化生活方式成为城市生活近代化的代表领域。政府和精英们力图通过这几个方面的近代化,在地方社会生活中建立精英文化的统治基础。然而,政府和精英们在对大众文化进行控制和改良后,并没有达到预期的目的——在地方社会生活中建立起精英文化的统治基础,精英文化在地方社会生活中的权威性反而被弱化了。

在近代东北城市各色茶馆内,即便在墙上的显著位置张贴着"休谈国政、莫论人非"的红纸底黑字条幅,每天仍是顾客盈门,来品茶的茶客大都是品茗清谈的老人,他们边饮茶啜茗,边谈古论今,海阔天空,用他们自己的实际行动捍卫着说话的权利和大众文化阵地,其他如杂巴地儿里的撂地场子、二人转等大众文化形式仍旧顽强地在民间存在着。无论精英文化如何改良汰恶,如何移风易俗,乃至面对政府强制性的法令,大众文化仍旧无比坚韧地存在着,其顽强生命力和草根精神不能不令人由衷敬畏。

近代东北城市生活中的精英文化与大众文化在不断的冲突过程中,也产生了相互融合的情况。一些本属于精英文化的文化形式反而促进了大众文化的发展,一些本属于精英文化的文化精英反而成为精英文化与大众文化的沟通者,反之亦然,一些大众文化的从业者却在不自觉中成为精英文化的传

① [英]马克·奥尼尔(Mark O'Neill),牟京良编译:《闯关东的爱尔兰人:一位传教士在乱世中国的生涯(1897—1942)》,生活·读书·新知三联书店2013年版,第113页。

播者。

学生群体作为近代东北城市中文化精英群体的重要组成部分，本应属于精英文化的代表，但是由于他们中的许多人来自城市下层和村庄，与大众文化有着天然的联系。虽然他们在学校里学的都是儒家经典、西方科学和社会知识等精英文化，但他们中的许多人从小是在城市下层和乡村的大众文化氛围中长大的，长大后仍在城市的街头巷尾享受着大众文化带来的快乐。在不自觉中，这个学生群体就成为精英文化与大众文化的沟通者，他们以西方科学和社会知识开启民智，以传统的儒家伦理道德教化民众，而民间的生活习惯和休闲娱乐方式等大众文化元素又通过成长中的学生们渗入到精英文化中去。正如杜赞奇先生在《文化、权力与国家》一书中指出："中央集权和儒家思想在整个社会中起着凝聚力的作用，有少许财产并略受教育的人都希望科举入仕，这些人处于社会的各阶层，他们所处的特殊地位（介乎大众和儒家精英之间）使其充当了沟通大众文化和儒家思想的媒体。"①

在城市里，"大多数生存的利益和价值都经过了合理化的改革，化成可以度量的各种单位，甚至化为可供交换或出售的物体。在城市中，尤其在大城市，生存的外界条件如此明显地设法来满足人们清楚认识到的各种需要，以致处于智力底层的人们必然会被导向按照宿命论和机械论的方式来进行思维"。② 因此，为了满足底层人们对未来的好奇心与探知欲，作为大众文化的代表，卜卦算命这一行业应运而生。他们混迹江湖，活跃于各个城市的庙会、市场和杂巴地儿，或算命，或摇卦，或相面，或测字，向路人兜售灵符，以维持最低的生计。对此，王笛教授将算命者定义为文化的掮客，他指出："在中国这

① ［美］杜赞奇（Prasenjit Duara）：《文化、权力与国家：1900—1942 年的华北农村》，江苏人民出版社 1995 年版，第 123 页。

② ［美］R.E.帕克、E.N.伯吉斯、R.D.麦肯齐，宋俊岭、郑也夫译：《城市社会学——芝加哥学派城市研究》，商务印书馆 2012 年版，第 131 页。

样的社会中,算命先生实际上是一种文化的掮客,不仅是人与自然,而且是大众与儒家、佛道的中介,在一定程度上弥补了普通人和精英之间的知识的鸿沟。”①

此外,如前文所述,近代东北人对于关帝的崇拜也是精英文化与大众文化相互融合的一种表现。其他诸如话剧、电影、报纸、小说、戏剧等由精英们引入的新文化传播媒介,不仅没有压缩大众文化的生存空间,反而促进了大众文化的蓬勃发展。

在近代东北城市生活中,无论是精英文化还是大众文化都对近代东北城市文化的形成和发展起到了巨大的作用,也对现当代东北城市生活与城市文化产生了深远的影响。这种作用不仅推动了近代东北城市生活和城市文化发展进步,也推动了数以百万普通东北大众思想的发展进步。在近代东北城市生活中,无论是精英文化还是大众文化作为近代东北城市文化的一个组成部分,它们在相互冲突与融合的过程中,并没有制约近代东北城市生活和城市文化的发展,相反,它们的冲突与融合却为近代东北城市生活和城市文化的发展提供了强大的推动力。

仍以民国时期奉天地方政府改良传统书曲活动为例。时任奉天市长的曾有翼在给张作霖的报告中就明确指出传统评书和戏曲在社会文化中的巨大影响力。“查书曲有移风易俗之效力,已为举世所公认识。以执斯业者率广集都市,游行乡里,或演述古昔豪杰之奇事,或描写儿女风月之间情,庄□并作弦歌合奏能使听者心动神移,故其影响之巨,甚于正言议论,普及之势遍于乡曲都市。今试就妇人、孺子、劳工、负贩之流,执而以问曹操、刘备之生,于秦桧、岳飞之为,人皆能详道无遗,善为批评。”②像这些本没有读过书的城市底层大

① 王笛:《走进中国城市内部——从社会的最底层看历史》,清华大学出版社 2013 年版,第 122 页。

② 《改良书曲传习社简章》,《奉天省长公署》民国十三年二月二十五日(1924 年 2 月 25 日),全宗号:JC10,目录号:01,卷号:003011,辽宁省档案馆馆藏档案。

众，他们之所以能够对历史人物品评一二，知道什么是善，什么是恶，有的还能说上一些自己的认识，这些都要归功于传统评书和戏曲对人们思想的影响。传统评书和戏曲作为大众文化的代表在近代东北城市生活中拥有的受众极广，可以说是不分男女老幼，而其生动的语言、白话的讲述、跌宕的故事情节又极易被大众所接受，评书和戏曲中蕴含的传统文化和道德标准很快就在大众中传播开来，其在社会文化中的影响力由此可见一斑。

再如，张学良个人出资在辽宁省兴办的36所新民小学，其内就设有图书馆和科学实验室。“图书馆设在教室的东头，内有各种儿童读物、画报等，学生休息时可以随便阅读，亦可借出馆外。其中关于科学的读物也不少，卫生常识也很全，确是对学生很有吸引力的一个较为完整的图书馆。其次是科学实验室，建筑在校舍的西头，与图书馆遥遥相对。实验室内设有各种仪器，如说明大气压力的仪器，说明真空和光谱的仪器等。”①这些图书馆和科学实验室不仅向学生们传播了文化和科技知识，同时又通过学生们和外借的图书向他们的亲属以及全社会传播了知识和文化，进而大大推进了近代东北城市生活和城市文化向前发展。

在其他一些城市生活事项上也是如此。诸如市政建设、公共卫生、灾荒赈济、慈善事业、警甲制度等，实际上也多由精英负责。他们通过“商会”“同乡会”“善堂”“某某改良会”“某某研究会”“某某传习所”等形式，逐渐对城市社会承担越来越多的责任，并使之向近代化发展演变。

以上这些都揭示着在近代东北的城市生活中，精英文化与大众文化均各自独立存在，且一直在相互冲突、碰撞。然而，它们并不是相互抵触，水火不容，反之，随着时代的发展和社会的进步，它们却在相互渗透，日趋融合，渐渐发展成为一种独具特色的文化——近代东北城市文化。

---

① 魏奎一：《回忆张学良兴办的新民小学》，政协吉林省长春市委员会文史资料研究委员会编辑：《长春文史资料》第4期，1984年3月8日内部付印，第2页。

本章小结　碰撞与融合:近代东北地区城市生活兴衰变化的根本动力

近代东北地区的城市生活并不是一成不变的,它时时刻刻都在发生着兴衰变化。这种兴衰变化的深层次动力是多种多样的,探究起来主要有内在和外在两种动力。其中,内在动力主要归因于传统文化的影响力逐渐衰落,并在近代东北地区城市生活兴衰变化的过程中起着核心作用;外在动力主要归因于西方文化的影响力逐渐增强,并在近代东北地区城市生活兴衰变化的过程中起着刺激性作用,而中西方城市文化间的碰撞与融合则是近代东北地区城市生活兴衰变化的根本动力。

第一,传统文化影响力的逐渐衰落是近代东北地区城市生活兴衰变化的内在动力。

传统文化一直存在于近代东北地区的城市生活中,并且扮演着核心支柱的角色。虽然受到西方文化的冲击,传统文化的影响力逐渐衰落,但它仍然是整个东北地区社会文化的主体。如孔庙、关帝庙、土地庙、各类佛道寺院、传统文化中优良品德和核心价值观念等传统文化仍在近代东北地区的城市生活中占据着重要的位置,而且这个位置一直都没有被其他任何一种文化所取代。因此,传统文化仍然是近代东北地区城市生活兴衰变化的内在动力,并在近代东北地区城市生活的兴衰变化过程中发挥了核心作用。

第二,西方文化影响力的逐渐增强是近代东北地区城市生活兴衰变化的外在动力。

近代百年,大量的西方文化传入东北地区。其中有些是由于社会发展的需要而主动引入的,有些则是伴随着侵略势力由殖民者强行推进而被动接受的。但无论是主动引入还是被动接受,这些西方文化在城市生活中都展现出近代文明为人类带来的方便性、舒适性和自由性。如电灯、电报、电话、电车、婚俗、社交礼俗等，这些西方文化相较传统文化展现出了前所未有的优越性，这种优越性强烈震撼了当时的东北人，也深深地嵌入了东北人的心灵。这种震撼力和影响力无时无刻不在刺激着当时的东北人，刺激着东北人革新自己的城市生活，使其更先进、更文明。因此，西方文化逐渐演变成为近代东北地区城市生活兴衰变化的外在动力。

第三，中西方城市文化间的碰撞与融合是近代东北地区城市生活兴衰变化的根本动力。

在近代东北地区的各个城市中，中西方城市文化间一直存在着冲突与融合的相互关系。正是这种不间断的冲突与融合使得在近代东北地区的城市生活中不断地出现文化冲突，又不断地出现文化融合。各种中西合璧式的建筑，民国时期改良后的旗袍，马车、人力车、汽车并行的城市街道，这些文化现象正是近代东北地区城市生活在传统文化与西方文化之间相互冲突后，又相互融合的最好写照。正是在这个冲突与融合的过程中，近代东北地区的城市生活得以不断兴衰变化。因此，中西方城市文化间的碰撞与融合逐渐演变成为近代东北地区城市生活兴衰变化的根本动力。

第六章　近代东北地区社会发展所带来的城市生活问题

任何事物的发展变化都存在着正与反的两面性，近代东北地区的城市生活在其渐进而漫长的兴衰过程中也是如此，其中既有向前发展的进步过程，又存在着诸多问题。这些问题或由传统中承袭而来，或由近代新兴而生，抑或二者兼而有之，即处在传统向近代转变的过程中。而且这些问题的涉及范围广泛，在近代东北地区城市生活中的许多方面均有表现。下面拟从城市经济、城市发展、民生和社会文化四个主要方面对此问题进行分析探讨，并尝试对其中蕴含的原因进行梳理，以资研究。

第一节　城市经济领域

城市经济是城市生活的基础。城市经济发展是否健康，发展速度的快慢，关系到每一个城市的前途和命运，也深刻影响着城市生活的发展变化。伴随着近代东北地区城市经济的快速发展，新兴产业不断涌现。但是这种发展暗藏着许多问题，主要表现在外国经济势力的入侵和掠夺、经济结构的半殖民地化和中国方面的反击和抵抗三个方面，其中外国经济势力的侵入和掠夺是造成其他两方面问题的主要动因，实为阻滞近代东北社会发展的核心力量。

阻碍近代东北地区城市经济发展的最大因素来自外国经济势力的侵入和掠夺。近代外国侵略势力大多依靠不平等条约侵入东北地区,并在政治、经济、军事、文化等社会各个领域对东北地区进行殖民侵略。其中在经济上主要通过倾销商品、投资设厂和行业垄断等手段进行,日本殖民者更是对东北地区的矿产资源,尤其是煤铁资源,进行疯狂掠夺,所造成的创伤至今难以愈合。

1. 外国商品的大量倾销

外国商品大量倾销东北地区始于营口开埠。咸丰十一年(1861)营口开港。英、法、美、日、俄等西方列强纷纷将本国的商品运到东北地区进行倾销,以求占领东北地区这一广大市场。当时输入东北地区的外国商品种类繁多,既有棉纱、煤油、毛呢、铁钉等日常生活用品,也有钟表、玻璃、搪瓷等供社会上层享受使用的奢侈品。这些商品基本上都属于工业制成品,二次加工的附加值很低,基本只能用于日常生活消费使用。从下表所列的各种进口商品门类之中亦可窥见一二。

表 6-1　1908—1928 年东北地区主要品种进口金额表①

单位:百万海关两

品　种	1908 年	1913 年	1918 年	1923 年	1928 年
棉织品	11.4	24.5	32.6	38.9	49.5
棉　纱	3.7	3.5	5.3	6.3	3.4
棉　花	0.1	0.1	0.1	——	3.7
麻　袋	0.5	1.6	2.8	4.4	15.2
砂　糖	1.4	2.4	7.1	4.9	8.5
面　粉	1.7	3.2	——	5.9	5.7
陶瓷器玻璃	0.3	0.7	1.1	1.4	2.0
烟　草	1.9	2.9	4.6	7.9	6.6

① [日]满史会编,东北沦陷四十年史辽宁编写组译:《满洲开发四十年史》下卷,辽出临图字〔1987〕第 192 号 1988 年内部资料出版,第 309 页。

续表

品　种	1908 年	1913 年	1918 年	1923 年	1928 年
羊毛类	0.4	0.7	1.2	2.8	7.3
金属、矿产	1.7	3.6	11.1	9.0	14.1
钢　轨	——	2.2	1.6	1.0	5.6
铁路车辆	——	0.4	1.6	1.3	3.6
其他铁路器材	6.0	0.3	0.4	0.5	1.8
汽　车	——	——	0.1	0.1	1.5
机械类	1.0	0.8	3.0	4.0	6.6
化学药品	0.3	0.7	0.9	2.3	3.6
电气机械	0.3	0.3	1.6	2.8	3.5
办公用品	——	0.4	0.4	0.3	0.6
染料油漆	0.4	1.4	0.8	2.8	1.7
书籍、纸张	0.6	0.9	1.8	2.6	4.2
石油类	1.8	3.0	2.3	4.7	6.5
机械类	0.1	0.2	0.8	1.0	1.2
汽油挥发油	——	——	0.3	0.8	3.0

伴随着大量倾销而来的外国商品，一些外国商行也纷纷在东北地区设立分行。如"英国的老晋隆洋行、瑞记洋行、太古洋行都在沈阳设有分号，或经营杂货机械，或经营贸易及食糖销售业务；美国的美孚、德孚洋行则以石油、杂货等为其主营商品；而沙俄的秋林洋行则主要以经销杂货为主"①，又如"三井物产公司，是日本在满洲的一大综合商社的典型，它在日本贸易中所占的物产地位超群出众，经营的商品，从大米、煤炭、棉花、棉织品、机器、钢铁直至苹果、鸡蛋、饲料等项目"。② 这些在东北地区设立的外国商行均以倾销本国工业制

① 张志强：《沈阳城市史》，东北财经大学出版社 1993 年版，第 123—124 页。

② ［日］满史会编，东北沦陷四十年史辽宁编写组译：《满洲开发四十年史》下卷，辽出临图字〔1987〕第 192 号 1988 年内部资料出版，第 228 页。

成品，低价进口当地出产的原材料为手段，挤压东北民族资本，获取巨额利润，并积极地为本国的经济侵略政策服务。如日本的三菱公司就是其中的典型。“三菱商事会社在满洲的营业活动，很符合三菱财阀的企业性格，从日本经济采取准战时体制以后尤为显著，它积极扩大营业范围，对日出口抚顺煤炭、大豆、豆饼、杂粮等物；对满洲进口石油、电机、一般金属器具和砂糖、水泥等物品。”①

面对汹涌而来的外国经济势力，东北地区的民族资本主义经济备受摧残，几乎消亡殆尽。以盖县的民族资本主义经济为例，据《盖平县乡土志》记载：“自中外通商以来……吾邑出产以豆粮与山茧为大宗，然谁有（虽有）大宗出产而利权每受损失，如豆粮售与外人，价值任其低昂则损失者一。山茧一宗……每遭赔累……近数年来……于缫丝实业渐已荡然无存。”②又如：“事事仰给外人，良可慨。巳我邑但有资本家发起，振兴工艺，专务制造，以工业战胜欧瀛，记者馨香祝之矣。”③从以上材料不难看出，外国商行和外国商品大举侵入东北地区，严重制约着近代东北地区民族资本的发展，也危害着近代东北地区的经济安全。

2. 外国资本对行业的垄断

光绪二十一年（1895）《马关条约》签订后，西方列强取得了在中国投资设厂的权益。随之而来，外国资本开始进入东北地区投资设厂，且其公司数额和资本总额均呈逐年增长的趋势。以1907年至1931年间日本在大连及满铁附属地设立的各种公司数量及投入资本总额为例。如下面两张表格所示，光绪三十三年（1907），日本在东北地区投资建立的公司只有三家，实缴资本额为

① ［日］满史会编，东北沦陷四十年史辽宁编写组译：《满洲开发四十年史》下卷，辽出临图字〔1987〕第192号1988年内部资料出版，第228页。

② 崔正峰修、郭春藻辑：《盖平县乡土志》未分卷，《商政》，民国九年（1920）石印本，第63页。

③ 崔正峰修、郭春藻辑：《盖平县乡土志》未分卷，《物产》，民国九年（1920）石印本，第106页。

10203万日元。其后逐年增多,至1931年九一八事变前,已增至1242家,实缴资本额为62782万日元。二十四年间,公司数量增长了1239家,实缴资本额增长了52579万日元,翻了五倍多,其从业范围涉及农业、水产业、矿业、工业、商业、公务自由业和运输业。从1930年末日本投资的商业公司的地区分布情况来看,1930年末,日本投资的商业公司的总数为640家,实缴资本金额为105475万日元。其中大连有398家,占全部的62.2%,实缴资本金额为76508万日元,占全部的72.54%;在满铁附属地内的日本商业公司242家,占37.8%,实缴资本金额为28967万日元,占27.46%,其涉及范围更是包括饮食、被服、建筑、金融、信贷、娱乐等许多行业。由此可见,日本在近代东北地区的资本投资规模和建厂的数量均增长迅速,所涉及的行业也十分广泛,几乎涉及所有日常生活的各个方面。

表6-2 1907—1931年大连及满铁附属地各业种公司数及投入资本演变表①

单位:家、万日元

业种	1907年		1911年		1916年		1921年		1926年		1931年	
	公司数	实缴资本金	公司数	实缴资本金	公司数	实缴资本金	公司数	实缴资本金	公司数	实缴资本金	公司数	实缴资本金
农业	——	——	2	2	5	5	18	449	30	833	31	960
水产业	——	——	1	8	3	246	4	79	7	80	6	42
矿业	——	——	1	200	1	700	10	792	19	1348	23	1505
工业	——	——	9	60	30	308	224	5088	316	9704	413	9560
商业	2	3	20	182	50	474	273	8726	509	10680	682	9646
公务自由业	——	——	——	——	——	——	——	——	——	——	1	0
运输业	1	10200	2	10219	36	12927	54	31712	80	33576	86	41069
总数	3	10203	35	10671	125	14660	583	46846	961	56221	1242	62782

① [日]满史会编,东北沦陷四十年史辽宁编写组译:《满洲开发四十年史》下卷,辽出临图字〔1987〕第192号1988年内部资料出版,第259页。

表 6-3　1930 年末大连及满铁附属地的商业公司明细表①

单位:家、千日元

营业细目	大　连		满铁附属地		合　计	
	公司数	实缴资本金或出资额	公司数	实缴资本金或出资额	公司数	实缴资本金或出资额
粮食及面粉销售业	14	309	3	274	17	583
酒类、调味料及清凉饮料销售业	10	257	1	30	11	287
其他食料品销售业	26	754	7	96	33	850
机械器具及贵重品销售业	34	1360	18	447	52	1807
镀金及其制品销售业	10	1229	3	38	13	1267
陶瓷器、玻璃及其制品销售业	2	15	—	—	2	15
药品、染料、涂料、颜料、化妆品销售业	21	416	6	75	27	491
燃料销售业	14	226	7	733	21	959
建筑材料、建具、家具销售业	19	1345	10	3250	29	4595
织物、被服类销售业	14	243	10	99	24	342
棉纱、编织物、组合物销售业	1	75	1	8	2	83
其他销售业	62	2458	34	704	96	3162
经纪商委托贩卖及介绍贩卖业	27	7915	20	3708	47	11623
贸易业	43	7594	25	2978	68	10572
交易所	1	1250	1	625	2	1875
市场业	1	15	7	291	8	306
仓库业	5	1585	5	788	10	2373
报纸发行、图书及杂志出版业	6	1045	—	—	6	1045
银行业	4	10731	7	2000	11	12731

① ［日］满史会编,东北沦陷四十年史辽宁编写组译:《满洲开发四十年史》下卷,辽出临图字〔1987〕第 192 号 1988 年内部资料出版,第 261 页。

续表

营业细目	大连		满铁附属地		合计	
	公司数	实缴资本金或出资额	公司数	实缴资本金或出资额	公司数	实缴资本金或出资额
信托业	15	13850	13	4650	28	18500
贷款业	14	4024	16	1287	30	5311
典当业	4	42	6	54	10	96
其他金融业	—	—	10	2702	10	2702
保险业	2	600	—	—	2	600
经纪业	1	12	—	—	1	12
土地建筑物租赁业	14	8900	14	2994	28	11894
物品租赁业	2	19	—	—	2	19
旅馆、饭店及贷席业	10	7556	3	145	13	7701
剧场及游乐场	7	183	4	232	11	415
其他商业	15	2500	11	759	26	3259
合计	398	76508	242	28967	640	105475

在这些外国资本涉及的行业中,外国公司凭借不平等条约的特权及其雄厚的资本逐步对该行业进行垄断,一方面排挤打压民族资本,一方面攫取巨额的垄断利润,进而控制当地的经济命脉。如《吉林新志》记载:“(吉林)省民多农业。若工商等业,则多操于直鲁晋豫各地之客民,若本省居民,多系读书不成,为农不能者,方肯为工为商,盖贱工鄙商之观念犹存也。妇人职业大多数尚未能跳出家事范围。昔于家事外,尚有制衣、纺线、编苇笠头、饲鸡鸭外,无营利之举矣。惟吉、京、哈等大埠,穷家妇女则多为火柴公司糊火匣。但自一九二九年满洲火柴业为瑞典资本家所操控以来,省内各火柴公司,已相继陷于停顿。恃糊火匣为生诸鲁籍穷民之生活,艰苦倍于往时矣。总之除农业外,凡百手工事业,亦渐形衰灭,而手工业者渐化为机器工业直接间接之劳工矣。”①上述材料将瑞典资本对近代东北地区火柴行业的垄断及对民族资本的摧残情

① 刘爽:《吉林新志》下编,《第三章人民·第六节生活状况》,辽东编译出版社民国二十三年(伪满康德元年,1934年)版,第229页。

况详细记录下来，然而火柴业仅仅是近代东北地区诸多行业中的一个，其他的各个行业也都存在着外国资本垄断行业的情况，只是垄断程度的深浅不同而已，其实质是一样的。

3. 日本殖民者对矿产资源的疯狂掠夺

近代外国经济势力对东北地区的危害不仅表现在倾销商品和行业垄断两个方面，还表现在对于矿产资源的疯狂掠夺。随着一系列不平等条约的签订，列强各国取得了在中国内地开采矿产资源的不平等权益，中国的矿产资源随之被疯狂开采掠夺，东北地区也未能幸免。近代的东北地区地大物博，矿产资源丰富，尤其是煤铁资源储藏量很大。由于政治、经济、科技等诸多客观条件的制约，中国中央及东北地方政府都没有对东北地区的矿产资源进行有效的开发利用。然而，外国侵略势力却对东北地区的矿产资源垂涎三尺，纷纷建厂开采，并运往国内。在列强各国中，日本对于东北地区煤铁资源的掠夺最多，危害最大。下面仅以日本为例对此问题加以论述。

日本殖民者一直对东北地区的矿产资源垂涎三尺，梦想将其纳为己有。日俄战争结束后，日本势力侵入东北地区南部。在略加稳定后，立即组织南满洲铁道株式会社、大仓财阀、三菱重工等公司对东北地区的矿产资源进行疯狂的开采和掠夺。以本溪湖煤矿为例，本溪湖煤矿一直属于中国本溪县管辖。光绪三十一年(1905)日军借日俄战争之机强占本溪湖煤矿，光绪三十三年(1907)转由满铁接收管理，宣统二年(1910)又转由大仓财阀掌管。日本殖民者在强占本溪湖煤矿后，立即进行了疯狂的开采和掠夺，“满铁接收的当年(光绪三十三年，1907 年)的产煤量仅为 2.3 吨强，但以后迅速增加，五年后的 1912 年达到 151 万吨”。① 与此同时，在抚顺，日本殖民者又建立了油母页岩工业，对油母页岩资源进行掠夺。日本殖民者“于 1929 年建立了年产重油

① [日]满史会编，东北沦陷四十年史辽宁编写组译:《满洲开发四十年史》下卷，辽出临图字〔1987〕第 192 号 1988 年内部资料出版，第 9 页。

4.8万吨的工厂，其产品全部上缴日本德山海军燃料厂”。① 在鞍山，日本殖民者又建立了钢铁工业，对铁矿资源进行掠夺，“在1919年鞍山的产铁量只是本溪湖79000吨的一半为36000吨。而1928年已达到22万吨，其中大约90%供应日本”。② 综上可见，日本殖民者对东北地区矿产资源的掠夺是何等的丧心病狂。

外国经济势力的侵入和掠夺还引起了近代东北地区城市经济的畸形发展，这主要表现在对日俄等帝国主义经济的依赖性增大，经济发展方向受日俄等帝国主义经济牵制，在总体经济结构上呈现出半殖民地化形态，这也是近代东北地区城市经济中一直存在的另一大主要问题。

近代东北地区的城市经济对日俄等帝国主义经济的依赖性很大，这一点在进出口的商品情况中表现明显。正如下面两张表格所示，近代东北地区向日本出口的商品主要为粮食、矿产资源和原材料，从日本进口的则是工业制成品和工业机械。这就意味着在一般意义上的帝国主义国家与殖民地之间的贸易关系在中国东北地区和日本之间已形成了。

表6-4　日本从中国东北地区进口的主要商品情况表③

单位：1000海关两

年度	豆饼	大豆	煤及焦炭	柞蚕丝	铁和铁制品	以上五种商品在全部出口中所占比率
1917	2647	2342	1011	1229	2817	75
1923	46374	18135	7123	8726	2831	79

① ［日］满史会编，东北沦陷四十年史辽宁编写组译：《满洲开发四十年史》下卷，辽出临图字〔1987〕第192号1988年内部资料出版，第13页。

② ［日］满史会编，东北沦陷四十年史辽宁编写组译：《满洲开发四十年史》下卷，辽出临图字〔1987〕第192号1988年内部资料出版，第13页。

③ ［日］满史会编，东北沦陷四十年史辽宁编写组译：《满洲开发四十年史》上卷，辽出临图字〔1987〕第192号1988年内部资料出版，第50页。

续表

年度	豆饼	大豆	煤及焦炭	柞蚕丝	铁和铁制品	以上五种商品在全部出口中所占比率
1927	37766	14614	16080	7861	5223	80
1928	34003	28404	16231	7082	6391	75
1929	33151	34529	18610	5984	6224	73
1930	28891	23193	16160	5790	6733	69

表 6-5　日本对中国东北地区出口的主要商品情况表①

单位:1000 海关两

年度	棉织品	钢铁	服装	机械	棉纱	以上五种商品在全部出口中所占比率
1917	16998	5150	5953	1958	6279	50
1923	22292	2899	2021	2570	6290	52
1927	33002	4473	2356	4772	2512	48
1928	37247	4776	3937	3821	3380	49
1929	41103	7004	4533	5445	3006	48
1930	30332	7097	2952	5719	2321	44

在 1925 年至 1930 年间,中国东北地区对日本的出口额,“在日本的(包括朝鲜、台湾)进口总额中所占比率为 8%至 10%”。② 1927 年,“从东北地区进口的主要商品在日本消费总额中所占的比率,盐为 5%、生铁为 15%、肥料为 20%”。③ 从以上数字也可看出,中国东北地区对日本出口的商品对于当时正

① ［日］满史会编,东北沦陷四十年史辽宁编写组译:《满洲开发四十年史》上卷,辽出临图字〔1987〕第 192 号 1988 年内部资料出版,第 50 页。

② ［日］满史会编,东北沦陷四十年史辽宁编写组译:《满洲开发四十年史》上卷,辽出临图字〔1987〕第 192 号 1988 年内部资料出版,第 51 页。

③ ［日］满史会编,东北沦陷四十年史辽宁编写组译:《满洲开发四十年史》上卷,辽出临图字〔1987〕第 192 号 1988 年内部资料出版,第 51 页。

处于发展阶段的日本资本主义是十分重要的。

可以说,在九一八事变前,日本对中国东北地区的殖民侵略,沿袭了其他资本主义国家在世界各地进行殖民活动的传统做法,如英国在印度、荷兰在印度尼西亚、法国在印度支那的殖民活动,主要通过经济侵略的方式,开发商品市场、投资市场和粮食供应基地,以服务于日本资本主义的经济利益。具体主要包括:第一,要确保以纺织为中心的日本轻工业商品市场;第二,开发东北地区的矿产资源;第三,持续保证所投入资本的殖民地利润。并把这种从属的半殖民地化的社会经济形式在东北地区确立起来。

对东北地区的经济侵略为日本带来了巨大的殖民地利润。以 1926 年满铁的年营业收入为例,据大正九年(1920)来到满铁工作的伊藤武雄回忆:"大正末年(1926)满铁公司的营业收入,共计约二亿日元。其中一亿日元强是铁路,七千万日元弱是煤矿,一千万日元是大连港,其余二千万日元是制铁所和铁路附属地的税收。再从其中特别突出的铁路收入来看,收入为一亿零八百万日元,支出为四千六百万日元,差额为六千二百万日元。以收入为一百,则支出比例为四十二点六,这是惊人的高额利润率。就满铁公司整体来说,地方经营、公共事业和文化事业的赤字,用铁路和煤矿的黑字来弥补,弥补之后,这年利润大约为三千万日元,但即使是这样,其获利也是非常之大的。在创办当时,有中国的反抗,英美的压迫,加上日俄战争创伤未愈,连筹划创立资金都感有困难,而从这种危惧出发的满铁,在短短期间内取得如此之高的利润,有谁人能颇想得到呢?"①

但是在九一八事变后,日本侵占东北全境,东北地区完全沦为日本的殖民地。日本也一改往日以经济侵略为主的殖民方式,将侵略重心改为完全的彻底的殖民地建设活动。其主要表现为全力使东北地区变成殖民地模式下的近

---

① [日]安藤彦太郎、山田豪一:《解说(一)》,[日]伊藤武雄,陈国柱、戚亚民译:《生活在满铁(三)》,政协吉林省长春市委员会文史资料研究委员会编:《长春文史资料》第 5 期,1984 年 4 月 28 日内部刊物,第 115 页。

代工业化地区。日本为了把东北地区变成其发动全面侵华战争的大后方，增强为其侵略战争的后勤保障能力，在东北地区投入巨资，建设了大量的铁路、公路，积极发展大城市，进行高标准的城市建设。将以往的半殖民地化的经济格局改为为侵略战争服务的殖民地化的经济格局。经过20世纪30年代的发展，东北地区的重工业水平畸形发展，出产大量的煤、水泥、钢铁、飞机、汽车等重工业制成品，这些工业品被源源不断地运往日本本土或侵华战争的前线。

然而这种殖民地化的东北城市经济，其经济命脉掌握在日本殖民者手中。它完全是根据日本国、日本军队和日本民众的需要，而不是东北自身的需要，来发展建设的。日本殖民者并不关心中国居民能否分享到经济发展的成果，也不关心他们的生活水平如何，甚至不关心他们的死活。正如苏格兰长老会A.S.基德牧师（A.S.Kidd）在1937年考察中国东北的报告中记述的那样："有些大城市里的中国人找到了还算公平体面的工作，但在（日本）政府动员全社会的力量来开发工业和为军队服务时，成千上万的中国人便是现成的廉价劳动力，甚至被强迫劳动。在一些矿井、工厂和大型建设项目上，他们被像奴隶那样使用，工作和生活条件恶劣，许多人死于营养不良和患病得不到救治。"①

针对外国经济势力的入侵，为了改善东北地区危机四伏的经济环境，东北地方政府和东北地区的民族资产阶级同外国侵略势力进行了不屈不挠的抗争。以九一八事变为界，可以将这种抗争大致分为两个时期。在九一八事变之前，中国方面多通过"商战"的方式在经济领域对外国侵略势力进行反击和抵抗；九一八事变后，日本侵略者进占东北全境，中国方面也由经济领域的反击和抵抗转变为直接对日的武装斗争。

在九一八事变之前，东北地方政府和东北地区的民族资产阶级一直通过"商战"的方式在经济领域与外国侵略势力进行着不屈不挠的抗争。1921年，东北地方政府创办了规模巨大的东三省兵工厂和辽宁纺织厂，后又与东北地

① ［英］马克・奥尼尔（Mark O'Neill），牟京良编译：《闯关东的爱尔兰人：一位传教士在乱世中国的生涯（1897—1942）》，生活・读书・新知三联书店2013年版，第202页。

区的民族资产阶级合办北票煤铁公司。1928年,沈海铁路和齐龙铁路建成通车。1929年,吉海铁路建成通车等。这些工厂和铁路的建立都是中国方面同外国侵略势力进行抗争的直接展现。这不仅增强了中国方面在军事装备制造业和基础工业的实力,还激励了东北地区的民族资产阶级,促进了民族资本主义的成长,民族资本与外国侵略势力斗争的积极性也随之高涨起来。在第一次世界大战期间,民族资本开始到处建立近代化的工厂,积极与日本资本争夺市场。以北票和辽源为中心的民族采煤业大幅挤占了由日本控制的抚顺和烟台煤炭业的国内市场份额。在电力事业方面,民族资本每年都新建两三个公司,展现出强劲的发展势头。“输送电容量已出现中国方面占19.4%,日本方面占80%,灯头数中国方面占32.6%,日本方面占66.9%的情况。”①在哈尔滨、奉天、长春、安东、四平、开原等地,民族资本与日本资本在电力事业的争夺已经尖锐化,各类纠纷经常出现。在东北地区北部,东北地方政府和东北地区的民族资产阶级利用俄国十月革命的契机,逐步取代了俄国资本,正如《北满概观》所记:“凡此十年间(1920—1930)北满经济界之推移,概括言之,俄、日之经济势力,渐次衰微,中国方面,则在政治、经济上,日有增进。”②1928年6月,张作霖被炸身亡。继任的张学良将军仍然坚持对日进行经济抗争的方针政策,按照既定计划,极力对以满铁为首的日资公司进行反击和抵抗。

九一八事变后,日本侵略者进占东北全境,中国方面已经失去进行“商战”的政治基础,因此,同外国侵略势力的斗争也由经济领域的反击和抵抗转变为直接对日的武装斗争。东北各地的抗日义勇军纷纷成立,正如《北满概观》所记:“丁超、李杜、马占山、苏炳文及王德林辈虽均败退,然北满各地,数十名或数百名一团之义军,仍随在皆有。”③由此可见,中国方面对外国侵略势

① [日]满史会编,东北沦陷四十年史辽宁编写组译:《满洲开发四十年史》下卷,辽出临图字〔1987〕第192号1988年内部资料出版,第12页。

② 哈尔滨满铁事务所编、汤尔和译:《北满概观》,上海商务印书馆1937年版,第51页。

③ 哈尔滨满铁事务所编、汤尔和译:《北满概观》,上海商务印书馆1937年版,第52页。

力的反击和抵抗从未停止,时刻彰显着东北人民反抗外敌侵略和奴役的斗争精神。

第二节　城市发展领域

近代东北地区的各个主要城市无论是在城市建设方面还是在城市管理方面都处于快速发展阶段,城市化进程也十分迅速。然而,由于外国侵略势力的干扰和破坏,近代东北地区的城市化只能算是初步的城市化或初级的城市化,其中暗藏着许多制约城市未来发展的问题。这些问题主要表现在日俄侵略势力对城市土地的侵占和城市建设的畸形发展两个方面。其中日俄侵略势力对城市土地的侵占是近代东北地区城市建设畸形发展的前提因素,而城市建设的畸形发展则对近代东北地区城市未来发展的危害更加深远。

在近代东北地区的各个城市中,日俄侵略势力肆意侵占土地的情况时有发生,其中最主要的就是南满铁路附属地和中东铁路附属地。沙皇俄国最先在东北地区取得铺设中东铁路的特权,并将铁路及铁路附属地的经营权和行政管理权划归俄国。日本在日俄战争中击败沙俄,攫取了长春至大连间的中东铁路及其特权,日本称之为:“南满铁路。”九一八事变后,日本侵占东北全境,南满铁路附属地和中东铁路附属地随之撤销,全部划归日本经营管理。

随着南满铁路和中东铁路建成通车,东北地区旧有的城市格局被打破,南满铁路和中东铁路沿线一批新兴城市迅速崛起并取代原有的城市,成为附近区域的经济中心,近代东北地区新的城市格局开始形成。然而,在南满铁路附属地和中东铁路附属地内,日俄政府不仅拥有土地买卖、租赁、经商、税收等经济特权,还拥有行政、司法、驻军等行政权力,中国政府无权过问,因此,南满铁路附属地和中东铁路附属地俨然是处于东北腹地内的独立王国。如 1916 年的《远东报》就曾记载:滨江县知事张兰君勒令清丈局划清哈尔滨地区中国与俄国附属地之间的界限,竖立界牌,并拆退越界中国人的住房,以防越界。"滨江县知事张兰君氏,因所属境内与俄界毗连,又兼租界粮台地方开辟市场,诚恐有无知愚民竟不明界址何在,任意建筑房屋,易于发生交涉。故于日昨饬知清丈局,按华俄分界地点,各树木质界牌以清界线。"①再如:"本埠傅家甸西面毗连租界地基,前经划定界址,南北民房均有侵占租界之处,须一律拆退。昨日吉林交涉局特令行本埠警察厅,南段占及租界之民房,限于二礼拜内一律拆退。惟所有北段同乐茶园至江码头一带,各房屋限于六年之后再行拆退。闻该厅当已分令各该管警察署执行。"②又如:"傅家甸西门外与租界毗连所有华民修盖之房间,其侵占租界者,昨日已奉警厅传谕,拆毁让出以清界线。"③这种情况实质上就是沙俄通过铁路附属地的形式,对东北地区城市土地进行直接侵占,并造成了城市之中存在着两套管理机构,城市之中还有"另一个城市"的混乱局面。

除南满铁路附属地和中东铁路附属地外,在其他由中国政府管辖的区域内,日俄侵略势力强占城市土地房屋的情况也时有发生。如光绪三十二年九月初八日(1906 年 10 月 25 日)的《盛京时报》就曾记载沙俄士兵在吉林强占商民住房的情况:"友人在吉林来函云:刻下俄兵仍由火车进发,该省商民房屋多被俄人侵占,然吉省铺商卖买甚为兴旺云。"④

此外,在正常的土地购买过程中,还存在因中国政府慑于外国侵略势力,不敢自主决定,进而影响城市发展的情况。如据近代东北著名女作家梅娘回忆,她的父亲打算购买长春城西的一块土地用以兴办铁工机器厂,但是"头道

---

① 《傅家甸树立界牌》,《远东报》民国五年九月二十日(1916 年 9 月 20 日),第 3 版。

② 《限期退让占用租借地基》,《远东报》民国五年十一月一日(1916 年 11 月 1 日),第 7 版。

③ 《拆让侵占租界之房屋》,《远东报》民国五年十一月二十六日(1916 年 11 月 26 日),第 7 版。

④ 《俄人在吉现状》,《盛京时报》光绪三十二年九月初八日(1906 年 10 月 25 日),第 2 版。

沟（日租界）金泰洋行的日本老板也想买，官家怕他们，咱们怕是买不成”。①

由此可见，日俄侵略势力对近代东北地区城市土地的侵占不仅侵害了中国的领土主权，还严重制约着城市的正常发展。

日俄侵略势力按照自己的意愿对南满铁路附属地、中东铁路附属地及其他近代东北地区被强占的城市土地进行了规划和建设，这就使得铁路沿线近代东北地区的各个城市在城市规划和城市建设上出现了殖民地城市或半殖民地城市的色彩，城市建设呈现出畸形发展的趋势。

以近代大连的城市规划和城市建设为例，大连市作为重要的海运港口和铁路城市，经济地位十分重要。近代的大连市先后由沙俄和日本占领，沙俄在占领大连时即采用欧洲古典主义城市设计理念对大连的城市布局进行规划建设，其主要特点表现在以火车站、码头、中心广场为中心，放射出城市的主要街路，再辅以网格状街区，进行规划建设。城市标志性建筑也多采取欧洲古典主义风格。这种风格完全不同于中国传统的“井”字形城市布局，这就使得大连在城市规划和城市建设上呈现出明显的殖民地色彩。

与大连类似的还有哈尔滨、长春和鞍山等东北城市，这些城市的城市规划和城市建设都掌握在日俄手中。如1916年3月10日的《远东报》就曾报道哈尔滨董事会将对车站、江沿、买卖街和新城街的道路进行全面改造的消息，“董事会日前决议将秦家岗车站前、江沿、买卖街以及新城街之道路全行改造，共请款二十一万五千卢布。并拟重新测绘哈埠之图，约需时二年，其用款约在二万卢布”。② 而长春和鞍山这两个近代新兴城市则完全是由日本殖民者一手规划建成的。

与上述几个带有浓郁殖民地色彩的城市不同，沈阳虽然也受到日俄侵略势力的影响，但是作为东北地区传统的政治经济中心之一，其旧有的城市规划

① 梅娘：《长春忆旧》，载张泉选编：《梅娘：怀人与纪事》，中央广播电视大学出版社2014年版，第17页。

② 《本年内哈埠拟修之道》，《远东报》民国五年三月十日（1916年3月10日），第3版。

和城市建设相对完备,日俄的侵略势力主要在附属地内产生影响,而对老城区的影响不大。在附属地内,以火车站和中心广场为中心,建设放射状的主要街道,辅以网格状街区,进行规划建设。建筑形式也多以日式及欧式为主。而老城区则仍是横平竖直的"井"字形街道布局。建筑形式也多为传统的中式建筑。二者无论是在城市规划还是在建筑风格上均呈现出格格不入的对立状态。沈阳城几千年来的城市规划和城市建设风格就这样被打破了,城市建设畸形发展,半殖民地城市特征凸显。这也是时至今日沈阳仍不能形成统一建筑风格的根本原因。

第三节　民生领域

民生问题是近代东北地区社会发展过程中所带来的另一个主要问题。主要表现在城市居民的收支隐患、外国侵略势力的危害和土匪造成的祸患三个方面。其中城市居民的收支隐患是由近代东北地区城市社会自身发展不平衡造成的,属于内力作用产生的;外国侵略势力的危害完全是由外力引起的;而土匪造成的祸患则即存在着社会自身的问题,也存在外国侵略势力从中作乱的情况,属于内外力协同作用产生的。

近代东北地区城市居民的总体收入相对较低,且每个社会阶层之间的收入差距很大,社会中层平均年收入为社会下层平均年收入的 10 倍左右,社会上层平均年收入的水平还要远远高于其他两个社会阶层,这就导致社会各个阶层间的收入差距过大,贫富两极分化严重。清朝灭亡后,尤其是 1925 年以后,旗人的生活状况日渐艰难。而生活在近代东北地区各个城市中的日本人收入往往很高,生活状况也很好。在实际的生活中,中国人与日本人的生活水平往往差距很大。此外,繁重的税收、上涨的物价、严重的通胀和混乱的币制则成为拉低城市居民生活质量的主要反力。这些问题直接导致近代东北地区的城市社会稳定性较差,诸如土匪、娼妓、乞丐等社会问题随之出现,并对城市社会生活造成巨大隐患。①

在近代东北地区的城市生活中，外国侵略势力一直是一个不容忽视的力量，它对近代东北地区城市生活的方方面面均造成了极大的危害，在某些方面它所造成的危害甚至是决定性的。其中日本和沙俄的侵略势力对近代东北地区城市生活造成的危害更大，影响也更为深远。

沙俄对东北地区的侵略始于咸丰八年（1858）的《瑷珲条约》，至日俄战争失败后，沙俄的侵略势力退守东北地区北部，主要集中于吉林和黑龙江两省，正因如此，沙俄侵略势力对近代东北地区城市生活造成的危害也多集中在吉林和黑龙江两省，尤其是哈尔滨市受到的影响最大。如光绪三十二年九月十三日（1906 年 10 月 30 日）的《盛京时报》就报道了日俄战争期间，驻扎在吉林省的沙俄士兵搜刮居民财物，危害市民生活的情况。“日俄战争之时，（俄国）即调派数万人之多，遍搜索城中财物，征拨粮食、薪柴、毛裘等项。省城一带剥刮殆尽，以致货价逐年增长，较俄国占领以前不啻倍蓰也，小民受累日甚一日，且俄国所用卢布银元及小银钱等品质粗恶异常，银色变为黄铜，阻拦商务，扰乱市面，殊为已甚呜乎？俄国以武力盘踞吉省，侵犯中国之主权，继以谲诈手段蠹惑士商，产业不兴，民力不伸，酿成今日之狼狈，讵不惜哉？然俄人势力滋殖吉省已经有年，于兹风气渐归俄化，而居民尚不自觉，深堪慨叹矣。”②沙俄士兵不仅搜刮民财，骚扰居民生活，还强占地方衙署和监狱。“窃查，自兵燹后，俄人占居衙署、监狱，凡有应监候命盗各犯，俱移于督捕厅看押。”③此外，还强令居民必须手持俄国三色旗方准通行。“惟因兵燹后以致驿站不靖，仿

① 城市居民收支隐患实属近代东北地区城市生活中客观存在的一大问题，鉴于本书第四章第三节已对此问题进行了详细的考证和论述，在此不再赘述，仅将主要观点照录如下，以保本节之完备。

② 《客述吉林之近况》，《盛京时报》光绪三十二年九月十三日（1906 年 10 月 30 日），第 2 版。

③ 《番役头目徐永盛为俄人占居监狱命盗各犯移押督捕厅请借垫口米等项事呈右司》，光绪三十二年七月初五日（1906 年 8 月 24 日），辽宁省档案馆编：《清代三姓副都统衙门满汉文档案选编》，辽宁古籍出版社 1995 年版，第 456 页。

照前章雇脚前往,其应需洋字三色旗各一份,以备该差经过水旱沿途各处,查验放行,以免阻滞。"①

在哈尔滨,沙俄的侵略势力影响更大。不仅哈尔滨的城市规划出自其手,市内的许多建筑也多为俄式风格,甚至哈尔滨的城市治安也须由俄国警察进行管理。如1916年6月29日的《远东报》就曾报道称:"道里旧八杂市所住之商民,近奉俄警察指令每晚八点钟务须严闭门户停止交易。各商民不悉用意,遂生猜疑。嗣经考其原因盖俄国警察局以时值夏日严酷,人多疲倦,倘一疏懈,盗贼有隙可乘,抢掠之案即生,故令严禁门户预加防范。"②在哈尔滨运营马车的车夫也都必须通晓俄语,否则不准营业。如1916年10月7日的《远东报》刊布的《哈尔滨巡警局长布告》中就明确规定:"本埠各马车营业者务于本年十月十五号以后,每日由九点至三点除令节外,在哈尔滨巡警局验看马车、马匹、皮套及冬季车夫衣服……(三)中国人车夫须通俄语,不晓俄语者,概不准其营业。"③时至1920年,哈尔滨的警察权才由中方收回。1920年10月12日的《远东报》对此事件进行了报道:"道里租界由我国接收管理,保卫地方治安权属警察。闻吉省当道已电部照准,道里警局与中东路警处分权独立,不由督办所管,改归省警务处直辖。"④至此,沙俄侵略势力对哈尔滨城市生活的危害才稍有下降。

另外,有些中国人受雇于沙俄侵略势力,为虎作伥,沦为帮凶,对市民敲诈勒索,危害很大。如1917年1月3日的《远东报》就以《请看粮台洋兵私征国税误陷良民之广告》为题对此进行报道:"敬启者,商民等自幼佣工为业,现置

① 《右司为日俄开战三姓赴省关领俸饷须持洋字三色旗以便通行事移承办处》,光绪三十一年二月二十九日(1905年4月3日),辽宁省档案馆编:《清代三姓副都统衙门满汉文档案选编》,辽宁古籍出版社1995年版,第445页。

② 《俄警察防患未然》,《远东报》民国五年六月二十九日(1916年6月29日),第3版。

③ 《哈尔滨巡警局长布告》,《远东报》民国五年十月七日(1916年10月7日),第4版。

④ 《道里警察与路警分权独立》,《远东报》民国九年十月十二日(1920年10月12日),第3版。

四轮大板车共四十余辆，专在车站拉运客货，往来傅家甸必经俄界粮台内新建之马路，业于前月遵照俄国征税章程赴道里俄董事会，按车各起捐牌一枚，当经该会特许商民等各车须在该路通行。忽于日前有该处值班华俄新招之洋兵刘梦令、陈百枝、杨德山、姜某四人，在该路要口拦止前行，当不由分说，即按车每月各捐羌洋两元，始准放行，否则获局管押。商民等出于无奈，只得各照数缴纳。又于昨晚，该兵等复行拦阻，商民等当与其辩论，坚不纳钱。该兵等即捏称商民刘洪枝、韩喜贵、陈玉山等将伊手枪夺去，送交俄巴厘司转送交涉局管押，仍提堂审讯。商民等以受此不白之冤无处伸述，除在该管俄署正式起诉外，特登报端以鸣遐迩。"①

日本的侵略势力多集中于东北地区南部，其对近代东北地区城市生活造成的危害较之沙俄有过之而无不及。不仅日本警察凶恶蛮横，就连普通的日本人也常常仗势欺压中国百姓。如在《本溪县呈报日本人强向我国地户索租并殴打我国警保人员情形》的档案中就这样记载："韩人明济泰强占本溪县上达贝沟福陵炭场、山场……勾结日本警官金野、金井二名，潜服华服，暗怀短械，前往上达贝沟村，指挥韩民八十余名，强霸蚕场。经杨秀峰出为横阻，该日警竟喝令械殴。我方事先遣有警察，在彼监视，出为弹压，得以平息，不然几成流血惨剧。是役也，我方警察计解下韩民所持棍棒等项五十余件……验得股员宋玉琳、保长赵寿山、警士孟昭信等在石桥子日车站被日人殴伤。"②日本侵略者对近代东北地区城市生活造成的影响之恶劣，危害之大，由此可见一斑。以致时人卢作孚在游记中发出如下感叹：（1931 年 10 月 20 日《自序》）"见日本人在东北之所作为，才憬然于日本人之处心积虑，才于处心积虑一句话有了深刻的理解。才知所谓东北问题者十分紧迫，国人还懵懵然未知，未谋所以应

① 《请看粮台洋兵私征国税误陷良民之广告》，《远东报》民国六年一月三日（1917 年 1 月 3 日），第 5 版。

② 《本溪县呈报日本人强向我国地户索租并殴打我国警保人员情形》，《奉天省公署》民国十四年十一月二十二日（1925 年 11 月 22 日），全宗号：JC010，目录号：01，卷号：002266，辽宁省档案馆馆藏档案。

付之……这岂止是东北问题？实是国家根本问题，而且东北问题正由于这根本问题而起的。”①

近代东北地区匪患猖獗，闻名全国。各级地方政府虽屡次清剿，仍难根绝，对社会生活危害程度很大。但是近代东北地区的土匪主要对县级小城市及农村地区造成祸患，对大中型城市造成的祸患较小，对城市生活的危害也较轻，这是需要着重指出的。

近代东北地区的匪患主要是由社会自身发展不均衡引起的，加之外国侵略势力从中作乱。在内外力共同作用下，致使近代东北地区的匪患猖獗。近代东北地区的贫富差距很大，贫富两极分化严重，社会稳定性较差。社会下层的收入仅够勉强糊口之用，虽然“他们对生活水平的下降，忍耐性强，胜似牛马……不知疲倦”②，但是一旦遇到灾荒就会出现生活困难的情况。在生活完全陷于绝望以前，有一部分绝望的穷人就会铤而走险，沦为土匪，危害社会。以辽宁和内蒙古交界地区的匪患为例，据光绪三十二年九月初八日（1906 年 10 月 25 日）的《盛京时报》报道：“东部蒙古有大股胡匪，势颇猖獗，千百成群，出没无定。焚烧劫掠，无恶不为，其所过之地，劫掠一空，鸡犬不遗。例如：敖罕王旗属不但遭遇全旗一炬之灾，且其旗民无论男女殆为其所残杀，而王亦被擒，幸得赎回无恙。但其地迄今荒凉千里，惨不忍见。其余各地一遇被劫掠者比比皆是……虽然各地王旗兵力单弱，不能抵敌，俯首听命，是以凶焰日长，无所究极。若不急速设法剿办，则其影响实不堪设想也。”③由此可见，近代东北地区的土匪烧杀抢掠，无恶不作，可以说是所过之处赤地千里，皆被破坏。其对社会生活的危害之大不难想象。

---

① 卢作孚：《东北游记·自序》，载卢作孚等：《乡愁东岸：东北江浙海南岛旅行记》，辽宁教育出版社 2013 年版，第 2 页。

② ［日］满史会编，东北沦陷四十年史辽宁编写组译：《满洲开发四十年史》上卷，辽出临图字〔1987〕第 192 号 1988 年内部资料出版，第 63 页。

③ 《东部蒙古地区胡匪近状》，《盛京时报》光绪三十二年九月初八日（1906 年 10 月 25 日），第 3 版。

近代东北地区匪患猖獗的另一个原因是外国侵略势力从中作乱，其中尤以沙俄为甚。如光绪三十二年九月十日（1906 年 10 月 27 日）的《盛京时报》就以《商私卖军械》为题对吉林省内沙俄商人勾结土匪，私卖枪械的卑劣行为进行揭露。“吉省地方有俄商数十名来省，与胡匪勾结，私卖军械，以图射利。是以，胡匪逐日猖獗，滋扰无度，商民不能安居乐业。已由达留守照会俄员，请禁俄商私卖军械。然俄官多方托词，未肯照允。现由达留守电致外部，请与俄使交涉禁止，云。”①沙俄商人勾结土匪，私卖枪械的行为加重了匪患的程度，致使中国商民的生活处于水火之中，毫无安全可言。其行径十分卑劣，扰乱东北地方治安，培养亲俄势力，意欲侵吞东北地区的险恶用心昭然若揭。

第四节　社会文化领域

由于近代东北地区社会发展所带来的诸多问题中，社会文化问题是其中最直观也最外在的反映。其外在表现最为多样，如缠足、早婚、纳妾、重男轻女、弃死婴、娼妓、赌博、毒品、巫术迷信等，归纳起来大致可划分为婚姻和家庭问题，黄赌毒问题和封建迷信问题三大类。这些社会文化问题就发生在城市居民的身边，对近代东北地区的城市居民的日常生活危害极大，严重制约近代东北社会的正常发展。

婚姻和家庭问题是近代东北地区城市生活诸问题中最贴近居民日常生活的社会问题，主要表现在缠足、早婚、纳妾、重男轻女、弃死婴等方面，并对近代东北地区的城市居民的日常生活产生极大危害，严重制约近代东北社会的正常发展。

缠足是中国汉族传统社会中的一种陋习。其用布将女童的双脚紧紧裹住，使双脚畸形发育变小，并以此为美。关于缠足的起源，学术界众说纷纭，有

① 《商私卖军械》，《盛京时报》光绪三十二年九月十日（1906 年 10 月 27 日），第 2 版。

隋唐说,五代说,两宋说,等等。至明清时期,缠足已经在社会生活中十分流行。然而,缠足对女性的伤害很大。由于缠足使女性的双脚畸形,无法从事生产劳动及体育活动,有的女性甚至因缠足而终身残疾无法行走。缠足在东北地区也很流行,且对城市生活危害极大。针对缠足陋习,许多有识之士身体力行倡导废除。如近代在东北地区传教的弗雷德里克·奥尼尔牧师(Frederick O'Neill)就曾为此做出努力:"(宣统元年)1909 年,法库教会开办了一所由四个班级和七八位教师组成的女校,使女孩子有机会获得与男孩平等的教育,同时倡导改变几百年以来流行的缠足陋习。"①中华民国成立后,民国政府将禁止妇女缠足作为一项社会改良事业写进约法。东北地方政府也积极开展劝禁妇女缠足运动,在辽宁省县以上官员提出的《劝禁妇女缠足办法》中就有如下建议:"第五条,未满十五岁之幼女已缠足者劝其家长即予解放,未缠足者禁止再缠。第六条,十五岁以上三十岁未满之缠足妇女应依期限一律解放。第七条,三十岁以上之缠足妇女解放与否,听其自便。第八条,在劝导期内,各县市政府应遴派学校中之女教员,或已毕业之女学生者,由村长会同警察挨户劝导。"②由此开始,缠足这一陋习正式为社会所摒弃,女性的双脚得以解放。

早婚是近代东北地区城市生活中又一社会文化问题。早婚多发生在县级小城市及农村地区,在大城市下层的贫困市民中亦有出现。早婚多由男女性别比例失衡及生活贫困所致,如洮南地区各县因"其地蒙荒初辟,男多女少。男家争于聘订,女家希图聘礼,遂有生女数月即行订姻,财礼之资劲(竟)逾数千者"。③ 这类早婚现象实际上带有买卖婚姻的性质,女家完全由聘礼的多少订立婚约。也有的早婚现象是由民间陋俗引起的,如彰武县的早婚现象"乃

---

① [英]马克·奥尼尔(Mark O'Neill),牟京良编译:《闯关东的爱尔兰人:一位传教士在乱世中国的生涯(1897—1942)》,生活·读书·新知三联书店 2013 年版,第 68—69 页。

② 《辽宁省县以上官员提议一册》,《奉天省公署》无时间标注,全宗号:JC010,目录号:01,卷号:032260,辽宁省档案馆馆藏档案。

③ 《辽宁省县以上官员提议一册》,《奉天省公署》无时间标注,全宗号:JC010,目录号:01,卷号:032260,辽宁省档案馆馆藏档案。

无识乡民扭于习俗……以发育尚未完全之男童娶壮年之女子者仍所在”。[①] 早婚给社会生活带来的危害也很大，如在彰武县，早婚“多有致奸非离婚之案，层见叠出，其起因大都由此”[②]。在洮南地区，早婚“订于男女幼稚之时，结于未成年之日，无怪种族日弱，而因婚姻所发生之种种诉讼遂层见迭出”。[③] 针对早婚现象，安广县县长王济溥提出两条建议，“1. 男女非逾十岁不得订婚，非至成年不得结婚。2. 如违前项规定，官府不发婚书，其婚姻失法律上之保护”[④]，并期望以此办法根除早婚陋俗。

纳妾是近代东北地区城市生活尤其是婚姻家庭生活中的一个主要问题。妾，又称“小妻”“傍妻”“下妻”“庶妻”等，是指在中国传统社会生活中一夫一妻多妾制度下，男子在妻以外所娶的女子。妾的起源很早，早在商周时期的甲骨文中就有“妾”字出现，其后的历朝历代中国一直实行一夫一妻多妾的婚姻家庭制度，妾一直作为一个独立的社会群体存在于中国传统社会之中。中华民国成立后，曾严令禁止纳妾，妾的合法性被正式终止。然而，在实际的社会生活中，妾一直存在于婚姻家庭生活之中。妾在真正意义上从社会生活中消失则是在中华人民共和国建立之后才得以实现的。在中国传统社会生活中，妾的地位要低于妻，这实质上就是封建等级制度及男尊女卑思想对妇女进行压迫的一种表现。在近代东北地区的城市生活中，纳妾现象也很常见，如张作霖、张学良父子均有妻有妾（赵四小姐名为秘书，实为妾室）。另外，还有些地方官员竟然利用手中的权力强行霸妾，危害社会。如辽源州专制就曾利用权力霸妓作妾，影响极坏。“辽源州目有专制一事系该州署长官，便往青云书馆

---

① 《辽宁省县以上官员提议一册》，《奉天省公署》无时间标注，全宗号：JC010，目录号：01，卷号：032260，辽宁省档案馆馆藏档案。

② 《辽宁省县以上官员提议一册》，《奉天省公署》无时间标注，全宗号：JC010，目录号：01，卷号：032260，辽宁省档案馆馆藏档案。

③ 《辽宁省县以上官员提议一册》，《奉天省公署》无时间标注，全宗号：JC010，目录号：01，卷号：032260，辽宁省档案馆馆藏档案。

④ 《辽宁省县以上官员提议一册》，《奉天省公署》无时间标注，全宗号：JC010，目录号：01，卷号：032260，辽宁省档案馆馆藏档案。

冶游自若,任意妄为。与该馆执事袁三、妓女桂云等伙谋,强迫妓女金喜作妾。因领家未允,即动压力手段,将金喜之领家诬告交官,擅作非刑。随即将妓女金喜串入署内,往来无忌。"[①]又如岫岩县警务长孙继兴假借政府名义借钱买妾被告至法院,终被处罚。"本邑警务长孙继兴到柜……地方起乱,警兵无饷之意,向柜借洋六百元……再三追要前项款,警长一味推搪……孙警长在岫,每日到刘凤山家,与该女子五子通奸。日久,恋奸情热。孙警长勾串刘凤山将该女买给孙警长为妾,花洋六百元整,实借放饷之款。"[②]由此亦可佐见,纳妾实为近代东北地区城市生活中一大危害。

弃死婴和重男轻女是近代东北地区城市生活尤其是家庭生活中的另一个主要问题。弃死婴是近代东北地区的一种陋俗。很多地方都有随意抛弃死婴的习俗,甚至有的婴儿身患重病或存在残疾,但一息尚存,就被丢到街上,任其自生自灭。据近代在法库教会传教的女传教士梅米·约翰斯顿(Mamie Johnston)回忆:近代东北地区的"每位妇女一生中平均要生十二三个孩子,但其中只有两三个能长大成人……如果婴儿有缺陷或畸形,会被丢在路边死去。我常看见某位母亲伤心欲绝地哭着,脚边一束麦秸里卷着她要扔掉的孩子"。[③] 因此,经常能在道路两旁(特别是乡村地区)看到死婴的尸体,有时甚至会被野狗啃食。弃死婴而不埋葬,这一奇特的习俗,据说是为了取悦"狗仙"。在民间传说中,"狗仙"是专以婴儿的灵魂为食的妖怪,为了取悦这个"狗仙",人们便将死掉的孩子扔在山上喂野狗,用以求得"狗仙"的护佑。后来,这个陋习一直延续到中华人民共和国成立后才被严令禁止。

此外,重男轻女也是近代东北地区城市生活中存在的一个比较严重的落

① 《法科签津埠侦查禀辽源知州霸妓作妾由》,《奉天行省公署》民国元年五月二十八日(1912年5月28日),全宗号:JC010,目录号:01,卷号:015320,辽宁省档案馆馆藏档案。

② 《张振山呈控岫岩警务长孙继兴假公借钱私自买妾由》,《奉天行省公署》民国元年四月十四日(1912年4月14日),全宗号:JC010,目录号:01,卷号:017944,辽宁省档案馆馆藏档案。

③ [英]马克·奥尼尔(Mark O'Neill),牟京良编译:《闯关东的爱尔兰人:一位传教士在乱世中国的生涯(1897—1942)》,生活·读书·新知三联书店2013年版,第150页。

后思想。在中国传统社会生活中，受封建意识影响，重男轻女现象严重，男孩颇受家庭重视，而女孩则相对不被重视，常被取名“招弟”“来弟”“连弟”等。据近代在法库教会传教的女传教士梅米·约翰斯顿(Mamie Johnston)回忆，之所以会出现重男轻女的现象，是因为人们普遍认为“女孩长大后会嫁给别家，对自家毫无用处”。① 时至今日，这种重男轻女的落后思想仍然存在于当今东北地区的社会生活之中。

赌博是中国传统社会的一大陋习，近代以后非但没有禁绝，反而发展快速，愈演愈烈。赌博的方式除了传统的麻将、牌九、骰子、斗鸡、投壶等，又增加了跑马、扑克、轮盘等西洋赌博方式。近代东北地区的赌博陋习也很兴盛。上至达官显贵，下至穷苦市民，可以说在东北地区城市社会的各个阶层中均有赌博情况出现。如张作霖、张学良父子就十分喜爱打麻将，而赌博更是在东北军政商各界中颇为流行。据近代东北著名女作家梅娘回忆，他的父亲作为长春商界的重要人士也经常参与赌博活动，“他在中国的日本妓馆里宴请宾客，或者他们在哪个私娼家里推牌九、打麻将，也带着我”。② 在平民阶层，每逢庙会、花会及其他大型庆典活动时，都会有大型赌局开设。赌徒们就会围着这些赌局疯狂下注，其中大多数人为之倾家荡产，寻死上吊。有的铤而走险，盗窃抢劫，越货杀人，沦为匪盗。

为了整治赌博陋习，东三省总督锡良曾在宣统二年五月十九日(1910 年 6 月 25 日)严令禁止赌博，希望以此刹止嗜赌之风。“本大臣下车伊始，当以赌博为祸最烈，官吏尤宜切戒。屡经严切禁止，不当三令五申，乃日久玩生风闻，各处衙署局所仍有私自牌赌情事，并闻安东一埠官商嗜赌尤烈，其各银行、银号等处人等竟敢肆行无忌，任意赌博。若不重申禁令，何以肃纲纪而挠颓风。

① ［英］马克·奥尼尔(Mark O' Neill)，牟京良编译：《闯关东的爱尔兰人：一位传教士在乱世中国的生涯(1897—1942)》，生活·读书·新知三联书店 2013 年版，第 150 页。

② 梅娘：《我的青少年时期(1920—1938)》，载张泉选编：《梅娘：怀人与纪事》，中央广播电视大学出版社 2014 年版，第 33 页。

除密派要员并严饬巡警分别切寔查击,并时饬兴凤道出示严禁外,合再通饬严禁……嗣后,务须督饬属员恪遵禁令,不准再有牌赌情事。倘敢阳奉阴违,一经查出,定即严行惩办,该处失于觉察并干惩处。其各凛遵毋违,特此,在札旗务处。"①然而,尽管锡良多次严令禁止赌博,但收效甚微。中华民国成立后,历届东北地方政府更是从来没有下过一道禁赌的指令。赌博之风就这样在东北地区愈演愈烈。

近代东北地区的赌博问题之所以会如此严重,其原因多种多样,但大致归结起来主要有以下四个方面。

1. 人性的劣根性

人性中存在着各种各样的劣根性,其中贪财好利、不劳而获、投机取巧等劣根性是驱使人们热衷于赌博活动的根本动力。

2. 社会动荡

近代东北地区的社会动荡,人们生活朝不保夕,极不稳定。这就使得人人都幻想一夜暴富,以便让自己的生活有所保障,而赌博恰恰迎合了这种心理,成为人们热衷于赌博活动的重要动力。

3. 赌博行业合法化

除了锡良在任内多次严令禁止赌博之外,近代东北地区的各级各届地方政府均没有禁止赌博,因此,赌博业在近代东北地区是一个合法的行业,这也成为赌博在东北地区畸形发展的法律保障。

4. 社会风气影响

近代东北地区赌博之风日盛与整个东北地区的社会风气密切相关。近代东北地区的军政商各界均嗜好赌博,尤其是张作霖、张学良父子主政东北时期,赌博之风尤甚。使得近代东北地区的社会风气对赌博陋俗大多熟视无睹,习以为常。

---

① 《督宪札为严禁牌赌等因分行由》,《奉天旗务处》宣统二年五月十九(1910 年 6 月 25 日),全宗号:JC010,目录号:01,卷号:018750,辽宁省档案馆馆藏档案。

毒品问题是近代中国较为严重的一大社会问题。在近代东北地区的城市生活中，毒品问题也很严重。晚清时期，在东北地区的各个城市中均有鸦片烟馆存在，吸食者的阶层分布也很广泛，上至达官显贵，下至工人农民都有吸食鸦片的情况出现。中华民国成立后，东北地区的毒品问题并没有得到抑制，反而有了进一步的发展，吗啡、海洛因、可卡因等新式毒品纷纷出现，吸食者的阶层分布也与晚清时期一样，十分广泛。

如在沈阳城内的中街、小北门、小西门、北市场和南市场等地就开设有许多鸦片烟馆，并伴之以妓院和赌场，由鸦片诱发的各种犯罪及腐败现象不胜枚举。在这些鸦片烟馆中，“英国人的怡和洋行等是先行者。随即美国、沙俄、日本接踵而至，竟有后来居上者”。① 在吉林德惠县张家湾镇以日本人名义开设的鸦片烟馆就有11家，如：宽仁堂烟馆（日本人大金牙、中国人李三）、福寿堂烟馆（日本人首藤、中国人美升）、五福堂烟馆（日本人立川、中国人于云波）、顺天堂烟馆（日本人井口、中国人董兰亭）、大丰当烟馆（日本人首藤、中国人李子林）、松本洋行烟馆（日本人松本、中国人赵子培）、大世药房烟馆（日本人大野、中国人褚兴九）、开进楼烟馆（日本人松尾、中国人刘姓）、大兴号烟馆（日本人粕珞清吉、中国人孟广福）、柴田洋行吗啡铺（日本人柴田）、长生堂吗啡铺（日本人柏谷）。②

近代在营口地区传教的英国传教士约瑟夫·亨特（Joseph Hunter）在向爱尔兰长老会总部的报告中也曾对营口当地人吸食鸦片的情况有过如下记述：“至少80%的人吸食过鸦片……这里的人吸鸦片不分男女，甚至孩子们也人手一支鸦片烟具。我住处附近有一家人，母亲吸鸦片，连带着她的两个儿子、一个侄子、一个侄女一起抽，都是小孩子。还有一家八口人，只有一个小姑娘不吸鸦片。”③

---

① 张志强：《沈阳城市史》，东北财经大学出版社1993年版，第124页。

② 《吉林省长公署关于调查日人庇纵烟馆训令》民国七年八月（1918年8月）附录，转引自马模贞主编：《中国禁毒史料》，天津人民出版社1998年版，第684页。

③ ［英］马克·奥尼尔（Mark O'Neill），牟京良编译：《闯关东的爱尔兰人：一位传教士在乱世中国的生涯（1897—1942）》，生活·读书·新知三联书店2013年版，第39—40页。

对于营口当地人深受鸦片毒害的现实,他既痛心疾首,又无可奈何。

为了根除毒品对中国人的毒害,东北地方政府曾经下令禁止吸食鸦片,并希望以此逐渐禁毒。如光绪三十二年九月初九日(1906年10月26日)的《盛京时报》就曾全文刊载了奉天省巡警局发布的戒烟(即戒除鸦片)告示,现照录如下:

巡警局戒烟告示(鸦片)

巡警局出示晓谕事。照得,本城烟馆甚多,流弊大滋,特明定章程,分条列举,着各烟馆内悬诸馆内,以便随时观看,有所警惕,其各懔遵毋违。特示。

第一条,烟馆之为害甚大,例应禁止,乃从习惯上占为存留,以次递除。

第二条,凡为烟馆营业者有左之资格:一、年龄在四十以上之男子;二、有适当之财产者;三、素性纯良者;四、其余皆适当者。

第三条,凡为烟馆营业者须遵守左之限制:一、须具备人名簿,将烟客姓名、年龄、住所、籍贯、特相及瘾之大小、有无吃烟直多少、来去之时候,注载其上,每日于午前九时送该区警官查验;二、不可劝人及未吃烟者吃烟,又年未满二十岁者及妇女等不可听其在馆或使之吸烟;三、室内须扫除洁净;四、室内须开适当窗户;五、不得于午前十时以前开灯,午时十时以后不减灯;六、不得有家人外之妇女同居或为非法之行为;七、其他无明文规定而警察官认为不适当之事。

第四条,凡烟馆营业已开者不得推广,不开者不得开设。

第五条,无第二条之资格可禁止之。

第六条,凡烟客不得于室内高声喧闹或盘踞卧具瞌睡或有其他不适当之行为。

第七条,烟客入室内时,须将第二条第一项所规定报明室主注册。

第八条，客人有疯癫病、疮毒及各种传染病者不得入烟室吃烟，有此烟客入室内，室主可麾之使去。

第九条，客人之言语及警官命为留心查察之人，有可为巡警之参考及可疑者，须注载于簿册人名之下或即报于巡警。

第十条，烟馆门首，白昼须悬挂牌，入夜点灯，注馆名。

第十一条，违背第三条一项至五项者，处一角以上十元以下罚金或一日以上十日以下之苦力；违背第三条六项者，轻则处二元以上五十元以下之罚金或二日以上五十日以下之苦力，重者照律治罪。

第十二条，违背第四条者，查实后处以二元以上百元以下之罚金或二日以上百日以下之苦力。

第十三条，违背第六条至十一条者，处以违警罪。①

对于违反禁令的烟馆一律重罚，如光绪三十二年九月十一日(1906年10月26日)的《盛京时报》就以《烟馆被罚》为题对此进行专门报道："昨闻，大南关柳烟馆因有吃烟某客来上簿册被暗巡查捕。访出风闻拟罚烟馆银元一百元，此罚虽属较重，以后烟馆各处不敢任意售卖，吸烟之人无不致任意盘留问。有(又)灯捐甚严日久，月将烟馆必多歇业，吸烟者渐亦稀少，此不戒之戒求妙于明戒也。"②

无独有偶，在黑龙江，黑龙江将军也饬令属下全体官员禁止吸食鸦片，并对偷开烟馆的罪犯严加惩罚。"据齐齐哈尔城管理番役协领克西克扎普等拿获开设烟馆人犯张幅一案，此案张幅……租房后偷开烟馆，至今年余，均系黑夜零星出售，并无账簿，向未招人入馆吸食，所获之利不记数目。本年九月十六日二更时官兵到去，正值该犯在炕吸食鸦片，被获解究，起出烟具、烟灯送

① 《巡警局戒烟告示》，《盛京时报》光绪三十二年九月初九日(1906年10月26日)，第3版。

② 《烟馆被罚》，《盛京时报》光绪三十二年九月十一日(1906年10月28日)，第3版。

案,供认不移……杖一百、徒三年。”①

从以上材料中不难看出,东北各地方政府通过年龄、性别、财产、身体状况等条件限制和控制吸毒者的数量,通过重罚鸦片烟馆,来迫其歇业,并希望以此逐步实现全面戒除鸦片烟毒的危害。

中华民国成立伊始就颁布法令,严令禁止鸦片烟毒。如在 1912 年 5 月 17 日《布告大总统令饬严禁鸦片烟私运私种和吸各办法》这则档案材料中就记载:“袁大总统命令:鸦片烟为害历岁久远。年来订限禁绝,幸觉悟者日多,稍免荼毒。乃军兴之后,禁令渐弛,复有滋蔓之虑。亟宜重申严禁,责成内外各长官将从前禁种、禁运、禁吸各办法继续进行,毋得稍有疏解,并当剀切晓谕,俾知禁烟为除害救民之要图。凡我国民尤宜视为鸩毒,互相劝惩,不得图一时之利而忘无穷之害。”②奉天省也根据袁世凯的命令,责令所属各府州县均设立禁烟检验所,并制定章程及禁烟的奖惩办法。

张作霖主政东北后,东北地区的毒品问题有所抬头。张学良统治东北时期,其本人也吸毒。他先是吸食鸦片,后又沾染吗啡、海洛因等近代新型毒品,且毒瘾极大。由于毒品的毒害,即使身体强健的张学良也被毒品侵蚀得面黄肌瘦,精神萎靡。因此,他下定决心戒除毒瘾,他说:“如果继续吸毒下去,依旧这样面黄肌瘦、精神萎靡不振,外国人准会耻笑我:大名鼎鼎的少帅,原来是个大烟鬼,靠这样的人能带兵打仗吗?洋人称我们是‘东亚病夫’,这种气还没受够吗?”③并于 1928 年发布严厉的禁毒的法令。

然而,近代东北地区毒品问题之所以如此严重,其核心原因不在中国,而

① 《黑龙江将军衙门为解送偷开烟馆罪犯事咨户部文》光绪四年十二月十五日(1879 年 1 月 7 日),中国第一历史档案馆满文部、黑龙江省档案馆、黑龙江省社会科学院历史研究所编:《黑龙江将军衙门档案》(光绪元年——光绪二十六年),黑龙江人民出版社 2017 年版,第 291 页。

② 《布告大总统令饬严禁鸦片烟私运私种和吸各办法》,民国元年五月十七日(1912 年 5 月 17 日),全宗号:JC010,目录号:01,卷号:017248,辽宁省档案馆馆藏档案。

③ 访录者[美]唐德刚,著述者[美]王书君:《张学良世纪传奇(口述实录)》,山东友谊出版社 2002 年版,第 500 页。

在日本。正是由于日本侵略势力利用不平等条约的特权,大肆走私、贩卖毒品,才造成近代东北地区毒品问题一直无法根绝的混乱局面。自日俄战争以后,日本的侵略势力就利用不平等条约所攫取的特权向东北地区走私毒品,在日本殖民者的统治下,当时的大连地区成为全球最大的毒品走私基地。在沈阳满铁附属地内的"'柳町'(今西塔附近)、十间房、'信浓町'(今和平大街北段)和今沈阳站南一马路、南二马路等地区到处可见日本人开设的鸦片烟馆、吗啡馆,还有出售大烟土、海洛因的毒品商店"。① 此外,日本侵略势力还将毒品与娼妓结合起来,并以此毒害东北人民。1919 年 1 月 15 日的《东方杂志》就曾刊文记载:"凡日本娼妓所到之处,亦即吗啡所到之处。日娼之足迹所在地,如中国极边之地云南以至蒙古之库伦,无不有之。"②就连贫穷的中国工人也不放过,照样用毒品毒害他们的身心。据当时在满铁工作的伊藤武雄回忆:"中国工人当然不仅是在抚顺,大连方面,在码头、在铁路工厂有很多'苦力'群……由于对'苦力'给了宿舍,日本便把这件事作为福利设施,大肆夸耀……在这里还公然设有吸食鸦片的设施。当时鸦片已归关东厅专卖,据说这种制度是以防止毒害为目的的;但是在这个工人宿舍里竟大肆贩卖,我实在是没法理解。真觉得这种殖民地经营岂不是太露骨了吗?后来由于去中国内地旅行,我详知日本人利用治外法权钻进商埠地以外的中国内地,作为吗啡贩卖者散布毒害的情况,越发加深了这种感想。"③相反,日本政府严禁本国军人吸毒,一经发现就会得到严厉处罚,甚至会被剥夺日本国籍。但是日本军队的军费开支却非常依赖贩卖毒品的收入,而且他们十分愿意通过毒品来腐蚀中国人的反抗意志。

九一八事变后,日本侵略势力组建了伪满洲国,作为自己殖民东北地区的

① 张志强:《沈阳城市史》,东北财经大学出版社 1993 年版,第 172 页。

② 《日人之吗啡鸦片两贸易》,《东方杂志》第 16 卷,第 1 号,民国八年一月十五日(1919 年 1 月 15 日),第 202 页。

③ [日]伊藤武雄,陈国柱、戚亚民译:《生活在满铁(一)》,政协吉林省长春市委员会文史资料研究委员会编:《长春文史资料》第 3 期,1983 年 8 月内部刊物,第 96—97 页。

傀儡。而刚刚成立的伪满洲国一上台就在1932年11月设立了鸦片专卖公署,颁布法令,将鸦片转由政府专卖,垄断一切关于鸦片的生产和销售。于是伪满洲国摇身一变成了当时东北地区最大的鸦片贩子,贩毒所带来的收入也成为伪满洲国最重要的收入来源,并成为日本侵略中国的军费支柱。

封建迷信问题是近代东北地区城市生活中客观存在的又一主要社会问题。由于封建迷信问题属于意识形态范畴,因此它对近代东北地区城市生活所造成的危害并不直观,多为长期隐匿性的潜在危害,但其危害的程度很大,不容忽视。

在近代东北地区的城市生活中存在着各种各样的民间宗教,其信仰庞杂,包罗万象。这些民间宗教的信徒往往要供奉一大堆的神仙,以祈求平安,避免灾祸。在祭祀的过程中难免掺杂着许多封建迷信活动,如跳神、请神、扶乩、摇卦、看相、算命等。以摇卦算命为例,在近代东北地区的各个城市中均有摇卦算命的术士,他们往往在庙会或街市上放张桌子,桌上铺块布,向下垂着,布心画个"阴阳鱼"。桌上放个带盖的卦筒和敞口的竹筒,竹筒里放着一把竹签子,签上刻字。不愿算卦的人,可以抽签,抽出一根,术士就会根据签上的字,顺着讲有什么吉凶祸福,其实这些话都是套话。摇卦摇出的铜币,倒在一个圆盘里,算卦的按照铜钱的正反面乱说一通。如是灾难,他能破解,向人要钱,这叫做"卦礼"。如是"上上卦"(上等好卦),还得多给几个"卦礼"钱。摇卦的卦摊还带着看手相、批八字,让人报出年龄、月份、生日、时辰(俗称八柱),或看看两只手的手纹,便信口开河胡诌一通,以便要钱。

此外,功利化思想在封建迷信问题上表现得也很明显。例如,人们在求雨时,如果神没有及时降雨,人们就会把神像抬到露天广场上,让烈日暴晒以作惩罚。又如,人们在进行跳神、摇卦、算命等封建迷信活动时,如果术士算得不准,或是没有达到自己预期的目的,是不会给钱的,而且算命的术士往往还会将"算得不准钱不要"这句话作为自己的招牌,并以此招徕顾客。

近代东北各地方政府对于为祸较大的邪教更是予以严厉打击,绝不姑息。

如在光绪十七年十二月十二日(1892年1月11日)《阿勒楚喀副都统衙门左司为札饬拉林协领缉捕在逃混元教首李万彩等事呈稿》中就有这样的记载:“兹于十一月十二日,访查属境有外来教匪李万彩,传习邪教,煽惑民情事。卑职闻信,当即饬派捕盗营勇,星夜前往,协同乡约查拿……教匪李万彩与习教之倪占元、倪占春、张锡恩等,均各闻风逃逸……仍饬勇役严缉逃匪李万彩等并各种匪类随时究办外,惟念地方既有此等恶习,自应出示严禁,实力稽查。”①

本章小结　内忧外患:近代东北地区城市生活问题的成因分析

伴随着近代东北城市社会的进一步发展,在东北地区城市生活中暴露出许多社会问题,无论是在经济领域、城市发展领域、民生领域,还是社会文化领域,甚至是其他没有被提及的各个领域,都或多或少存在着这类问题。这对近代东北地区城市社会发展和演进产生了一定程度的危害。它们中有的是由传统中承袭而来,有的是在近代新兴而生,有的则是在传统基础上有所发展。然而,无论是何种问题,由何发展而来,均有其产生和发展的原因。归纳起来主要有以下几点。

第一,日俄等外国侵略势力是促使近代东北地区城市生活中产生各类问题的最大推手。

无论是在经济领域、城市发展领域、民生领域,还是社会文化领域,可以说在近代东北地区城市生活中存在的各种问题上几乎都有以日俄为代表的外国侵略势力从中作祟。这些外国侵略势力利用不平等条约所攫取的特权在东北

① 《阿勒楚喀副都统衙门左司为札饬拉林协领缉捕在逃混元教首李万彩等事呈稿》光绪十七年十二月十二日(1892年1月11日),东北师范大学明清史研究所、中国第一历史档案馆合编:《清代东北阿城汉文档案选编》,中华书局1994年版,第204页。

地区胡作非为,不仅在经济领域垄断压榨,在城市建设和城市规划上独断专行,还在暗中培植势力,支持土匪,开娼设赌,贩卖毒品,危害社会。由此可以断言,以日俄为代表的外国侵略势力就是促使近代东北地区城市生活中产生各类问题的最大推手。

第二,近代东北地区城市社会发展的不平衡是造成近代东北地区城市生活中存在各类问题的另一个主要因素。

近代东北地区城市社会的发展充满着不平衡,无论是在城市经济、城市建设、城市规划,还是在城市居民收入等方面都是不平衡的。这种不平衡造成了大城市与小城市、城市与乡村、城市中的贫富差距等方面的差别越拉越大,社会的稳定性变差,土匪、乞丐等社会问题随之出现,城市社会生活隐患巨大。

第三,落后的封建思想和社会陋俗是造成近代东北地区城市生活中存在各类问题的主要原因之一。

落后的封建思想和社会陋俗也是造成近代东北地区的城市生活中存在各类问题的主要原因之一,其造成的危害主要集中在社会文化方面。如缠足、早婚、纳妾、重男轻女、弃死婴、娼妓、赌博、巫术迷信等诸多问题都有落后的封建思想和社会陋俗作祟,对近代东北地区城市居民的日常生活危害极大,严重制约近代东北社会的正常发展。

虽然近代东北城市社会的进一步发展为近代东北地区的城市生活带来了诸多问题,而这些社会问题又严重制约了近代东北城市社会的正常发展,但是任何事物都存在着正、反两个方面,问题与不足只是其中一个方面,就近代东北城市社会发展变化的总体趋势而言还是向前进步的,取得的成绩也是远远大于问题,这也是不容否定和抹杀的。

结　语

本书通过对近代东北地区城市生活的分析研究，着力探讨近代东北地区城市生活与近代东北社会发展间的联系及相互作用，力求揭示其中兴衰变化的原因和动力，进而尝试厘清当代东北地区城市生活的历史文化积淀及其历史价值和社会价值。

近代东北地区城市生活的兴衰变化繁复万千，多种多样。归纳起来，大致可分为以下五个主要方面：

首先，在城市和城乡关系方面。近代东北地区各个城市的主要职能逐步由传统的了军事职能转变为经济职能，如何最大化的产出经济效益也成为近代东北地区各个城市的首要任务。近代民族工业在部分大中型城市出现。以榨油业、面粉制造业、酿造业、缫丝业、纺织业、造纸业、窑业、烟草工业、火柴制造工业等为代表的民族工业开始在近代东北地区的大中型城市出现，其中榨油业、面粉制造业和酿造业更是一跃成为近代东北地区城市经济的支柱性产业。近代化的城市商业体系渐次形成。从大豆及大豆制品等货物的出口到玻璃、化工制品等货物的进口都在这个时期实现了近代化转变，商品交易所、商品陈列所、信托贸易等近代商业机构的出现进一步表明了东北地区近代化的城市商业体系已经渐次形成。近代化的城市交通体系逐步完善。铁路、公路、航运等近代化交通网络与城市内部的马路、公共电车、人力车等城市交通一起构筑了近代东北地区城市交通体系。近代化的出行方式为城市生活带来了极大的便利。

近代东北地区的城市结构和城市面貌呈现出二元化或多元化特征。受困于半殖民地半封建的社会性质,日俄侵略者在近代东北地区的铁路附属地内随意规划建设,而这些规划建设与传统东北城市的规划建设风格迥异,这就使得近代东北地区的各铁路沿线城市的城市结构与城市面貌呈现出明显的二元化或多元化特征。时至今日,这种影响仍难去除。

近代化的市政公用设施和市民社会在部分大中型城市出现。以柏油马路、路灯、电灯、电车、电话、电报、上下水管道、公园等为代表的近代化市政公用设施纷纷涌现,并推动了近代东北地区城市生活的变化与革新。以公议会、救火会、同善堂、教育研究会、通俗文化宣讲会为代表的近代市民社会也出现在近代东北地区的许多大中型城市中。近代市民社会的出现标志着近代东北地区的各个城市在城市社会层面正式步入近代阶段。

其次,在城市管理方面。近代东北地区各个主要城市的市容市貌均发生了显著变化,这种变化不仅仅体现在市容市貌的整洁亮丽,还体现在近代先进科技在器物和工具上的应用和近代化的公共卫生制度上。这不仅是城市生活的进步,也是时代的进步。

人本思想得到一定程度的重视,这是近代东北地区城市生活在社会制度方面最大的不同之处。主要表现在市民自治制度、议会选举制度、对罪犯的心理教诲等方面,这既是自由民主思想在制度层面的显现,又是西方人权思想中自由、民主、人权、契约等精神在实际生活中的直接应用。近代东北地区城市生活中的民间力量逐步加强,市民社会开始形成。这种力量的加强指的是民间团体及个人在社会生活中的影响力逐步增强,而政府的影响力逐步减弱,民众参与社会生活及社会管理的意愿更加强烈。但是近代东北地区的民间力量只是相对增强,并没有强到可以完全压制政府力量的程度,这也是贯穿整个近代东北地区城市生活的一个主要特征。

近代东北地区司法制度的变革主要表现在司法与行政分离,司法获得独立,检察与审判分离,警察与保甲制度向近代转变等方面。这种近代化的司法制度更加独立,更加尊重人权,也能够更好地保障人民的基本权益,这也是近代东北地区城市生活在制度层面上的巨大进步。

再次,在城市居民、家庭及收支方面。近代东北地区的人口数量急剧增长,从古代的人口净流出区域变成人口净流入区域。由于近代向东北地区的移民主要为关内汉族人,因此,汉族超越了满族、蒙古族、回族、朝鲜族等少数民族成为东北地区最大的少数民族。在数量庞大的移民群体中,男性的数量远远多于女性,这就使得近代的东北地区男多女少的性别结构正式形成。由于关内移民主要从事的职业仍是农业,这对近代东北地区的职业分布情况影响不大。农业人口与非农业人口所占的比重大致相同,所不同的是近代机器工业、银行业、交通运输业等新兴产业开始出现。女性渐渐走出家庭,更多地参与社会工作,职业女性的人数有所上升。但总体而言,占据人口总数 80% 左右的仍旧是贫雇农和城市中的底层雇佣工人,他们仍旧是生活在最底层的社会群体。

近代东北地区的城市居民仍然是以传统的大家族为主体,但是小家庭的生活方式已经产生,且大家族制度开始瓦解,在总体上,呈现出一个由传统大家族制度向小家庭制度转变的过程。在近代东北地区的各个城市中,富裕的大户人家居住环境相对封闭,家庭与家族之间的活动密切,家庭与家族内部的关系也更为紧密,邻里之间往来较少,邻里关系淡薄。贫穷的普通百姓大都居住在“大杂院”,邻里之间往来频繁,彼此关系更为紧密。这就使得近代东北地区城市居民的邻里关系总体上呈现出因贫富差距而不同的发展趋势。

近代东北地区城市居民间的收入差距较大,社会中层平均年收入约为社会下层平均年收入的 10 倍,社会上层平均年收入的水平还要远远高于其他两个社会阶层,贫富两极分化严重,社会稳定性较差。生活在近代东北地区各个城市中的日本人收入往往很高,生活状况也很好。在实际的生活中,中国人与日本人的生活水平往往差距很大。近代东北地区的税收种类繁多,且税率较高。各主要货物的物价少则增长近一倍,多则增长十倍多。近代东北地区的通货膨胀严重,货币大幅贬值,使得近代东北地区城市居民的实际收入缩水严重。加之,近代东北地区的币制极为混乱,截至九一八事变前,据不完全统计在东北大地上流通的货币就有十五大类136种。繁重的税收、上涨的物价、严重的通胀和混乱的币制成为拉低近代东北地区城市居民生活质量的主要负担。

近代东北地区在教育制度上的变革主要表现在西式教育制度的确立。近代西式教育制度的创立和施行培养了一大批具有新思想的年轻人,这些年轻人日后均成为近代东北地区发展建设的中坚力量。

西医的传入及其获得广大民众的认可是另一个近代东北地区城市生活的重大变革。西医展现出的强大医疗能力,使广大东北民众切身感受到近代科学的力量。西医被民众接受可以说是近代东北地区城市生活在公共卫生制度上的巨大飞跃。

复次,在城市生活方式与城市文化方面。近代东北地区的城市生活和城市文化开始呈现出多元化特征,这种多元化既体现在传统文化与近代文化并存上,又体现在中国文化与西方文化并存上。这就使得多元化成为近代东北地区的城市生活和城市文化最主要的特征。由于近代东北地区的城乡发展极不平衡,导致城乡的生活方式和文化出现差异,城乡间二元化的特征开始显现且愈加明显。城市生活受到外来影响较大,许多近代的生活方式开始出现并逐步日常化,而乡村受到外来因素的影响较小,依然按照传统的方式生活,变化很小,最终演变为近代东北地区城市生活和城市文化的又一主要特征。近代的科学技术在被引入东北地区后很快就为人们所接受,并对城市生活和城市文化产生很大影响,如电影、电报、电话等均逐步成为日常生活之中不可缺少的一部分。近代科技在城市生活中的出现和应用不仅体现了时代的特征,也是区别于传统城市生活的又一主要变化。

在东北地区传统的城市生活和城市文化中,等级尊卑的观念根深蒂固,在日常生活的许多方面表现明显。近代以后,传统的等级尊卑观念被逐步打破,自由平等的思想日渐深入人心。人与人之间的平等关系日益彰显,社会交往也变得更为正常。在传统的城市生活和城市文化中,奢靡之风盛行,遇到婚丧嫁娶之类的事情都要大操大办。近代以后,节俭之风渐起,东北各级地方政府均号召节俭,以取代奢靡攀比之风。

最后,在问题与陋俗方面。在近代东北地区的城市生活中,各种各样的问题与陋俗同样也是客观存在且无法回避的。这些问题有的是由传统中承袭而来,有的是在近代新兴而生,有的则是在传统基础上有所发展。其产生和发展的原因归纳起来主要由外国侵略势力、近代东北地区城市社会发展的不平衡、落后的封建思想和社会陋俗这四个主要方面构成,其中外国侵略势力又是促使近代东北地区的城市生活中产生各类问题的最大推手。虽然在近代东北地区的城市生活中存在着诸多问题和陋俗,严重制约了社会生活的正常发展,但是就近代东北地区城市生活发展变化的总体趋势而言还是向前进步的,取得的成绩也是远远大于问题,这也是不容否定和抹杀的。

近代东北地区的城市生活之所以会出现如此繁复的兴衰变化,是因为其中蕴藏着强大的深层次的原因与动力。这种深层次的原因与动力纷繁复杂,多种多样,归结起来大致可分为内在和外在两个方面。其中,内在动因主要来源于传统文化的影响力逐渐衰落,这也是近代东北地区城市生活兴衰变化的核心原因;外在动因主要来源于西方文化的影响力逐渐增强,并时刻刺激着东北人革新自己的城市生活,使其更先进、更文明;而中西方城市文化间的碰撞与融合才是近代东北地区城市生活兴衰变化的根本动力,正是在这个碰撞与融合的过程中,近代东北地区的城市生活得以不断兴衰变化。

综上所述,我们可以对近代东北地区城市生活兴衰及社会发展的宏观脉络产生以下几点认识。

首先,中国近代东北地区的城市生活是逐步从落后的中古式的城市生活向先进的近代式城市生活转型进步的，这种转型是一个相当漫长而又缓慢的过程，在这个过程中伴随着中西社会文化的碰撞和融合，相互影响、相互作用，并形成了不同于关内等其他地区的地域文化特色。

其次，在近代东北地区城市生活的发展演变过程中，展现出许许多多的变化。其中既有在传统基础上发展而来的，又有完全属于近代新兴产生的，并在总体上呈现出新旧杂糅并以新式为主的发展趋势。

再次，中国近代东北地区城市生活的发展变化是由东北人民推动的，其根本推动力是社会生产力的发展进步。这种变化反映了社会下层民众的内心世界和风俗习惯，对乡村社会生活也起到一定的带动作用。

最后，中国近代东北地区城市生活的转型与革新是整个东北地区近代化的重要组成部分，只有近代东北地区城市生活的近代化转型完成才能说近代东北地区的近代化转型完成。

考察近代东北历史，我们很少将研究的视角下移，去关注那些客观存在的，然而却被忽视的普通民众。但正是这些人民大众实际上却是历史的创造者，无数的英雄人物出身于草莽山林，出身于江湖之间，如果我们不去关注大众文化，不去研究大众文化，就等于忽略了这些英雄人物成长的文化土壤，这会使我们的研究结论出现偏颇、甚至会出现错误。因此，我们的研究视角不能再仅仅局限于政治事件、军事事件，不能再唯君王历史、唯英雄历史。我们既要关注精英文化，研究精英文化，还要关注大众文化，研究大众文化，真正谱写一部“民史”，去践行真正的人民史观。

如果通过本书对中国近代东北地区城市生活史的研究，可以对中国近代东北地区城市史的研究有所裨益，或对中国其他区域城市史的研究有所借鉴，乃至为进一步研究中国近代东北社会史开阔新的研究视角，以上这些尝试有一二点得以实现，笔者将深感慰藉。同时，亦谨以此书献给当代东北全面振兴事业，并衷心祝愿东北地区能够早日重振雄风，再创辉煌！

参考文献

一、档案资料和史料集

1.《奉天行省公署档案》

2.《奉天省公署档案》

3.《辽宁省政府档案》

4.《奉天省长公署档案》

5.《奉天旗务处档案》

6.《吉林将军衙门档案》

7.《吉林全省旗务处档案》

8.《吉林练军文案处档案》

9.《吉林公署文案处档案》

10.《吉林省政府档案》

11.《吉林省政府实业厅档案》

12.《吉林全省警务处档案》

13.《珲春商务分会档案》

14.《黑龙江将军衙门档案》

15.《热河省长公署档案》

16. 荣孟源:《中国近代史资料选编》,生活·读书·新知三联书店 1954 年版。

17. 吴晗:《朝鲜李朝实录中的中国史料》,中华书局 1980 年版。

18. 郑毅:《东北农业经济史料集成》,吉林文史出版社 2005 年版。

19. 复旦大学历史系中国近代史教研组编:《中国近代对外关系史资料选辑》,上海人民出版社1977年版。

20. 中国第一历史档案馆、北京师范大学历史系编：《辛亥革命前十年间民变档案史料》，中华书局1985年版。

21. 中国第一历史档案馆、中国社会科学院历史研究所译注：《满文老档》，中华书局1993年版。

22. 中国第一历史档案馆、福建师范大学历史系编：《清末教案》，中华书局1996年版。

23. 中国科学院地理科学与资源研究所、中国第一历史档案馆等编：《清代奏折汇编·农业环境》，商务印书馆2005年版。

24. 辽宁省档案馆、辽宁社会科学院历史研究所编：《东北义和团档案资料》，辽宁人民出版社1981年版。

25. 辽宁省档案馆编：《奉系军阀档案史料汇编》，江苏古籍出版社、香港地平线出版社1990年版。

26. 辽宁省档案馆编：《中国近代社会生活档案（东北卷）》，广西师范大学出版社2005年版。

27. 辽宁省档案馆、辽宁省政协文化和文史资料委员会编：《辽宁省档案馆珍藏辛亥革命档案：纪念辛亥革命一百周年》，辽宁教育出版社2011年版。

28. 辽宁省档案馆编：《清代三姓副都统衙门满汉文档案选编》，辽宁古籍出版社1996年版。

29. 东北师范大学明清史研究所、中国第一历史档案馆合编：《清代东北阿城汉文档案选编》，中华书局1994年版。

30. 中国第一历史档案馆满文部、黑龙江省档案馆、黑龙江省社会科学院历史研究所编：《黑龙江将军衙门档案》（光绪元年——光绪二十六年），黑龙江人民出版社2017年版。

31. 黑龙江省档案馆、黑龙江省社会科学院历史研究所编：《清代黑龙江历史档案选编（光绪朝二十一年——二十六年）》，黑龙江人民出版社1987年版。

32.《文史精华》编辑部编：《近代中国娼妓史料》，河北人民出版社1997年版。

二、地方志资料

1.（清）阿桂等纂修：《盛京通志》，辽海出版社1997年版。

2. 王树楠、吴廷燮、金毓黻等纂：《奉天通志》，东北文史丛书编辑委员会点校，1983年版。

3.（清）长顺等修，李桂林等纂：《吉林通志》，光绪十七年（1891）刻本。

4. 刘爽：《吉林新志》，辽东编译出版社，民国二十三年（1934）版。

5. 万福麟监修，张伯英总纂，崔重庆等整理：《黑龙江志稿》，黑龙江人民出版社 1992 年版。

6.（清）黄维翰编：《呼兰府志》，民国四年（1915 年）铅印本。

7. 赵恭寅、曾有翼纂：《沈阳县志》，民国六年（1917）铅印本。

8.（清）汝冲修，白永贞编：《辽阳乡土志》，光绪三十四年（1908）铅印本。

9. 裴焕星等修，白永贞等纂：《辽阳县志》，民国十七年（1928）铅印本。

10. 廷瑞等修，张辅相纂：《海城县志》，民国十三年（1924）铅印本。

11. 陈荫翘、常守陈修，戚星岩纂：《海城县志》，民国二十六年（1937）铅印本。

12. 程延恒修，张素纂：《复县志略》，民国九年（1920）石印本。

13. 廖彭、李绍阳修，宋抡元等纂：《庄河县志》，民国十年（1921）铅印本。

14. 王纯古、王佐才修，杨维嶓、李其势纂：《庄河县志》，民国二十三年（1934）铅印本。

15. 孙维善、傅玉璞修，王绍武、孟广田纂：《台安县志》，民国十九年（1930）铅印本。

16. 徐维淮修，李植嘉纂：《辽中县志》，民国十九年（1930）铅印本。

17. 王介公修，于云峰纂：《安东县志》，民国二十年（1931）铅印本。

18. 侯锡爵修，罗明述纂：《桓仁县志》，民国十九年（1930）石印本。

19. 桓仁县公署编纂：《桓仁县志》，民国二十六年（1937）铅印本。

20. 沈国冕修，苏民纂：《兴京县志》，民国十四年（1925）铅印本。

21. 张耀东修，李属春纂：《兴京县志》，民国二十五年（1936）铅印本。

22. 崔正峰修，郭春藻辑：《盖平县乡土志》，民国九年（1920）石印本。

23. 石秀峰、辛广瑞修，王郁云纂：《盖平县志》，民国十九年（1930）铅印本。

24. 杨晋源修，王庆云纂：《营口县志》，民国二十四年（1935）油印本，1980 年吉林大学静电复制本。

25.《盘山县志》，民国二十三年（1934）铅印本，1983 年吉林大学复印本。

26. 梁学贵修，朱尚弼、庞国士纂：《黑山县志》，民国三十年（1941）铅印本，1984 年吉林大学静电复制本。

27. 王文璞等修，吕中清纂：《北镇县志》，民国二十二年（1933）石印本。

28. 恩麟、王恩士修，杨荫芳等纂：《兴城县志》，民国十六年（1927）铅印本。

29. 张鉴唐、刘焕文修，郭逵等纂：《锦西县志》，民国十八年（1929）铅印本，1980 年吉林大学静电复制本。

30. 王文藻修,陆善格纂:《锦县志略》,民国九年(1920)石印本。

31. 张遇春修,贾如谊纂:《阜新县志》,民国二十四年(1935)铅印本。

32. 王恕修,王德辉、马书田纂:《彰武县志》,民国二十二年(1933)铅印本。

33. 周铁铮修,沈鸣诗等纂:《朝阳县志》,民国十九年(1930)铅印本。

34. 田万生监修,张滋大纂:《建平县志》,民国二十年(1931)手稿本。

35. 张丹墀修,宫葆廉纂;王瑞岐续修,朱作霖续纂:《凌源县志》,民国二十年(1931)油印本,1984 年吉林大学静电复制本。

36. 陈艺修,蒋龄益、郑沛纶纂:《铁岭县志》,民国六年(1917)铅印本。

37. (清)全禄修,张式金纂:《开原县志》,咸丰七年(1857)刻本。

38. 萧德润修,张恩书纂;曹肇元补修,希廉等补纂:《西丰县志》,民国二十七年(1938)铅印本。

39. 马龙潭、沈国冕等修:《凤城县志》,民国十年(1921)铅印本。

40. 程廷恒修:《宽甸县志略》,民国四年(1915)石印本。

41. 文镒修,范炳勋等纂:《绥中县志》,民国十八年(1929)铅印本。

42. 孙蓉图修,徐希廉纂:《瑷珲县志》,民国九年(1920)铅印本。

43. 孙荃芳修,宋景文纂:《珠河县志》,民国十八年(1929)铅印本。

44.《通化县志》,民国十六年(1927)铅印本。

45.《桦甸县志未是稿》,民国二十年(1931)手稿本。

46. 辽宁省地方志编纂委员会办公室主编:《辽宁省志 · 文化志》,辽宁科学技术出版社 1999 年版。

47. 辽宁省地方志编纂委员会办公室主编:《辽宁省志 · 体育志》,辽宁人民出版社 1999 年版。

48. 辽宁省地方志编纂委员会办公室主编:《辽宁省志 · 宗教志》,辽宁人民出版社 2002 年版。

49. 辽宁省地方志编纂委员会编纂:《辽宁省志 · 医药志》,辽宁民族出版社 2003 年版。

50. 沈阳市人民政府地方志编纂办公室编:《沈阳市志》第 16 卷,沈阳出版社 1994 年版。

51. 大连市史志办公室编:《大连市志 · 民俗志》,方志出版社 2004 年版。

52. 大连市史志办公室编:《大连市志 · 民族志 · 宗教志》,辽宁民族出版社 2002 年版。

53. 昌图县地方志编审委员会办公室编:《昌图县志》,昌图县地方志编审委员会,

1988年内部出版。

54. 北镇满族自治县地方志编纂委员会编:《北镇县志》,辽宁人民出版社1990年版。

55. 黑山县地方志编纂委员会编:《黑山县志》,辽宁大学出版社1992年版。

56. 辽宁省义县人民政府地方志办公室编:《义县志》,沈阳出版社1992年版。

57. 岫岩县志编辑部:《岫岩县志》,辽宁大学出版社1989年版。

58. 李流芳主编:《铁岭县志》,辽沈书社1993年版。

59. 康平县志编纂委员会办公室编:《康平县志》,东北大学出版社1995年版。

60. 新金县地方志编纂委员会办公室编:《新金县志》,大连出版社1993年版。

61. 绥中县地方志编纂委员会编:《绥中县志》,辽宁人民出版社1988年版。

62. 西丰县地方志办公室编:《西丰县志》,沈阳出版社1995年版。

63. 彰武县志编纂委员会编:《彰武县志》,1988年内部出版。

64. 盘锦市大洼县地方志编纂委员会办公室编:《大洼县志》,沈阳出版社1998年版。

65. 台安县志编纂委员会编:《台安县志》,1981年内部出版。

66. 清原县志编纂委员会办公室编:《清原县志》,辽宁人民出版社1991年版。

67. 房守志主编:《新宾满族自治县志》,辽沈书社1993年版。

68. 开原市地方志办公室编:《开原县志》,辽宁人民出版社1995年版。

69. 桓仁县地方志编纂委员会编:《桓仁县志》,方志出版社1996年版。

70. 建昌县志编纂委员会办公室编:《建昌县志》,辽宁大学出版社1992年版。

71. 庄河县志编纂委员会办公室编:《庄河县志》,新华出版社1996年版。

72. 辽阳县志编纂委员会办公室编:《辽阳县志》,新华出版社1994年版。

73. 营口市地方志办公室编:《营口县志》,辽宁民族出版社2002年版。

74. 辽宁省教育志编纂委员会编:《辽宁教育史志资料》,辽宁大学出版社1990年版。

75. 成都体育学院体育史研究所:《中国近代体育史资料》,四川教育出版社1988年版。

76. 沈阳市体育志编纂委员会编:《沈阳市体育志》,沈阳出版社1989年版。

77. 沈阳市民委民族志编撰办公室编:《沈阳满族志》,辽宁民族出版社1991年版。

78. 丹东市区地名志编纂委员会编:《丹东市区地名志》,测绘出版社1987年版。

79. 辽宁省图书馆编:《东北乡土志丛编》,辽宁省图书馆1985年内部出版。

80. 丁世良、赵放主编:《中国地方志民俗资料汇编·东北卷》,书目文献出版社

1989年版。

81. 陈见微编:《东北民俗资料荟萃》,吉林文史出版社1995年版。

三、报纸、杂志和年鉴(含伪满时期刊物)

《光明日报》《盛京时报》《远东报》《申报》《东三省民报》《晨报》《东方杂志》《现代评论》《东北集刊》《满蒙年鉴》

四、政协文史资料

1. 中国人民政治协商会议辽宁省委员会文史资料研究委员会编:《辽宁文史资料选辑》第7辑,1983年内部印行。

2. 中国人民政治协商会议沈阳市委员会文史资料研究委员会编:《沈阳文史资料》第4辑,1983年内部印行。

3. 中国人民政治协商会议沈阳市委员会文史资料研究委员会编:《沈阳文史资料》第9辑,1985年内部印行。

4. 中国人民政治协商会议沈阳市委员会文史资料研究委员会编:《沈阳文史资料》第13辑,1987年内部印行。

5. 中国人民政治协商会议沈阳市沈河区委员会文史资料研究委员会编:《沈河文史资料——寺庙专辑》第3辑,1992年内部印行。

6. 中国人民政治协商会议大连市旅顺口区委员会文史资料委员会编:《旅顺口文史资料》第1辑,1992年内部印行。

7. 中国人民政治协商会议大连市西岗区委员会文史资料委员会编:《西岗区文史资料》第4辑,1997年内部印行。

8. 中国人民政治协商会议营口市委员会文史资料研究委员会编:《营口文史资料》第3辑,1985年内部印行。

9. 中国人民政治协商会议营口市委员会文史资料研究委员会编:《营口文史资料》第4辑,1986年内部印行。

10. 中国人民政治协商会议盖县委员会文史资料征集委员会编:《盖县文史资料》第2辑,盖县政协委员会1985年内部印行。

11. 中国人民政治协商会议辽中县委员会文史资料征编委员会编:《辽中文史资料》第4辑,1985年内部印行。

12. 中国人民政治协商会议庄河县委员会文史资料研究委员会编:《庄河文史资

料》第 2 辑,1986 年内部印行。

13. 中国人民政治协商会议庄河县委员会文史资料研究委员会编:《庄河文史资料》第 5 辑,1989 年内部印行。

14. 中国人民政治协商会议庄河县委员会文史资料研究委员会编:《庄河文史资料》第 6 辑,1990 年内部印行。

15. 中国人民政治协商会议庄河县委员会文史资料委员会编:《庄河文史资料》第 8 辑,1992 年内部印行。

16. 中国人民政治协商会议北镇县委员会文史资料委员会编:《北镇文史资料——北镇铭山古寺专辑》第 7 辑,1985 年内部印行。

17. 中国人民政治协商会议北镇县委员会文史资料委员会编:《北镇文史资料》第 8 辑,1986 年内部印行。

18. 中国人民政治协商会议义县委员会文史资料委员会编:《义县文史资料》第 3 辑,1986 年内部印行。

19. 中国人民政治协商会议义县委员会文史资料委员会编:《义县文史资料》第 7 辑,1991 年内部印行。

20. 中国人民政治协商会议凤城满族自治县委员会文史资料工作委员会编:《凤城文史资料》第 3 辑,1990 年内部印行。

21. 中国人民政治协商会议吉林省长春市委员会文史资料研究委员会编:《长春文史资料》第 4 辑,1983 年内部印行。

22. 中国人民政治协商会议吉林省长春市委员会文史资料研究委员会编:《长春文史资料》第 5 辑,1984 年内部印行。

23. 中国人民政治协商会议黑龙江省委员会文史资料研究委员会编:《黑龙江文史资料》第 8 辑,黑龙江人民出版社 1983 年版。

24. 中国人民政治协商会议黑龙江省委员会文史资料研究委员会编辑部编:《黑龙江文史资料》第 18 辑,黑龙江人民出版社 1985 年版。

五、古籍（正史、碑刻类）

1.（明）任洛等纂:《辽东志》,载金毓黻主编:《辽海丛书》,辽沈书社 1984 年影印版。

2.（清）高士奇撰:《扈从东巡日录》,载金毓黻主编:《辽海丛书》,辽沈书社 1984 年影印版。

3.（清）龚柴撰:《满洲考略》,（清）王锡祺撰:《小方壶斋舆地丛钞》,光绪十七年

(1891)上海著易堂排印本。

4.(清)来保等撰:《钦定大清通礼》,台湾商务印书馆 1985 年影印版。

5.(清)林佶撰:《全辽备考》,载金毓黻主编:《辽海丛书》,辽沈书社 1984 年影印版。

6.(清)刘起凡等纂:《开原县志》,载金毓黻主编:《辽海丛书》,辽沈书社 1984 年影印版。

7.(清)刘源溥、孙成纂:《锦州府志》,载金毓黻主编:《辽海丛书》,辽沈书社 1984 年影印版。

8.(清)骆云纂:《盖平县志》,载金毓黻主编:《辽海丛书》,辽沈书社 1984 年影印版。

9.(清)萨英额撰:《吉林外纪》,李澍田主编:《长白丛书》,吉林文史出版社 1986 年版。

10.(清)孙希旦撰:沈啸寰、王星贤点校:《礼记集解》,中华书局 1989 年版。

11.(清)吴振臣撰:《宁古塔纪略》,黑龙江人民出版社 1985 年版。

12.(清)西清撰:《黑龙江外记》,黑龙江人民出版社 1984 年版。

13.(清)徐珂编撰:《清稗类钞》,中华书局 2010 年版。

14.(清)杨宾撰:《柳边纪略》,载金毓黻主编:《辽海丛书》,辽沈书社 1984 年影印版。

15.(清)杨镳、施鸿撰:《辽阳州志》,载金毓黻主编:《辽海丛书》,辽沈书社 1984 年影印版。

16.(清)杨同桂撰:《沈故》,载金毓黻主编:《辽海丛书》,辽沈书社 1984 年影印版。

17.(清)昆冈等重修:《钦定大清会典事例》,中华书局 1991 年影印版。

18.赵尔巽等撰:《清史稿》,中华书局 1976 年版。

19.《大清世祖章皇帝实录》,中华书局 1985 年影印版。

20.中国科学院历史研究所第三所主编:《锡良遗稿·奏稿》,中华书局 1959 年版。

21.蒋秀松点校摘编:《清实录东北史料全辑》,吉林文史出版社 1990 年版。

22.罗福颐校录:《满洲金石志》,伪满洲国满日文化协会印行,1937 年石印本。

23.罗福颐校录:《满洲金石志补遗》,民国二十六年(1937)石印本。

24.崔世浩:《辽南碑刻》,大连出版社 2007 年版。

25.沙迹、李建华、杨庆昌:《营口碑志辑注》,辽宁大学出版社 2012 年版。

六、解放前著作

1. 东北文化社年鉴编印处:《东北年鉴》,新京(长春)东北文化社年鉴编印处 1931 年版。

2. 东省铁路经济调查局:《北满农业》,中国印刷局 1928 年版。

3. 国立东北大学编:《东北要览》,国立东北大学 1943 年版。

4. [日]哈尔滨满铁事务所编,汤尔和译:《北满概观》,上海商务印书馆 1937 年版。

5. 何新吾编:《东北现状》,东北研究社 1933 年版。

6. 侯鸿鉴:《东三省旅行记》,无锡竞志女学校民国十年(1921)铅印本。

7. 连浚:《东三省经济实况揽要》,民智书局 1931 年版。

8. 刘静严:《滨江尘嚣录》,新华印书馆 1929 年版。

9. 谢国桢:《清初东北流人开发东北史》,山西人民出版社 2014 年版。

10. 徐曦:《东三省纪略》,上海商务印书馆 1915 年版。

11. 殷仙峰:《哈尔滨指南》,东陲商报馆 1922 年版。

七、当代著作

1. [英]安德鲁・韦伯斯特,陈一筠译:《发展社会学》,华夏出版社 1987 年版。

2. 常城:《东北近现代史纲》,东北师范大学出版社 1987 年版。

3. 常建华:《社会生活的历史学》,北京师范大学出版社 2004 年版。

4. 车锦华:《张学良与体育》,辽宁大学出版社 2007 年版。

5. 陈旭麓:《近代中国社会的新陈代谢》,上海人民出版社 1992 年版。

6. 池子华:《中国近代流民》,浙江人民出版社 1996 年版。

7. 池子华:《中国流民史・近代卷》,安徽人民出版社 2001 年版。

8. [日]大间知笃三,色音编译:《北方民族与萨满文化——中国东北民族的人类学调查》,中央民族大学出版社 1995 年版。

9. 定宜庄:《满族的妇女生活与婚姻制度研究》,北京大学出版社 1999 年版。

10. [英]杜格尔德・克里斯蒂著,[英]伊泽・英格利斯编,张士尊、信丹娜译:《奉天三十年(1883—1913)——杜格尔德・克里斯蒂的经历与回忆》,湖北人民出版社 2007 年版。

11. [美]杜赞奇:《文化、权力与国家:1900—1942 年的华北农村》,江苏人民出版社 1995 年版。

12. 范立君:《近代关内移民与中国东北社会变迁(1860—1931)》,人民出版社2007年版。

13. [美]费正清等编,中国社会科学历史研究所编译室译:《剑桥中国晚清史》,中国社会科学出版社1985年版。

14. 冯尔康:《中国宗族社会》,浙江人民出版社1994年版。

15. 富年:《辽宁少数民族婚丧风情》,辽宁人民出版社1994年版。

16. 高翠:《从"东亚病夫"到体育强国》,四川人民出版社2003年版。

17. 龚书铎:《中国社会通史》,山西教育出版社1996年版。

18. 龚书铎:《中国近代文化概论》,中华书局2002年版。

19. 顾长声:《传教士与近代中国》,上海人民出版社1991年版。

20. 顾明义:《大连近百年史》,辽宁人民出版社1999年版。

21. 国际会议编辑委员会编辑,张士尊译:《奉天国际鼠疫会议报告》,中央编译出版社2010年版。

22. 郭于华:《仪式与社会变迁》,社会科学文献出版社2000年版。

23. 韩雪峰:《中国民俗大系·辽宁民俗》,甘肃人民出版社2004年版。

24. 黄兴涛:《中国文化通史·民国卷》,北京师范大学出版社2009年版。

25. [英]伊泽·英格利斯著,张士尊译:《东北西医的传播者——杜格尔德·克里斯蒂》,辽海出版社2005年版。

26. 蒋宝德、李鑫生:《中国地域文化》(关东文化卷),山东美术出版社1997年版。

27. 江帆:《满族生态与民俗文化》,中国社会科学出版社2006年版。

28. 姜涛:《中国近代人口史》,浙江人民出版社1993年版。

29. 焦润明:《中国近代文化史》,辽宁大学出版社1999年版。

30. 焦润明:《当代中国社会文化变迁录》,沈阳出版社2001年版。

31. 焦润明:《近代东北社会诸问题研究》,中国社会科学出版社2004年版。

32. 焦润明:《清末东北三省鼠疫灾难及防疫措施研究》,北京师范大学出版社2011年版。

33. 焦润明、张春艳:《中国东北近代灾荒及救助研究》,北京师范大学出版社2011年版。

34. 金颖:《近代东北地区水田农业发展史研究》,中国社会科学出版社2007年版。

35. 康少邦、张宁等编译:《城市社会学》,浙江人民出版社1986年版。

36. 孔经纬:《清代东北地区经济史》,黑龙江人民出版社1990年版。

37. [英]雷蒙·威廉斯著,韩子满、刘戈、徐珊珊译:《乡村与城市》,商务印书馆

2013 年版。

38. 李喜平:《辽宁教育史》,辽海出版社 1998 年版。

39. 李孝悌:《中国的城市生活》,北京大学出版社 2013 年版。

40. 李学成:《满族生活风俗变迁史》,辽宁民族出版社 2013 年版。

41. 李文明、王秀清:《中国东北百年农业增长研究(1914—2005)》,中国农业出版社 2011 年版。

42. 李治亭、田禾、王昇:《关东文化》,辽宁教育出版社 1998 年版。

43. 李治亭:《东北通史》,中州古籍出版社 2003 年版。

44. 梁景和:《近代中国陋俗文化嬗变研究》,首都师范大学出版社 1998 年版。

45. 辽宁省档案局(馆)编:《奉天纪事》,辽宁人民出版社 2009 年版。

46. 林永匡、袁立泽:《中国风俗通史 · 清代卷》,上海文艺出版社 2001 年版。

47. 刘长江:《盛京寺观庙堂》,沈阳出版社 2004 年版。

48. 刘强:《辽宁民俗旅游》,辽宁科学技术出版社 2014 年版。

49. 刘泉、梁江:《近代东北城市规划的空间形态元素》,大连理工大学出版社 2014 年版。

50. 刘小萌、定宜庄:《萨满教与东北民族》,吉林教育出版社 1990 年版。

51. 刘扬:《世俗与神圣:近代辽宁地域社会与寺庙研究》,吉林文史出版社 2014 年版。

52. 路遇:《清代和民国山东移民东北史略》,上海社会科学出版社 1987 年版。

53. 卢作孚:《东北游记》,载卢作孚等:《乡愁东岸:东北江浙海南岛旅行记》,辽宁教育出版社 2013 年版。

54. 吕丽辉:《中国饮食文化史 · 东北地区卷》,中国轻工业出版社 2013 年版。

55. [英]马克 · 奥尼尔著,牟京良编译:《闯关东的爱尔兰人:一位传教士在乱世中国的生涯(1897—1942)》,生活 · 读书 · 新知三联书店 2013 年版。

56. 马魁:《盛京杂巴地儿》,沈阳出版社 2004 年版。

57. 马丽芬:《大连近百年见闻》,辽宁人民出版社 1999 年版。

58. 马平安:《近代东北移民研究》,齐鲁书社 2009 年版。

59. [日]满史会编,东北沦陷十四年史辽宁编写组编译:《满洲开发四十年史》,辽宁省内部图书准印,1988 年版。

60. 牟钟鉴、张践:《中国宗教通史》,社会科学文献出版社 2003 年版。

61. 倪钟之:《中国民俗通志 · 演艺志》,山东教育出版社 2005 年版。

62. 齐守成:《盛京老字号》,沈阳出版社 2004 年版。

63. 齐守成、齐心:《盛京老街巷》,沈阳出版社 2004 年版。

64. 乔志强主编:《中国近代社会史》,人民出版社 1992 年版。

65. 卿希泰、唐大潮:《道教史》,中国社会科学出版社 1994 年版。

66. 曲晓范:《近代东北城市的历史变迁》,东北师范大学出版社 2001 年版。

67. 曲哲、艾珺:《民俗风尚》,沈阳出版社 2007 年版。

68. [美]R.E.帕克、E.N.伯吉斯、R.D.麦肯齐著,宋俊岭、郑也夫译:《城市社会学——芝加哥学派城市研究》,商务印书馆 2012 年版。

69. 史革新:《中国社会通史·晚清卷》,山西教育出版社 1996 年版。

70. 史革新:《中国文化通史·晚清卷》,北京师范大学出版社 2009 年版。

71. 石艳春:《日本"满洲移民"社会生活研究》,高等教育出版社 2011 年版。

72. 宋抵、林仲凡:《东北岁时节俗研究东北农谚汇释》,长白丛书研究系列之十,吉林文史出版社 1992 年版。

73. 宋增彬:《大连老建筑》,新华出版社 2003 年版。

74. 访录者[美]唐德刚,著述者[美]王书君:《张学良世纪传奇(口述实录)》,山东友谊出版社 2002 年版。

75. 陶飞亚:《边缘的历史——基督教与近代中国》,上海古籍出版社 2005 年版。

76. 佟冬:《中国东北史》,吉林文史出版社 1998 年版。

77. 王广义:《近代中国东北乡村社会研究:1840—1931》,光明日报出版社 2010 年版。

78. 王笛:《走进中国城市内部——从社会的最底层看历史》,清华大学出版社 2013 年版。

79. 王家俭:《洋员与北洋海防建设》,天津古籍出版社 2004 年版。

80. 王建中:《东北地区食生活史》,黑龙江人民出版社 2004 年版。

81. 王魁喜:《近代东北史》,黑龙江人民出版社 1984 年版。

82. 王佩环:《关外三都》,沈阳出版社 2004 年版。

83. 王日根:《中国科举考试与社会影响》,岳麓书社 2007 年版。

84. 王云英:《清代满族服饰》,辽宁民族出版社 1985 年版。

85. 王振亚:《旧中国体育见闻》,人民体育出版社 1987 年版。

86. 汪石满:《中国体育》,安徽教育出版社 2003 年版。

87. 夏征农、陈至立主编:《辞海:第六版(普及本)》,上海辞书出版社 2010 年版。

88. 小雪、贺伟:《中国民俗》,中国华侨出版社 2002 年版。

89. 杨余练:《清代东北史》,辽宁人民出版社 1991 年版。

90. 杨仁恺等:《辽宁寺庙塔窟》,辽宁美术出版社 2002 年版。

91. 杨天宏:《基督教与民国知识分子》,人民出版社 2005 年版。

92. 衣保中:《东北农业近代化研究》,吉林文史出版社 1990 年版。

93. 尹郁山:《吉林满俗研究》,吉林文史出版社 1991 年版。

94. [英]约翰・麦高恩,李征、吕琴译:《近代中国人的生活掠影》,南京出版社 2009 年版。

95. 曾慧:《满族服饰文化研究》,辽宁民族出版社 2010 年版。

96. 曾于久、刘星亮:《民族传统体育概论》,人民体育出版社 2000 年版。

97. 赵世瑜:《狂欢与日常——明清以来的庙会与民间社会》,读书・生活・新知三联书店 2002 年版。

98. 赵亚平、王志强、刘毅主编:《辽宁文化通史・近代卷》,大连理工大学出版社 2009 年版。

99. 赵英兰:《清代东北人口社会研究》,社会科学文献出版社 2011 年版。

100. 张泉选编:《梅娘:怀人与纪事》,中央广播电视大学出版社 2014 年版。

101. 张志强:《沈阳城市史》,东北财经大学出版社 1993 年版。

102. 张志强:《盛京古城风貌》,沈阳出版社 2004 年版。

103. 张仲礼:《中国绅士》,上海社会科学院出版社 1991 年版。

104. 郑天挺、吴泽、杨志玖主编:《中国历史大辞典》,上海辞书出版社 2000 年版。

105. 周立军、陈伯超、张成龙、孙清军、金虹:《中国民居建筑丛书・东北民居》,中国建筑工业出版社 2009 年版。

106. 朱虹宇:《中华民俗风情博览》,中国物资出版社 2005 年版。

八、相关论文

1. 程舒伟、何妍:《民国时期民间宗教在东北传播的原因》,《中国现代社会民众学术研讨会论文集》2003 年第 4 期。

2. 杜立平:《二人转形成的历史背景及乐观精神》,《大众文艺》2010 年第 9 期。

3. 冯尔康:《开展社会史的研究》,《百科知识》1986 年第 1 期。

4. 冯志莲:《东北大鼓兴盛考略》,《乐府新声》2008 年第 3 期。

5. 郭崇林、高占伟:《东北民族的自然神信仰》,《民俗研究》1998 年第 4 期。

6. 韩翼:《满族生育风俗》,《满族文学》2010 年第 3 期。

7. 何继华:《伪满时期东北人民生活》,《管理世界》2008 年第 8 期。

8. 胡雪梅:《东北大豆出口贸易与近代中国东北开发(1860—1931)》,《北方文物》

2002 年第 3 期。

9. 黄岚、张桂元:《东北地区满族的居住习俗》,《东北史地》2011 年第 4 期。

10. 江帆:《新宾满乡祭祖礼俗调查》,《民俗研究》1999 年第 1 期。

11. 江帆:《东北朝鲜族的民间信仰与变迁》,《民间文化论坛》2007 年第 3 期。

12. 金青云:《朝鲜族体育研究》,《体育文化导刊》2011 年第 9 期。

13. 李长莉:《社会文化史的兴起》,《天津师范大学学报(社会科学版)》2003 年第 4 期。

14. 李侃:《浅谈传统文化在近代东北地区的演变》,《史学集刊》1994 年第 4 期。

15. 李书源、杨晓军:《区域史研究理论与近代东北区域史研究》,《史学集刊》2008 年第 1 期。

16. 李书源、杨晓军:《民国初年东北地区女性自杀现象解读——以 1912—1921 年间〈盛京时报〉刊载的 578 例女性自杀案例为中心》,《吉林大学社会科学学报》2009 年第 5 期。

17. 李书源、徐婷:《铁路与近代东北交通体系的重构(1898—1931)》,《社会科学辑刊》2014 年第 4 期。

18. 李书源、王辉:《政府管控与民间信仰——以 1912—1931 年间辽宁演戏酬神为例》,《民国档案》2016 年第 2 期。

19. 李书源、朱一丹:《论北洋时期限制通俗讲演社会效应的因素》,《史学集刊》2016 年第 5 期。

20. 刘莉:《东北近代行旅交通演变与社会生活变迁》,《东北史地》2009 年第 6 期。

21. 刘扬:《近代东北民众日常生活与寺庙文化》,《文化学刊》2009 年第 5 期。

22. 刘中平:《满族民间婚俗回顾》,《满族研究》2010 年第 2 期。

23. 马平安、楚双志:《移民与新型关东文化——关于近代东北移民社会的一点看法》,《辽宁大学学报》1996 年第 5 期。

24. 宋抵:《中国东北地区的庙会》,《长春师范学院学报》1995 年第 4 期。

25. 王海峰:《海城高跷秧歌浅议》,《长江大学学报(社会科学版)》2011 年第 6 期。

26. 王光:《医巫闾山的山神崇拜及民间信仰》,《锦州师范学院学报》1996 年第 1 期。

27. 王光:《医巫闾山"歪脖老母"信仰习俗调查》,《民俗研究》1999 年第 2 期。

28. 王洪军:《萨满教对北方民族风俗文化的影响》,《佳木斯大学社会科学学报》2007 年第 1 期。

29. 王凯旋、董丽娟:《试论锡伯族民歌的社会民俗性》,《文化学刊》2009 年第

6 期。

30. 王若茜:《东北沦陷时期的喇嘛教》,《东北亚论坛》2000 年第 4 期。

31. 王杉:《民初东北移民社会心态管窥》,《社会科学辑刊》1998 年第 5 期。

32. 王玉林:《清末东北鼠疫中的众生百态》,《黑河学刊》2010 年第 9 期。

33. 萧忠伟:《海城喇叭戏的艺术风格》,《剑南文学》2013 年第 3 期。

34. 行龙:《二十年中国近代社会史研究之反思》,《近代史研究》2006 年第 1 期。

35. 杨金会:《辽西高跷秧歌》,《民间文化论坛》2007 年第 2 期。

36. 杨光震:《清末到 1931 年东北大豆生产发展的基本趋势》,《中国农史》1982 年第 1 期。

37. 依健:《谈东北二人转的艺术特质》,《艺术论坛》2011 年第 8 期。

38. 游江滨:《辽宁民间艺术"二人转"发源地现状的调研》,《艺术教育》2010 年第 5 期。

39. 赵凤山:《论二人转起源于萨满歌舞》,《满族研究》2003 年第 4 期。

40. 赵凤山:《东北大秧歌与地域文化》,《满族研究》2005 年第 4 期。

41. 赵岷、李金龙、李翠霞:《中国摔跤文化的历史解读》,《体育文化导刊》2008 年第 6 期。

42. 张岩岩:《清末民初东北婚俗变迁述略》,《辽宁师范大学学报》2010 年第 4 期。

43. 朱兰英:《张氏父子与东北教育》,《辽宁教育研究》2005 年第 3 期。

九、外文文献

1. [日]小越平隆:《满洲旅行记》,上海广智书局 1902 年版。

2. [日]南满洲铁道株式会社社长室调查课编:《满蒙全书》,满蒙文化协会 1922 年版。

3. [日]南满洲铁道株式会社庶务部调查课:《满铁调查报告书》,南满洲铁道株式会社 1926 年版。

4. [日]南满洲铁道株式会社编:《满洲旧惯调查报告书》,大同书社 1913—1915 年初版,大同印书馆 1935—1936 年影印再版。

5. [日]满洲日日新闻社编:《满洲年鉴》,昭和十七年(1942)版。

6. [日]日本参谋本部:《满洲地志》,上海商务印书馆光绪三十年(1904)年版。

7. [日]天野元之助:《满洲经济の发达》,南满洲铁道株式会社 1932 年版。

8. [日]藤山一雄、杉村勇译:《新满洲风土记》,伪满洲国满日文化协会 1938 年版。

9. Alexander Hosie, *Manchuria: Its People, Resources And Recent History*, London:

Methuen & CO.Press,1904,p.218.

10. Arthur de Carle Sowerby, *The Naturalist in Manchuria*, *Travel and Exploration*, vol. 1, Tientsin: Tientsin Press, 1922.

11. Adachi Kinnosuke, *Manchuria: A Survey*, New York: Robert M.McBridge & Company Press, 1925.

12. Chen Han-seng, *Notes on migratation of nan min to the Northeast,* Shanghai: China council of the Institute of Pacific Relations, 1931.

13. Dugale Christie, *Thirty Years in Moukden* (1883 - 1913), London: Constable and Company Press, 1914.

14. D.MacGillivray, *A Century of Protestant Missions in China* (1807-1907), *Being the Centenary Conference Historical Volume*, Shanghai: Printed at the American Presbyterian Mission, 1907.

15. P.T.Etherton and Hubert Hessell Tiltman, *Manchuria: The Cockpit of Asia*, London: Jarrolds Publishers Press, 1932.

16. Susan Naquin, *Peking: Temples and City Life*, 1400-1900, California: University of California Press, 2000.

附　　录

附表 1:公历纪年、中国纪年、日本纪年及伪满洲国纪年对照表(1840—1949 年)

公历纪年	中国纪年	日本纪年	伪满洲国纪年	公历纪年	中国纪年	日本纪年	伪满洲国纪年
1840	道光二十年	仁孝二十四年	——	1850	道光三十年	孝明四年	——
1841	道光二十一年	仁孝二十五年	——	1851	咸丰元年	孝明五年	——
1842	道光二十二年	仁孝二十六年	——	1852	咸丰二年	孝明六年	——
1843	道光二十三年	仁孝二十七年	——	1853	咸丰三年	孝明七年	——
1844	道光二十四年	仁孝二十八年	——	1854	咸丰四年	孝明八年	——
1845	道光二十五年	仁孝二十九年	——	1855	咸丰五年	孝明九年	——
1846	道光二十六年	仁孝三十年	——	1856	咸丰六年	孝明十年	——
1847	道光二十七年	孝明元年	——	1857	咸丰七年	孝明十一年	——
1848	道光二十八年	孝明二年	——	1858	咸丰八年	孝明十二年	——
1849	道光二十九年	孝明三年	——	1859	咸丰九年	孝明十三年	——

续表

公历纪年	中国纪年	日本纪年	伪满洲国纪年	公历纪年	中国纪年	日本纪年	伪满洲国纪年
1860	咸丰十年	孝明十四年	——	1877	光绪三年	明治十年	——
1861	咸丰十一年	孝明十五年	——	1878	光绪四年	明治十一年	——
1862	同治元年	孝明十六年	——	1879	光绪五年	明治十二年	——
1863	同治二年	孝明十七年	——	1880	光绪六年	明治十三年	——
1864	同治三年	孝明十八年	——	1881	光绪七年	明治十四年	——
1865	同治四年	孝明十九年	——	1882	光绪八年	明治十五年	——
1866	同治五年	孝明二十年	——	1883	光绪九年	明治十六年	——
1867	同治六年	孝明二十一年	——	1884	光绪十年	明治十七年	——
1868	同治七年	明治元年	——	1885	光绪十一年	明治十八年	——
1869	同治八年	明治二年	——	1886	光绪十二年	明治十九年	——
1870	同治九年	明治三年	——	1887	光绪十三年	明治二十年	——
1871	同治十年	明治四年	——	1888	光绪十四年	明治二十一年	——
1872	同治十一年	明治五年	——	1889	光绪十五年	明治二十二年	——
1873	同治十二年	明治六年	——	1890	光绪十六年	明治二十三年	——
1874	同治十三年	明治七年	——	1891	光绪十七年	明治二十四年	——
1875	光绪元年	明治八年	——	1892	光绪十八年	明治二十五年	——
1876	光绪二年	明治九年	——	1893	光绪十九年	明治二十六年	——

续表

公历纪年	中国纪年	日本纪年	伪满洲国纪年
1894	光绪二十年	明治二十七年	——
1895	光绪二十一年	明治二十八年	——
1896	光绪二十二年	明治二十九年	——
1897	光绪二十三年	明治三十年	——
1898	光绪二十四年	明治三十一年	——
1899	光绪二十五年	明治三十二年	——
1900	光绪二十六年	明治三十三年	——
1901	光绪二十七年	明治三十四年	——
1902	光绪二十八年	明治三十五年	——
1903	光绪二十九年	明治三十六年	——
1904	光绪三十年	明治三十七年	——
1905	光绪三十一年	明治三十八年	——
1906	光绪三十二年	明治三十九年	——
1907	光绪三十三年	明治四十年	——
1908	光绪三十四年	明治四十一年	——
1909	宣统元年	明治四十二年	——
1910	宣统二年	明治四十三年	——
1911	宣统三年	明治四十四年	——
1912	民国元年	大正元年	——
1913	民国二年	大正二年	——
1914	民国三年	大正三年	——
1915	民国四年	大正四年	——
1916	民国五年	大正五年	——
1917	民国六年	大正六年	——
1918	民国七年	大正七年	——
1919	民国八年	大正八年	——
1920	民国九年	大正九年	——
1921	民国十年	大正十年	——
1922	民国十一年	大正十一年	——
1923	民国十二年	大正十二年	——
1924	民国十三年	大正十三年	——
1925	民国十四年	大正十四年	——
1926	民国十五年	昭和元年	——
1927	民国十六年	昭和二年	——
1928	民国十七年	昭和三年	——
1929	民国十八年	昭和四年	——

续表

公历纪年	中国纪年	日本纪年	伪满洲国纪年	公历纪年	中国纪年	日本纪年	伪满洲国纪年
1930	民国十九年	昭和五年	——	1938	民国二十七年	昭和十三年	[伪]康德五年
1931	民国二十年	昭和六年	——	1939	民国二十八年	昭和十四年	[伪]康德六年
1932	民国二十一年	昭和七年	[伪]大同元年	1940	民国二十九年	昭和十五年	[伪]康德七年
1933	民国二十二年	昭和八年	[伪]大同二年	1941	民国三十年	昭和十六年	[伪]康德八年
1934	民国二十三年	昭和九年	[伪]康德元年	1942	民国三十一年	昭和十七年	[伪]康德九年
1935	民国二十四年	昭和十年	[伪]康德二年	1943	民国三十二年	昭和十八年	[伪]康德十年
1936	民国二十五年	昭和十一年	[伪]康德三年	1944	民国三十三年	昭和十九年	[伪]康德十一年
1937	民国二十六年	昭和十二年	[伪]康德四年	1945	民国三十四年	昭和二十年	[伪]康德十二年

附表2:东三省古今地名对照表①

辽宁省		吉林省		黑龙江省	
古　名	今　名	古　名	今　名	古　名	今　名
奉天、承德	沈阳市	新京、宽城子	长春市	滨江县	哈尔滨市
安东县	丹东市	乌拉城、船厂	吉林市	卜　奎	齐齐哈尔市
牛　庄	营口市	西安县	辽源市	北团林子	绥化市
宁远县	兴城市	洮　安	白城市	珠河县	尚志市
金　州	大连市金州区	郭尔罗斯前旗	松原市	龙镇、通北	北安市
凤凰县	凤城市	临江县	白山市	通　肯	海伦市
广宁县	北镇县	局子街	延吉市	阿勒楚喀	阿城市
盖　平	盖州市	北山城子	今入梅河口市	安　达	大庆市

① 范立君:《近代关内移民与中国东北社会变迁(1860—1931)》,人民出版社2007年版,第347—348页。

续表

辽宁省		吉林省		黑龙江省	
古　名	今　名	古　名	今　名	古　名	今　名
复　州	复　县	龙　湾	农安县	三　姓	依兰县
怀仁县	桓仁县	夹皮沟	桦甸县	墨尔根	嫩江县
中后所	绥中县	和龙峪	和龙县	柞树冈	青冈县
义　州	义　县	孤榆树	榆树市	巴　拜	拜泉县
法库门	法库县	东平县	东丰县	宁古塔	宁安县
威远堡门	今属开原市	额穆县	蛟河县	同宾县	延寿县
叆　阳	今入凤城市	法特哈	吉林市北法特	绥　东	绥滨县
旺　清	今属新宾县	桦皮甸子	桦甸县北	汤旺河	汤原县
兴　京	新宾县	伯都讷	松原市扶余区	巴彦苏苏	巴彦县
熊　岳	今入盖州市	镇东县	镇赉县	余庆街	庆安县
清源县	清原县	瞻榆县	今入通榆县	蜂蜜山	密山县
土口子	今入清原县	安广县	今入大安市	绥远县	抚远县
兴仁县	抚顺市	朝阳镇	今入辉南县	呼玛尔	呼玛县
新民屯	新民县	金　川	今入辉南县	黑龙江城	今入黑河市
青泥洼	大连市	那丹伯	今入东丰县	恒升堡	兰西县境
红崖子	庄河县	海龙府	海龙县	克　音	今入绥棱县
八角台	台安县	辑安县	集安县	郭尔罗斯后旗	肇源县
本溪湖	本溪市	敖东城	敖东市	甘井子	今甘南县
宽甸堡	宽甸县	四平街	四平市	乌云县	今入嘉荫县
镇安县	黑山县			佛山镇	嘉荫县
				三岔口	东宁县
				景　星	今入龙江市
				拉　林	今入五常县
				宾　州	宾　县
				大　通	通河县
				爱　辉	今入黑河市

后　记

时光荏苒，日月如梭。本书作为国家社会科学基金青年项目"中国近代东北地区城市生活兴衰与社会发展研究"（批准号：14CZS033）的最终成果，从选题立项到结项付梓，已历时七年有余。在这七年的时光里，可谓是风风雨雨，一波三折，其间既有辛勤的汗水，更有收获的愉悦。驻足回望，无论悲喜，虽感慨良多，然俱是人生历练而已，每念及此，心淡然也。

本书的选题为该年国家项目申报指南之参考选题，原题为"中国近代城市兴衰与社会发展研究"，笔者略加限制，缩小研究范围，始为本选题。由于笔者初次申报国家项目，缺乏经验，致使本书的选题仍颇为宏大，每每着笔，均有无法驾驭之感。如细细研究，篇幅可迨百万字有余，然受制于国家项目结题时限的制约，只好掠取主要方面，择要成书，其间谬误，还请诸位研究先进批评指正，以便扩充修订之时，予以改正。

本书是我的第一部学术专著，之所以能够完成，与其他诸位老师、同学和同事们的指导及帮助密不可分。

首先，感谢辽宁大学历史学院对我本科和硕士阶段的培养。感谢我的硕士生导师辽宁大学焦润明教授，感谢他将我引入学术研究的殿堂，让我得以初窥学海门径。感谢辽宁大学胡玉海教授、王海晨教授、金颖教授，感谢他们的精彩讲授让我对历史学研究有了初步的认识。

其次，感谢苏州大学社会学院对我博士阶段的培养。感谢我的博士生导师苏州大学池子华教授，感谢他的谆谆教导让我得以在学术研究上有所精进。感谢苏州大学王卫平院长、朱小田教授、朱从兵教授，感谢他们的教授让我对历史学研究有了更为深刻的认识。

复次，感谢辽宁社会科学院对我多年以来的培养。感谢王凯旋所长、宋扬研究员、田雨博士，感谢他们在顺境中鞭策我，在逆境中鼓励我，让我能够不偏不倚，不骄不躁，向着正确的方向前进。

最后，感谢吉林大学赵英兰教授、李书源教授、王广义教授、东北师范大学曲晓范教授、吉林师范大学范立君教授、辽宁师范大学刘贵福院长、喻大华教授、黑龙江省社会科学院高晓燕研究员，感谢他们对本书提出了非常宝贵的意见。感谢本项目组的成员们，他们是吉林省社会科学院刘扬副研究员、辽宁社会科学院于之伟副研究员、辽宁省档案馆孙海燕副研究馆员、辽宁大学杜维鹏博士、辽宁社会科学院田雨博士、九一八历史博物馆高洋馆员，感谢他们对本项目所付出的辛勤努力。感谢匿名专家对本书的批评指正，这对本书的最终定稿具有非常重要的指导意义。感谢我的家人，尤其是我的妻子李冰冰女士。为了让我能够全身心地投入工作，她不仅替我承担了大量的家务劳动，照顾老人，教育女儿，还在城市建筑和城市规划方面给予我许多优秀的建议。

从某种意义上说，本书是集体劳动的成果，是集体智慧的结晶，更是青年学人站在前辈学人的肩膀上对学术研究的一次尝试，它寄托着青年学人勇于拼搏的探索，更寄托着前辈学人的殷切期望和鞭策。

此外，我要将此书献给我的女儿，盼她在今后的学习中能够以前辈学人为榜样，努力奋进，勇于探索。

郎元智

2019 年 12 月 26 日季冬

于沈阳寓所

丛书策划：蒋茂凝
责任编辑：赵圣涛
责任校对：吕　飞
封面设计：石笑梦
版式设计：胡欣欣

图书在版编目（CIP）数据

中国近代东北地区城市生活兴衰与社会发展研究：1861—1931/郎元智 著. —
北京：人民出版社，2020.8
ISBN 978 - 7 - 01 - 022086 - 4

Ⅰ. ①中…　Ⅱ. ①郎…　Ⅲ. ①城市史-研究-东北地区-1861-1931
Ⅳ. ①K293

中国版本图书馆 CIP 数据核字（2020）第 072683 号

中国近代东北地区城市生活兴衰与社会发展研究（1861—1931）
ZHONGGUO JINDAI DONGBEI DIQU CHENGSHI SHENGHUO XINGSHUAI
YU SHEHUI FAZHAN YANJIU（1861—1931）

郎元智　著

人民出版社 出版发行
（100706　北京市东城区隆福寺街 99 号）

环球东方（北京）印务有限公司印刷　新华书店经销

2020 年 8 月第 1 版　2020 年 8 月北京第 1 次印刷
开本：710 毫米×1000 毫米 1/16　印张：23.5
字数：360 千字

ISBN 978 - 7 - 01 - 022086 - 4　定价：69.00 元

邮购地址 100706　北京市东城区隆福寺街 99 号
人民东方图书销售中心　电话（010）65250042　65289539